Martin Lüders, Stephan Sausel

Netzwerke

Lokale Netze analysieren, einrichten und anbinden

westermann

Diesem Buch wurden die bei Manuskriptabschluss vorliegenden neuesten Ausgaben der DIN-Normen, VDI-Richtlinien und sonstigen Bestimmungen zu Grunde gelegt. Verbindlich sind jedoch nur die neuesten Ausgaben der DIN-Normen und VDI-Richtlinien und sonstigen Bestimmungen selbst.

Die DIN-Normen wurden wiedergegeben mit Erlaubnis des DIN Deutsches Institut für Normung e.V. Maßgebend für das Anwenden der Norm ist deren Fassung mit dem neuesten Ausgabedatum, die bei der Beuth-Verlag GmbH, Burggrafenstraße 6, 10787 Berlin, erhältlich ist.

Auf verschiedenen Seiten diese Buches befinden sich Verweise (Links) auf Internet-Adressen.

Haftungshinweis: Trotz sorgfältiger inhaltlicher Kontrolle wird die Haftung für die Inhalte der externen Seiten ausgeschlossen. Für den Inhalt dieser Seiten sind ausschließlich deren Betreiber verantwortlich. Sollten Sie bei dem angegebenen Inhalt des Anbieters dieser Seite auf kostenpflichtige, illegale oder anstößige Inhalte treffen, so bedauern wir dies ausdrücklich und bitten Sie, uns umgehend per E-Mail unter www.westermann.de davon in Kenntnis zu setzen, damit der Verweis beim Nachdruck gelöscht wird.

1. Auflage, 2009
Druck 1, Herstellungsjahr 2009

Redaktion: Armin Kreuzburg, Annette Möhle
Umschlaggestaltung: boje5, Grafik & Werbung, Braunschweig
Satz und Lay-out: Fa. Lithos, Dirk Hinrichs, Wolfenbüttel
Druck und Bindung: westermann druck GmbH, Braunschweig

ISBN 978-3-14-22 2522-7

Vorwort

Dieses Buch ist anders. Vielleicht hat Sie dieser Hinweis auf dem Rücken dieses Modulbandes aus der Reihe Angewandte Informatik verwundert, vielleicht sogar irritiert, sicherlich aber neugierig gemacht. Was ist an diesem Buch anders und warum ist es anders?

Der Blick in die verschiedenen Rahmenrichtlinien, Rahmenlehrpläne und Curricula zeigt es: Die didaktischen Anforderungen an die Unterrichtenden betreffen schon längst nicht mehr nur die fachlichen Inhalte, vielmehr sollen diese so aufgearbeitet werden, dass die Lernenden zu beruflicher Handlungskompetenz gelangen können. Bei der Umsetzung dieser Anforderung entsteht allerdings sehr schnell ein scheinbar unauflösbarer Widerspruch: Wie soll das dringend notwendige fundierte Grundlagenwissen einerseits vermittelt werden und gleichzeitig die Fähigkeit zur Vernetzung dieses Wissen zu einem Anwendungswissen erlernt werden? Wie kann dieses Anwendungswissen zu nachhaltigem Können vertieft und gefestigt werden? Leider bleiben diese Fragen fast immer offen.

Hier setzt dieses Buch an: Es stellt sich diesem Widerspruch. In einem ersten Teil (Handlungssituation) wird in einer ganzheitlich angelegten Handlungssituation ein lösungsorientiertes Vorgehen dargestellt und die Anwendung der fachlichen Inhalte gezeigt. Links in der Handlungssituation verweisen auf die spezifischen Inhalte im fachsystematischen zweiten Teil (Informationen). Dieser ist klassisch fachsystematisch angelegt und erlaubt das Nachschlagen und Erarbeiten der in der Handlungssituation angesprochenen fachlichen Inhalte. Nachhaltigkeit und Können entsteht aber erst durch Üben und Neuverknüpfung für veränderte Anforderungssituationen. Dies erfolgt in Teil drei (Übungen und Aufträge). Die unterschiedliche Komplexität der Aufgaben und Aufträge erlaubt das Wiederholen und Üben der erworbenen fachlichen Kenntnisse ebenso wie deren Anwendung in neuen Handlungszusammenhängen.

Die Anforderungen der Lernfelder der IT-Berufe, der Vollzeitklassen mit Informatikschwerpunkt, aber auch für die Fachgymnasien werden übergreifend berücksichtigt. Neben allgemeinen Informationen zu den Hintergründen moderner Vernetzung werden grundlegende Aspekte der Prinzipien und Funktionsweise von Vernetzungselementen ebenso angesprochen, wie das Zusammenspiel von Hard- und Software. Schwerpunktmäßig erfolgt die vertiefende Auseinandersetzung bei der Betrachtung der Protokolle und Protokollfamilien.

Teil 1: Handlungssituationen

In zwei Handlungssituationen mit unterschiedlicher Komplexität und Schwierigkeit werden die einzelnen Projektphasen der Planung, Aufbau und Wartung von Netzwerken exemplarisch durchlaufen. Der direkte Bezug zum Informationsteil erfolgt über Links. Ziel ist das Aufzeigen von inhaltlichem und methodischem Vorgehen. Die beiden Handlungssituationen können das didaktische Gerüst für eine gesamte Unterrichtsstruktur mit zunehmendem Schwierigkeitsgrad liefern. In Abhängigkeit von den inhaltlichen Vorgaben der Rahmenrichtlinien ist es natürlich auch möglich, ein Unterrichtskonzept nur auf der Grundlage einer Handlungssituation zu erstellen. In jedem Falle werden die fachlich notwendigen Inhalte kontinuierlich en passant oder als ‚Exkurse' aus dem Informationsteil erarbeitet.

Teil 2: Informationen

Die Inhalte sind fachsystematisch aufgebaut, liefern aber gleichzeitig die Informationen, die zum Nachvollziehen der fachlichen und methodischen Vorgehensweisen aus den Handlungssituationen notwendig sind. Dieser Teil lässt sich sowohl als Nachschlageteil aber auch klassisch systematisch, also für sich alleine nutzen.

Der Informationsteil teilt sich in vier Teile auf:

- Ursachen und Gründe für Vernetzung.
- Prinzipien bei Netzwerken.
- Bestandteile von Netzwerken.
- Funktionsprinzipien der Datenübertragung.

Teil 3: Übungen und Aufträge

Dieser Teil besteht aus einer Mischung von Übungsaufgaben und Aufträgen mit wechselnder Komplexität und Kompliziertheit. Diese sind lösbar durch die Verwendung des Informationsteils und zusätzlicher Informationsquellen.

Die Nuss zeigt hierbei eine Aufgabe mit höherem Schwierigkeitsgrad an. Das Flaggensymbol verweist auf eine Aufgabe mit englischsprachigem Anteil.

Autoren und Verlag wünschen ein erfolgreiches und zielorientiertes Arbeiten mit diesem Werk. Natürlich sind wir Ihren Hinweisen und Verbesserungsvorschläge gegenüber aufgeschlossen.

Autoren und Verlag
Braunschweig 2009

Hinweis: Zu diesem Buch kann eine Lösungs-CD erworben werden. Diese beinhaltet Lösungen für alle gestellten Übungsaufgaben und Aufträge. Zusätzlich werden Arbeitsblätter zu den jeweiligen Aufgaben einschließlich deren Lösungen auf dieser CD bereitgestellt.

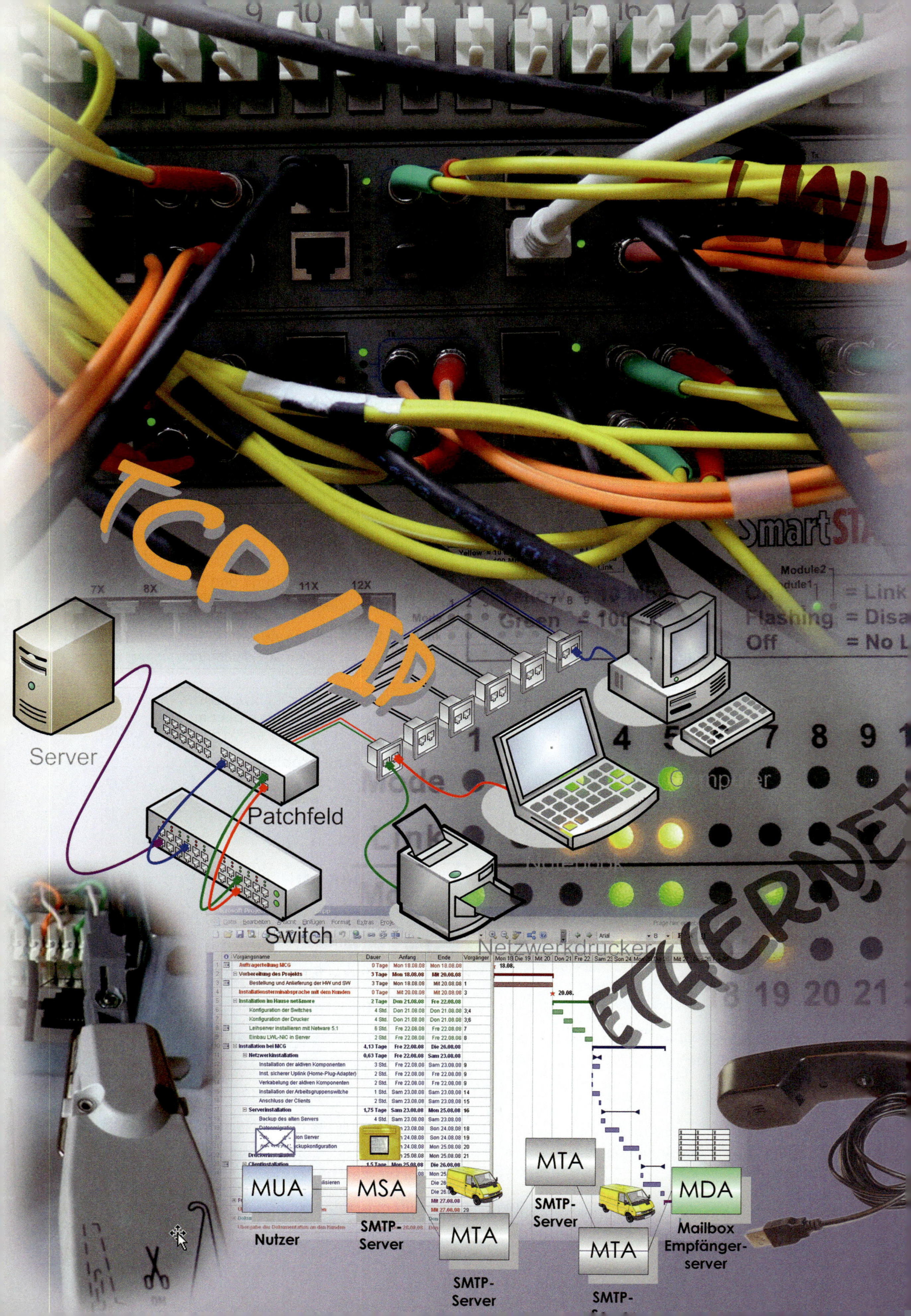
LWL
TCP/IP
Server
Patchfeld
Switch
Netzwerkdrucker
ETHERNET
MUA
Nutzer
MSA
SMTP-Server
MTA
SMTP-Server
MTA
SMTP-Server
MTA
MDA
Mailbox Empfänger-server

1. Situationen

Im folgenden werden beispielhaft zwei Kundensituationen vorgestellt, um an ihnen die praxisbezogenen Tätigkeiten zur Planung, zum Aufbau und zur Wartung von Netzwerken beispielhaft aufzuzeigen.

In der ersten Situation geht es um ein kleines lokales Firmennetzwerk. In einem ersten Schritt erfolgt im Rahmen eines Teilprojektes die Optimierung des LAN. Ein weiteres Teilprojekt beschäftigt sich mit der Neuplanung eines lokalen Netzwerkes. Dabei wird die Planung erstellt und die Installation im Detail beschrieben. Im Vordergrund stehen bei beiden Teilprojekten das Verkabelungskonzept, die Auswahl der Netzkomponenten und die Installation der zentralen Netzwerkdienste in einem LAN.

In der zweiten Situation soll ein bestehendes lokales Netzwerk durch die Anbindung einer Außenstelle und eines Telearbeitsplatzes zu einem zeitgemäßen Firmennetzwerk erweitert werden. Im Vordergrund steht dabei die Koppelung von zwei lokalen Netzwerken zu einem gemeinsamen Firmennetzwerk. Es entsteht ein WAN. Zusätzlich wird die Internetanbindung und die Implementierung von drahtlosen Netzwerken berücksichtigt. Es wird also um die Wahl der angemessenen Verbindungsarten, der entsprechenden Netzkomponenten und insbesondere um zentrale Sicherheits- und Backupkonzepte gehen.

Anhand dieser beiden Situationen wird berufstypisches Vorgehen bei der Analyse, Planung und Erstellung der Lösungskonzepte vorgestellt.

Überblick der thematischen Schwerpunkte in den Handlungssituationen

Vorgehensweise und Verfahren
- Bedarfserhebung
- Analyse
- Dokumentation
- Implementierung
- Fehlersuche
- Anpassung

Hardware
- Verkabelung
- Netzkomponenten
- Serverhardware

Software
- Netzwerkbetriebssysteme

Konzepte
- IP-Konzept
- VLAN
- VPN
- WLAN
- Backup

Dienste
- Netzwerkdienste
- Druckerdienste
- Dateidienste
- Berechtigungen

Phasenmodell projektorientierter Abwicklung ‚Von der Kundenanfrage zum Projektabschluss'

Die Situationen werden so dargestellt, dass die typischen Phasen einer projektorientierten Bearbeitung durch das Unternehmen des Auftragnehmers anhand von Situationsbeschreibungen und exemplarischen Dokumenten deutlich gemacht werden. Eine Besonderheit ergibt sich für das Teilprojekt 1 der ersten Handlungssituation. Hier wird die Lösungsumsetzung detailliert mit besonderem Fokus auf Projektmanagement beschrieben. Auch wenn in der Berufspraxis in einem so kleinen Projekt eher selten die typischen Werkzeuge des Projektmanagements eingesetzt werden, so ist dieses Teilprojekt wegen seiner Überschaubarkeit, Nachvollziehbarkeit und Exemplarität besonders gut für die Darstellung geeignet.

Die Grafik (Abb. 1) visualisiert die Phasen des Ablaufs. Dabei sind die kundenbezogenen Meilensteine grün und die Phasen der Projektbearbeitung beim Auftragnehmer blau dargestellt.

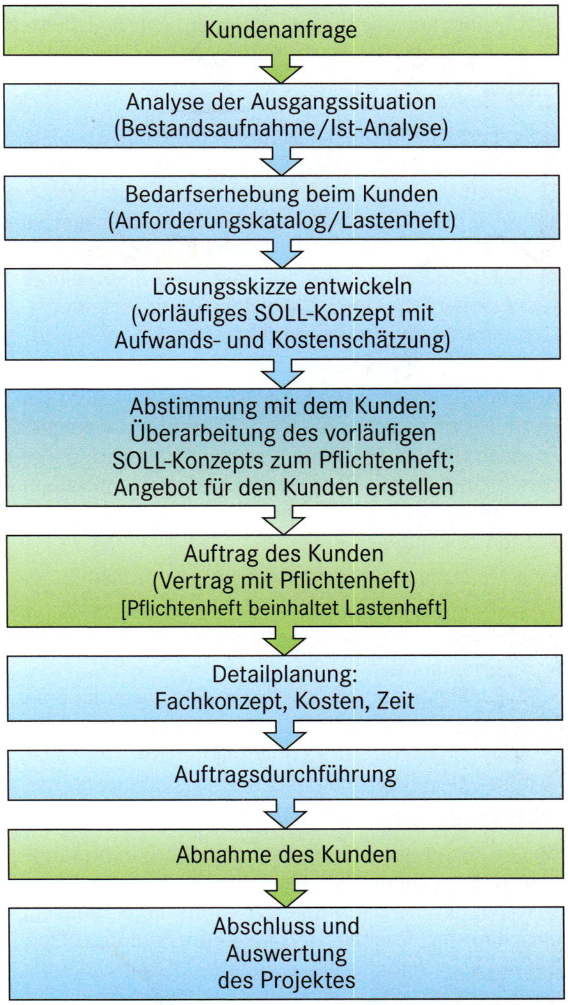

1: Phasenmodell einer projektorientierten Abwicklung ‚Von der Kundenanfrage zum Projektabschluss'

1.1 LAN Infrastruktur einer Unternehmensberatung

Die Meier Consulting GmbH (MCG) expandiert und plant deshalb einen Neubau. Für diesen Neubau soll die erforderliche IT-Infrastruktur von kompetenter Seite geplant und eingerichtet werden. Da das Firmennetzwerk im Altbau immer wieder für erheblichen Ärger sorgt, beschließt Herr Meier, sich der Sache selbst anzunehmen und nach einer Lösung zu suchen, die zu einer sofortigen Verbesserung der Situation führt. Ein Freund von Herrn Meier empfiehlt ihm das Systemhaus „net & more".

1.1.1 Ausgangslage

Herr Meier lässt sich direkt mit dem Geschäftsführer Herrn Ufer verbinden. Nach kurzem Telefonat vereinbaren die beiden, dass die Meier Consulting ihre Vorstellungen und Erwartungen in einer schriftlichen Anfrage formuliert (Abb. 3). Gleichzeitig wird ein gemeinsamer Vor-Ort-Termin festgelegt. Da Herr Ufer Neukunden prinzipiell persönlich betreut, wird er diesen Termin auch selbst wahrnehmen. Allerdings bittet er seinen Techniker, Herrn Astner, ihn zu begleiten.

1.1.2 Bestandsaufnahme

Bei dem gemeinsamen Termin bei MCG begehen Herr Meier, Herr Ufer und Herr Astner alle in Bezug auf die IT-Struktur interessanten Räume. Herr Astner skizziert während des Rundgangs begleitend das Netzwerk, um später die Dokumentation für das Lösungskonzept erstellen zu können. Bei der Begehung fallen einige technische Aspekte auf, die Herr Meier in seinem Schreiben nicht dargestellt hat. Herr Astner notiert diese handschriftlich (Abb. 1).

Anschließend setzen sich die drei Herren im Büro von Herrn Meier zusammen. Herr Ufer fragt nun nach den konkreten Problemen, die bisher im Netzwerk aufgetreten sind. Dieser Schritt ist notwendig, um bei der weiteren Analyse gezielt nach möglichen Fehlerquellen suchen zu können.

Herr Meier benennt folgende konkrete Probleme:

- Es kommt unregelmäßig zu Serverabstürzen.
- Teilweise entstehen lange Wartezeiten bei Dateizugriffen auf den Server.
- PCs verlieren sporadisch die Verbindung zum Server.
- Es entstehen häufig Datenverluste weil das Netz wahrscheinlich nicht richtig funktioniert.
- Teilweise lassen sich die Drucker nicht ansprechen.

Auch diese Probleme notiert Herr Astner.

Abschließend bittet Herr Ufer um weitere Informationen zur Planung des Neubaus und der Organisationsstruktur, um die zukünftigen Anforderungen besser einschätzen zu können. Herr Meier übergibt den beiden das Organigramm für die erweiterte MCG und die mit dem Architekten für den Neubau abgesprochene Anforderungsaufstellung (Abb. 2). Bauzeichnungen für den Neubau existieren noch nicht.

Bestandsaufnahme

net & more

Projekt:
Projektberechnung: 2008_MCG001

Kundennummer: 081120-4 (Neukunde!)

Gesprächspartner: Herr Martin Meier (Geschäftsführer)

Telefonnummer: 06171 - 7118899

Fax: 06171 - 7118895 E-Mail: meier@mcg.de

Begehung:
Datum: 20.11.2007 Uhrzeit: 15:00

anwesend: Herr Ufer / Herr Astner von MCG: Herr M. Meier

Notizen:

- Uplink zwischen OG und DG über alte 10 Base2-BNC-Leitung
- Kabelführung nicht nachvollziehbar, keine Kabelschächte, massive Betondecke
- Low-Cost-Hubs zur Vernetzung der PCs, keine Kaskadierung der Hubs
- fliegende Verkabelung, einfachste UTP-Patchkabel
- Kabelisolierung und RJ45 teilweise beschädigt
- 6 ältere Drucker (lokal), teilweise mechanische Umschalter
- heterogene Hardware bei den Clients
- Betriebssysteme der Clients: Win98 / Win2000
- Netzwerkeigenschaften aller Clients: feste IP-Adressen
- Server wird lediglich als Dateiserver eingesetzt
- Betriebssystem Server: Novell 3.11, Patchlevel veraltet

1: Bestandsaufnahme

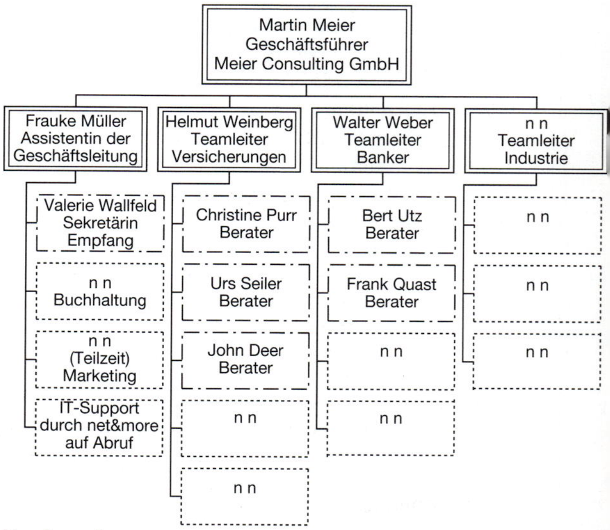

Neubauplanung:

- 40 Arbeitsplätze in mind. 10 Büros
- Etage 1 und 2: Vier Beratungsabteilungen
- Etage 3: Geschäftsführung/Buchhaltung/Marketing
- Mind. drei Besprechungsräume (möglichst einer pro Etage)
- Je ein Peripherieraum pro Etage (Drucker, Fax, Kopierer)
- Ein klimatisierter Peripherieraum (Server)

2: Organigramm und Raumplanung Neubau

Wir entwickeln in Potenziale **MeierConsultingGmbH**
Unternehmensberatung

12. November 2008

Systemhaus net&more
Unteres Mainufer 112

60123 Frankfurt (Main)

Sehr geehrter Herr Ufer,

wie in unserem gestrigen Telefongespräch vereinbart, darf ich Ihnen unsere Ausgangslage kurz schriftlich darlegen. Zur Absprache des weiteren Vorgehens hatten wir ja den 20. November um 15:00 Uhr als Vor-Ort-Termin bereits vereinbart.

MCG ist ein Unternehmen, das sich auf die Beratung von Versicherungen und Banken spezialisiert hat. In den letzten beiden Jahren konnten wir stark expandieren, was zu einer deutlichen Zunahme der Anzahl Mitarbeiterinnen und Mitarbeiter geführt hat. Unsere derzeitige Büroetage mit fünf kleinen Räumen im ersten Stockwerk wurde im letzten Jahr behelfsmäßig um drei nachträglich im Dachgeschoss ausgebaute große Büroräume erweitert.

Mit diesem Wachstum musste unsere IT-Infrastruktur Schritt halten. Allerdings stößt die bisherige Praxis, das Netz insbesondere durch eigene Mitarbeiter und wechselnde IT-Dienstleister zu betreuen und bei dringendem Bedarf zu erweiterern, deutlich an seine Grenzen. Unsere Ansprüche an Zuverlässigkeit und Leistungsfähigkeit der IT-Infrastruktur werden nicht mehr erfüllt. Zurzeit kommt es regelmäßig zu Systemausfällen und Leistungsengpässen (Daten auf dem Server sind nicht verfügbar, Probleme beim Ausdruck, komplette Netzwerkausfälle, usw.), was natürlich vollkommen inakzeptabel ist.

Die IT-Situation stellt sich zurzeit wie folgt dar:
In den insgesamt acht Räumen unseres Altbaus arbeiten 12 Mitarbeiterinnen und Mitarbeiter an zehn Desktop-PC-Systemen und zwei Notebooks. Als Betriebssystem werden Win 98 und Win 2000 genutzt. Die Rechner sind miteinander provisorisch verkabelt worden und mit dem in einem Abstellraum untergebrachten Server unserer Firma verbunden. Zur Anbindung des Dachgeschosses wurde eine alte Datenleitung genutzt.

Um der Firmenerweiterung gerecht zu werden, wird MCG in sechs Monaten drei Etagen eines Neubaus beziehen, mit der Option, weitere Etagen hinzuzumieten. Wie bereits besprochen, soll die IT-Infrastruktur im Neubau neu erstellt und die bestehende im Altbau im Rahmen des Umzugs abgelöst werden. Damit möchten wir Ihr Systemhaus gerne beauftragen.

Unser dringendes Anliegen ist es, die Übergangszeit bis zum Bezug des Neubaus so zu überbrücken, dass wir auch im derzeitigen alten Netzwerk zuverlässig und zügig arbeiten können. Für Ihre Lösungsvorschläge darf ich mich schon jetzt bedanken.

Mit freundlichem Gruß

M. Meier

KAISERIN-FRIEDRICH-ALLEE 2 · 61723 BAD HOMBURG V.D.H.
TELEFON: 06171 - 7118899 · FAX: 06171 - 7118895 · MAIL: meier@mcg.de · URL: www.mcggmbh.com

3: Schriftliche Anfrage MeierConsultingGmbH

Herrn Ufer wird sehr schnell klar, dass es sich bei der Kundenanfrage um zwei Teilprojekte handelt:

1. LAN-Optimierung im MCG-Altbau und
2. LAN-Planung im MCG-Neubau.

Er beschließt, das Management für das Projekt ‚2008_MCG001' selbst in die Hand zu nehmen. Daher dokumentiert er die verschiedenen Teilaufgaben und Arbeitspakete in einem ersten groben Projektstrukturplan (PSP). Seine Erfahrungen bei Netzwerkneuplanungen lassen ihn die beiden Teilaufgaben ‚Netzwerkplanung' und ‚Serverplanung' sofort unterscheiden (Abb. 2).

Als Teil des Arbeitspaketes ‚Netzwerkanalyse' beauftragt er Herrn Astner mit der Erstellung eines Netzwerkdiagramms der Ist-Situation auf der Grundlage der gemeinsamen Begehung. Herr Astner erstellt das Netzwerkdiagramm mit Hilfe der professionellen, kostenpflichtigen Visualisierungssoftware Visio aus dem Hause Microsoft. Herr Astner greift bei der Erstellung auf seine Handskizze und seine handschriftlichen Notizen zurück (Abb. 1).

1.1.3 Bedarfserhebung

Zur Erarbeitung des Lösungskonzeptes und zur Erstellung des Angebots stimmt sich Herr Ufer noch einmal telefonisch mit Herrn Meier ab. Herr Meier macht bei diesem Gespräch erneut deutlich, dass es ihm an

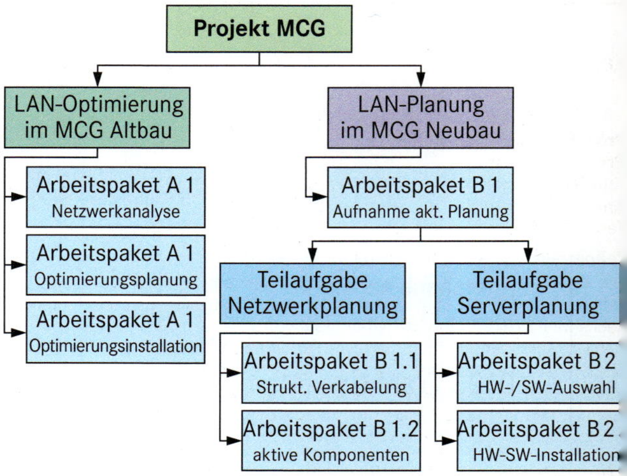

2: Projektstrukturplan für Projekt 2008_MCG001

erster Stelle um die schnellstmögliche Beseitigung der Fehlerquellen im Altbau geht, erst an zweiter Stelle soll die IT-Planung für den Neubau erstellt werden.

Herr Ufer formuliert nach dem Telefongespräch das Lastenheft für das Projekt 2008_MCG001. Dabei unterscheidet er die Anforderungen für das Teilprojekt LAN-Optimierung und für das Teilprojekt LAN-Planung. Einen Auszug aus dem Lastenheft zeigt Abb.3

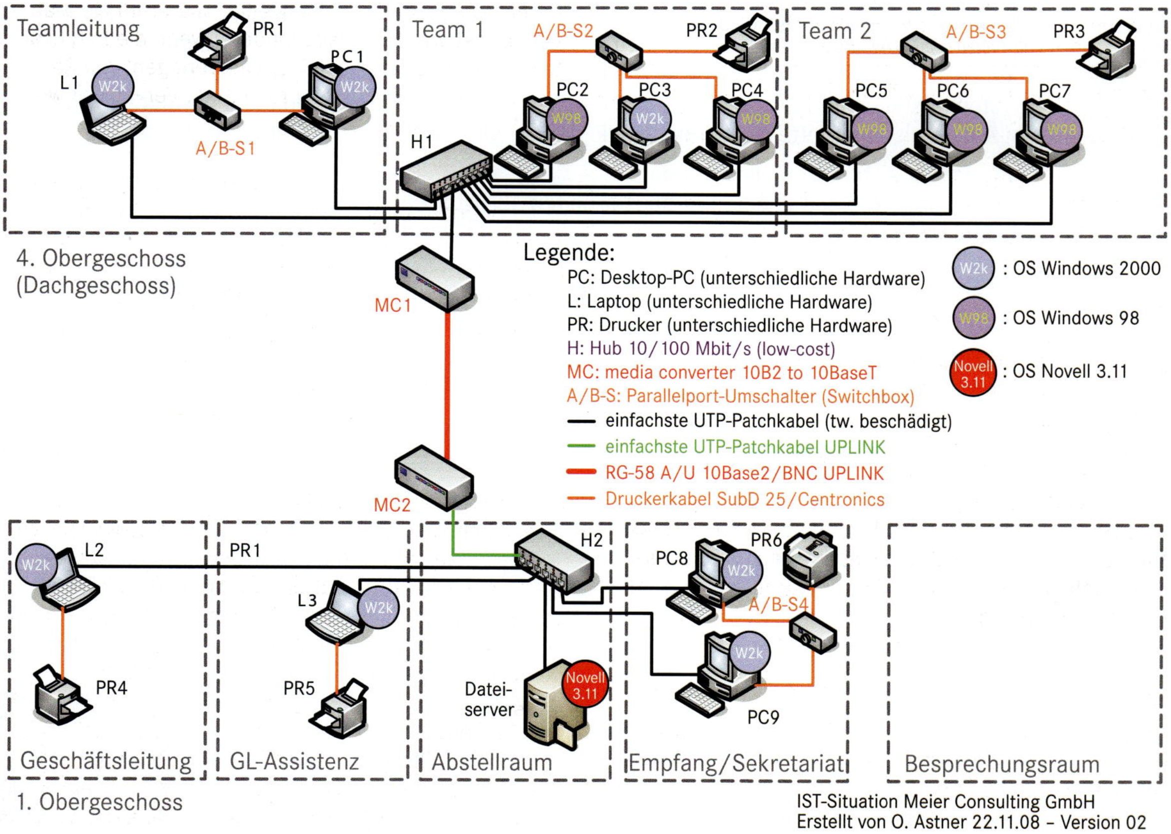

1: Netzwerkdiagramm MCG Ist-Situation

_astenheft

Blatt 1 von 4

net & more

'rojekt: 2008 Meier Consulting Optimierung und Neuplanung
'rojektbezeichnung: 2008_MCG001
‹undennummer: 081120-4 (Neukunde!)
\nsprechpartner: Herr Martin Meier (Geschäftsführer der MCG)
'elefon: 06171 - 7118899 **Fax**: 06171 - 7118895 **E-MAIL**: meier@mcg.de

'eilprojekt 1: LAN-Optimierung im MCG-Altbau
)ie Mitarbeiter der MCG erfahren durch net&more eine angemessene IT-Jnterstützung für die tägliche Arbeit. Für den Altbau ist dies für die nächsten ›echs Monate bei möglichst geringem Aufwand zu realisieren. Der laufende 3etrieb soll nicht beeinträchtigt werden. Aktuelle Fehler im bestehenden Jetzwerk sind zu beheben Die Leistungsfähigkeit ist dahingehend zu optimieren, dass alle Mitarbeiter zuverlässig und zügig arbeiten können.

Folgende Sachziele sind verbindlicher Bestandteil des Projektauftrags:

Nr.	Anforderung	Erfolgs- und Messkriterien
1.1	Beseitigung der Verbindungsprobleme der Clients mit dem Server	Alle Clients können in 99 % der Arbeitszeit (im Jahresmittel) auf den Server zugreifen. Bei Ausfällen wird die Verfügbarkeit des Servers oder Netzwerks innerhalb von 2 Stunden wieder hergestellt. (Arbeitszeit: Mo-Fr. 8:00-10:00 Uhr)
1.2	Beschleunigung der Zugriffszeiten	Zugriff eines einzelnen Clients schneller als 50 mbit/s. Gleichzeitiger Zugriff (bis zu 3 Clients) schneller als 20 mbit/s.
1.3	Beseitigung von Serverabstürzen	Der Server stürzt im Monatsmittelwert seltener als ein Mal pro Woche ab.
1.4	Beseitigung der Druckprobleme	Die Rechner können in 99 % der Arbeitszeit (im Jahresmittel) auf einen Drucker, der nicht mehr als 20 m entfernt ist, mit einer Geschwindigkeit von 12 Seiten/min (s/w) drucken.

'eilprojekt 2: LAN-Optimierung im MCG-Neubau
Jet&more erstellen die Planung für die zukunftssichere, leistungsfähige und)ei Bedarf erweiterbare IT-Infrastruktur des MCG-Neubaus. Die IT-Infrastruktur wird den wachsenden Anforderungen durch die MCG-Expansion innerhalb der nächsten fünf Jahre gerecht.

3: Auszug aus dem Lastenheft

1.1.4 Lösungskonzepte

Grundlage für die Erstellung der beiden Lösungskonzepte sind die Kundenanforderungen in Verbindung mit der Bestandsaufnahme. Herr Ufer überlegt sich also sehr konkret, wie die im Lastenheft formulierten Anforderungen des Kunden so umgesetzt werden können, dass die Lösung den festgelegten Erfolgs- und Messkriterien genau entspricht. Da die Vorgehensweise für die beiden Teilprojekte leicht voneinander abweichen, sollen die jeweiligen Lösungskonzepte getrennt dargestellt werden.

1.1.4.1 Lösungskonzept MCG-Altbau

Da es im Altbau um die kurzfristige Beseitigung von Fehlern und um die ordnungsgemä-ße Funktion des bestehenden Netzes geht, sind die Betrachtung des Ist-Zustandes und die Identifikation von möglichen Fehlerquellen hier von herausragender Bedeutung.

Herr Ufer zieht zur Fehler- und Problemanalyse wieder Herrn Astner zur Beratung heran. Die Vorgehensweise orientiert sich gleichzeitig an den Teilanforderungen des ersten Teilprojektes des bestehenden Lastenheftes.

Anforderung 1.1:

Beseitigung der Verbindungsprobleme

Die Verbindungsprobleme der Clients mit dem Server beruhen auf mehreren Ursachen. Zum einen wurde bei MCG auf professionelle Verkabelung gänzlich verzichtet und lediglich ‚fliegend' verkabelt, was zu einer erhöhten Beanspruchung der Anschlusskabel geführt hat. Bei der Bestandsaufnahme sind zudem fehlerhafte Isolierungen der ungeschirmten Anschlusskabel und ausgebrochene RJ45-Stecker aufgefallen.

Herr Ufer und Herr Astner diskutieren kurz, ob sich für die relativ kurze Zeit von sechs Monaten die eigentlich notwendige Installation von Netzwerkdosen lohnt. Die Dosen wären untereinander mit Cat6-Kabeln verbunden, während die Clients über Patchkabel an die Dosen anzuschließen wären. Die beiden verwerfen diesen Lösungsansatz allerdings sehr schnell und beschließen, alle Patchkabel zu erneuern. Dies entspricht der Anforderung von Herrn Meier, den Aufwand gering zu halten, außerdem können diese Patchkabel, zumindest teilweise, später im Neubau verwendet werden, insbesondere, wenn die Patchkabel nicht länger als 5 m sind. Ein ‚Verlegen' von Raum zu Raum kommt nicht mehr in Frage. Verwendet werden trittsichere Kabel.

Schnell besteht Einigkeit, alle veralteten Netzwerkkomponenten möglichst außer Betrieb zu nehmen. Die Hubs sind durch leistungsfähige Switches zu ersetzen. Diese Switches sind konfigurierbar und so ausgewählt, dass sie sich beim Umzug in den Neubau in die neue Infrastruktur integrieren lassen. Sie sind modular aufgebaut, so dass verschiedene Einschübe entsprechend der benötigten Übertragungstechnik (LWL/CU) in das Gehäuse eingesteckt werden können (vgl. Abb. 4).

Fehlerquelle können auch die Medienkonverter sein. Zum einen setzen sie die Übertragungsgeschwindigkeit im Netz zwangsweise von 100 auf 10 Mbit/s herab, zum anderen wurde auf preiswerte und damit oft fehleranfällige und unzuverlässige Hardware zurückgegriffen. Herr Ufer und Herr Astner diskutieren deshalb, welche Möglichkeiten bestehen, auf diese Medienkonverter ganz zu verzichten. Bei der Diskussion wird schnell deutlich, dass der Verzicht der Medienkonverter direkt zur Umsetzung der Anforderung 1.2 führt.

4: Modularer Switch

Zur Erfüllung der Erfolgs- und Messkriterien überlegen sich Herr Ufer und Herr Astner folgendes:

- Bei allen Clients werden die Netzwerkeinstellungen überprüft und vereinheitlicht. Da ein Wechsel des Betriebssystems für die kurze Zeit wenig sinnvoll ist, wird auf allen Clients DHCP (Dynamic Host Configuration Protocol) aktiviert und über die Migration des Serverbetriebssystems auf Novell 5.1 der DHCP-Dienst gestartet.
- Damit auf allen Rechnern auch lokal gesichert werden kann, wird ein entsprechendes lokales Verzeichnis in einer eigenen Partition H: eingerichtet.
- Damit die Teams und der Teamleiter vollkommen unabhängig vom Etagenuplink auf den Server zugreifen können, muss der Server in das Dachgeschoss umziehen. Da dann nur noch die Geschäftsleitung und das Sekretariat den Hyperlink für Serverzugriffe belasten, wird dieser Engpass entschärft. Ein kleiner Teil des Teamleiterraums wird als Serverraum provisorisch abgetrennt.
- Die net&more wird Herrrn Meier einen kostenpflichtigen Servicevertrag vorgeschlagen, in dem ein Vor-Ort-Service innerhalb der vereinbarten Zeit mit Erfolgsgarantie festgelegt ist.

Herr Meier und Herr Astner verwerfen die Möglichkeit der sofortigen Vereinheitlichung der gesamten Client-Hardware nach kurzer Diskussion. Zwar könnte die neue Hardware ohne Probleme in den Neubau umziehen, allerdings würde der laufende Betrieb bei MCG durch den Austausch zu stark beeinträchtigt.

Ebenfalls verworfen wird die Idee, die OS-Software sofort zu vereinheitlichen und z.B. auf Win XP professional oder Windows Vista Business umzustellen. Die Maschinen sind teilweise so alt, dass deren Hauptspeicher erweitert werden müsste. Die Umstellung für die kurze Zeit wäre also unwirtschaftlich. Außerdem wäre bei den Rechnern mit dem vorhandenen Betriebssystem Win98 nach der Migration mit einem Rückgang der Systemleistung zu rechnen.

Die Heterogenität von Hardware und Betriebssystemen wird also zunächst nicht verändert.

Anforderung 1.2:
Beschleunigung der Zugriffszeiten

Den stärksten Einfluss auf teilweise lange Zugriffszeiten dürfte die bestehende 10Base2-Etagenanbindung haben. Über diese fest verlegte BNC-Leitung findet sämtliche Datenkommunikation zwischen den Clients im Dachgeschoss und dem Server statt. Da außerdem die eingesetzten Hubs als Sternverteiler jeglichen Datenverkehr aller Ports weiterleiten, können bei zeitgleicher Nutzung des Dateiservers und Kommunikation der Clients untereinander vermehrt Kollisionen innerhalb der einen Kollisionsdomäne auftreten, die zu der teilweisen unzumutbaren Beeinträchtigung der Leistungsfähigkeit des Netzwerks führen.

Herr Ufer und Herr Astner sind sich schnell einig, dass die immer vorhandenen Datenkollisionen dann keine Auswirkungen mehr zeigen, wenn die beiden Hubs durch drei Arbeitsgruppenswitches und zwei Etagenswitches (Abb. 1) ersetzt werden.

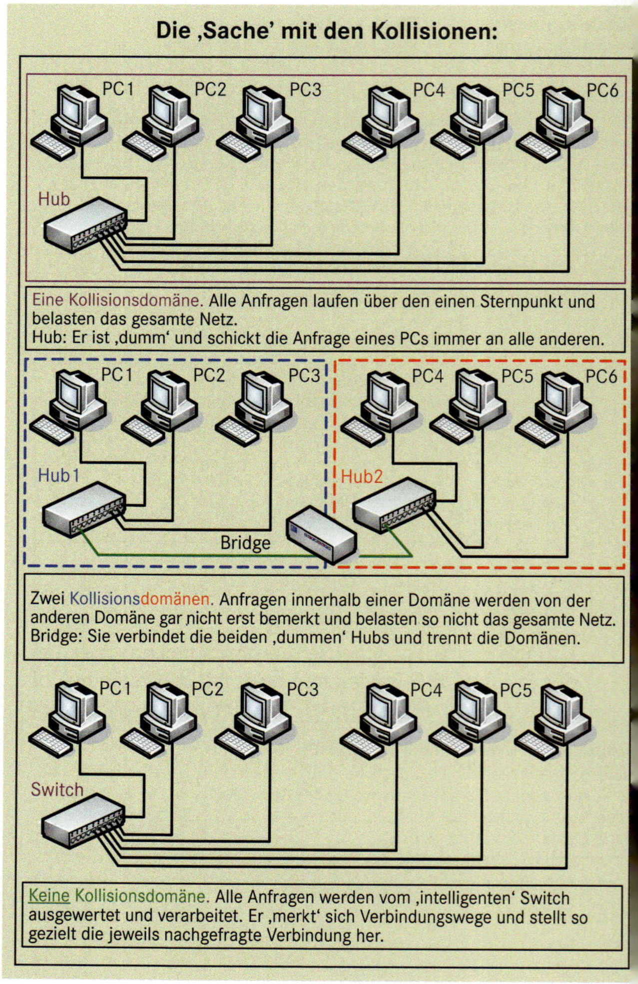

1: Anordnung von Hubs und Switches

Weiterhin soll der Anschluss des Servers über Lichtwellenleiter erfolgen, da dann mit bis zu 1Gbit/s ein ‚Nadelöhr' zum Server nicht mehr existiert. Bei dem verwendeten modularen Etagen-Switch ES1 soll deshalb ein Kupfermodul gegen ein Lichtwellenleiter-Modul ausgetauscht werden. Gleichzeitig ist die herkömmliche Netzwerkkarte des Servers gegen eine Gigabit-LWL-Karte (Abb. 2) zu ersetzen.

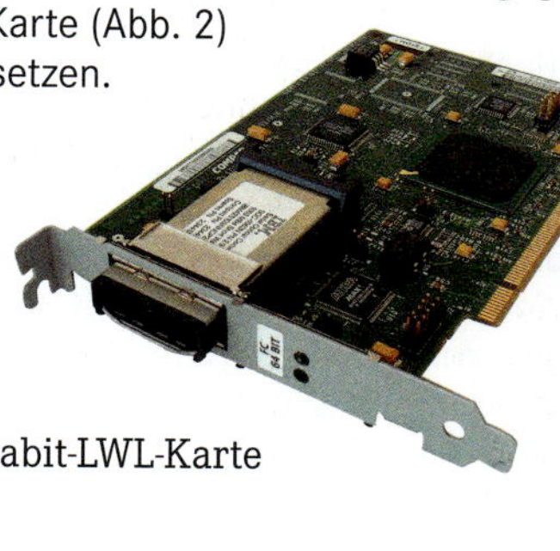

2: Gigabit-LWL-Karte

Zur Beseitigung des identifizierten ‚Flaschenhalses' Etagenanbindung diskutieren Herr Meier und Herr Astner etwas länger, da hier die baulichen Vorgaben besonderen Einfluss haben.

Die fest verlegte, alte BNC-Leitung lässt sich nicht ohne größeren Aufwand gegen eine aktuelle Cat5e-S/STP-Verkabelung austauschen, da die Kabelführung nicht nachvollziehbar ist. Nach Auskunft von Herrn Meier ist es seitens der Hausverwaltung aus Brandschutzgründen untersagt, neue Deckendurchbrüche zu bohren oder Kabel außen an der Hausfassade zu verlegen. Somit bleiben nur die beiden Varianten:

1. Funkanbindung über eine WLAN-Bridge oder
2. die Nutzung der bestehenden Strom- oder Antennenkabel zur ‚Datenübertragung mit Hilfe der Home-Plug-Technik', auch als Powerline-Technik bekannt (vgl. Abb. 3).

3: Devolo-Home-Plug-Adapter mit Koax-Unterstützung

Da sich drei Vollgeschosse mit Betondecken zwischen den beiden MCG-Etagen befinden, ist die Chance einer zuverlässigen Funkverbindung eher gering. Auch die Anbindung mit Hilfe von Powerline-Adaptern über die Stromleitung kann problematisch sein. Dies gilt immer dann, wenn die jeweiligen Stromkreise der zu verbindenen Räume von verschiedenen Phasen des Stromnetzes versorgt werden.

Herr Ufer beschließt, Herrn Astner zum Büro von MCG zu schicken, um beide Varianten probehalber zu installieren. Erst dann wollen beide weiter beraten.

Die Erprobung ergibt, dass eine Funkanbindung mit den Standardantennen der WLAN-Accesspoints tatsächlich nicht möglich ist. Herr Astner konnte jedoch mit externen Außenantennen (vgl. Abb. 4) eine ausreichende Verbindung aufbauen.

4: Outdoor-Antennen

Die Stromversorgung des Dachgeschosses erfolgt über eine andere Phase als die des ersten Obergeschosses. Damit scheidet die Nutzung des Stromnetzes aus. Da der Powerline-Adapter aber auch die Nutzung von Koax-Kabeln und damit des alten BNC-Kabels zulässt, erprobt Herr Astner diese Variante. Er hat Erfolg. Laut Messung lässt die so gewonnene Verbindung eine um mindestens den Faktor 3 höhere Übertragungsgeschwindigkeit zu.

Herr Ufer beschließt beide Lösungsvarianten in das SOLL-Konzept einzubringen und die Entscheidung für die Wahl der Uplink-Strecke Herrn Meier zu überlassen. Herr Meier muss ggf. vorher die Montage der Außenantennen mit der Hausverwaltung abklären. Unabhängig von der Übertragungstechnologie ist auf dem Uplink eine Verschlüsselung zu aktivieren, damit keine Unberechtigten die Kommunikation abhören können.

Herr Ufer und Herr Astner sind sich einig, dass die im Lastenheft formulierten Erfolgskriterien mit den getroffenen Entscheidungen eingehalten werden können.

Anforderung 1.3:
Beseitigung von Serverabstürzen

Gründe für die relativ häufig genannten Serverabstürzen könnten einerseits bei der verwendeten Hardware des Servers liegen, anderseits ist das eingesetzte Netzwerkbetriebssystem Novell 3.11 stark veraltet.

Da für den Neubau sowieso ein neuer leistungsfähigerer Server angeschafft werden muss, beschließt Herr Ufer, der MCG die sofortige Neuanschaffung zu empfehlen. Für die Zeit bis zum Neubau stellt net&more einen leistungsfähigen Server als Leihgerät zur Verfügung, auf dem das Betriebssystem Novell 5.1 installiert wird. Die damit erreichte Übergangslösung ist deutlich kostengünstiger als eine zeitaufwändige Hardwarefehlersuche. Nach kurzer Überspielung der Daten kann der Ersatzserver sofort in Betrieb genommen werden. An den einzelnen Clients sind keine Veränderungen notwendig und der alte Server bleibt unverändert, könnte also im Notfall durchaus wieder problemlos reaktiviert werden.

Auch hier gilt, dass mit den getroffenen Entscheidungen von der Umsetzung der Erfolgskriterien ausgegangen werden kann.

Anforderung 1.4:
Beseitigung der Druckprobleme

Zentrale Ursache für die Druckprobleme dürfte die Verwendung von Druckerumschaltern (Abb. 5) sein, über die die Drucker lokal an die Clients angeschlossen sind.

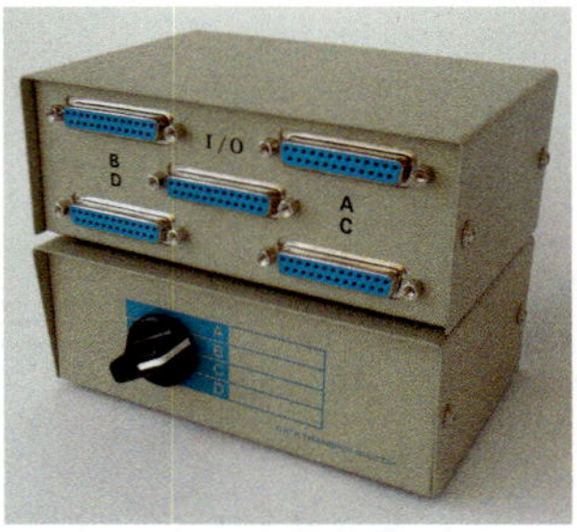

5: Druckerumschalter

Zwangsläufig müssen immer dann Fehler mit entsprechenden Fehlermeldungen entstehen, wenn ein Rechner versucht, einen lokalen Drucker anzusprechen, der gerade umgeschaltet und damit nicht verfügbar ist. Eine weitere Fehlerquelle stellen die mechanischen Kontakte gerade auch in älteren Umschaltern dar. Unzureichender Kontakt einer einzigen Ader des 25-poligen Druckerkabels führt regelmäßig zu Druckproblemen.

Nach kurzer Beratung entscheiden sich Herr Ufer und Herr Astner für die nachstehende Lösung. Obwohl hier der Aufwand für die Neuanschaffung von Geräten relativ hoch ist, bleibt er doch wirtschaftlich, weil neue Hardware kompromisslos später im Neubau weiterverwendet werden kann.

Das Konzept ‚Lokaler Drucker' wird aufgegeben. Statt dessen müssen alle eingesetzten Drucker ab sofort netzwerkfähig sein.

Die Beraterteams erhalten einen leistungsfähigen Etagen-Farblaserdrucker, der auch als Kopierer geeignet ist. Auf der Geschäftsleitungsetage wird im alten ‚Serverraum' ein netzwerkfähiger Multifunktionsdrucker (Laserdrucker s/w) installiert.

Die beiden weiterverwendbaren hochwertigen Arbeitsplatz-Farbtintenstrahldrucker werden mit Hilfe von Printserver-Boxen (mit USB oder Parallelkabelanschluss) für die Geschäftsleitung und das Sekretariat als Netzwerkdrucker mit beschränktem Zugriff bereitgestellt.

Herr Ufer stellt fest, dass die Einhaltung der im Lastenheft dokumentierten Erfolgskriterien durch das gewählte Konzept ‚Netzwerkdrucker' ermöglicht wird.

Indem noch einmal alle Anforderungen des Kunden im Lastenheft durchgegangen werden, beraten Herr Ufer und Herr Astner, ob die Lösungsidee alle wesentlichen Aspekte beachtet. Dabei fällt Ihnen auf, dass noch nicht bedacht wurde, dass Netzausfälle, ausgelöst durch Schadsoftware, zunehmend an Bedeutung gewinnen. Da zudem später mit einer Öffnung des LANs nach außen gerechnet werden muss, schlägt Herr Astner vor, in jedem Falle einen Virenscanner auf allen Clientsystemen und dem Server zu installieren. Es ist damit zu rechnen, dass die Mitarbeiter externe Datenträger (Disketten, USB-Sticks, CDs, DVDs) einsetzen, die möglicherweise Schadsoftware tragen können.

Natürlich muss darauf geachtet werden, einen einheitlichen Patchstand des Betriebssystems herbeizuführen.

Zum Abschluss des Gespräches beauftragt Herr Ufer Herrn Astner, alle Lösungsvorschläge in einem Netzwerkdiagramm der Sollsituation MCG-Altbau zu dokumentieren (Abb. 1).

Dieses Netzwerkdiagramm wird dann zentraler Bestandteil des Angebotes für die MCG. Nach Auftragserteilung entsteht dann aus Lastenheft und Netzdiagramm das Pflichtenheft für die Optimierung des LANs im Altbau.

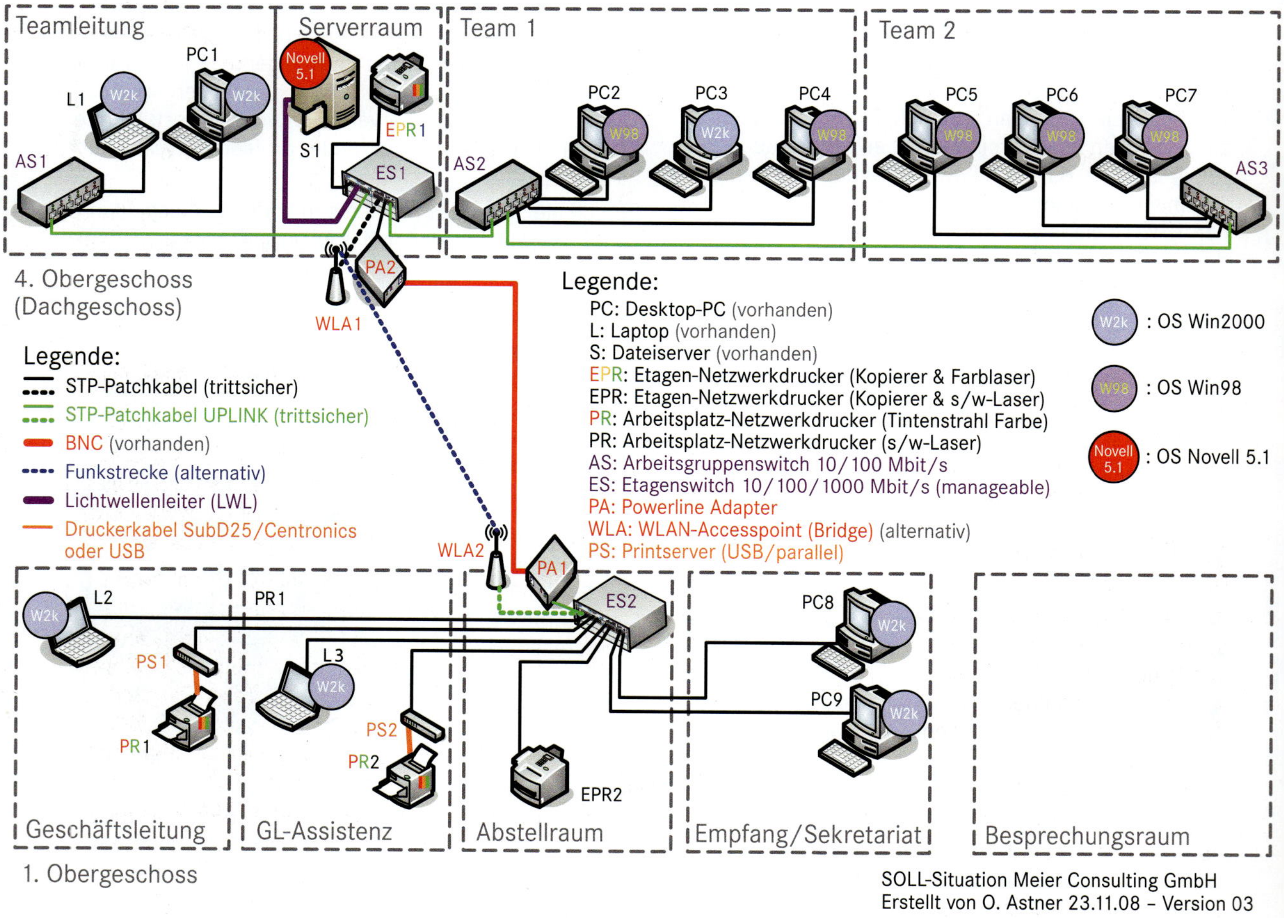

1: Netzwerkdiagramm MCG Soll-Situation

1.1.4.2 Lösungskonzept MCG-Neubau

Auch für das Lösungskonzept Neubau gilt: Grundlage sind die Anforderungen des Kunden.

Raumkonzept

Aus der schriftlichen Anfrage geht bereits hervor, dass die MCG im Neubau auf drei übereinander liegende Etagen verteilt sein wird und die Erweiterung auf weitere Etagen möglich sein soll. Herr Ufer bittet Herrn Meier darum, möglichst die Raumpläne für die Etagen zur Verfügung zu stellen (Abb. 2).

Für die Raumpläne gilt, dass prinzipiell alle Etagen gleichen Zuschnitt und gleiche Aufteilung haben.

Zur Vermeidung der Überhitzung der aktiven Elemente sind mindestens die Verteilerräume zu klimatisieren. Aus Gründen der Arbeitssicherheit (z. B. Feinstaubbelastung durch Toner) sollten die Peripherieräume auch in die Klimatisierung einbezogen werden.

Strukturierte Verkabelung

Um der Forderung nach Zukunftssicherheit und Leistungsfähigkeit gerecht zu werden und weil das geplante Netzwerk komplex genug wird, entscheidet Herr Ufer eine strukturierte Verkabelung. Diese wird auch als Universelle Gebäudeverkabelung (UGV) bezeichnet.

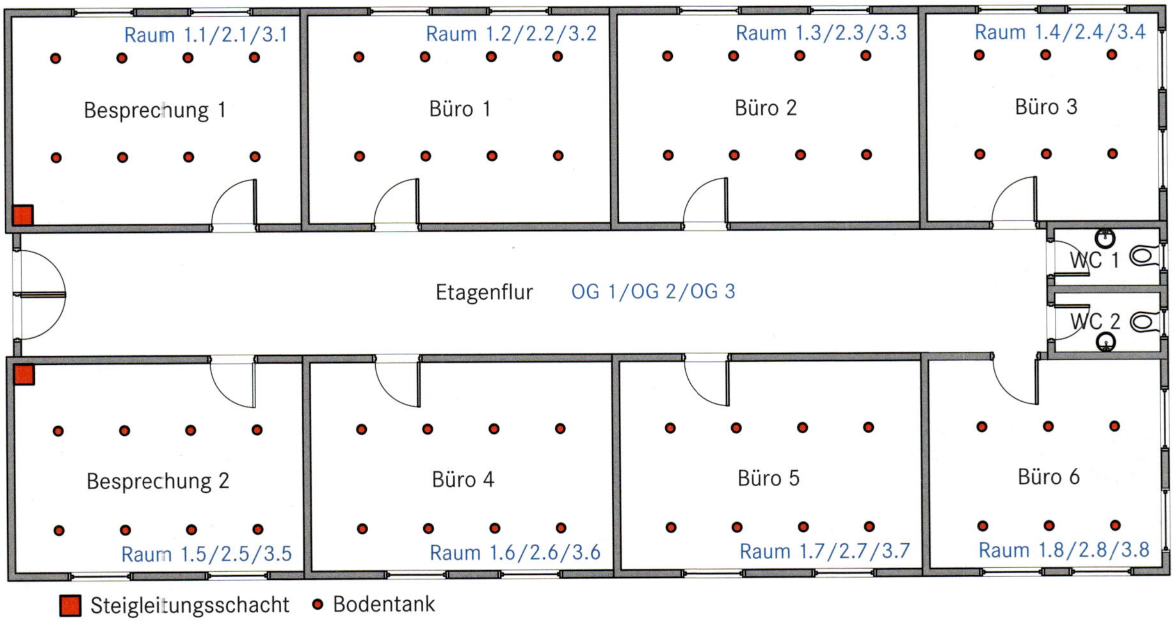

2: Etagenplan MCG Neubau

Durch den Einsatz von Leichtbauwänden können nach Bedarf Wände verschoben oder auch neue eingezogen werden.

Herr Ufer schlägt vor, in jeder Etage durch Aufteilung des Raumes „Besprechung 2", durch den ein Steigleitungsschacht führt, je einen Verteilerraum und einen Peripherieraum zu erzeugen (Abb.3).

Die Verteilerräume können dann jeweils die Etagenverteiler und in einem Geschoss zusätzlich den Server aufnehmen. In den Peripherieräumen werden die Drucker und Multifunktionsgeräte untergebracht.

Da das Netzwerk lediglich ein Gebäude umfasst, kann der gebäudeübergreifende Primärbereich unberücksichtigt bleiben.

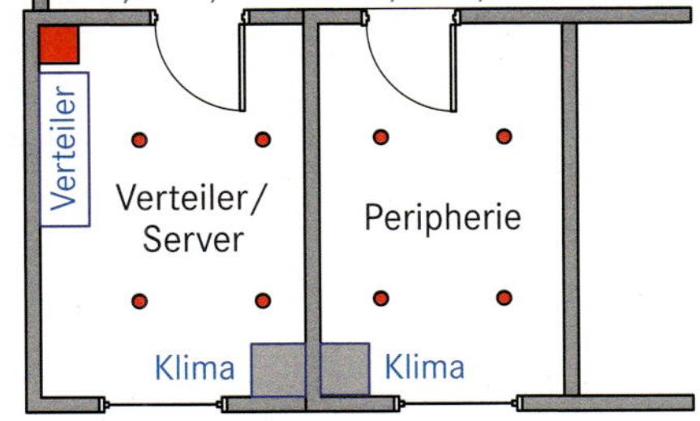

3: Technische Räume pro Etage

Die Verwendung des verhältnismäßig günstigen Lichtwellenleiters 1000Base-SX Multimode Fiber 850nm ist für den stockwerkübergreifenden Sekundärbereich deshalb sinnvoll, weil der Sekundärbereich damit für Übertragungsgeschwindigkeiten von bis zu 10 GigaBit/s ausgelegt ist. Mit dieser Entscheidung wird der Forderung nach Zukunftssicherheit entsprochen.

Ein späterer Ausbau der aktiven Komponenten auf 10 GbE (10-Gigabit-Ethernet) ist so ganz unproblematisch möglich. Bestandteil des Sekundärbereiches sind der Backboneswitch und die LWL-Module der Etagenverteilerswitches. Für den Backboneswitch soll ein LWL-Gigabit-Switch zum Einsatz kommen.

Die Verkabelung im Tertiärbereich, also innerhalb einer Etage, erfolgt über Kupferleitung. Herr Ufer schlägt S/STP Verlegekabel nach Cat7 vor. In den Räumen ist wegen der räumlichen Variabilität die Verwendung von Bodentanks (Abb. 1) vorgesehen. Diese werden durch Leerdosen und Leerrohre vorbereitet, aber nicht alle Vorbereitungen werden bestückt. In die Bodentanks sind dann entsprechende Miniswitches einzusetzen, über die die einzelnen Clients und Peripheriegeräte angeschlossen werden können. Zum Tertiärbereich gehören die 1000Base-T-Module der Etagenverteilerswitches für den Uplink der Miniswitches.

1: Bodentank

Herr Astner hat auf Bitte von Herrn Ufer das gesamte Lösungskonzept für den Neubau in einem Netzwerkdiagramm dokumentiert (Abb. 3).

Zur Darstellungsvereinfachung ist die dritte Etage nur angedeutet. Dies ist möglich, da die Etagen bezüglich Raumaufteilung und Grundinstallation identisch sind. Eine mögliche Erweiterung der Geschäftsräume von MCG erlaubt eine 1:1 Übertragung auf die nächste Etage.

Ebenfalls reduziert ist die Darstellung der Uplink-Anbindung der einzelnen Miniswitches an den Etagenswitch. Pro Miniswitch ist immer eine achtadrige Leitung erforderlich.

Die passiven Netzwerkkomponenten – Verkabelungen und Patchfelder – werden durch kurze Patchkabel mit den aktiven Switches verbunden. Die jeweiligen Längen der Patchkabel werden sich erst direkt vor Ort ergeben. Zu wählen sind jeweils die Längen, die eine schnell zu überblickende Installation ermöglichen.

Bereiche bei der strukturierten Verkabelung

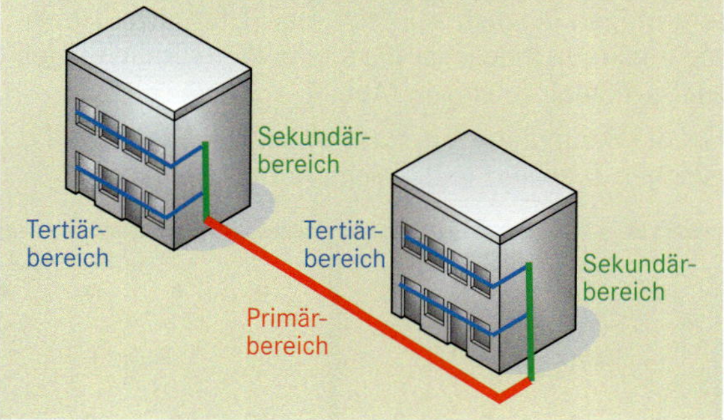

Aus Gründen der Übersichtlichkeit hat Herr Astner zusätzlich zum Netzwerkdiagramm eine Spezifikationsliste (Abb. 2) angefertigt, aus der die Details für die vorgeschlagenen einzelnen Komponenten der strukturierten Verkabelung hervorgehen.

Herr Astner informiert Herrn Ufer darüber, dass Etagenswitches verwendet werden sollten, die über V-LAN-Funktionalität verfügen. Damit kann die Kommunikation der Geschäftsleitung, der Personalabteilung oder der Buchhaltung/Controlling über VLAN vom restlichen LAN getrennt werden.

LfNr	Bezeichnung	Anzahl	Spezifikation	Bemerkung Verwendung/Standort	Bereich	Bestand
1	Lichtwellenleiter	30 m	1000Base-SX Multimode Fiber 850 nm, 10 Gbit/s	vertikale Stockwerkverkabelung	sekundär	nein
2	Backboneswitch (Coreswitch)	1	LWL-Switch 1 Gbit/s SNMP-V3 fähig	Anbindung Server Uplink Backboneswitches Serverraum 1. OG	sekundär	nein
3	Etagenswitch	3	LWL-Modul 1 Gbit/s SNMP-V3 fähig/VLAN-fähig	Uplink Backboneswitches Serverraum/Verteilerraum	sekundär	nein
4	Patchpanel	3	24 Port Cat 7 LSA+	Anbindung Miniswitches/ Etagen-Switches im Serverraum/Verteilerraum	sekundär	nein
5	Etagenswitch	3	1000BaseT-Modul 1 Gbit/s SNMP-V3 fähig/VLAN-fähig	Uplink Miniswitches Serverraum/Verteilerraum	tertiär	nein
6	Miniswitch	34	1000BaseT-Modul to 10/100BaseT 100 Mbit/s 4-Port	Anschluss Clients und Peripherie Bodentanks Büros/Peripherieräume	tertiär	nein
7	Verlegekabel	150 m	S/STP CAT7	horizontale Etagenverkabelung	tertiär	nein
8	Patchkabel	insges. 104	FTP CAT7 Längen: 0,3 m/0,5 m/1 m/ 2 m/3 m/5 m jeweils nach Bedarf	Anbindung Clients/Peripherie an Bodentanks	tertiär	ja teilweise

2: Spezifikationsliste der strukturierten Verkabelung

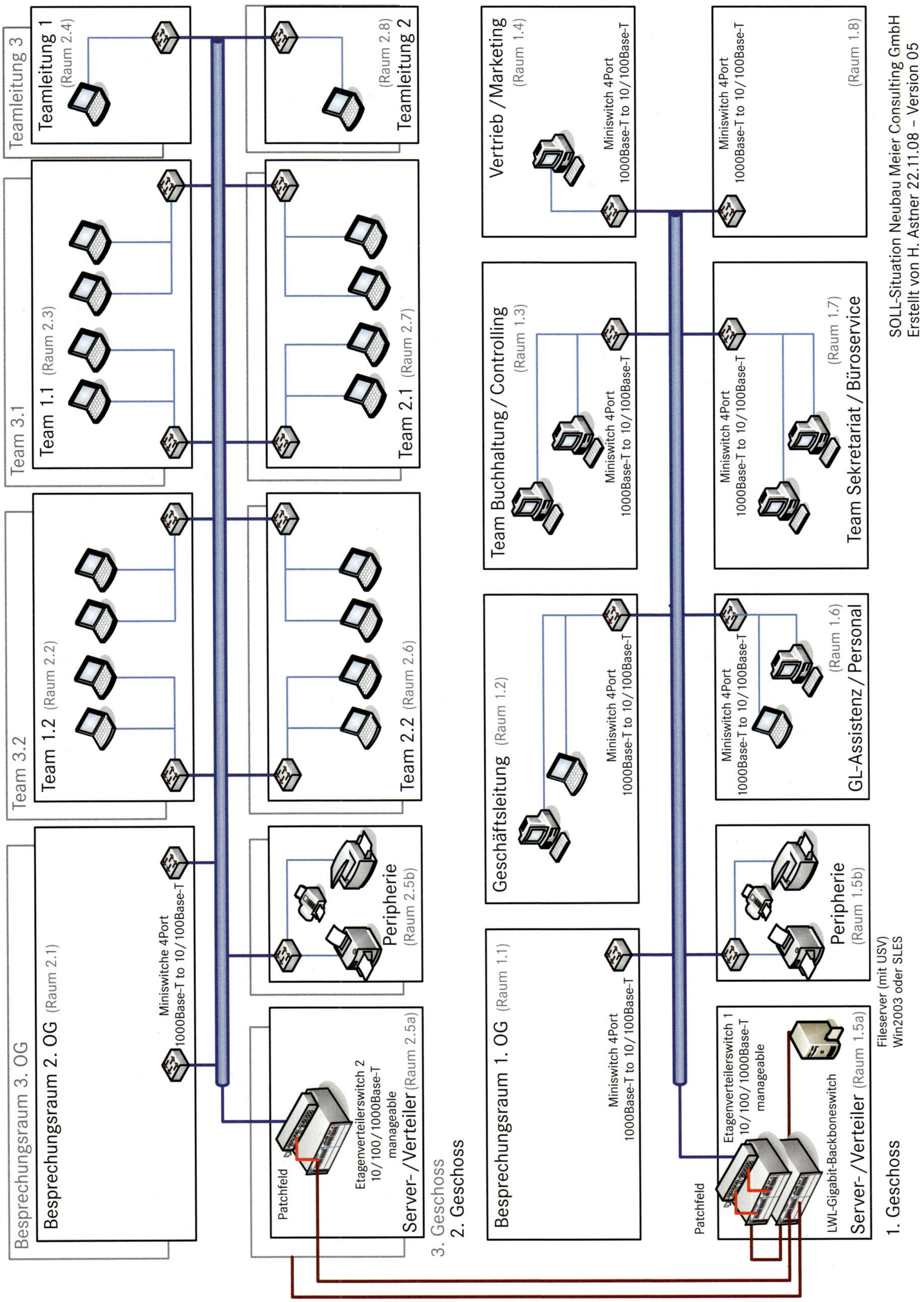

3: Netzwerkdiagramm MCG-Soll-Situation-Neubau

Serverkonzept

Herr Ufer hat im Rahmen der Empfehlungen für den MCG-Altbau die Beschaffung eines neuen Servers bereits nahegelegt. Für den Neubau sind neben den Überlegungen zur Serverhardware auch solche zum einzusetzenden Serverbetriebssystem anzustellen.

Serverhardware

Die Auswahl der geeigneten Server-Maschine kann zunächst weitestgehend unabhängig vom einzusetzenden Serverbetriebssystem getroffen werden. Alle Hersteller professioneller Serverhardware stellen nämlich inzwischen für alle üblichen Serverbetriebssysteme geeignete Treiber zur Verfügung.

Damit kann die Auswahl fast ausschließlich von den Einsatzanforderungen und vom Nutzungsprofil des Servers abhängig gemacht werden. Grundlegende Anforderungen an die Serverhardware sind in jedem Falle Dauerbetriebsfähigkeit und Ausfallsicherheit.

Deutlich preisgünstige Desktophardware würde diesen Anforderungen beispielsweise nicht entsprechen und scheidet daher in jedem Falle aus.

Dauerbetrieb oder 24/7

Um die Verfügbarkeit von Geräten oder Diensten kenntlich zu machen wird die Abkürzung **Stunden pro Tag/Tage pro Woche** benutzt.

24/7 bedeutet Verfügbarkeit in 24 Stunden pro Tag und 7 Tagen pro Woche, kennzeichnet also die Auslegung für Dauerbetrieb.

Mit 9/5 wird Standardverfügbarkeit gekennzeichnet, also Verfügbarkeit von 9 Stunden täglich an 5 Tagen pro Woche.

Herr Ufer schlägt für den Server ein Markengerät vor, das über folgende Spezifikationen verfügen muss:

- redundante Netzteile
- Mehrprozessorgerät mit aktuellem Mehrkernprozessor
- auf Betriebssystem abgestimmte Arbeitsspeichergröße nur von Markenherstellern
- RAID-Controller
- Festplattenkapazität mit hoher Kapazitätsreserve (> Faktor 10 des Speichervolumens des aktuellen Datenbestandes)
- 5 identische SCSI-Festplatten (24/7) vom Markenhersteller mit schneller Zugriffszeit. 2 HDD als RAID 1 (System) und 3 HDD als RAID 5 (Daten)
- alle Lüfter (24/7)

Ergänzt werden soll der Server durch ein Bandsicherungslaufwerk, das über ein entsprechendes Sicherungskonzept die kontinuierliche Datensicherung erlaubt.

Der Server selbst ist durch den Betrieb über eine unterbrechungsfreie Stromversorgung (USV) gegen Stromausfälle abzusichern (Abb. 1).

1: USV

Serversoftware

Der Server von MCG soll in seiner Hauptfunktion als Fileserver eingesetzt werden. Zusätzlich hat er als ‚Netzwerkzentrale' noch die Aufgabe, die Anmeldung der Clients zu kontrollien und die Zugriffe der Mitarbeiter auf die Serverressourcen zu steuern. Zentrale Installationsaufgaben sollen ebenso übernommen werden können, wie Funktionen eines Intranets. Abb. 2 zeigt eine Übersicht wichtiger Funktionen und die zugehörigen Dienste.

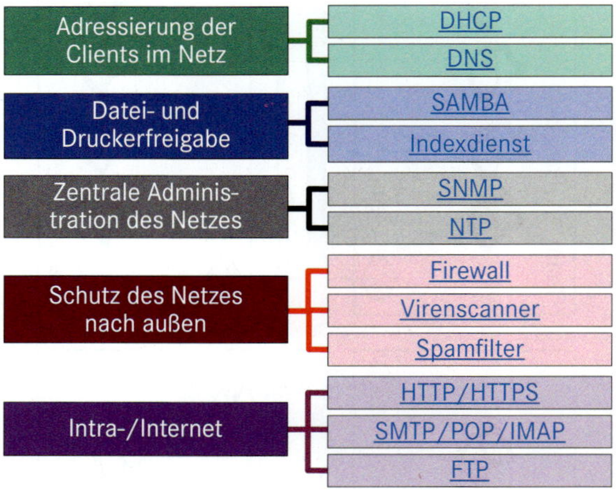

2: zentrale Dienste eines Servers

Wichtig für die Auswahl eines geeigneten Serverbetriebssystems sind die sich aus dem Nutzungsprofil des Servers gewünschten Aufgaben und Funktionen. Da alle auf dem Markt befindlichen professionellen Serverbetriebssysteme über die geforderten Funktionen verfügen bzw. zusätzlich notwendige Netzwerkdienste sich bei allen Systemen unproblematisch nachinstallieren lassen, sind prinzipiell alle professionellen Systeme geeignet. Deshalb sind für die Auswahl weitere Kriterien heranzuziehen.

Herr Ufer schließt spezielle Serverbetriebssysteme wie Unix und verschiedene Unixderivate (OS X Server, FreeBSD) deshalb aus, weil ihre Mächtigkeit unnötigen Installations- und Administrationsaufwand erfordern würden. Für die Anforderungen von MCG sind diese deshalb wenig sinnvoll.

Was den Installations- und Administrationsaufwand angeht, eignet sich sowohl ein Microsoft-Serverbetriebssystem als auch eine spezielle Linux-Distribution, die allgemein auf Unternehmensanforderungen ausgerichtet ist. Herr Ufer schlägt die Verwendung einer kostenpflichtigen Linuxdistribution vor, wie z.B. Suse Linux Enterprise Server (SLES) oder Redhat. Diese besitzen Preisvorteile gegenüber den Microsoftprodukten, weisen gleichzeitig aber mindestens gleichwertige Systemstabilität und -sicherheit auf. Von großer Bedeutung bei der Entscheidung ist, dass die Linuxdistribution einen guten Support aufweist und sich sehr gut als Serverbetriebssystem mit angeschlossenen Windows-Clients eignet.

1.1.5 Lösungsumsetzung

Nach der konzeptuellen Planung erstellt Herr Astner nach Aufforderung durch Herrn Ufer das Pflichtenheft. Bestandteil des Pflichtenheftes ist das Lastenheft im Anhang, also die Anforderungen des Kunden. Dieses Pflichtenheft dokumentiert ‚wie' und ‚womit' die Anforderungen des Kunden erfüllt werden sollen. Es wird später mit dem Angebot an den Kunden geschickt und wird bei der Auftragsvergabe gemäß dem später zu erstellenden Angebot zum Vertragsbestandteil. Daher sind im Pflichtenheft alle notwendigen technischen Lösungsvorschläge und Schritte zur Umsetzung dokumentiert. Das Pflichtenheft ist auszugsweise in Abb. 3 dargestellt. Es beschränkt sich hier auf das Teilprojekt Altbau. Die Struktur entspricht den organisatorischen und technischen Schritten, nach denen auch bei der Umsetzung nach Auftragsvergabe vorgegangen wird.

Pflichtenheft Projekt 2008_MCG_001 (Teilprojekt 1 Altbau)

Um die Anforderungen der Fa. Meier Consulting GmbH (siehe Lastenheft im Anhang) technisch umzusetzen, werden durch die net&more folgende Leistungen erbracht:

1. Netzwerk - aktive Komponenten

- Lieferung, Montage und Konfiguration von zwei modularen Switches, SNMP V3-fähig für das 1. und 4. OG des Büros von MCG
- 1 Chassis mit mindestens 24 Ports CU 10/100/1000 MBit/s
- 1 Modul LWL-GB 1000Base-SX Multimode im 1. OG
- 1 Chassis mit mindestens 24 Ports CU 10/100/1000 MBit/s in den Büros
- 4 Arbeitsgruppenswitches, mindestens 8 Ports CU 10/100/1000 MBit/s
- Beschaffung und Anschluss von 25 Patchkabeln 10 m, S/FTP, EIA/TIA-568B Kategorie 6, 2*RJ45 männlich, halogenfrei

2. Netzwerk - Etagen Uplink

- Lieferung, Montage und Konfiguration von zwei WLAN Accesspoint (802.11n 300MBit/s) mit wetterfesten externen Außenantennen alternativ
- Lieferung, Montage und Konfiguration von zwei Home-Plug-Adaptern (Bruttodatenrate 200 Mbit/s) zum Anschluss an den vorhandenen 10Base2-BNC-Uplink
- Aktivierung der Verschlüsselung für den gewählten Uplink

3. Servermigration

- Bereitstellung eines Leihservers mit OS Novell 5.1 für 6 Monate
- Installation des Leihservers im 4. OG
- Anbindung mit LWL-GB-NIC an LWL-Modul des Switches im 4. OG
- Backup des Servers,
  o Vollbackup mittels Image,
  o Backup der Unternehmensdaten
- Datenmigration vom alten Server auf den neuen Server
- Konfiguration des Leihservers gemäß Kundenanforderungen (DHCP, Anmeldeskripte, Volumes, Gruppen, Berechtigungen, Backup) nach Aufwand
- Installation eines Virenscanners auf dem Leihserver

4. Drucker

- Beschaffung und Lieferung neuer Drucker gemäß Kundenvorgabe
- Aufbau und Konfiguration der Drucker
- Beschaffung und Anbindung eines Druckservers (10/100 MBit/s) zum Anschluss von zwei lokalen Druckern
- Einrichtung von Druckberechtigungen auf dem Leihserver

5. Clientkonfiguration

- Anpassung der IP-Konfiguration auf DHCP
- Installation und Konfiguration der Netzwerkdrucker
- Installation von Virenscannern
- Installation der aktuellen Patches für die eingesetzten Betriebssysteme und die Anwendungssoftware (Office 2007, Project 2007, Visio 2007)

3: Pflichtenheft MCG (Auszug für Teilprojekt 1 – Altbau –)

Angebot und Auftragsvergabe

Vor der Auftragsvergabe steht natürlich das konkrete Angebot. Herr Ufer bittet Herrn Astner das Angebot zu erstellen. Bevor die MCG das Angebot erhält, soll es allerdings mit ihm abschließend abgestimmt werden.

Herr Astner informiert sich nun, sofern noch nicht im Rahmen der Lösungskonzeption geschehen, über geeignete Produkte, und holt bei mehreren Großhändlern Vergleichspreise ein. Die Produkte, die er für den Kunden einsetzen möchte, sucht er nach einem stimmigen Preis-Leistungsverhältnis gezielt für den Einsatzzweck aus.

Um die Kosten für die Installation zu ermitteln, führt er eine Aufwandsschätzung durch. Diese bildet zusammen mit den ermittelten Einkaufspreisen für Hard- und Software die Grundlage für das Angebot.

Die Höhe der im Angebot benannten Preise für die zu erbringenden Dienstleistungen und das zu liefernde Material ergeben sich aus der betriebsinternen Kalkulation. Bei der einfachen Zuschlagskalkulation (Abb. 1) werden auf der Grundlage unternehmerischer Erfahrungswerte und in Abhängigkeit von der aktuellen Marktlage zu den Selbstkosten Zuschläge veranschlagt.

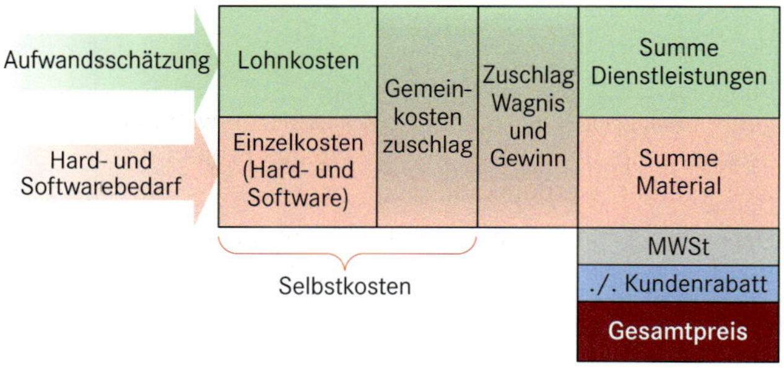

1: einfaches Kalkulationsschema (Zuschlagskalkulation)

Herr Meier erhält das von net&more erstellte Angebot und bittet um ein Abstimmungsgespräch mit Herrn Ufer. Zum einen ist ihm der Gesamtpreis insgesamt zu hoch, außerdem hat er inzwischen von der Hausverwaltung erfahren, dass es, neben dem Verlegen von Kabeln an der Fassade, ebenfalls untersagt ist, WLAN-Außenantennen anzubringen.

Die in der Kalkulation enthaltenen Zuschläge bieten Herrn Ufer die Möglichkeit, marktgerecht zu reagieren. Da er den Auftrag unbedingt erhalten möchte, kalkuliert er mit geringeren Gewinn- und Wagniszuschlägen und bietet entsprechend günstiger an. Es kann durchaus auch vorkommen, dass ein Unternehmen sich im Einzelfall entschließt, Leistungen zum Selbstkostenpreis anzubieten.

Die Position ‚WLAN-Außenantennen' wird von net&more zugunsten des Alternativvorschlags aus dem Angebot herausgenommen und das neue Angebot der MCG vorgelegt. Mit der Unterschrift von Herrn Meier kommt es zur Auftragserteilung.

Projektplanung

Um sich zu entlasten, überträgt Herr Ufer Herrn Astner die gesamte Projektplanung. Dieser geht systematisch in aufeinander aufbauenden Schritten (Abb. 2) und detailliert vor.

Da Herr Astner in Bezug auf die Verfahren und Software des Projektmanagements noch wenig Erfahrung besitzt, möchte er dieses doch recht überschaubare Projekt nutzen, um das Handling zu üben. Er verspricht sich davon, seine Konzentration bei zukünftigen komplexen Projekten auf das Projekt selbst richten zu können und sich nicht so sehr auf Verfahren und auf das Managementwerkzeug konzentrieren zu müssen.

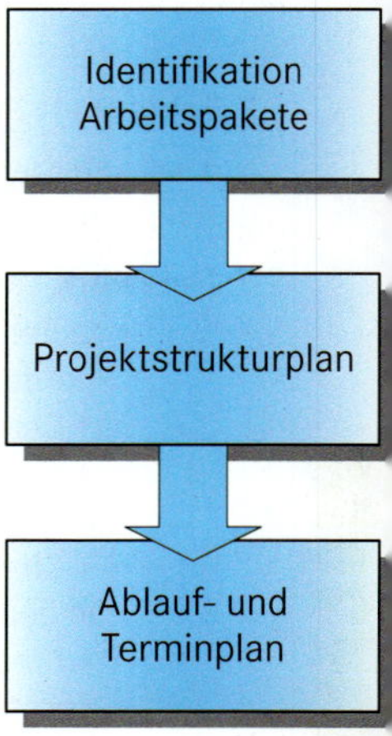

2: Planungsschritte im Projektmanagement

Für die Identifikation der Arbeitspakete im Teilprojekt ‚Altbauoptimierung' listet Herr Astner die erforderlichen Aktivitäten zu einer Aktivitätenliste auf. Dabei bezieht er sich auf seine betriebliche Erfahrung, nimmt aber durchaus auch Rücksprache mit Kollegen im Hause. Folgende Teilaufgaben hat er identifiziert:

- Vorbereitung des Projekts
- Vorinstallation (im Hause)
- Netzwerkinstallation (MCG)
- Serverinstallation (MCG)
- Druckerinstallation (MCG)
- Clientinstallation (MCG)
- Funktionstest (MCG)
- Übergabe an den Kunden
- Dokumentation

Im nächsten Schritt führt er die Teilaufgaben im Projektstrukturplan zusammen und gliedert diese stärker auf (Abb. 3). Die Teilschritte heißen in der Sprache des Projektmanagements ‚Arbeitspakete'.

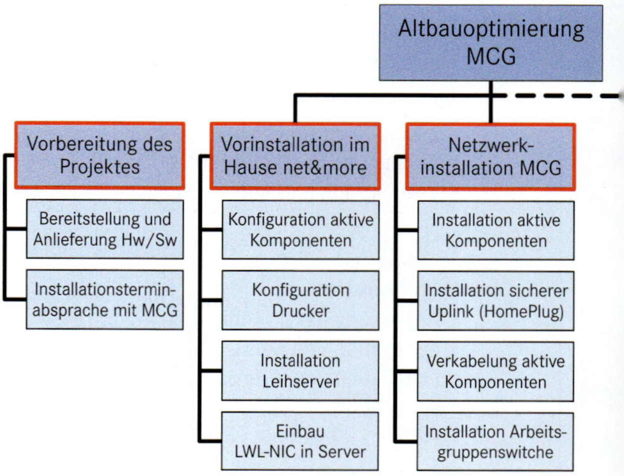

3: Projektstrukturplan (Auszug)

Diese Arbeitspakete müssen nun in eine zeitliche Reihenfolge gebracht und jeweils überlegt werden, welches Arbeitspaket erst dann abgearbeitet werden kann, wenn ein anderes bereits fertig ist.

Um die Vorgehensweise festzulegen, ist eine Vorgangsliste (Abb. 4) zu erstellen. Dazu sind die bekannten Teilaufgaben in eine Tabelle zu schreiben. In dieser Tabelle sind den Teilaufgaben die vorher festgelegten Arbeitspakete zuzuordnen, zudem ist jeweils festzulegen, wie lange ein Arbeitspaket voraussichtlich dauern wird und welche die unbedingt notwendigen „Vorgänger" eines Arbeitspaketes sind. Wie in der Vorgangsliste in Abb. 4 ersichtlich ist, repräsentieren die fett dargestellten und nur mit einer Ziffer versehenen Vorgänge die Teilaufgaben. Alle anderen Vorgänge sind die Arbeitspakete, die hierarchisch darunter gegliedert sind und durch mit einem Punkt getrennte Ziffern nummeriert wurden.

Vorg. Nr.	Vorgang	Vorgänger	Dauer
1	**Auftragserteilung**		0 Tg.
2	**Vorbereitung des Projektes**		
2.1	Bestellung und Anlieferung HW u. SW	1	3 Tg.
3	**Installationsterminabsprache**	2.1	0 Tg.
4	**Vorinstallation bei net&more**		
4.1	Konfiguration aktive Komponenten	2.1, 3	4 Std.
4.2	Konfiguration der Drucker	2.1, 4.1	4 Std.
4.3	Installation Leihserver	4.2	6 Std.
4.4	Einbau LWL-NIC in Server	4.3	2 Std.
5	**Netzwerkinstallation MCG**		
5.1	Installation aktive Komponenten	4.2, 4.3	3 Std.
5.2	Installation sicherer Uplink	4.2, 4.3	2 Std.
5.3	Verkabelung aktive Komponenten	4.3	2 Std.
5.4	Installation Arbeitsgruppenswitches	5.3	1 Std.

4: Vorgangsliste (Auszug)

Die getrennte Erstellung der Pläne und Listen ist allerdings sehr zeitaufwändig, auch müssten bei notwendigen Änderungen diese überall vorgenommen werden. Herr Astner setzt deshalb für die Projektplanung spezielle Software ein. Bei net&more kommt die kommerzielle Software MS-Project der Firma Microsoft zum Einsatz.

Herr Astner gibt Teilaufgaben und Arbeitspakete direkt ein und legt die Dauer und Vorgänger der einzelnen Vorgänge sofort fest. Die Software erstellt automatisch und synchron eine grafische Darstellung, das Gantt-Diagramm. Die nächste Seite zeigt in Abb. 1 das Ergebnis der Arbeit von Herrn Astner.

Auffallend ist, dass Teilaufgaben und Arbeitspakete von der Software bei der Eingabe zunächst gleichrangig behandelt werden. In der Vorgangsliste wird eine Hierarchie dann durch ‚höher stufen' ① bzw. ‚tiefer stufen' ② erzeugt. Hinsichtlich der Nummerierung macht die Software keinen Unterschied mehr zwischen Arbeitspaket und Teilaufgabe, alles sind eben „Vorgänge". Dies hat einen entscheidenden Vorteil bei der Zuweisung von Vorgängern: Wie der Vergleich der Vorgangsliste in Abb. 4 mit dem Projektablaufplan in Abb. 1 auf der nächsten Seite zeigt, ist es viel übersichtlicher, Vorgänger mit einem einfach fortlaufenden Ziffersystem zu kennzeichnen.

Um zu erkennen, welche Arbeitspakete gleichzeitig abgearbeitet werden können, werden Projekte üblicherweise in Form von Balkendiagrammen (Abb. 1 nächste Seite) oder als Netzpläne visualisiert. Zu jedem Vorgang können zusätzlich die benötigten Ressourcen, Ressourcen sind notwendige Personen oder Material, eingetragen werden.

Eine Besonderheit sind die an der Dauer ‚Null' erkennbaren Vorgänge. Es handelt sich hierbei um sogenannte Meilensteine für das Projekt. Herr Astner hat insgesamt vier Meilensteine festgelegt:

MS 1: ③ nächste Seite:
Auftragserteilung durch den Kunden

MS2: ④ nächste Seite:
Terminabsprache mit dem Kunden

MS3: ⑤ nächste Seite:
Übergabe des Netzes an den Kunden

MS4: nächste Seite:
Übergabe der Dokumentation

Meilensteine sind besonders wichtige Terminsetzungen innerhalb des Projektes bzw. markieren wichtige Etappenziele, ohne deren Erreichung das Projekt nicht weitergeführt werden kann.

Sehr häufig ist die Nichteinhaltung von MS-Terminen äußerst kritisch für den Erfolg eines Projektes, fast immer aber entstehen dadurch deutlich höhere Kosten.

Würde Herr Astner z. B. den Termin für die Absprache des Installationsbeginns vergessen oder zu spät verwirklichen, würden alle später geplanten Schritte nur zeitverzögert beginnen können. Die vereinbarte Inbetriebnahme des Netzes durch MCG wäre dann am Dienstag, dem 01.09.2009, kaum möglich. Eine zentrale Kundenanforderung würde nicht erfüllt und MCG würden durch das fehlende Netz erhebliche Kosten entstehen, die dann mit großer Wahrscheinlichkeit auf net&more abgewälzt werden würden.

Der vollständige Plan, in dem Herr Astner den Ablauf des Projektes festgelegt hat, ist der auf der nächsten Seite dargestellte Projektablaufplan. Vorgangsliste, Terminplan und Gantt-Diagramm sind beim Eintrag der Vorgänge, ihrer Dauer und der Vorgänger gleichzeitig entstanden.

... fast kein Weg führt so geradlinig nach Rom!

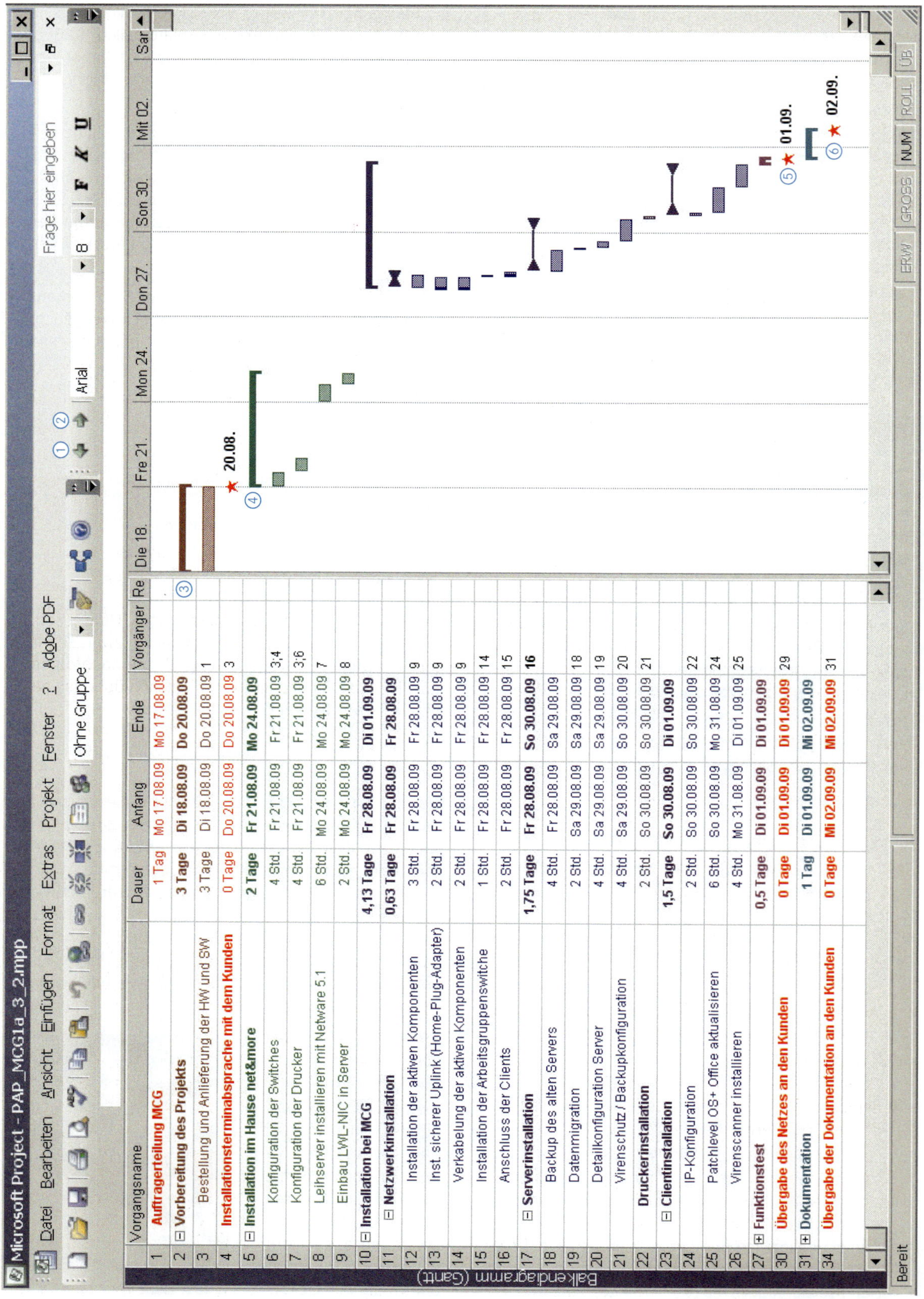

	Vorgangsname	Dauer	Anfang	Ende	Vorgänger
1	**Auftragerteilung MCG**	1 Tag	Mo 17.08.09	Mo 17.08.09	
2	⊟ **Vorbereitung des Projekts**	**3 Tage**	**Di 18.08.09**	**Do 20.08.09**	
3	Bestellung und Anlieferung der HW und SW	3 Tage	Di 18.08.09	Do 20.08.09	1
4	**Installationsterminabsprache mit dem Kunden**	0 Tage	Do 20.08.09	Do 20.08.09	3
5	⊟ **Installation im Hause net&more**	**2 Tage**	**Fr 21.08.09**	**Mo 24.08.09**	
6	Konfiguration der Switches	4 Std.	Fr 21.08.09	Fr 21.08.09	3;4
7	Konfiguration der Drucker	4 Std.	Fr 21.08.09	Fr 21.08.09	3;6
8	Leihserver installieren mit Netware 5.1	6 Std.	Mo 24.08.09	Mo 24.08.09	7
9	Einbau LWL-NIC in Server	2 Std.	Mo 24.08.09	Mo 24.08.09	8
10	⊟ **Installation bei MCG**	**4,13 Tage**	**Fr 28.08.09**	**Di 01.09.09**	
11	⊟ **Netzwerkinstallation**	**0,63 Tage**	**Fr 28.08.09**	**Fr 28.08.09**	
12	Installation der aktiven Komponenten	3 Std.	Fr 28.08.09	Fr 28.08.09	9
13	Inst. sicherer Uplink (Home-Plug-Adapter)	2 Std.	Fr 28.08.09	Fr 28.08.09	9
14	Verkabelung der aktiven Komponenten	2 Std.	Fr 28.08.09	Fr 28.08.09	9
15	Installation der Arbeitsgruppenswitche	1 Std.	Fr 28.08.09	Fr 28.08.09	14
16	Anschluss der Clients	2 Std.	Fr 28.08.09	Fr 28.08.09	15
17	⊟ **Serverinstallation**	**1,75 Tage**	**Fr 28.08.09**	**So 30.08.09**	**16**
18	Backup des alten Servers	4 Std.	Fr 28.08.09	Sa 29.08.09	
19	Datenmigration	2 Std.	Sa 29.08.09	Sa 29.08.09	18
20	Detailkonfiguration Server	4 Std.	Sa 29.08.09	Sa 29.08.09	19
21	Virenschutz / Backupkonfiguration	4 Std.	Sa 29.08.09	So 30.08.09	20
22	**Druckerinstallation**	2 Std.	So 30.08.09	So 30.08.09	21
23	⊟ **Clientinstallation**	**1,5 Tage**	**So 30.08.09**	**Di 01.09.09**	
24	IP-Konfiguration	2 Std.	So 30.08.09	So 30.08.09	22
25	Patchlevel OS+ Office aktualisieren	6 Std.	So 30.08.09	Mo 31.08.09	24
26	Virenscanner installieren	4 Std.	Mo 31.08.09	Di 01.09.09	25
27	⊞ **Funktionstest**	**0,5 Tage**	**Di 01.09.09**	**Di 01.09.09**	
30	**Übergabe des Netzes an den Kunden**	**0 Tage**	**Di 01.09.09**	**Di 01.09.09**	29
31	⊞ **Dokumentation**	**1 Tag**	**Di 01.09.09**	**Mi 02.09.09**	
34	**Übergabe der Dokumentation an den Kunden**	**0 Tage**	**Mi 02.09.09**	**Mi 02.09.09**	31

1: Projektablaufplan

Projektrealisierung

Vorbereitung

Nach der Bestellung und Anlieferung der benötigten Produkte werden alle Tätigkeiten, die im Hause von net&more vorbereitet werden können, schon dort erledigt. Dies sind insbesondere Konfigurationsarbeiten an den aktiven Komponenten, Druckern und die Vorbereitung des Leihservers durch die Serverbetriebssysteminstallation. In den Server wird die LWL-Netzwerkkarte eingebaut, die Treiber installiert und der eingesetzten Netzwerkkarte eine feste IP-Adresse aus dem privaten Adressbereich zugewiesen.

Nachdem diese Vorbereitungen abgeschlossen sind, wird von Herrn Astner ein Termin zur Vor-Ort-Installation bei MCG vereinbart. Der Installationstermin wird dabei so gewählt, dass der Betrieb bei MCG so wenig wie möglich gestört wird. Aus der Projektplanung geht hervor, dass für die Netzwerkinstallation etwas mehr als vier Arbeitstage benötigt werden. Deshalb einigen Herr Astner und Herr Meier sich darauf, mit den Installationsarbeiten an einem Freitagnachmittag zu beginnen und das Wochenende in die Arbeiten einzubeziehen. Ziel ist es, das funktionierende Netz spätestens am Dienstag wieder in Betrieb nehmen zu können.

Netzwerkinstallation bei MCG

Wie vereinbart beginnen die Arbeiten am Netzwerk am Freitag. Die aktiven Komponenten, der Etagenuplink und die Arbeitsgruppenswitches werden installiert. Alle notwendigen Verkabelungen werden vorgenommen.

Um die dem Kunden zugesicherte Übertragungsgeschwindigkeit für den Uplink zu gewährleisten, ist es

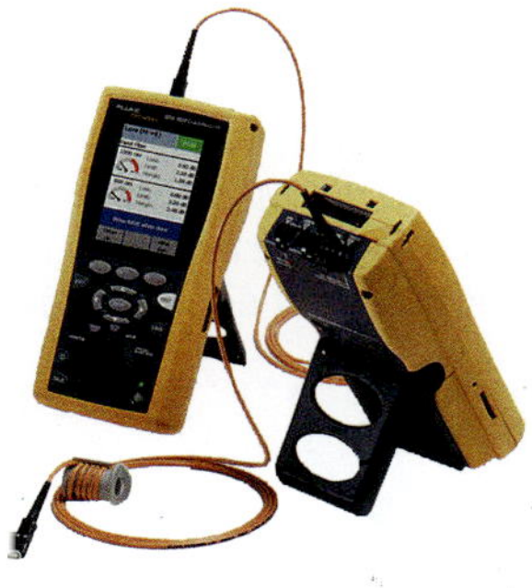

2: Cable-Analyser

erforderlich, die Leitungsqualität der alten BNC-Leitung genau zu testen. Herr Astner setzt dazu einen Zertifizierungstester, einen so genannten Cable-Analyzer (Abb. 2) ein.

Nachdem die Qualität der Leitung bestätigt wurde, werden die beiden Home-Plug-Adapter installiert und die Verschlüsselung auf den Geräten konfiguriert. Beide Adapter werden jeweils an den Etagenverteilerswitch angeschlossen und die Funktion des Uplinks durch einen Ping überprüft. Herr Astner sendet dabei ein Testdatenpaket von einer Arbeitsstation im Erdgeschoss zum Server im Obergeschoss. Das Testpaket läuft über die Uplink-Strecke.

Serverumstellung bei MCG

Die Umstellung des alten Servers auf den ‚Neuen' folgt einem bewährten Ablauf, wie in Abb. 3 dargestellt.

Vor der Installation des neuen Servers wird ein Vollbackup des alten Novell 3.2 Servers mit Hilfe einer Imaging-Software durchgeführt. So kann diese Maschine später bei Bedarf im Zustand vor Beginn der Arbeiten wiederhergestellt werden. Danach werden die Unternehmensdaten auf eine externe Festplatte gesichert. Damit sind die Daten unabhängig von der Maschine immer zugänglich.

3: Ablauf der Serverumstellung

Nachdem der Leihserver aufgebaut ist, wird er mit dem LWL-Modul des Etagenswitch im 4. Obergeschoss verbunden und die Funktion und die Netzwerkzugriffe geprüft. Dies ist Voraussetzung für die nachfolgend stattfindende Datenmigration, die schon über das neue Netzwerk erfolgen soll.

Da bei der Umstellung nicht nur die eigentlichen Firmendaten erhalten bleiben sollen, sondern alle internen Strukturen und Einstellungen des alten Novell-Betriebssystems, erfolgt die Migration mit einem speziell darauf abgestimmten Migrations-Assistenten.

Dabei werden alle für das Betriebssystem und für die Netzstruktur wichtigen Informationen, wie Gruppen, Benutzer usw. und die damit zusammenhängenden Rechte, übertragen. Man spricht hier auch von einer Portierung.

Braucht man zur Migration Wanderschuhe?

Migration kommt zwar aus dem Lateinischen und bedeutet Wanderung, Schuhe benötigt man allerdings nicht unbedingt.

Im Rahmen der Informationstechnik versteht man unter Migration die Umstellung von einer alten Technologie in eine neue Technologie, z. B. den Umstieg des eingesetzten Betriebssystems oder anderer Software und/oder den Transfer von Daten aus einer Umgebung in eine andere.

Herr Astner hat für die Datenmigration ein Wartungsnotebook von net&more mitgebracht, auf dem der Migrationsassistent installiert ist. Dieses Notebook wird nun mit in das Netz eingebunden, in dem sich ‚Server-alt' und ‚Leihserver' sowie ‚Server-neu' befinden und übernimmt die Übertragungssteuerung.

Der Migrations-Assistent überführt dabei die bestehenden Datenstrukturen des Netware 3 Servers in den auf dem Leihserver unter Novell 5.1 eingesetzten Verzeichnisdienst (Novell Directory Service - NDS). Dieses Verfahren ist nicht nur äußerst komfortabel, sondern gewährleistet, dass direkt nach der Serverumstellung wie gewohnt weitergearbeitet werden kann.

Bei MCG ist die Konfigurationsübernahme besonders wichtig. In der Vergangenheit wurden die verschiedenen Berechtigungen der Mitarbeiter nicht auf der Grundlage eines klaren Berechtigungs- und Rollenkonzeptes festgelegt, sondern für jeden Einzelfall und ausschließlich personenbezogen eingerichtet. Um die bestehende Struktur zu erhalten, müsste diese ohne Migrations-Assistent von Hand neu eingegeben werden, was sehr zeitaufwändig wäre. Da es bei MCG keine geeignete Dokumentation über angelegte Nutzer-Accounts, Passwörter, eingerichtete Gruppen und bereits vergebene Berechtigungen gibt, ist die vorhandene Konfiguration praktisch gar nicht mehr rekonstruierbar.

Herr Astner notiert sich bei der Gelegenheit, dass er nach Abschluss dieses Teilprojektes unbedingt mit Herrn Meier über das Berechtigungs- und Rollenkonzept für das neue System im Neubau sprechen muss. Wenn nämlich nach dem Umzug in den Neubau der Leihserver durch einen neuen Server mit neuem Betriebssystem ersetzt wird, sollte die Gelegenheit zu einer neuen Konzeption genutzt werden.

Die bisher im bestehenden Netz praktizierte Vorgehensweise, Berechtigungen personen- bzw account-bezogen zu vergeben, hat erhebliche Nachteile. Insbesondere waren personelle Veränderungen immer mit individueller Anpassung von Rechten einzelner Personen verbunden und erforderten einen hohen Verwaltungsaufwand.

Herr Astner erläutert Herrn Meier den Unterschied: Der vor kurzem stattgefundene Wechsel der Kollegin Müller von der Buchhaltung in den Bereich der Geschäftsleitung hatte zur Folge, dass alle Zugriffsrechte von ihr in Bezug auf die verschiedenen Rechner und für die verschiedenen Datenbestände im Detail geändert werden mussten. Wären die Rechte ausschließlich nach unternehmensspezifischen Rollen festgelegt worden und nur auf dieser Ebene Gruppen zugewiesen (vgl. Abb. 1), so hätte man Frau Müller einfach nur der neuen Gruppe zugeordnet ①. Ihre persönlichen Berechtigungen wären damit sofort angepasst worden, ohne dass Veränderungen an den Gruppenberechtigungen vorgenommen worden wären. Im vorliegenden Falle wäre Frau Müller durch den Wechsel der Gruppe berechtigt worden, auf alle Rechner zugreifen zu dürfen mit dem Recht, auf allen Datenbestände lesend ② und schreibend ③ zuzugreifen (vgl. Abb. 1).

Detailkonfiguration Server

Das bisher im Netz verwendete Konzept mit statischer IP-Adressvergabe soll vereinbarungsgemäß umgestellt werden. Das Betriebssystem Novell 5.1 hält den Dienst DHCP bereit, den Herr Astner folgendermaßen konfiguriert:

- Festlegung eines IP-Adressbereichs, aus dem die Clients bei der Anmeldung automatisch IP-Adressen erhalten,
- Festlegung der Lease-Time, also der Zeit, in der bereits vergebene Adressen für eine erneute Anmeldung eines Clients reserviert werden und
- Festlegung einzelner statischer IP-Adressen und direkte Zuweisung zu Mac-Adressen. Damit kann erreicht werden, dass insbesondere die Drucker über DHCP immer die gleiche IP-Adresse erhalten, ohne dass Konfigurationen bei den Druckern vorzunehmen sind.

Zum Abschluss rät Herr Astner dazu, dass jeder Nutzer beim Anmelden an einen Client verschiedene virtuelle Laufwerke erhält, die unter Windows mit dem entsprechenden Laufwerksbuchstaben angezeigt werden. Dieses Verfahren wird als Mappen von Laufwerken bezeichnet. Herr Astner erstellt hierzu ein entsprechendes Anmeldeskript und aktiviert dieses auf dem Server.

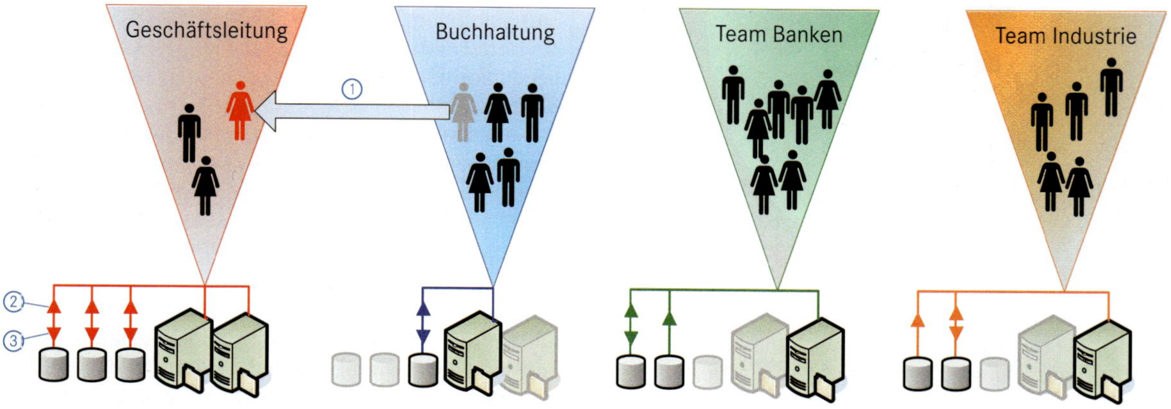

1: Rechtekonzept nach unternehmensspezifischen Rollen und Gruppenzugehörigkeit: Rollenwechsel einer Mitarbeiterin

Druckkonfiguration auf dem Server

Da das Konzept der lokalen Drucker zugunsten von Etagendruckern aus guten Gründen aufgegeben wurde, richtet Herr Astner auf dem Server Druckerwarteschlangen ***[Printqueue]*** ein. Diese sorgen dafür, dass gleichzeitige Druckaufträge gespoolt, also in eine Warteschlange gestellt werden (Abb. 2).

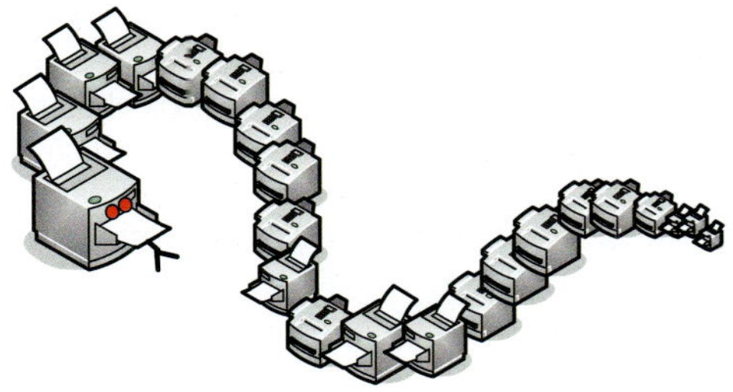

2: Druckerwarteschlange ;-)

Die Druckertreiber werden auf dem Server hinterlegt, so dass die Clients bei der Installation der Netzwerkdrucker automatisch mit einem geeigneten Treiber versorgt werden.

Abschließend werden von Herrn Astner die Berechtigungen für die einzelnen Drucker vergeben. Dabei schränkt er die Zugriffsrechte insbesondere für die Farbdrucker ein, da deren Nutzung mit hohen Druckkosten verbunden ist.

Virenschutz/Backupkonfiguration

Da die Daten auf dem Server vor Schadsoftware wie beispielsweise Viren geschützt werden sollen, installiert Herr Astner ein speziell für das Serverbetriebssystem entwickeltes Antivirenprogramm mit aktuellen Virendefinitionsdaten.

Herr Astner konfiguriert dabei das Antivirenproramm so, dass bei Erkennung von Schadsoftware diese automatisch isoliert wird. Der Vorgang selbst wird automatisch in einer Log-Datei dokumentiert.

3: Viren, Makros, Trojaner, Würmer und Co

Herr Astner notiert sich, dass in den von MCG mit net&more abzuschließenden Wartungsvertrag die kontinuierliche Kontrolle der Log-Dateien aufgenommen wird. Außerdem muss, solange noch keine Anbindung an das Internet besteht, ein Mitarbeiter von net&more regelmäßig Updates der Virendefinitionsdaten auf dem Server einspielen. Nur so lässt sich ein Schutz gegen neue Schadsoftware sicherstellen. Auch dies muss in den Wartungsvertrag aufgenommen werden. Herr Astner wird der MCG übergangsweise einen wöchentlichen Update-Turnus vorschlagen.

Als weitere Sicherungsmaßnahme der Daten richtet Herr Astner auf dem Server eine Backup-Software ein, die die Datensicherung nach dem GFS-Prinzip (Grandfather-Father-Son-Prinzip) unterstützt. Herr Astner konfiguriert die Software so, dass täglich ein inkrementelles Backup durchgeführt wird. Am Freitag und jeweils am Ende jeden Monats wird automatisch ein Vollbackup gefahren (Abb. 4).

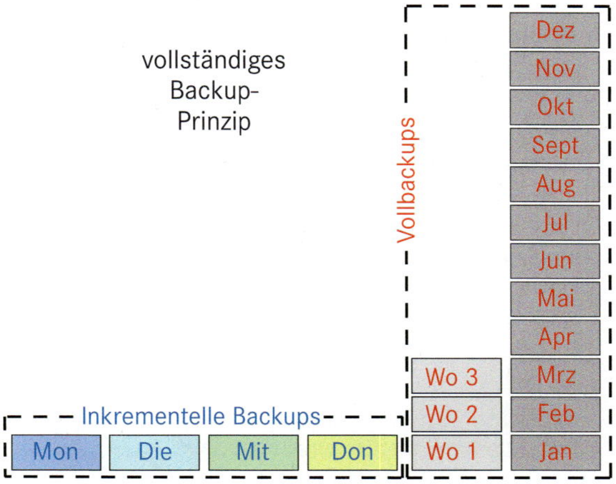

4: Backupprinzip

Dieser Vorgang wird über den Scheduler der Software auf die Zeit nach Büroschluss gelegt. Die Datensicherung erfolgt physikalisch auf das im Server eingebaute Bandlaufwerk. Am Folgetag müssen die Bänder nach erfolgter Sicherung gewechselt und aus dem Serverraum ausgelagert werden.

Nach der Konfiguration führt Herr Astner ein erstes Vollbackup durch und übergibt Herrn Meier die Bänder. Als Lagerort der Magnetbänder mit den Vollsicherungen empfiehlt Herr Astner ein Bankschließfach außerhalb des Hauses. So kann sichergestellt werden, dass auch im Falle eines Brandes nicht alle wichtigen Unternehmensdaten unwiderbringlich verloren gehen.

Druckerinstallation

Die Druckerinstallation gestaltet sich für Herrn Astner sehr einfach. Die neu gelieferten Drucker baut er einfach nur auf und verbindet ihre Strom- und Netzwerkanschlüsse. Da sie schon mit einer festen IP-Adresse vorkonfiguriert sind, ist hier vor Ort nichts weiter zu leisten. Lediglich die beiden lokalen Drucker, die netzwerkfähig gemacht werden sollen, müssen noch an die kleinen Printserver angeschlossen werden. Die Printserver sind so ausgelegt, dass sie mit dem einen Ende direkt an die Centronics-Schnittstelle bzw. an den Drucker-USB-Port gesteckt werden können. Das Patchkabel verbindet dann das andere Ende des Printservers mit dem nächsten Switch.

Als Abschluss der Druckerinstallation überprüft Herr Astner mit dem Wartungsnotebook von net&more, ob sich die Drucker über den Server installieren lassen. Er kontrolliert die Funktion der Druckberechtigung. Auf jedem Drucker lässt er ein Testblatt drucken.

Anpassung der Clienteinstellungen

Um die Installation in den Räumen von MCG abzuschließen, widmet Herr Astner sich den einzelnen Workstations in den Büroräumen.

Folgende Anpassungs- und Installationsschritte führt er durch:

- Umstellung der IP-Konfiguration von statischer IP-Adresse auf dynamische Adressierung mittels DHCP.
- Installation und Konfiguration einer Antivirensoftware.
- Einrichtung des jeweils nächstgelegenen Netzwerkdruckers.
- Aktualisierung des Patchlevels auf den Clients mit einer Update-DVD.

Offline-Patch

www.heise.de/ct

Das effiziente Einspielen von Windows-Patches erfordert normalerweise immer eine Internetanbindung, über die dann eine Verbindung mit der Website von Microsoft hergestellt wird.

Mit dem Offline-Update-Paket der Zeitschrift c't lässt sich eine DVD oder CD zusammenstellen, die das bequeme Patchen auf Systemen erlaubt, die nicht mit dem Internet verbunden sind. Das Offline-Update-Tool ist frei auf den Webseiten des Heiseverlags verfügbar.

Als Installationsvorbereitung hatte sich Herr Astner unmittelbar vor dem Installationstermin bei net&more eine DVD erstellt. Auf dieser DVD befinden sich alle über das Internet bezogenen aktuellen Betriebssystem- und Anwendungssoftware-Patches.

Funktionstest

Nachdem alle Installationstätigkeiten abgeschlossen sind, überprüft Herr Astner zuerst die Funktion der Netzanbindung und die korrekte Zuweisung einer IP-Adresse. Über die Konsole von Windows ([*Ausführen*] cmd) setzt er den Befehl ipconfig -all ab. Wie Abb. 1 zeigt, besitzt die Netzwerkkarte des Clients die MAC-Adresse 00-03-0D-4A-50-B4 ①.

Dieser wird vom DHCP-Server, der die statische Adresse 192.168.2.1 besitzt ②, die dynamische IP-Adresse 192.168.2.101 ③ zugewiesen. Aus der Subnetmaske geht hervor, dass es sich bei dem Netz um ein Class-C-Netz ④ mit dem Netzsegment 2 handelt. Die IP-Adresse der Netzwerkkarte ist für 14 Tage reserviert, wobei der Reservierungszeitraum am 11. September um 15:08 Uhr endet ⑤. Da über das bestehende Netz noch keine Internetverbindung möglich ist, hat Herr Astner beim DHCP-Server keine Adresse für den Gateway ⑥ und für den für die Namensauflösung zuständigen DNS-Server ⑦ hinterlegt.

Nach diesem ersten Funktionstest überprüft Herr Astner gemeinsam mit einem Kollegen die vorgenommene Installation nach dem Vier-Augen-Prinzip. Das Übersehen von Fehlern soll so möglichst ausgeschlossen werden. Abschließend kontrolliert Herr Astner die Einhaltung der im Lastenheft dokumentierten Erfolgs- und Messkriterien. Bei der Bandbreitenmessung mit dem kostenlosen Programm IPerf stellt er fest, dass die Anforderungen aus 1.2 übererfüllt werden. Andere Anforderungen lassen sich nur über einen längeren Zeitraum überprüfen.

Übergabe an den Kunden und Dokumentation

Herr Astner übergibt deshalb, wie geplant, das Netzwerk am gleichen Tag an Herrn Meier. Allerdings vereinbart er mit ihm einen endgültigen Abnahmetermin, exakt vier Wochen später. Die Installation kann sich so bewähren. Gegebenenfalls kann net&more in dieser Zeit noch notwendige Nachbesserungen vornehmen.

Den ersten Tag nach der Installation nutzt Herr Astner, die Dokumentation für den Kunden anzufertigen. Dies tut er auf Basis seiner Notizen, die er sich in der Vorbereitungsphase und auch während der Installation gemacht hat. Diese wird spätestens bei der Abnahme der Installation in einer aktuellen Version an den Kunden übergeben. Damit ist das Projekt erfolgreich abgeschlossen.

```
C:\WINDOWS\system32\cmd.exe

Ethernetadapter LAN-Verbindung:
        Beschreibung. . . . . . . . . . . : Marvell Yukon 88E8053 PCI-E Gigabit
Ethernet Controller
        Physikalische Adresse . . . . . . : 00-03-0D-4A-50-B4 ①
        DHCP aktiviert. . . . . . . . . . : Ja
        Autokonfiguration aktiviert . . . : Ja
        IP-Adresse. . . . . . . . . . . . : 192.168.2.101 ③
        Subnetzmaske. . . . . . . . . . . : 255.255.255.0 ④
        Standardgateway . . . . . . . . . : 0.0.0.0 ⑥
        DHCP-Server . . . . . . . . . . . : 192.168.2.1 ②
        DNS-Server. . . . . . . . . . . . : 0.0.0.0 ⑦
        Lease erhalten. . . . . . . . . . : Freitag, 28. August 2009 15:08:35
        Lease läuft ab. . . . . . . . . ⑤: Freitag, 11. September 2009 15:08:35

Z:\>_
```

1: Anzeige der IP-Konfiguration eines Clients

1. 2 Internet- und WAN-Anbindung einer Steuerkanzlei

1.2.1 Ausgangslage

Die Steuerberatungskanzlei Schmitt (SBS) aus Hamburg bittet das Systemhaus CommNet um Unterstützung bei der Netzanbindung einer neuen Geschäftsstelle in Lüneburg.

Die CommNet beauftragt ihren Mitarbeiter, Herrn Volk, ein erstes Gespräch mit dem Geschäftsführer von SBS, Herrn Schmitt zu führen. Ziel ist es, das genaue Anliegen des Kunden zu erfassen und weitere Schritte danach festzulegen. Wie bei CommNet üblich, fertigt Herr Volk eine Gesprächsnotiz an (Abb. 2).

Herr Volk überlegt sich noch im Verlauf des Gesprächs das weitere Vorgehen. Dabei hilft ihm die firmenintern erstellte Roadmap: „Vorgehen bei der Kundenbetreuung“ (s. Abb. 1, nächste Seite).

Er bittet Herrn Schmitt, in beiden Geschäftsstellen eine Erhebung des IST-Zustandes als Grundlage der weiteren Planungen durchführen zu dürfen. Die beiden verständigen sich darauf, dass direkt im Anschluss an dieses Gespräch die IT-Struktur der Hamburger Geschäftsstelle erfasst wird. An einem weiteren Termin soll die Begehung der Lüneburger Geschäftsstelle erfolgen.

Ausgangslage

Die Kanzlei Schmitt hat ihren Firmensitz in Hamburg und beschäftigt dort insgesamt 20 Mitarbeiter. Durch starkes Wachstum und Akquisition neuer Kunden in Lüneburg wurde ein dort ansässiger Steuerberater mit drei Mitarbeiterinnen in die Steuerkanzlei SBS aufgenommen.

Der Firmeninhaber von SBS, Herr Schmitt, möchte das neue Lüneburger Büro an die Hamburger Geschäftsstelle anbinden, um die Nutzung der von Hamburg vorgegebenen Steuersoftware zu vereinheitlichen. Die sehr einfache IT-Ausstattung in Lüneburg soll optimiert werden, da dort voraussichtlich weitere Mitarbeiter hinzukommen.

Auch im Hamburger Büro soll die derzeitige IT-Ausstattung und Infrastruktur überprüft werden, da die Geschäftsleitung mit dem bisherigen IT-Dienstleister unzufrieden ist. Mehrfach ist es zu Systemausfällen und Datenverlusten gekommen.

Eine aus dem Mutterschutz zurückgekehrte Rechtsanwältin für Steuerrecht soll zukünftig zwei Tage von zu Hause und an den anderen Tagen im Hamburger oder Lüneburger Büro arbeiten. Hierzu benötigt sie zu Hause einen Internetzugang insbesondere um per Mail kommunizieren und recherchieren zu können.

Gesprächsnotiz

mündlich ☒ telefonisch ☐ Datum: 08.05.2009 Uhrzeit: 10:20 h

Mitarbeiter: Peter Volk

Kontaktdaten:

Kunde: SBS Hamburg (Steuerberatungskanzlei Schmitt)

Kunden-Nr.: neu! Gesprächspartner: Herr Schmitt (Geschäftsführer)

Tel-Nr.: 040/1234567 FAX: 040/1234568 E-Mail: schmitt@sbs-kanzlei.de

Gesprächsanlass: 1. Netzanbindung der Geschäftsstelle Lüneburg
2. Überprüfung der IT-Ausstattung und -Infrastruktur in HH

Betriebliche Situation: – Firmensitz in Hamburg z. Zt. 20 Mitarbeiter
– Geschäftsstelle in Lüneburg z. Zt. 3 Mitarbeiter
hier Wachstum!

Zielsetzung: – Anbindung von LG an HH
– Optimierung der sehr einfachen IT-Struktur in LG
– Überprüfung der IT-Struktur in HH (mehrfach Ausfälle!)
– Anbindung einer von zu Hause arbeitenden Telemitarbeiterin

Erste Maßnahme: Ist-Zustandserfassung in HH und LG
Zuständiger Mitarbeiter in LG: Herr Schöning (Tel.: 04131/144444)
Telemitarbeiterin: Frau Lehmann (Tel.: 04131/155555)

Peter Volk

2: Gesprächsnotiz

1: ‚Roadmap': Vorgehen bei der Kundenbetreuung

1.2.2 Bestandsaufnahme

Bestandsaufnahme Büro Hamburg

Herr Volk analysiert bei der Begehung die IT-Infrastruktur des Büros von SBS-Hamburg. Er geht bei der Erfassung systematisch vor.

Wichtig sind

- die räumlichen Gegebenheiten (Endgeräte, Verteilung),
- das Nutzungsprofil (die Nutzungsweise) für die Endgeräte,
- die vorhandene Hardware,
- die vorhandene Software,
- Internetanbindung und
- gegebenenfalls spezifische Zusatzinformationen.

Herr Volk dokumentiert die aktuelle Situation zunächst in einer Liste (Abb. 2) und anschließend wegen der besseren Übersicht und leichteren Erfassbarkeit in einem Netzwerkdiagramm (Abb. 3).

Auf Basis dieses Netzwerkdiagramms wird Herr Volk später ein neues Netzwerkdiagramm erstellen, das dann den SOLL-Zustand dokumentiert.

Aktuelle IT-Infrastruktur bei SBS in Hamburg

Räumliche Gegebenheiten:

- Das Büro SBS-Hamburg erstreckt sich über zwei Etagen.
- Pro Etage arbeiten jeweils 10 Mitarbeiter in insgesamt vier Büros.
- Je Etage ein klimatisierter, abschließbarer Etagenverteilerraum mit je einem abschließbaren 19 Zoll-Schrank 21 HE (Höheneinheiten).
- Verteilerraum des Erdgeschosses, gleichzeitig eingesetzt als Serverraum.

Nutzungsprofil:

- Sachbearbeiter greifen über Terminals (Thinclients) und über Desktopsysteme (Windows XP pro SP2) mit Terminal-Client-Software auf den Server zu.

Hardware:

- Zentraler Server
  Standort: Etagenverteilerraum EG
- 12 Terminals
- 8 Desktopsysteme
- Je ein lokaler Drucker bei Herrn Schmitt und im Sekretariat
- Ein zentraler Netzwerkdrucker pro Etage

Netzwerkverkabelung:

- Strukturierte Verkabelung:
  - Tertiärbereich: TP, Cat6
  - Sekundärbereich: TP, Cat6

Netzkomponenten:

- Je Verteilerraum im 19Zoll-Schrank ein 16-Port-Switch (unmanaged, low-cost, 10/100 Mbit/s) zum Anschluss der Clientsysteme.
- TP-Uplink (100 Mbit/s) der Etagenverteiler zum Backboneswitch (unmanaged, low-cost, 10/100 Mbit/s) im Etagenverteilerraum des Erdgeschosses.
- Terminalserver über TP-Kabel an den Backboneswitch angeschlossen.

Software:

- Microsoft-Windows Server 2008 mit Terminaldiensten, die den Clientsystemen die benötigten Anwendungen (hier: Office- und Steuerberatungssoftware) bereitstellen. Domänenstruktur auf Basis eines Active Directory.

Internetanbindung:

- Internetanbindung über einen SOHO-DSL-Router an einem ADSL-Anschluss (Flatrate, 1 Mbit/s Downstream, 128 kbit/s Upstream).

Support:

- Bisheriger Support für die Infrastruktur durch einen IT-Dienstleister:
  - In der Regel telefonisch, bei Bedarf vor Ort;
  - ohne definierte time-to-react-Zeiten.

2: Bestandsaufnahme als Auflistung

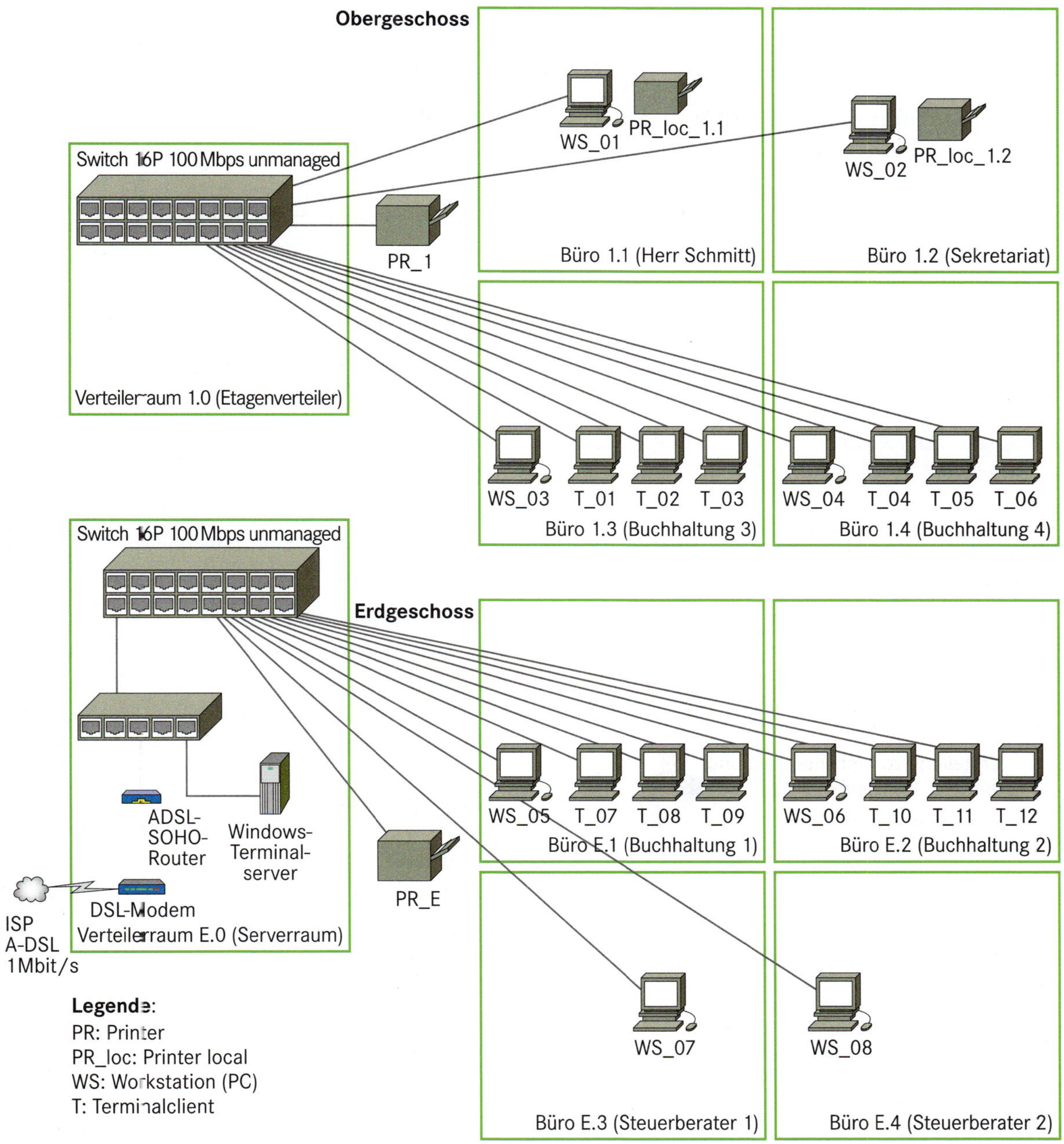

3: Netzwerkdiagramm der IST-Situation bei SBS-Hamburg

Fehler- und Problemanalyse

Immer, wenn es darum geht, bestehende Systeme anzupassen und zu verändern, ist es sehr sinnvoll, die im bisherigen Betrieb aufgetretenen Fehler in Erfahrung zu bringen. Herr Volk spricht deshalb gezielt die Mitarbeiter im Hamburger Büro an. Folgende zentralen Probleme werden ihm benannt:

- Datenverlust,
- ein kompletter Systemausfall,
- langsame Dateiübertragung (speziell beim Hochladen von Daten zum Finanzamt),
- unzuverlässiger Support.

Herr Volk setzt zur grafischen Umsetzung das Freewaretool Network Notepad ein, mit dem einfach und schnell Netzwerke dokumentiert werden können.

Er bedient sich standardisierter Netzwerk-Icons, die das Programm bereitstellt. Ergänzend integriert er weitere Icons, die von externen Netzwerkkomponentenanbietern kostenfrei im Internet bereitgestellt werden.

Bestandsaufnahme Büro Lüneburg

Für die Bestandsaufnahme in Lüneburg geht Herr Volk ganz ähnlich wie in Hamburg vor.

Aktuelle IT-Infrastruktur bei SBS in Lüneburg

Räumliche Gegebenheiten:
- 2 bestehende Büroräume auf einer Etage
- 2 Büroräume z. Zt. in der Erweiterung
- Zukünftig ein Abstellraum

Nutzungsprofil:
- Zur Zeit arbeiten drei Sachbearbeiter an Einzelplatzrechnern.

Hardware:
- 4 PCs
- 1 Laptop
- Jeweils 1 Drucker pro PC

Software:
- Betriebssysteme Win98, WinME, Win2000

Netzkomponenten:
- Peer-to-peer-Netzwerk, TP, Cat5
- 8-Port-Hub 10/100 MBit/s
- Externes USB-ISDN-Modem an PC1

Internetanbindung:
- Internetzugang über ISDN-Wählverbindung am PC1 (Desktop-System Herr Schöning), die über Internet-Connection-Sharing (ICS) freigegeben wird.

Support:
- Vor-Ort-Support im Fehlerfall auf Anfrage.

Herr Volk überlegt kurz, ob er auf die grafische Dokumentation der Ist-Situation verzichten kann, da es sich um ein sehr einfaches Netz handelt. Er entscheidet sich aber doch dafür, um seinem Kunden die notwendigen Veränderungen anschaulich erläutern zu können (Abb. 1).

SBS-Büro-Lüneburg – IST-Zustand

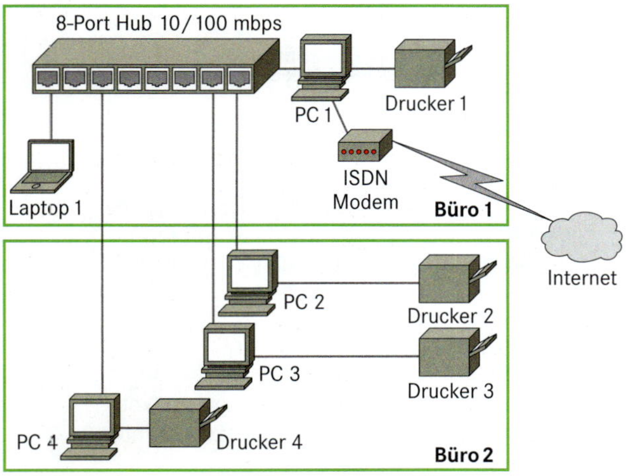

1: Netzwerkdiagramm der IST-Situation SBS-Lüneburg

Fehler- und Problemanalyse

Das Gespräch mit dem Leiter der Filiale in Lüneburg, Herrn Schöning, zeigt sehr schnell, dass hier deutlich größerer Handlungsbedarf besteht.

Folgende Problemfelder werden angesprochen:

- Datenverlust auf einzelnen PCs
- Wiederholter ‚Befall' mehrerer PCs mit Schadsoftware (Viren, Trojaner, Würmer usw.)
- Langsamer Datentransfer zwischen den einzelnen Rechnern.
- Internetzugang nur nutzbar, wenn PC1 eingeschaltet ist.
- Konfigurationsprobleme, wenn das Notebook in das ptp-Netz eingebunden werden soll.
- Kompatibilitäts- und Versionsprobleme bei Austausch von Daten mit SBS-Hamburg.
- Extrem langsamer Datenupload z. B. zum Finanzamt.

Bestandsaufnahme Telearbeitsplatz

Die Bestandsaufnahme des Telearbeitsplatzes von Frau Lehmann in Barendorf erfolgt über ein kurzes Gespräch mit dieser Mitarbeiterin.

Aktuelle IT-Infrastruktur bei SBS in Lüneburg

Räumliche Gegebenheiten:
- Arbeitszimmer mit Schreibtisch

Nutzungsprofil:
- Arbeit an zwei Tagen/Woche zu Hause, sonst in Lüneburg oder Hamburg.
- Nutzung des Internets (Recherche/E-Mail)

Hardware:
- 1 Notebook
- 1 lokaler Drucker

Software:
- Win XP (SP 2)

Netzkomponente:
- Internes Modem (56 k)

Internetanbindung:
- Internetzugang über analoge Wählverbindung
- ADSL nach Auskunft mehrerer Telefongesellschaften auch in absehbarer Zukunft in Barendorf nicht verfügbar.

Fehler- und Problemanalyse

Frau Lehmann nennt folgende Schwierigkeiten:

- Zeitaufwendige Arbeit bei der Nutzung von Internetdiensten (zu langsame Internetverbindung)
- Angst vor Datenverlust
- Jedes Mal neu vorzunehmende Netzwerkeinstellungen in Lüneburg und Hamburg
- Kompatibilitätsprobleme mit der Software in Lüneburg und Hamburg (unterschiedliche Versionen) und
- eingeschränkte Arbeitsmobilität im Haus.

1.2.3 Anforderungsaufstellung

Nachdem Herr Volk seine Bestandsaufnahme abgeschlossen hat, verabredet er einen weiteren Gesprächstermin mit dem Geschäftsführer, Herrn Schmitt. Ziel ist es, über die Bestandsaufnahme zu informieren, insbesondere aber zu möglichst klaren und eindeutigen Anforderungen zu kommen.

2: Auch hier gilt: Wer **vorher** die Anforderungen nicht genau klärt, muss sich **nachher** nicht wundern, wenn er mühsam zurückrudern muss.

Als Ergebnis des Gespräches, das in Auszügen im rechten Kasten dargestellt ist, entsteht eine Mindmap (vgl. Abb. 1 nächste Seite), das die Anforderungen der Firma SBS in einer Übersicht darstellt.

Auffällig an der Mindmap ist die deutliche Trennung der Anforderungen von den Lösungsansätzen. Die Mindmap enthält also noch keinerlei technische oder administrative Lösungsansätze. Deutlich wird auch, dass in dieser Phase eine Spezifizierung nach den verschiedenen Standorten unterbleibt. Natürlich fallen Herrn Volk als IT-Fachkraft während des Gespräches sofort z. B. technische Lösungen zur Umsetzung der Anforderungen ein. Er hält sich aber ganz bewusst zurück, weil er die Anforderungen als Ganzes in Erfahrung bringen möchte.

Abb. 3 zeigt die prinzipielle Strategie: Erst wenn die Anforderung in ihrer Komplexität erfasst und die übergreifenden Aspekte identifiziert werden konnten, wird die Auflösung in Teilprobleme zu einer effizienten und effektiven Lösungsumsetzung führen.

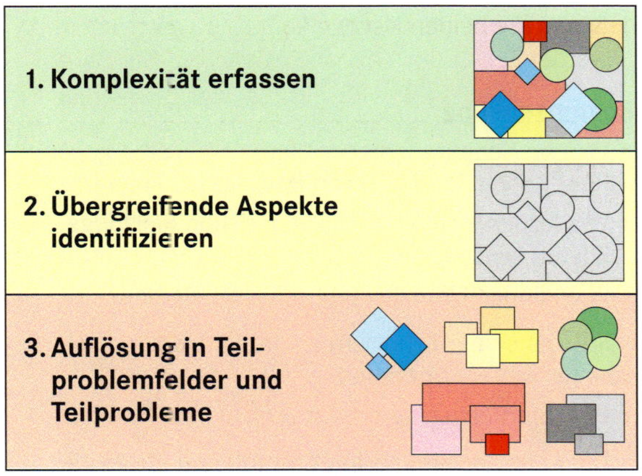

3: Strategie zur Anforderungserfassung

Auszug aus dem Gespräch zur Konkretisierung der Anforderung

...

Schmitt: *Also mir ist ganz wichtig, dass die beiden Standorte miteinander vernetzt werden, damit der Austausch von Dateien unkomplizierter wird. Dieses Hin- und Herschieben über Mails ist ja grässlich und so weit ich weiß, auch unter dem Sicherheitsaspekt nicht ganz unproblematisch. Vor allem aber darf die Arbeit nicht wie in der Vergangenheit durch Probleme mit den Computersystemen behindert werden.*

Volk: *Ja, ich habe in den Gesprächen mit Ihren Mitarbeitern mehrfach gehört, dass es zu Ausfällen und Datenverlusten gekommen ist.*

Schmitt: *Das ist der wesentliche Grund, warum wir gesagt haben, hier muss was passieren. Dazu kommt aber noch, dass wir bisher in Lüneburg und Hamburg mit unterschiedlicher Software gearbeitet haben. Das hat immer wieder zu Problemen beim Datenaustausch und auch manchmal zu Unstimmigkeiten geführt. Kundendaten in Lüneburg stimmten teilweise nicht mit denen in Hamburg überein. Das darf einfach nicht passieren.*

Volk: *Oh, da gebe ich Ihnen recht. Also, ich hab' inzwischen schon mal versucht, ihre Anforderungen ein wenig zu kategorisieren. Da ist zum einen der Aspekt der Vernetzung der beiden Standorte ...*

Schmitt: *Richtig ...*

Volk: *... der gewährleisten soll, dass der Datenaustausch schnell und einfach erfolgen soll ...*

Schmitt: *... richtig ...*

Volk: *... außerdem soll darüber gewährleistet sein, wenn ich Sie richtig verstanden habe, dass es nicht mehr zu Datenredundanzen und als Folge zu Datenunstimmigkeiten kommen kann.*

Schmitt: *Ganz genau. Und in diesem Zusammenhang möchte ich noch ergänzen, dass der Zugriff auf die Daten auch von außerhalb möglich sein muss. Ich finde es notwendig, dass in einem modernen Unternehmen Telearbeitsplätze insbesondere von jungen Frauen, aber natürlich auch von Vätern genutzt werden können ...*

Volk: *OK. Ich ergänze also noch die Anforderung nach standortunabhängigem Zugriff auf interne Daten ...*

Schmitt: *Aber natürlich muss das absolut sicher sein ...*

Volk: *Ja, ich habe hier einen weiteren Anforderungsbereich festgehalten: Die Forderung nach Datensicherheit. Es muss in jedem Fall gewährleistet sein, dass kein Unbefugter Zugriff auf die internen Daten erlangt. Gibt es denn zwischen Hamburg und Lüneburg auch Bereiche, die gegeneinander abgeschottet werden sollen?*

Schmitt: *Oh ja natürlich. Das gilt ganz besonders für den Personalbereich. Wir müssen unbedingt bestimmte Bereiche so voneinander abgrenzen, dass nur vom jeweiligen Standort aus und von berechtigten Personen zugegriffen werden kann.*

...

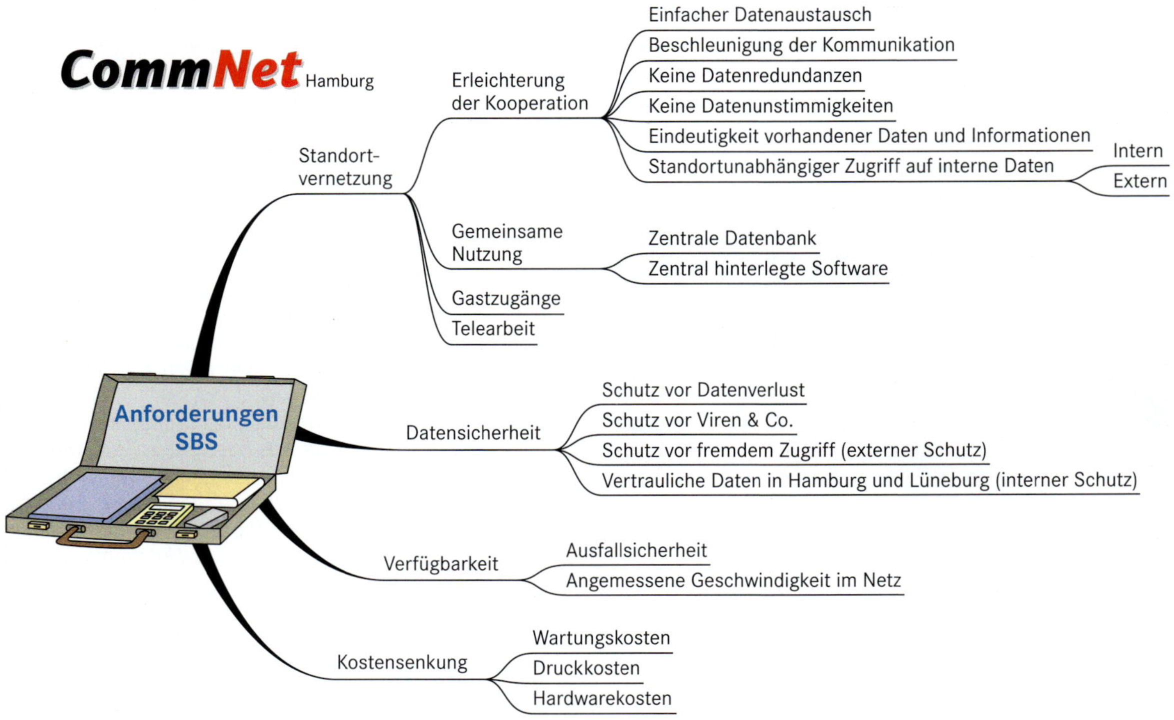

1: Mindmap der Anforderungen

Herr Volk geht nach dem Gespräch mit dem Geschäftsführer der SBS daran, die vorgefundene räumliche und technische Situation in Verbindung zu den konkreten Anforderungen zu setzen.

Insbesondere die Forderung nach zentraler Datenhaltung und einheitlicher Anwendungssoftware machen die folgenden Setzungen sinnvoll:

- Standort für alle Server ist Hamburg.
- Die Bereitstellung der Anwendungsprogramme erfolgt in Hamburg.
- Die Verbindung zwischen Hamburg und Lüneburg muss kontinuierlich gewährleistet sein.

Für sein Lösungskonzept formuliert Herr Volk zu den standortübergreifenden Aspekten folgende Fragestellungen:

Verbindung

- Welche Bandbreite ist für die Clientzugriffe von Lüneburg auf den Terminalserver in Hamburg notwendig?
- Welche Verbindungsarten sind hier sinnvoll?
- Welche Verbindungsart ist für die Anbindung des Telearbeitsplatzes sinnvoll?

Verfügbarkeit

- Wie kann die ständige Verfügbarkeit der Verbindung gesichert werden?
- Wie kann ein eventueller Leitungsausfall aufgefangen werden?
- Wie kann der Ausfall wichtiger Komponenten gegebenenfalls kompensiert werden?

Datensicherheit

- Welches Backup-Konzept ist sinnvoll?
- Was kann gegen das plötzliche Abschalten des Servers getan werden (z. B. bei Stromausfall)
- Wie kann dem Ausfall wichtiger Speicherkomponenten begegnet werden?
- Wie kann ein vollständiger Datenverlust (z. B. wegen Feuer) verhindert werden?
- Wie kann der Schutz vor Viren & Co. erreicht werden?
- Wie kann das Eindringen Unbefugter in die beiden Netze in Hamburg und Lüneburg verhindert werden?
- Wie lassen sich bestimmte Bereiche firmenintern gegeneinander abschotten?
- Sollen die beiden Netzwerke logisch getrennt werden?

Kostensenkung

- Welche Bedeutung haben Hardwarekosten gegenüber Kosten aufgrund von Betriebsstörungen?
- Wie lassen sich Administrations- und Wartungskosten senken?
- Wie können Druckkosten reduziert werden?

Auf Basis seiner Erfahrungen entscheidet sich Herr Volk für weitere Vorgaben:

- Der Internetzugang erfolgt zentral über Hamburg.
- Die Administration erfolgt zentral und über eine Fernwartung.

1.2.4 Lösungskonzept

CommNet Hamburg

Lösungsansätze SBS 26.05.2009

1. Verbindung

- min. 512 Kbit/s besser 1 Mbit/s
- Standleitung
- verschiedene IP-Adressbereiche
  → Segmentierung → Routing
- Internetzugang nur über HH
  SDSL 2 MBit/s → Proxy & Firewall
- Telearbeitsplatz UMTS-Flat
  → ggf. hier VPN

2. Verfügbarkeit

- Sicherung der Standleitung über DGV
  → Reparaturzeiten!!!
- Fallback über ISDN für Standleitung bei Ausfall
- hochwertige Hardware prof. Qualität
- cold stand by!
  → entsprechende Lieferverträge!

3. Datensicherheit

- Zentrales Backup für Terminalserver
  → weiterer identischer Server
- Backup der WS zentral
- Backup scheduling
- räumliche Trennung Server – Backup Server
- USV
- Firewall
- Proxy mit Inhaltsfilter
- Spamfilter
- Berechtigungskonzept für Nutzer und Nutzergruppen
- Segmentierung

4. Kosten

- professionelle. Hardware im Ergebnis kostengünstiger als Ausfälle
- zentrale Wartung
- Dienstgütevereinbarung (DGV)
  → Konventionalstrafen
- alle Drucker = Netzwerkdrucker
- Druckberechtigungskonzept

Heussweg 69 · 20255 Hamburg · Tel.: 040-1234567 · FAX: 040-1234576
info@commnet-hh.de · www.commnet-hh.de

2: Notizen zu den Lösungsansätzen für SBS

1.2.4.1 Standortübergreifende Lösungsansätze

Die einzelnen Stichpunkte der handschriftlichen Aufzeichnungen der standortübergreifenden Lösungsansätze (Abb. 2 vorherige Seite), die Herr Volk erstellt hat, sollen nun im Detail erläutert werden.

Verbindung

- Da der Zugriff auf den Terminalserver eine Bandbreite von etwa 32 kbit/s pro Client benötigt, kann der Zugriff von der Lüneburger Geschäftsstelle über eine WAN-Leitung mit einer Mindestbandbreite von 384 kbit/s (12 Terminals · 32 kbit/s pro Terminal) zuzüglich weiterer Internetbandbreite und Bandbreitenreserve erfolgen. Die symmetrische Bandbreite sollte also mindestens 512 kbit/s betragen; empfohlen werden 1 Mbit/s.
- Da der zentrale Server in Hamburg steht, ist die terminalgebundene Arbeit aller Mitarbeiterinnen und Mitarbeiter in Lüneburg unmittelbar von der WAN-Leitung abhängig. Prinzipiell bestehen folgende Realisierungsmöglichkeiten:
  - **Variante 1**: VPN-Verbindung über das Internet über eine privatkundenorientierte DSL-Verbindung.
  - **Variante 2**: VPN-Verbindung über das Internet auf dem Backbone eines Providers.
  - **Variante 3**: Dezidierte Standleitung zwischen Hamburg und Lüneburg.

  Die erste Variante wird für Geschäftskunden ausdrücklich nicht empfohlen, da die dauerhafte Verfügbarkeit vom Provider nicht sichergestellt wird. Hier können zusätzlich noch Probleme durch zu hohe Antwortzeiten, auch Latenzzeiten genannt, auftreten.

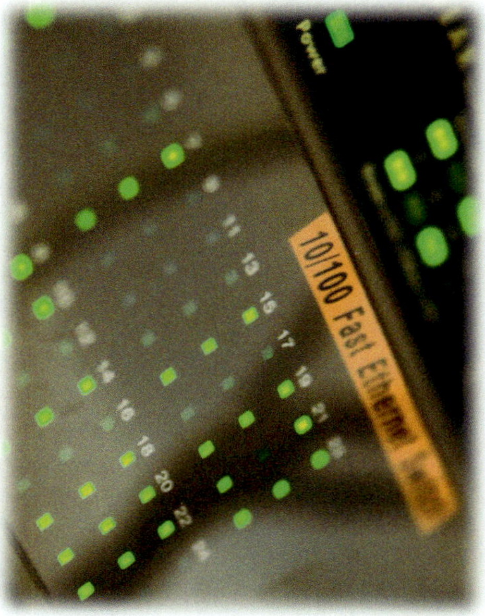

  Die zweite Variante ist zwar gegenüber der Standleitung deutlich kostengünstiger, aber weniger sicher, was die zugesicherte Bandbreite angeht. Ein Absenken der Bandbreite muss aber als Störung des Geschäftsbetriebes angesehen werden. In einem solchen Fall müsste mit Zwangspausen für die Mitarbeiter in Lüneburg gerechnet werden. Zusätzlich ist die Installation und Administration für ein VPN recht komplex und damit kostenintensiv.
- Herr Volk empfiehlt Variante 3. Mit der Standleitung kann die notwendige Bandbreite zugesichert werden. Gleichzeitig ist die hohe Sicherheit dieser privaten Leitung ein wesentliches Entscheidungskriterium.

  Natürlich ist hier die Wahl der Variante, wie bei allen Entscheidungen vom Auftraggeber wirtschaftlich abzuwägen.
- Da eine dauerhafte Verbindung zwischen Hamburg und Lüneburg bereits besteht, ist die Nutzung eines gemeinsamen Internetzugangs sinnvoll (Empfehlung: ≥ 2 Mbit/s).

  So kann die Administration eines Proxy- und Firewall-Servers am Standort Hamburg zentralisiert erfolgen.

  Herr Volk schlägt die synchrone Version von DSL (SDSL) vor. Dies ist zwar auch teurer als das privat kundenorientierte ADSL, allerdings muss zum Hochladen von Dateien eine angemessene Bandbreite zur Verfügung stehen. Der Upload von Dateien zum Finanzamt ist schließlich ein Vorgang, der bei jedem Steuerfall und damit sehr häufig auftritt.
- Für den Internetzugang der Telearbeiterin hat Herr Volk recherchiert, dass tatsächlich keine DSL-Anbindungen in diesem Ort geschaltet werden können.

  Damit bleiben folgende Alternativen übrig:
  - Wählverbindungen (analog oder über ISDN),
  - Sky-DSL bzw. SAT-DSL,
  - WiMax,
  - Datenfunkverbindung über UMTS oder
  - Standleitung.

  Eine Standleitung wäre bei dem vorliegenden Nutzungsprofil absolut unwirtschaftlich.

  Wählverbindungen und Satellitenverbindung sind nicht sinnvoll, da hierfür keine kostenangemessenen Flatraten angeboten werden. Zudem ist die Bandbreite bei den Wählverbindungen deutlich zu gering.

  Da die **Wimax**-Technologie (**W**orldwide **I**nteroperability for **M**icrowave **A**ccess) am Ort noch nicht verfügbar ist, empfiehlt Herr Volk die Datenfunkverbindung über den Mobilfunkstandard UMTS.

  Die Datenübertragungsraten können in Abhängigkeit vom Übertragungsverfahren 384 kBit/s bzw. 1,8 MBit/s und für den Upstream 64 kBit/s bzw. 384 kBit/s erreichen. Für diese **HSDPA**-Technologie (**H**igh **S**peed **D**ownload **P**acket **A**ccess) gibt es Pauschaltarife, die nur etwas über den Preisen von DSL-Flatrates liegen. Der Zugang zum Firmennetz kann über eine VPN-Verbindung über das Internet ermöglicht werden.

Verfügbarkeit

- Herr Volk schlägt vor, für die Standleitung mit dem Provider Service Level Agreements (SLA), auch Dienstgütevereinbarungen (DGV) genannt, festzulegen. Diese legt die Verfügbarkeit und die Reparaturzeiten fest. Bezogen auf Abweichungen von der zugesagten Dienstleistung sollte auch über Konventionalstrafen verhandelt werden.
- Für die WAN-Verbindungen ist eine Fallbacklösung sinnvoll. Bei Ausfall wird eine Ersatzverbindung aufgebaut und mit verringerter Bandbreite ein Notbetrieb aufrechterhalten. Herr Volk empfiehlt hier mindestens eine 128 kbit/s-ISDN-Wählverbindung.
- Bei den LAN-Komponenten ist leistungsfähige, professionelle Hardware zu wählen, die standortübergreifend austauschbar ist. Die Verfügbarkeit von Ersatzgeräten in definierter Zeit ist mit dem Lieferanten zu vereinbaren. Denkbar ist auch, in Hamburg jeweils ein Ersatzgerät der besonders wichtigen eingesetzten Komponenten vorzuhalten, sogenanntes cold-standby.

  Für den Terminalserver gilt, dass er so aufzurüsten ist, dass besonders beanspruchte Komponenten redundant ausgelegt sind. Dies gilt insbesondere für die Netzteile und Festplatten im RAID-Verbund. Auch hier empfiehlt sich cold-standby. Gegebenenfalls ist der Server komplett zu erneuern.

Datensicherheit

- Herr Volk empfiehlt ein zentrales Backup für den Terminalserver, der gegebenenfalls auch Dateidienste für die Workstation bereitstellt. Für das Backup ist eine eigene Maschine zu installieren.
- Bei SBS-Lüneburg werden keine Daten lokal gesichert. Die Datensicherung erfolgt über den Backup-Server in Hamburg.
- Über ein Backup-Scheduling wird die kontinuierliche Datensicherung gewährleistet. Der entsprechende Dienst auf dem Backup-Server ist einzurichten.
- Zum Schutz der Daten, z.B. im Falle eines Brandes, ist die räumliche Trennung von Server und Backupserver vorzusehen. Natürlich muss sichergestellt sein, dass nur befugte Personen Zutritt zu den beiden Räumen haben.
- Mit einer USV (Unterbrechungsfreien Stromversorgung) auch UPS (Uninterruptable Power Supply/Source) soll gewährleistet werden, dass der Server bei Stromausfall alle offenen Dateien speichert und definiert heruntergefahren wird.

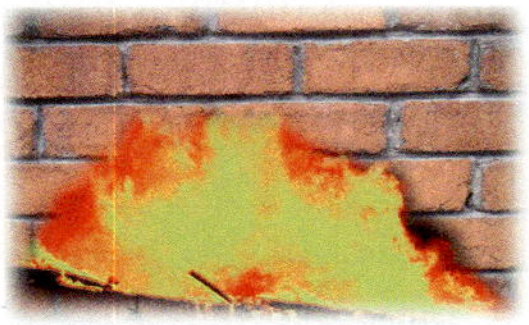

- Eine Firewall grenzt das LAN zur Internetanbindung ab. Sie wird zentral administriert. Das gleiche gilt für einen Proxy, der über eine Inhalts-Filterfunktion den WWW-Zugang der Mitarbeiter einschränken kann.
- Die Firewall übernimmt hier doppelte Funktion. Der unbefugte Zugriff über das Internet kann über sie eingeschränkt werden.
- Über die Segmentierung der Netze können die beiden LANs in Lüneburg und Hamburg gegeneinander abgeschottet werden.
- Die zentrale Rolle übernimmt das Berechtigungskonzept nach Nutzern und Nutzergruppen.
- Ergänzt wird der Datenschutz durch wirksamen Antiviren- und Spyware-Schutz. Die Administration und Aktualisierung erfolgt zentral.

Kostensenkung

Herr Volk überlegt sich, dass er bei der Vorstellung des Lösungskonzeptes sehr deutlich machen will, dass mit der Anpassung und Neuinstallation nicht unerhebliche Kosten entstehen. Auch werden die Kosten für den laufenden Betrieb des Netzes deutlich höher ausfallen als bisher. Trotzdem ist die Maßnahme betriebswirtschaftlich sinnvoll und führt im Ergebnis zu geringeren Gesamtkosten:

- Ein Ausfall oder eine Verringerung der Performance des Netzes würde zum Rückgang der Produktivität führen. Damit entstünden erhebliche Kosten.
- Die in der Vergangenheit von interessierten Mitarbeitern aufgewendete Zeit zur Installation und Administration der einzelnen Rechner kann wieder direkt der Bearbeitung der Steuerfälle zugeordnet werden. Dies erhöht die Gesamtproduktivität deutlich. Über die SLA bzw. DGV können im Fehlerfall Ausfälle schnell behoben werden, andernfalls werden Produktivitätsausfälle durch die Vertragspartner finanziell ausgeglichen.
- Durch den konsequenten Einsatz von Netzwerkdruckern kann die Anzahl der Drucker reduziert werden. Dies verringert deutlich die Ausgaben für die Verbrauchsmaterialien und reduziert die Wartungskosten.

  Druckberechtigungskonzepte schränken den Zugang zu einzelnen Druckern ein (z.B. keine Farbdrucke für alle Mitarbeiter) und begrenzen über Kontingente die Anzahl der Drucke insgesamt.

1.2.4.2 Standort Lüneburg

SBS-Büro-Lüneburg – SOLL-Zustand

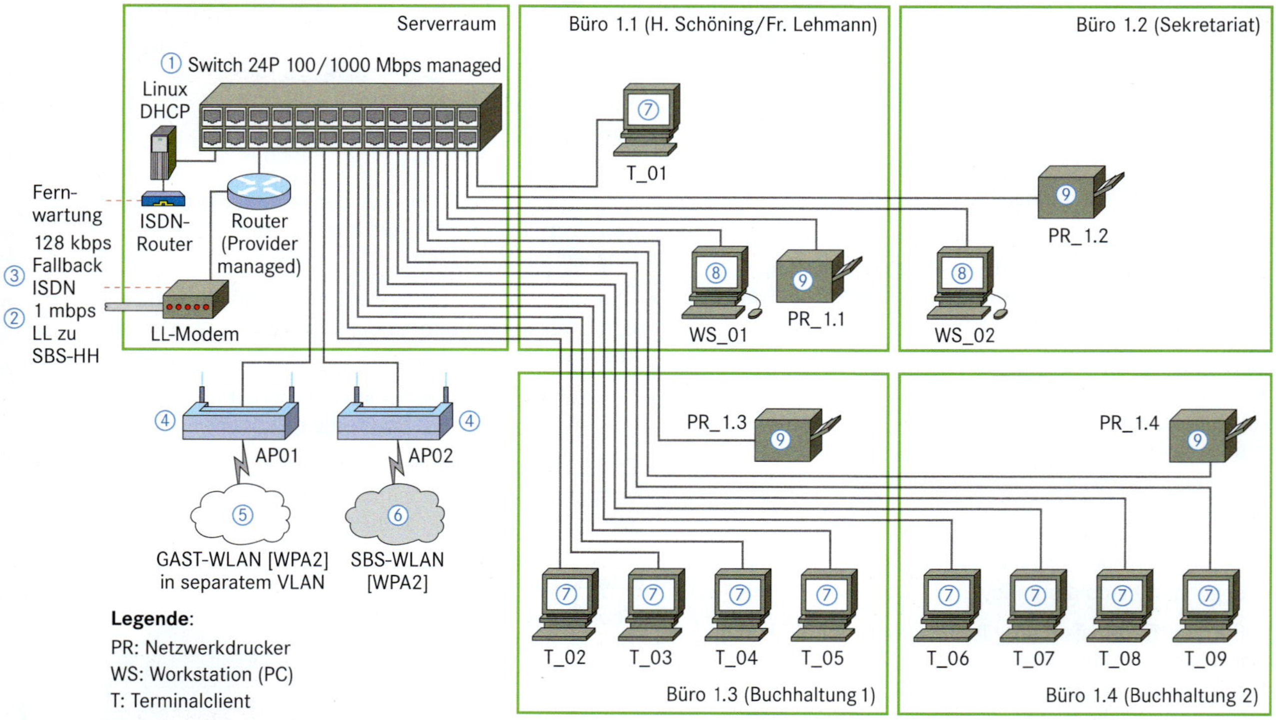

1: Netzwerkdiagramm SBS Lüneburg – Lösungsskizze **LG**

Herr Volk entwickelt zunächst die Lösungsskizze für den Standort Lüneburg, da dieser nicht so komplex wie SBS-Hamburg ist. Abb.1 zeigt das fertiggestellte Netzwerkdiagramm. Dieser Lösungsvorschlag wird Grundlage für das Angebot sein, das er dem Geschäftsführer der SBS unterbreiten wird. Im Folgenden soll der Lösungsvorschlag im Detail erläutert werden.

Netzwerkkomponenten

LAN

Herr Volk schlägt den Austausch des Hubs gegen einen ‚managed' Switch ① **LG** vor. Ein Switch verringert gegenüber einem Hub die Datenkollisionen und ‚weiß', welche Informationen an welchen Rechner weitergeleitet werden müssen. Ein ‚managed' Switch verfügt zusätzlich über bedeutsame Konfigurationsmöglichkeiten zur Sicherheit und Fehlervermeidung. Der ausgesuchte Switch unterstützt als Backboneswitch eine Bandbreite bis 1 Gigabit/s.

WAN

Die Verbindung nach Hamburg übernimmt das Leased Line-Kabelmodem (LL-Modem) ② **LG**. Es verbindet die Standleitung (leasted line) über den Router mit dem LAN. Der Router hat hierbei die Aufgabe, intern unbekannte Netzwerkadressen nach außen weiterzuleiten. Konfiguriert und gewartet wird er über den Betreiber (Provider) der Standleitung.

Für den Notfall (Ausfall der Standleitung) übernimmt die Fallbackleitung über ISDN ③ **LG** den WAN-Verkehr in das Hamburg Netz. Dabei sinkt natürlich die Datenübertragungsrate dramatisch, aber ein Notbetrieb ist gesichert.

Internetanbindung

In Lüneburg ist keine direkte Anbindung an das Internet vorgesehen. Vielmehr erfolgt die Internetnutzung über die Standleitung und dann über die entsprechenden Komponenten in Hamburg. Auch hier übernimmt der Router die zentrale Weiterleitungsfunktion: Alle unbekannten Adressen werden dem Kabelmodem übergeben.

WLAN

An den Switch sind zwei WLAN-Access-Points (WLAN-AP) ④ **LG** angeschlossen. Damit können voneinander getrennte Funknetze bereitgestellt werden.

Das WLAN für Gäste erlaubt nur die Nutzung des Internets und keinen Zugriff in das Firmennetz. Dies wird über die VLAN-Funktionalität des Switches in einem isolierten Netzwerksegment erreicht. Es entsteht ein so genanntes virtuelles LAN (VLAN) ⑤ **LG**.

Damit der Zugang nur für berechtigte Gäste möglich ist, wird das WLAN mit dem sicheren WPA2-Standard verschlüsselt.

Das zweite WLAN für Mitarbeiter ⑥ ist ebenfalls mit der WPA2 Verschlüsselung gesichert. WEP, dass auch von älteren WLAN-Komponenten unterstützt wird, scheidet als Verschlüsselungsverfahren aus, da es relativ leicht ‚gehackt' werden kann.

Sonstige Komponenten

Rechner

Alle Mitarbeiter arbeiten an Terminals ⑦ **LG** (siehe auch Abb. 2), die an den Terminalserver in Hamburg ⑦ **HH** angebunden sind. Damit kann der Administrationsaufwand an den Endgeräten gering gehalten werden. Gleichzeitig wird damit ausgeschlossen, dass es zu Unkompatibilitäten kommt, da alle Mitarbeiter mit gleicher Software arbeiten.

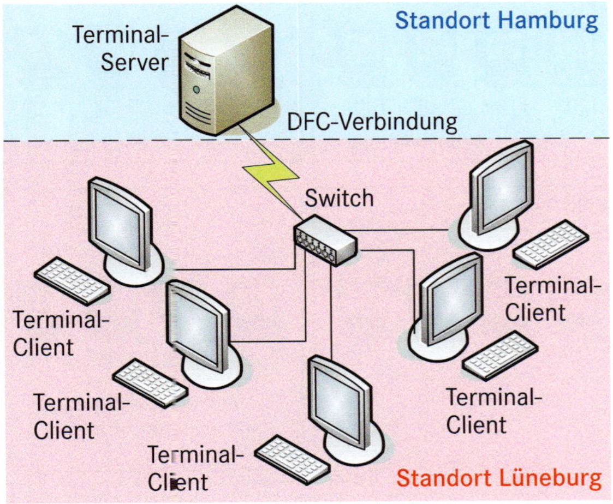

2: Terminal-Client-Server-Konzept

Bei der Geschäftsleitung sind wegen der Nutzung spezieller nicht terminalfähiger Software Workstations ⑧ **LG** eingesetzt. Zusätzlich zu lokalen Anwendungen läuft hier ein softwarebasierter Terminalclient. Die Wartung an den Workstations erfolgt von Hamburg aus über das Remote-Desktop-Protokoll (RDP).

Drucker

Alle Drucker werden als Netzwerkdrucker ⑨ **LG** angeschlossen. Das hat mehrere Vorteile:

- Die Drucker können zentral überwacht werden.
- Die Drucker lassen sich von allen Rechnern im Netz ansprechen.
- Über eine Druckberechtigungsvergabe lassen sich z. B. zur Kosteneinsparung, einzelne Drucker für den Einsatz durch spezifische Nutzer oder Nutzergruppen ein- oder ausschließen.

Herr Volk schlägt vor, dass die Drucker weitestgehend identisch und für den professionellen Betrieb konzipiert sind.

Netzdienste

Für die automatische Zuweisung von privaten IP-Adressen im lokalen Netz wird der Netzdienst DHCP benötigt. Da gleichzeitig der Anspruch nach Fernwartung besteht, ist die Einbindung eines zusätzlichen Servers sinnvoll, der über seinen angeschlossenen ISDN-Router diesen Fernwartungszugang ermöglicht. Herr Volk schlägt aus Kostengründen eine Maschine vor, auf der das Betriebssystem LINUX läuft. Dieser Rechner kann damit auch weitere Netzwerkdienste zur Verfügung stellen.

1.2.4.3 Standort Hamburg

Bei der Entwicklung des Lösungskonzeptes für den Standort Hamburg überlegt sich Herr Volk, welche Komponenten er aus dem Lüneburger Konzept übernehmen kann, bzw. nur leicht anpassen muss. Hierzu zeichnet er das Netzwerkdiagramm für den Standort Hamburg (Abb. 1 nächste Seite).

Prinzipielle Übereinstimmungen ergeben sich für

- die Verwendung von ‚managed' switch zur Vernetzung der Endgeräte im Netz, ① **HH** / ① **LG**
- das Kabelmodem für die Anbindung an die Standleitung, ② **HH** / ② **LG**
- die Administration des Kabelmodems über den Anbieter (Provider) der Standleitung,
- die Fallbackleitung über ISDN als Notverbindung der beiden Standorte, ③ **HH** / ③ **LG**
- den Einsatz von generell identischen Netzwerkdruckern, ④ **HH** / ⑨ **LG**
- den Einsatz von Terminalservern, ⑤ **HH** / ⑦ **LG**
- das WLAN mit der Aufteilung in Gastzugang und Mitarbeiterzugang, ⑥ **HH** / ⑤ ⑥ **LG**
- das Verschlüsselungsverfahren im WLAN mit WPA2 und
- den Linux basierten DHCP-Server mit ISDN-Anschluss zur Fernwartung ⑦ **HH** / ⑩ **LG**.

Als Besonderheiten in Hamburg, die spezifisch zu lösen sind, identifiziert Herr Volk die folgenden Aspekte:

- Höhere Anzahl von Rechnern pro Etage.
- Verteilung des LANs in Hamburg auf zwei Etagen. Herr Volk überlegt sich, dass dadurch eigentlich zwei LANs entstehen, die miteinander gekoppelt werden müssen.
- Internetanbindung in Hamburg für Hamburg und Lüneburg.
- Abschottung des Firmennetzes gegenüber dem Internet über eine Firewall.
- Bereitstellung des Terminalservers, Applicationservers und Fileservers für das gesamte Firmennetz durch Hamburg,
- Zentrale Datensicherung auf dem Backupserver.
- VPN-Anschluss über das Internet für die Telemitarbeiterin.
- Etagendrucker.

SBS-Büro-Hamburg – SOLL-Zustand

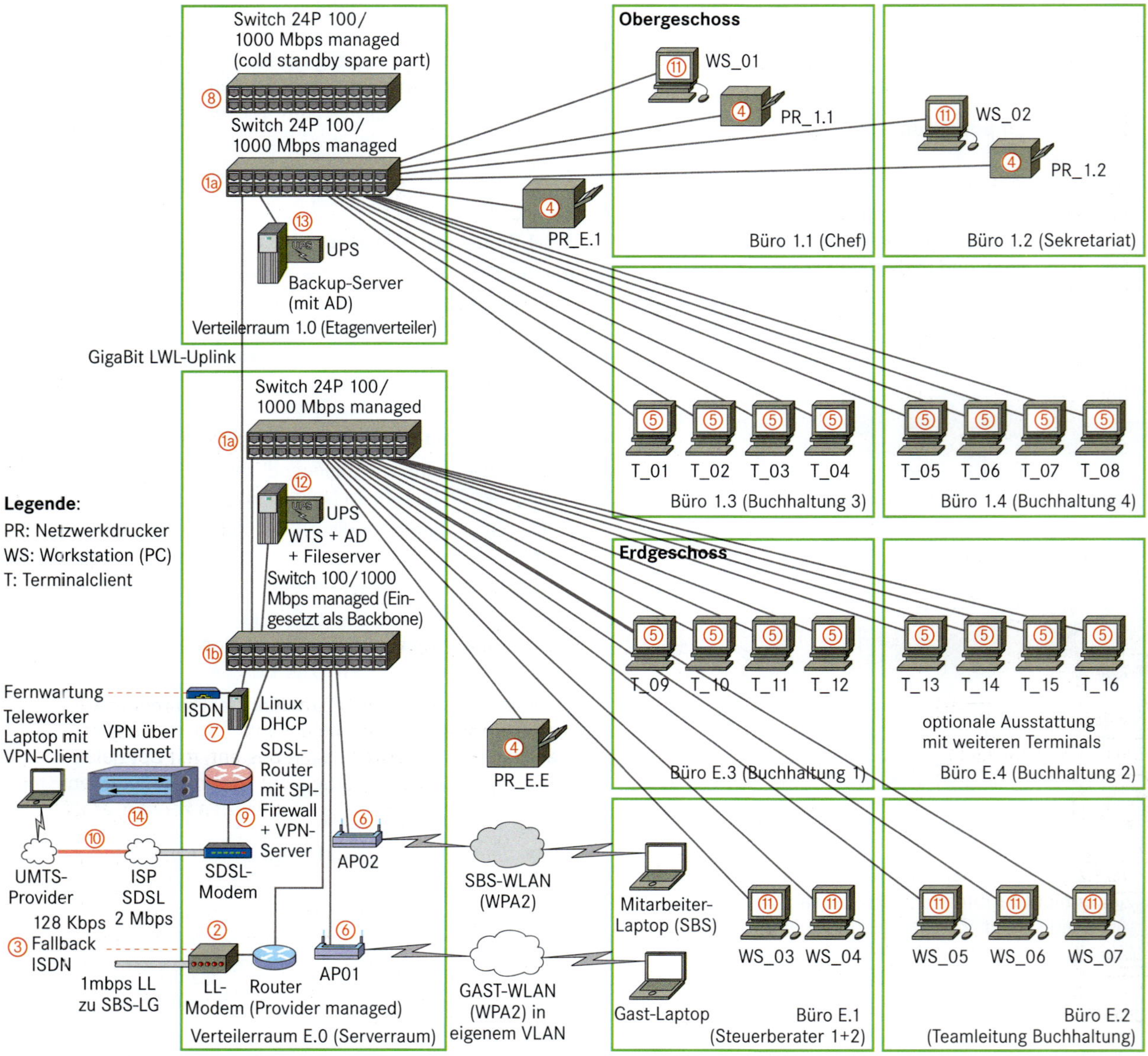

1: Netzwerkdiagramm SBS Hamburg – Lösungsskizze **HH**

Netzwerkkomponenten

LAN

Wegen der beiden Etagen und der generell höheren Anzahl von Rechnern schlägt Herr Volk für Hamburg drei ‚managed' Switch mit jeweils 24 Ports vor ① **HH**, außerdem ein gleichwertiges Gerät ‚cold-stand-by' ⑧ **HH**.

Die Gleichwertigkeit der Geräte bietet neben der Möglichkeit des unproblematischen Austauschs zudem den Vorteil der verbundorientierten und damit erheblich leichteren Konfigurationsmöglichkeit. Dies ist besonders dann wichtig, wenn VLANs oder eine Dienst-Priorisierung (QoS) einzurichten sind.

Zwei Switche übernehmen die Funktion als Etagenverteiler ⓐ **HH**, der dritte die eines Backbones ⓑ **HH**. Die Verbindung der Switche untereinander erfolgt über 1 GigaBit LWL. Herr Volk schlägt vor, auf den Einsatz von professionellen Geräten zu achten. Sie müssen für Dauerbetrieb ausgelegt sein und haben deshalb z. B. redundante Lüfter. Außerdem sollen sie SNMP zum zentralen Management unterstützen.
Für die physikalische Anbindung der Rechner an die Switche kann die vorhandene Verkabelung mit Cat5e SSTP über Netzwerkdosen und Patchkabel genutzt werden, da 100 MBit-Endgeräte eingesetzt sind. Für die mögliche Erweiterung des Büros E.4 sind gegebenenfalls weitere Netzwerkdosen zu installieren.

WAN

Analog zu Lüneburg weist das Konzept von Herrn Volk die 1 Mbit/s-Standleitung mit der ISDN-Fallback-Verbindung ③ **HH** auf. Über diese Leitung erfolgt der gesamte firmeninterne Datenaustausch zwischen Hamburg und Lüneburg und die Zugriffe auf das Internet für alle in Lüneburg angeschlossenen Rechner.

Internetanbindung

Für die Internetanbindung ist die bisherige ADSL-Leitung zu einem **I**nternet-**S**ervice-**P**rovider (**ISP**) durch eine professionelle symmetrische SDSL-Leitung ⑩ **HH** mit fester IP-Adresse und symmetrischer 2 MBit/s-Bandbreite zu ersetzen. Die gesamte Weiterleitung, das Routing, übernimmt der Router ⑨ **HH**. Da dieser über eine Network-Address-Translation- (NAT) Funktion verfügt, kann er automatisierte und transparente Verfahren einsetzen, die Adressinformationen in Datenpaketen so ersetzen, dass angeforderte externe Informationen genau bei dem Rechner im LAN landen, von dem sie angefordert wurden (Abb. 2).

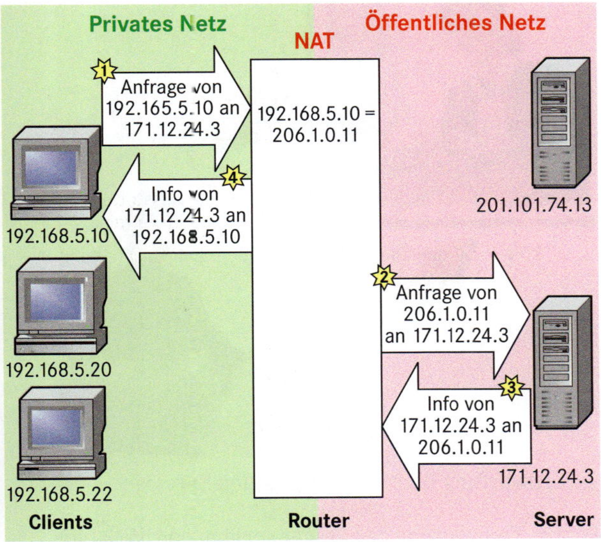

2: Network Address Translation (NAT)

Da Leitung, Modem und Router vom Provider gestellt werden, ist die Administration auch von diesem vorzunehmen. Der Router bietet eine integrierte Firewall, die das Unternehmensnetzwerk zum Internet abschottet. Der ebenfalls integrierte VPN-Server (**V**irtual **P**rivate **N**etwork Server) ermöglicht externen VPN-Clients, wie z. B. der Telearbeitskraft Frau Lehmann, den sicheren Zugriff auf das Firmennetzwerk über eine beliebige Internetverbindung. Dazu wird ein logischer, verschlüsselter, so genannter VPN-Tunnel ⑭ **HH** zwischen dem VPN-Client und dem VPN-Server aufgebaut (Abb. 3).

WLAN

Auch im Hamburger Netz werden mobile Mitarbeiter und Gäste über mit WPA2 verschlüsselte Access-Points ⑥ **HH** angebunden. Die Gäste erhalten jedoch

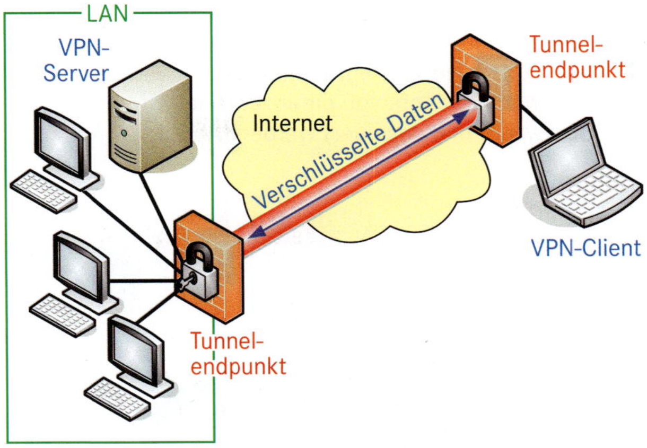

3: Prinzip des VPN-Tunnels

keinen Zugriff auf das Firmennetzwerk, sondern lediglich auf den Internetzugang. Dies kann dadurch gewährleistet werden, indem der Access-Point, über den die Gäste sich anbinden können, einem vom Firmennetz abgetrennten VLAN zugeordnet ist.

Natürlich wird auch das WLAN in Hamburg mit dem sicheren WPA2-Standard verschlüsselt.

Sonstige Komponenten

Clients

Auch im Hamburger Netz arbeiten die Mitarbeiter konsequenterweise an Terminalclients ⑤ **HH**. Lediglich dann, wenn die Notwendigkeit besteht, mit Spezialanwendungen zu arbeiten, die nicht oder nur mit großem Aufwand terminalfähig gemacht werden können, arbeiten die Mitarbeiter an Workstations ⑪ **HH**. Herr Volk hat festgestellt, dass dies bei den Steuerberatern und bei der Teamleitung Buchhaltung der Fall ist. Außerdem sollen der Chef und seine Sekretärin nach wie vor an einem PC arbeiten können. Für alle Workstations gilt allerdings, dass diese über eine entsprechend installierte Software standardmäßig als Terminalclients genutzt werden können.

Server

Herr Volk schlägt vor, zunächst zwei identische Maschinen als Terminal-Server ⑫ **HH** und Backup-Server ⑬ **HH** zu beschaffen. Bei aktueller Hardware ist davon auszugehen, dass ein Terminalserver die Anforderung aller Clients für beide Standorte erfüllt. Erst bei erheblichem Zuwachs an Clients könnte durch Zuschaltung weiterer Rechner ein Server-Cluster gebildet werden, also eine Einheit, die von den Clients aus gesehen, wie ein einzelner Server ‚auftritt'.

Bei der von Herrn Volk empfohlenen Neubeschaffung ist für beide Server baugleiche Hardware mit redundanten Komponenten (Netzteile, Festplatten im RAID5-Verbund) von einem Markenhersteller zu verwenden. Herr Volk weist darauf hin, mit dem Verkäufer des Servers einen Servicevertrag abzuschließen, der definierte Hardware-Austauschzeiten vor Ort zusichert.

Mit dem Server sollte Hardwaremonitoring über SNMP (Simple Network Management Protocol) möglich sein. Mit diesem Netzwerkprotokoll können verschiedene Netzwerkelemente von einer zentralen Station aus überwacht und gesteuert werden (Abb. 1).

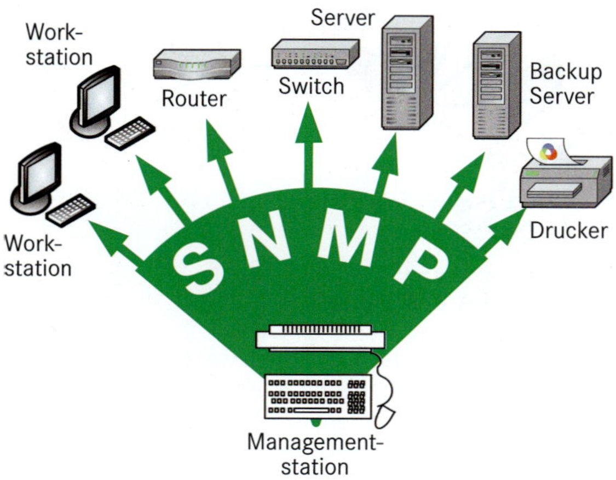

1: Zentrale Administration über SNMP

Für eine zentrale Datensicherung schlägt Herr Volk folgendes Verfahren vor: Alle bisher auf den lokalen Rechnern abgelegte Daten werden zentral auf dem Server abgelegt. Hierzu wird der Terminalserver um eine Dateiserver-Funktionalität erweitert: Er wird auch zum Fileserver. Mit diesem Schritt ergibt sich die Notwendigkeit, ein differenziertes Berechtigungskonzept zu erstellen, damit nicht alle Nutzer des Servers auf alle Dateien und Dienste zugreifen können. Das Berechtigungskonzept muss dokumentieren, welche Nutzer und Nutzergruppen welche Rollen und Berechtigungen haben. Dazu gehören beispielsweise Rechte zum Öffnen und Ändern von Verzeichnissen und Dateien, zum Ausführen von Programmen, zum Drucken, Emailen usw.

Die eigentliche Datensicherung übernimmt dann der Backupserver, der aus Sicherheitsgründen (z. B. Brand, Wasserschaden) im Verteilerraum aufzustellen ist. Herr Volk rät dringend, den Vorgang der Datensicherung zu automatisieren. Hierzu ist auf dem Terminalserver der Client einer professionellen Backup-Software zu installieren und so zu konfigurieren, dass die Server-Backup-Software genau festgelegte Verzeichnisse und Dateien regelmäßig sichert, ohne dass die Datensicherung zu einer Einschränkung des laufenden Betriebes führt.

Herr Volk gibt den wichtigen Hinweis, den Ernstfall einer Systemwiederherstellung unbedingt von Zeit zu Zeit zu proben, um sicherzustellen, dass die Backupträger und das Wiederherstellungskonzept auch wirklich funktionieren. Ziel einer solchen Maßnahme ist es auch, die im Ernstfall bei einer Systemwiederherstellung unvermeidlichen Ausfallzeiten möglichst klein zu halten.

Drucker

Auch im Hamburger Netz sind alle Drucker als Netzwerkdrucker vorzusehen. Um die Druckkosten zu minimieren, schlägt Herr Volk jeweils einen entsprechend leistungsfähigen Etagendrucker im Erdgeschoss und im Obergeschoss vor. Zum Ausdruck vertraulicher Dokumente sind auf Geschäftsleitungsebene eigene Drucker vorzusehen, deren Druckberechtigung entsprechend eingeschränkt wird. Die zentrale Administration und Überwachung soll für alle Drucker über das SNMP-Protokoll erfolgen (Abb. 1).

Netzdienste und Fernwartung

Wie in Lüneburg übernimmt der LINUX-Server die automatische IP-Adressvergabe mittels DHCP und ist für die Fernwartungszugriffe zuständig. Herr Volk regt an, auf allen Workstations über die Aktivierung des vom lokalen Betriebssystem bereitgestellten Remote-Desktop-Dienstes diesen Fernwartungszugriff zu ermöglichen, um teuren Vor-Ort-Service zu vermeiden.

2: Fernwartung über Remote-Desktop-Service

Für die Fernwartung der Server schlägt Herr Volk eine Hardwarelösung vor, bei der z.B. auch ein Fernzugriff auf das BIOS dieser Maschinen möglich ist. Dies ist dann von Bedeutung, wenn das Betriebssystem der Server nicht mehr starten sollte.

Datensicherheit

Für die besonders vertraulichen Bereiche Geschäftsführung, Lohnbuchhaltung und Personal rät Herr Volk zu einer logischen Trennung durch VLANs. Durch dieses Verfahren entstehen in einem LAN logische Teilnetze. Einzelne Rechner lassen sich nun einem Teilnetz zuordnen, obwohl sie physikalisch mit allen anderen Rechnern verbunden sind.

Abschließend weist Herr Volk im Zusammenhang mit der Internetanbindung ausdrücklich darauf hin, dass die Firewall so restriktiv zu konfigurieren ist, dass nur wirklich benötigte Datenkommunikation ermöglicht wird.

2 Information

2.1 Welche Gründe gibt es für die Vernetzung?

Stellt man heute Menschen diese Frage, so erntet man häufig Kopfschütteln, mindestens aber Erstaunen. Vernetzt zu sein, ist selbstverständlich geworden. Mehr als die Hälfte aller Haushalte in der Bundesrepublik Deutschland sind heute „am Netz“, also ans Internet angeschlossen. Über 98 % der Unternehmen nutzen mindestens ein internes Netz. Hochgeschwindigkeitsanschlüsse über DSL sind genauso selbstverständlich, wie VOIP (Voice Over IP), also das Telefonieren über das Internet.

Betrachtet man jedoch die Auswirkungen einer weltumspannenden Rechnervernetzung und die globalen Ausgaben für die Einrichtung, den Betrieb und den Ausbau einer weltumspannenden **Netzinfrastruktur** [***network infrastructure***], stellt sich sehr wohl die Frage nach der Begründung. Abb. 3 zeigt mögliche Gründe. Unterschiedliche Aspekte ergeben sich aus der Perspektive. Gleichzeitig fällt auf, dass es Gründe gibt, die immer wieder benannt werden:

- Gemeinsame Nutzung von **Ressourcen** [*resources*] (Sharing),
- Verteilung von Daten und Aufgaben (Zentralisierung und Dezentralisierung) und
- Informationsaustausch.

Riesige Datenmengen

Die Bedeutung von Netzen wird deutlich, wenn man den Datenverkehr im Zusammenhang mit einem der meistbesuchten Seiten im Netz betrachtet:

Ein weltbekanntes Logo im Netz

In dem Internetauktionshaus ebay werden

- etwa 44 Millionen Artikel ständig zum Verkauf gestellt, dabei jeden Tag ca. 4 Millionen neu,
- pro Tag bis zu 889 Millionen Aufrufe und 270 Millionen Suchanfragen registriert,
- je Sekunde Datenmengen von bis zu 12 Gigabit versandt (Backbone der Telekom im Vergleich: ca. 10 Gigabit/Sekunde).

Ebay ist seit 2003 das erfolgreichste E-Commerce-Unternehmen Europas und wird heute von mehr als 16 Millionen Deutschen genutzt.

Diese Informationen stammen aus dem Netz der Netze, dem Internet.

(*FAZ.net vom 03.09.2006: Hinter den Kulissen von ebay*)

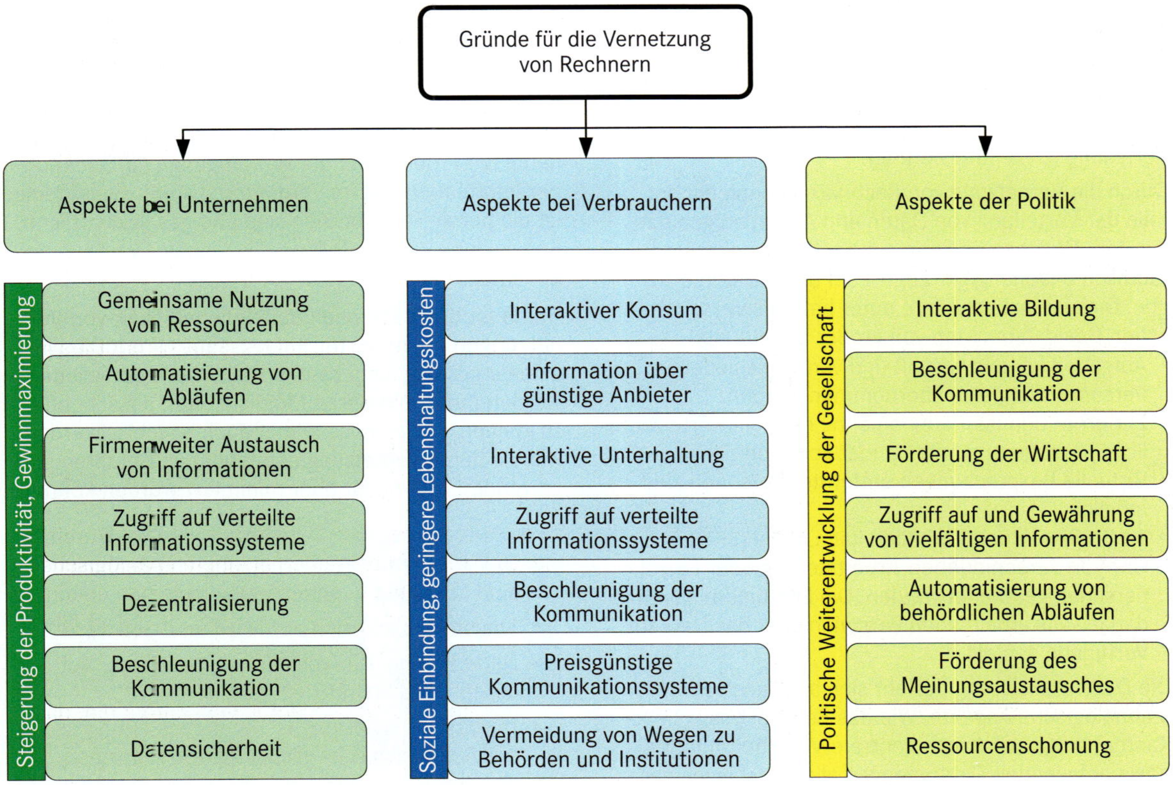

3: Mögliche Gründe für die Vernetzung von Rechnern aus unterschiedlicher Sicht

2.1.1 Sharing

Unter Sharing wird die gemeinsame Nutzung von Ressourcen verstanden. Dies bezieht sich sehr häufig gleichzeitig auf Hardware als auch auf Softwareressourcen. Im Vordergrund steht dabei die Reduzierung von direkten und indirekten Kosten durch Einsparung von Sachgütern und Personal. Ressourcenschonung bedeutet unter Umständen auch eine Entlastung der Umwelt.

Ein einfaches Beispiel für Ressourcensharing zeigt Abb. 1. Drucker, Faxgerät usw. können von allen angebundenen Rechnern gemeinsam genutzt werden (Hardwaresharing). Ein im Netz befindlicher Router dient der Kommunikation mit dem Internet für alle Rechner. Er ist für den **Verbindungsaufbau** [***connection setup***] verantwortlich, sichert aber das interne Netz als Firewall auch gleichzeitig nach außen ab (Kommunikationssharing). Über Applikationsserver werden verschiedene Anwendungsprogramme für die angeschlossenen PCs bereitgestellt (Softwaresharing). Ein Server stellt Daten aus **Datenbanken** [***databases***] oder **Verzeichnissen** [***directories***] für alle zur Verfügung (Datensharing).

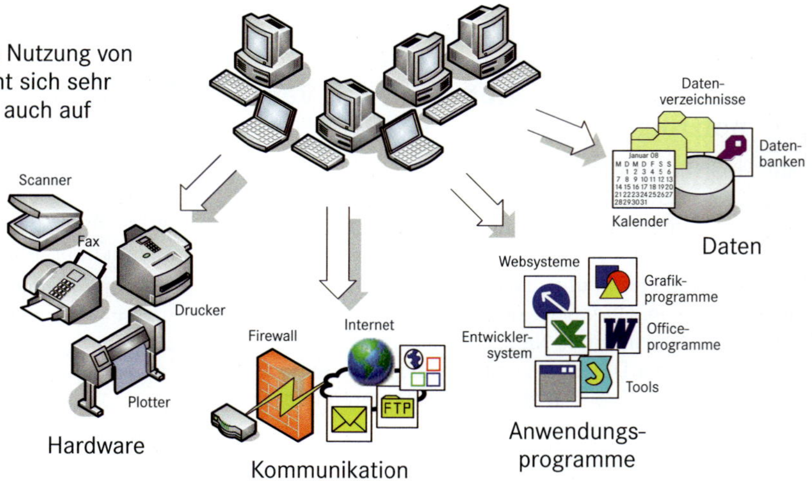

1: Gemeinsame Nutzung von Ressourcen in einem Netzwerk

2.1.2 Zentralisierung und Dezentralisierung

Auch wenn es paradox klingt: Vernetzte Systeme dienen fast immer der Zentralisierung und Dezentralisierung gleichzeitig. Einerseits geht es um die zentrale Bereitstellung von Hardware, Daten und Diensten (Zentralisierung), gleichzeitig aber auch um deren Verteilung (Dezentralisierung).

Durch die Vernetzung von Rechnern können die Vorteile der Verteilung von Daten und Aufgaben genutzt werden. Gleichzeitig kann ein kontinuierlicher und räumlich unabhängiger Zugriff auf diese Daten erfolgen. Dies ist insbesondere unter betriebswirtschaftlichen Gesichtspunkten von großer Bedeutung:

- Aufgaben können verteilt und von verschiedenen Personen zeitgleich übernommen werden.
- Entfernte Benutzer können ohne nennenswerte zeitliche Verzögerung miteinander kommunizieren.
- Virtuelle Besprechungen entfernter Personen sind möglich.
- An Projekten und Vorhaben kann quasi rund um die Uhr von verschiedenen Arbeitsteams oder Einzelpersonen gearbeitet werden. Die Ergebnisse werden den jeweils arbeitenden Personen über das Netz zur Verfügung gestellt.

Die Dezentralisierung bezieht sich aber auch auf rein technologische Aspekte. Wie das Beispiel ebay (siehe Kasten) zeigt, wäre eine zentrale Verarbeitung der riesig anfallenden Datenmengen allein technisch gar nicht möglich. Erst über eine Verteilung von Hardware und die spezifische Zuordnung der jeweiligen Aufgabe kann diese gewaltige Herausforderung gemeistert werden. Gleichzeitig wird über die Verteilung der personellen Betreuung und Administration ein deutlich höheres Maß an Zuverlässigkeit und Betriebssicherheit erreicht. Ohne Vernetzung wäre dies alles undenkbar.

2.1.3 Informationsaustausch

Häufig wird von der ‚industriellen Revolution' für das vergangene Jahrhundert und von einer ‚Revolution der Information' in diesem Jahrhundert gesprochen. Die Möglichkeiten der **Informationsgewinnung** [***information retrieval***] und des Informationsaustausches haben in den letzten Jahren so zugenommen, dass heute die Problematik der Bewältigung und Selektion der Informationsflut im Vordergrund steht. Gleichzeitig ist die persönliche, betriebliche und gesellschaftliche Entwicklung von der Teilhabe an globaler Vernetzung abhängig.

Damit ist die Frage nach der Notwendigkeit von Vernetzungen beantwortet. Interessant wird jetzt, wie eine Vernetzung aufgebaut, installiert und administriert werden muss, um deren Möglichkeiten ausschöpfen zu können. Dabei muss immer auch beachtet werden, wie die durch Vernetzung entstehenden Gefahren abgewendet, zumindest aber minimiert werden können.

- Die Gründe für die Vernetzung von Rechnern sind abhängig von der Perspektive.
- Sharing bezieht sich auf Hard- und Software.
- Netze können die Vorteile von zentralen und dezentralen Strukturen vereinen.
- Durch die Vernetzung ist die Bereitstellung und der Austausch sehr großer Informationsmengen erst möglich geworden.

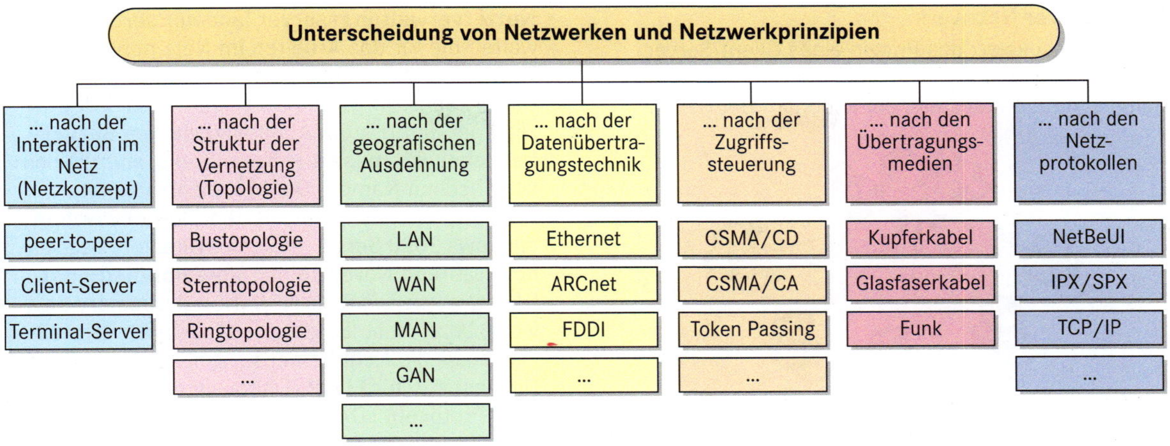

2: Mögliche Kriterien zur Unterscheidung von Computernetzwerken

Abb. 2 zeigt eine Auswahl unterschiedlichster Kriterien zur Unterscheidung von Computernetzen. Die in einem Netzwerk wirksam werdenden Prinzipien setzen sich immer aus der Kombination der verschiedensten Merkmale zusammen. Trotzdem sind **Netzwerkprinzipien** nicht frei wähl- und kombinierbar, denn es ergeben sich Abhängigkeiten zwischen den verschiedenen Merkmalen. Im Folgenden sollen die Prinzipien wegen des besseren Verständnisses zunächst isoliert voneinander betrachtet werden.

2.2 Welche Prinzipien gibt es bei Netzwerken?

2.2.1 Netzkonzepte

In Abhängigkeit von der Art und Weise, wie die Teilnehmer in einem Netz miteinander arbeiten und interagieren, also in Abhängigkeit von der **Interaktion** [*interaction*], ergeben sich drei prinzipielle Konzepte:

- *Peer-to-Peer-Netzwerk (PtP)*,
- *Client-Server-Netzwerk (CS)* und
- *Terminal-Server (TS) Netzwerk*.

Peer-to-Peer-Netzwerk (PtP)

‚Peer' bedeutet ‚Gleicher' oder ‚gleichgestellt'. Ein PtP-Netzwerk ist also ein Netzwerk unter Gleichen.

Sollen Teilnehmer in einem Netz unabhängig voneinander arbeiten, aber trotzdem für ganz bestimmte Aufgaben Netzwerkkomponenten gemeinsam nutzen, so wird ein Peer-to-Peer-Netzwerk zur Anwendung kommen. Dies gilt vor allem dann, wenn für überschaubare **Arbeitsgruppen** [*workgroups*] ein Netzwerk einfach und kostengünstig eingerichtet werden soll.

Wichtigstes Merkmal ist die Gleichrangigkeit der miteinander vernetzten Systeme. Üblicherweise besteht ein solches Netzwerk aus eigenständigen Systemen mit jeweils hochwertiger Ausstattung und Systemleistung. Alle Rechner arbeiten unabhängig voneinander und nutzen die gemeinsame Netzwerkverbindung für Kommunikation und Datenaustausch.

Wegen der prinzipiellen Gleichrangigkeit der Systeme können die Ressourcen jedes Systems über diese Verbindung auch anderen Systemen zur Verfügung gestellt werden und Ressourcen anderer Systeme ebenso genutzt werden (vgl. Abb. 3). Die Rechner können also gleichzeitig Client-(‚Nutzer') und Serverfunktion (‚Dienstleister') übernehmen. Peer-to-Peer-Netzwerke werden dann zum Einsatz kommen, wenn die auf verschiedenen Rechnern verteilten Dateien gemeinsam genutzt werden sollen. Über eine sogenannte ‚**Freigabe**' [*share*] von Dateien oder Ordnern, entscheidet der Nutzer an seinem lokalen Rechner, wer auf die freigegebenen Dateien zugreifen darf. Typischerweise werden über das gleiche Verfahren lokale Drucker für die Nutzung im Netz freigegeben. Es findet so ein Ressourcen-Sharing statt.

Das Konzept PtP ist einfach, weist aber nicht unerhebliche Nachteile auf: Da PtP-Netzwerke dezentral ausgerichtet sind, verursachen sie einen hohen Verwaltungsaufwand. Jedes Gerät muss einzeln administriert werden. Darüber hinaus gibt es bei dieser Art von Netzwerken häufig auch Sicherheitsprobleme, da z. B. **Zugriffsrechte** [*access rights*], Datenspeicherung und **Datensicherung** [*backup*] auf jedem einzelnen Rechner unabhängig von den anderen festgelegt werden können. Zentrale Sicherheitskonzepte sind also nur äußerst schwer durchzusetzen.

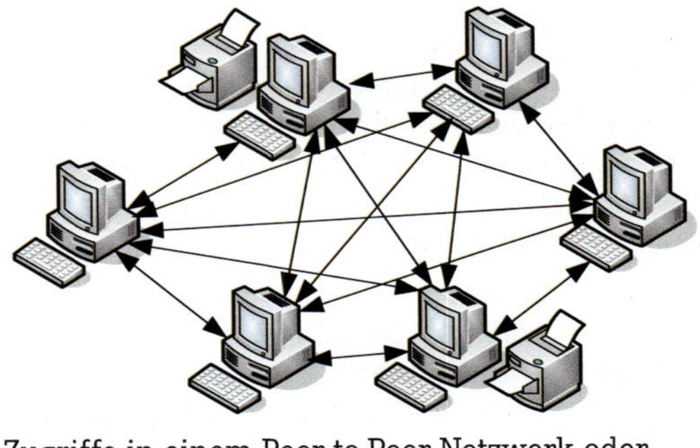

3: Zugriffe in einem Peer-to-Peer-Netzwerk oder „Jeder teilt mit Jedem"

Client-Server-Netzwerk

Abb. 1 symbolisiert das Prinzip eines Client-Server-Netzwerks, das in größeren Netzwerken zur Anwendung kommt. Mindestens ein Rechner - der Server -

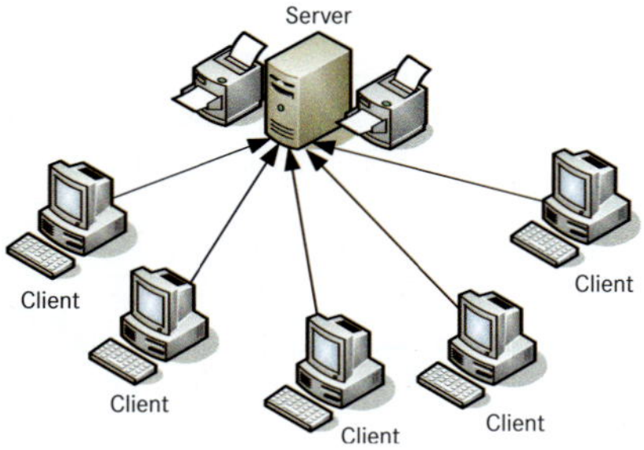

1: Zugriffe in einem Client-Server-Netz oder „Alle teilen sich Einen“

übernimmt herausgestellte Funktionen und bietet anderen ‚Nutzern‘, den Clients, zentral ‚Dienstleistungen‘ an. In großen Netzen kommen häufig auch mehrere Server vor.

Die von den Server bereitgestellten Dienstleistungen (Services = Dienste) beziehen sich auf ganz unterschiedliche Aufgaben, lassen sich aber grundsätzlich auf die folgenden Bereiche verteilen:

- Dateiservice,
- Benutzerverwaltungsservice,
- Druckservice,
- Kommunikationsservice und
- Anwendungsservice.

In den Anfängen von Client-Server-Netzen wurde jeweils eine Maschine mit einer ganz spezifischen Aufgabe betraut und nach dem wahrzunehmenden Dienst benannt. Der Fileserver war für die zentrale Dateispeicherung verantwortlich, der Printserver für die Druckdienste usw. Unter einem Server wurde deshalb sehr lange immer auch Hardware verstanden. Dies hat sich entscheidend geändert. Heute kann eine Maschine eine ganze Reihe verschiedener Dienste übernehmen. Da die Bezeichnungen allerdings übernommen wurden, spricht man weiterhin vom Fileserver, Communicationserver, Applicationserver usw., unabhängig davon, ob sich physikalisch getrennte Hardware dahinter verbirgt oder nicht.

- **Dateiserver** [*fileserver*] übernehmen die zentrale Datenspeicherung und sind für die zentrale Datensicherung verantwortlich.
- **Datenbankserver** [*databaseserver*] übernehmen die zentrale Speicherung von Informationen in einer Datenbank.
- **Druckserver** [*printserver*] übernehmen die Druckdienste und verwalten die Berechtigungen zum Drucken. Die Berechtigungsvergabe wird allgemein auch als ‚Accounting‘ bezeichnet.
- **Kommunikationsserver** [*communicationserver*] stellen Dienste bereit, die der Kommunikation dienen. Diese können Web-, News-, E-Mail- ,FTP-, Faxdienste usw. für die Clients sein.
- **Nutzerverwaltungsserver** [*accountserver*] verwalten die für das Arbeiten im Netz notwendige Benutzerdatenbanken und die Netzberechtigungen. Dieser Dienst wird auch als Verzeichnisdienst bezeichnet und trägt in Abhängigkeit vom **Serverbetriebssystem** [*server operation system*] einen spezifischen Namen. Der Verzeichnisdienst auf Windows-Servern wird seit dem Betriebssystem Windows 2000 Server als Active Directory bezeichnet, während Novell seinen **Verzeichnisdienst** [*directory service*] als NDS (Novell Directory Services) bezeichnet. Es gibt allerdings auch Verzeichnisdienste die nicht betriebssystemabhängig sind. Dies gilt z. B. für **LDAP** (**L**ightweight **D**irectory **A**ccess **P**rotocol). LDAP erlaubt die Abfrage und die Veränderung von Benutzerinformationen über eine im Netz verteilte Benutzerdatenbank unter Verwendung des Internetprotokolls TCP/IP.
- **Anwendungsserver** [*applicationserver*] stellen den Clients im Netz spezielle Anwendungssoftware zur Verfügung.

2: Server von ‚Wikipedia‘, der Informationsdatenbank im Internet

Wie Abb. 2 zeigt, sind Server in der Regel wegen ihrer besonderen Aufgabe mit besonders leistungsfähiger oder spezieller Hardware (schnelle CPUs, viel Arbeits- und Festplattenspeicher, redundante Komponenten, **RAID**-Controller (**R**edundant **A**rray of **I**ndependent **D**isks) u. ä.) ausgestattet.

Die Vorteile von Client-Server-Netzen ergeben sich aus den zentral angebotenen und gemeinsam genutzten Ressourcen. Dies führt zu besserer Auslastung, geringerem Aufwand für **Installation** [*installation*] und **Wartung** [*maintenance*] und damit auch zu einer Kostenreduktion. Besonders vorteilhaft bei Serversystemen sind zentrale Datenhaltung und -sicherung, Berechtigungsverwaltung und Software-Updates.

Nachteilig sind neben den hohen Kosten für die hochwertige Server-Hardware, die für das Serverbetriebssystem anfallenden erhöhten Lizenzkosten und die zwingende Notwendigkeit einer professionellen Server- und Netzwerkadministration.

Ein besonders Merkmal eines Client-Server-Netzes ist es, dass die Clients autonom arbeiten können, da sie über eigenständige Rechnersysteme mit Betriebssystem und installierten Anwendungen verfügen. Beim Ausfall des Servers oder des Netzes kann zwar auf die zentral bereitgestellten Dienste nicht mehr zugegriffen werden, die Clients können allerdings lokal weiter arbeiten.

Terminal-Server-Netzwerk

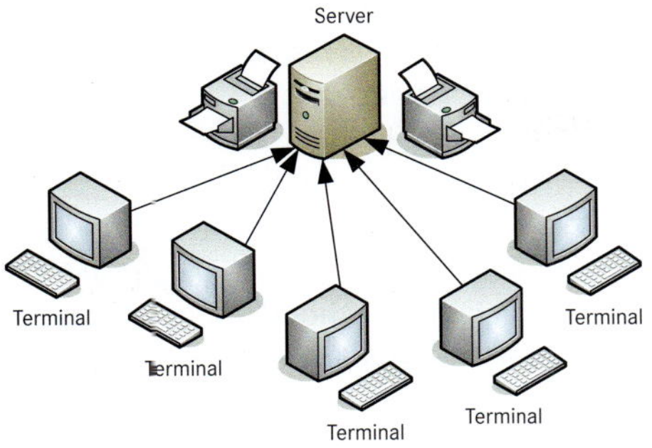

3: Zugriffe in einem Terminal-Server-Netz oder „Ohne Ihn sind wir nichts"

Wie Abb. 3 zeigt, besteht ein **Terminal** prinzipiell nur aus Anzeige- und Eingabegeräten und einer kleinen Kommunikationselektronik zur Verbindung mit dem Server. Die ‚Intelligenz', also der herkömmliche PC, fehlt. Ein Terminal ist deshalb im Unterschied zum Client nicht ohne den Server arbeitsfähig.

Für die Arbeit an einem Terminal ist die permanente Anbindung an den **Server** zwingend notwendig. Von dort werden prinzipiell alle Ressourcen und Dienste bereit gestellt Das heißt, der Server ist für den Speicherplatz ebenso verantwortlich, wie für die Anwendungsprogramme, die in sogenannten Sessions laufen. Darunter sind kontinuierliche, aber sehr kurze Sitzungsabschnitte zu verstehen, die der Server den Terminals quasi scheibchenweise zur Verfügung stellt. Der Anwender merkt von der verteilten Zuweisung der Sitzungsabschnitte durch den Server nichts. Die logischen Verbindungen erfolgen eben außerordentlich schnell hintereinander, wenn auch immer nur sehr kurz.

Wegen seiner besonderen Aufgabe wird der Server auch als Terminalserver bezeichnet. Er stellt für alle Terminals neben

- **Rechenleistung** [*processing power*],
- **Arbeitsspeicher** [*main memory*],
- **Festplattenkapazität** [*hard disc capacity*] und
- **Anwendungssoftware** [*application software*]

auch eine Benutzeroberfläche bereit. Diese Benutzeroberfläche wird auf den Terminals bereitgestellt. Dies führt zu besonders hohen Hardwareanforderungen in Bezug auf CPU-Leistung, Arbeitsspeicher und Festplattenkapazität. Damit Terminalserver den Anforderungen der Terminals überhaupt gerecht werden können, werden deshalb häufig Server zu einem Serververbund zusammengeschaltet, es entstehen sogenannte **Server-Cluster**. Für den Anwender an seinem Terminal stellt sich allerdings dieser Cluster als ein einziger Server dar. Er merkt also nichts davon, dass sich mehrere Maschinen die Serverarbeit teilen.

Der besondere Vorteil von Terminal-Server-Netzen liegt in der zentralen Administration. Konfigurationsarbeiten entstehen nur am Server selbst.

Mittlere Datentechnik (MDT)

Das Terminal-Server-Konzept greift die seit den 60er Jahren bekannte Mittlere Datentechnik (MDT) wieder auf. Die noch heute häufig in Versicherungen und Banken eingesetzten so genannten ‚Host-Systeme' stellen ebenfalls Rechenleistung auf dem Server zentral zur Verfügung. Diese wird dann von den meist textorientierten Terminals genutzt.

Die häufig noch bei Client-Server-Systemen auftretende ‚Turnschuhadministration', also das Zurücklegen weiter Strecken der IT-Betreuer beim Support der einzelnen Workstations, entfällt.

Das ist auch einer der Gründe, warum Terminal-Server-Netzwerke in den letzten Jahren wieder an Bedeutung gewinnen. Wenn in diesem Zusammenhang von ‚Konsolidierung' gesprochen wird, dann ist damit gemeint, dass das Prinzip der **MDT** **M**ittlere **D**aten **T**echnik wieder aufgegriffen wird. In vorhandenen Client-Server-Netzen werden die intelligenten Clients zu Gunsten einfacher Terminals abgeschafft. Neben der zentralen Administration sprechen für Terminals weitere Faktoren:

- kürzere Halbwertszeit aktueller Hardware,
- geringere Anschaffungskosten der Terminals und
- die fast vollständige Wartungsfreiheit.

Gerade in großen Netzen können sich hohen Kosten für die Server-Hardware und Lizenzen über die Einsparungen bei der Administration schnell amortisieren.

Die Sache mit der Fernbedienung oder: Terminal-Clients für Workstations

Sehr oft, wenn von einem Terminal-Client gesprochen wird, ist damit gar nicht der Client als Hardware in einem Terminal-Client-Netzwerk gemeint. Vielmehr gibt es auch Terminal-Clients als Software, die den Zugriff auf andere Maschinen nach dem Prinzip von Terminal-Servern ermöglicht. Ein einfaches Beispiel sind die Remote-Desktop-Clients in aktuellen Windows-Betriebssystemen. Dabei wird ein ausgewählter Rechner mit allen seinen bereitgestellten Anwendungen über einen beliebigen Desktop erreichbar gemacht. Dieser Rechner lässt sich dann über den Remote-Desktop aus der Ferne so bedienen, als säße man davor.
Auch unter Linux sind Terminal-Clients verfügbar, die den Zugriff auf Windows-Terminal-Server und umgekehrt ermöglichen.

In einem Netzwerk wird das Verhältnis der Stationen zueinander durch drei Konzepte ausgedrückt:

- Peer-to-Peer (gleichberechtigte Rechner sind Nutzer und Dienstleister gleichzeitig)
- Client-Server (Rechner sind als Nutzer und Dienstleister klar getrennt)
- Terminal-Server (wie CS, Terminals sind allerdings reine Ein- und Ausgabegeräte).

2.2.2 Netzwerktopologien

Die Unterscheidung von Netzwerken nach ihrer Topologie (nach dem griechischen Wort *Topos* - Ort) kann erklärt werden aus dem Versuch, die Endgeräte eines Netzwerkes und deren Verbindungen grafisch abzubilden. Eine mögliche Darstellung von Topologien ist die Visualisierung von Knoten und deren Verbindungen. Abb. 1 zeigt ganz allgemein solche Knoten und deren verschiedene Verbindungsmöglichkeiten, also verschiedene Topologien.

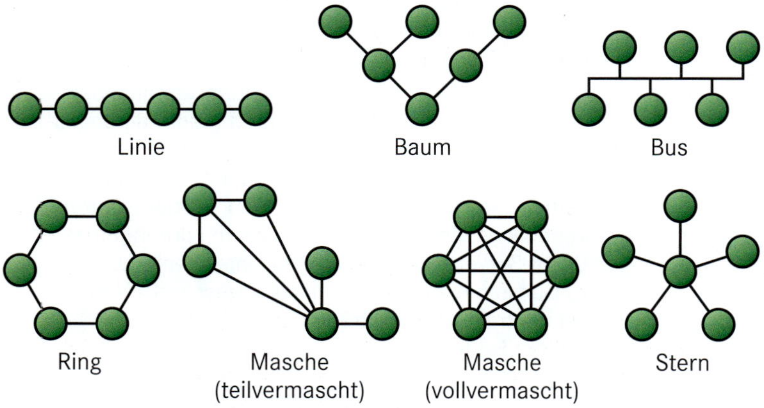

1: Topologien als grafische Darstellung von Knoten und deren Verbindung

Werden Netzwerke nach ihrer Topologie unterschieden, dann geht es hierbei um deren physikalisch-räumliche **und** ihre logische Struktur. Der physikalische Anteil bei den Netzwerktopologien betrachtet die Struktur der Netzwerkendgeräte und deren Verkabelungen, während bei dem logischen Anteil der Datenfluss zwischen den Endgeräten unterschieden wird. Immer weisen Netzwerke gleichzeitig eine physikalische und eine logische Struktur auf.

Historisch gesehen ist aus der Art der physikalischen Vernetzung die logische Art des Datenflusses abgeleitet worden. In der Anfangszeit der Vernetzung bestand deshalb Übereinstimmung zwischen der physikalischen und der logischen **Topologie** [*topology*]. Dies gilt aber so nicht mehr. Die logischen Topologien von Rechnernetzen weichen heute sogar im Regelfall von deren physikalischen ab. Fragt man beispielsweise die Betreiber einer LAN-Party, welche Netzwerktopologie das von ihnen aufgebaute Netz habe, so wird man als Antwort „Sterntopologie“ erhalten. Schließlich erfolgt die Verkabelung der einzelnen PCs über die Hubs oder Switches als Stern. Nicht berücksichtigt wird allerdings bei dieser Antwort, dass der Datenfluss von einem Endgerät ausgehend zu den anderen Endgeräten gleichzeitig erfolgt, also ein klassischer logischer Bus vorliegt.

Bei der Unterscheidung der Netzwerktopologien ist die Betrachtung von *Bus-*, *Ring* und *Sterntopologien* hinreichend. Andere Netzwerktopologien können als deren Mischformen angesehen werden.

Bustopologie [*bus topology*]

Physikalisch: Eine Bus-Topologie besteht aus einem Hauptkabel, an das alle Geräte angeschlossen sind. Dieses Hauptkabel ist der Bus.

Wie Abb. 2 zeigt, erfolgt bei der Bustopologie der Anschluss der Netzwerkendgeräte an das Hauptkabel über T-Verbindungen.

Betrachtet man die allgemeine Darstellung von Knoten und deren Verbindungen (Abb. 1), dann wird deutlich, dass die Bustopologie grafisch gesehen aus der Linientopologie abgeleitet werden kann. Das dürfte der Grund sein, warum die Bustopologie im Zusammenhang mit Netzwerken auch als **Linientopologie** [*line topology*] oder auch als **Strangtopologie** bezeichnet wird.

Logisch: Bei der Bustopologie erfolgt der Zugriff der Endgeräte über den gemeinsamen Strang oder Bus. Spezielle Zugriffsverfahren haben die Aufgabe, zu verhindern, dass sich die Teilnehmer bei der gleichzeitigen Nutzung des Netzes gegenseitig stören. Sie regeln, welcher Teilnehmer die gemeinsame Leitung zu welchem Zeitpunkt nutzen kann.

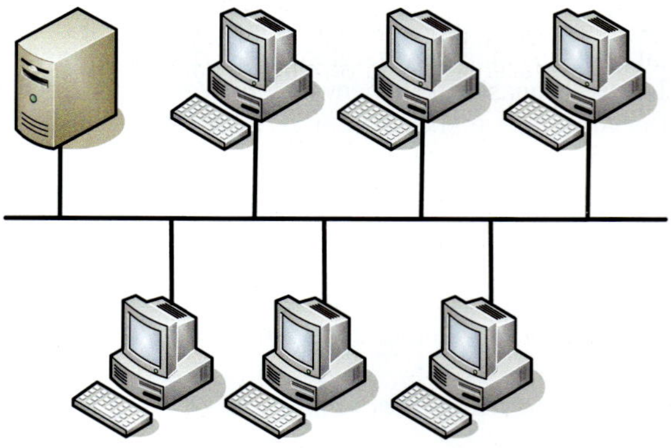

2: Bustopologie: Alle Endgeräte sind an den Bus angeschlossen

Typisch für das Bussystem ist die Notwendigkeit und Möglichkeit aller Teilnehmer, die gesamte Datenübertragung ‚mitzuhören‘.

Dies kann unter dem Aspekt des Datenschutzes problematisch sein. Das System ist sehr einfach, weil der Kabelaufwand gering ist und Daten in beide Richtungen fließen können. Der Ausfall einzelner Endgeräte hat keinen Einfluss auf die Gesamtfunktion des Netzes.

Problematisch ist ein möglicher Ausfall des Busses, weil damit die gesamte Kommunikation im Netz unterbunden wird und eine Fehlersuche aufwändig wird.

Wegen der prinzipiellen Möglichkeit der Datenkollision sind hohe Auslastungen zu vermeiden.

Ringtopologie [*ring topology*]

Physikalisch: Bei einer Ringtopologie sind die Netzwerkendgeräte so miteinander verbunden, dass jeweils ein Teilnehmer an zwei andere angeschlossen ist. Aus Endgeräten und Verkabelung entsteht ein geschlossener Ring (vgl. Abb. 3).

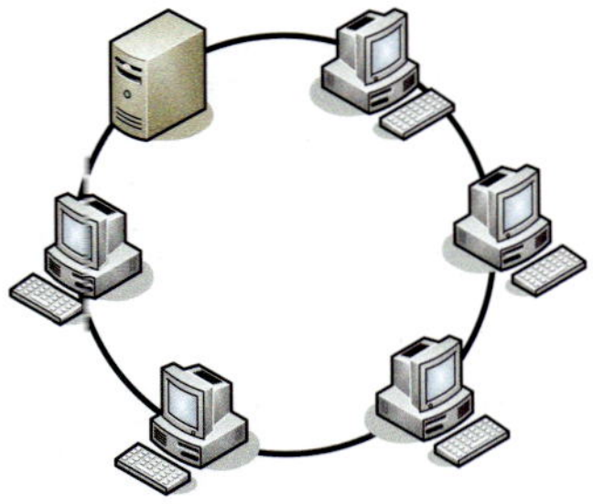

3: Ringtopologie: Jedes Endgerät ist jeweils mit zwei anderen Endgeräten verbunden.

Jeder Teilnehmer kann hierbei die Aufgabe der Signalverstärkung übernehmen: Er kann Netzwerkendgerät und **Signalverstärker** [*repeater*] gleichzeitig sein. Wegen dieser Signalverstärkung können auch Netzwerke mit großer räumlicher Ausdehnung realisiert werden. Da prinzipiell beim Ausfall eines Endgerätes das gesamte Netz ausfällt, werden häufig Ringleitungsverteiler (**MAU** = **M**edia **A**ccess **U**nit) eingesetzt, an die dann die Endgeräte angeschlossen werden. Diese MAU überbrücken die Endgeräte, die abgeschaltet oder ausgefallen sind und verhindern damit den Ausfall des kompletten Netzes.

Logisch: Bei der Ringtopologie erfolgt der Zugriff der Endgeräte über spezielle Zugriffsverfahren, die ausschließen, dass es zu zeitlichen Zugriffsüberschneidungen oder gar Datenkollisionen kommen kann. Nur berechtigte Endgeräte dürfen also im Netz senden. Für Ringtopologienetze erwächst hieraus ein besonderer Vorteil: die im Netz zu übertragenden Datenmengen pro Zeiteinheit, die so genannte **Übertragungsbandbreite** [*transmission bandwidth*], ist zugesichert. Überraschende Netzüberlastungen sind damit ausgeschlossen.

Über besondere Verfahren kann der Ausfall einer Netzstrecke kompensiert werden: über die Umschaltung der ‚üblichen' Übertragungsrichtung lässt sich so ein entstandener offener Ring trotzdem fehlerfrei nutzen.

Sterntopologie [*star topology*]

Physikalisch: Bei der Sterntopologie sind alle Netzwerkendgeräte an eine zentrale Netzwerkkomponente angeschlossen (vgl. Abb. 4). Als zentrale Einrichtungen werden spezifische Geräte eingesetzt. Hubs verfügen dabei im Gegensatz zu Switches über keine eigene Steuerungsintelligenz (vgl. auch Kap. 2.3.3.4).

Der Ausfall einzelner Netzwerkendgeräte hat für die Funktion des Gesamtnetzes keine Bedeutung, der Ausfall des zentralen Teilnehmers führt jedoch unweigerlich zum Totalausfall des Netzes. Ausfälle in einem Sterntopologienetzwerk sind allerdings sehr einfach zu lokalisieren und damit schnell zu beseitigen.

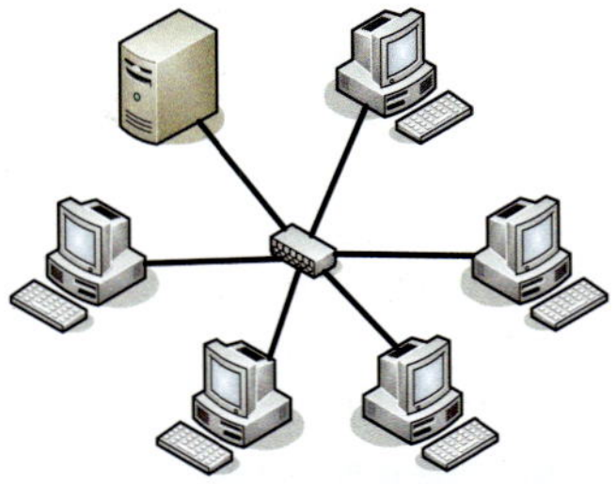

4: Sterntopologie: Jedes Endgerät ist mit dem zentralen Verteiler verbunden.

Logisch: In einer logischen Sterntopologie werden alle Anfragen der Netzwerkendgeräte zentral vermittelt. Datenkollisionen sind damit ausgeschlossen. Die logische Sterntopologie ist allerdings ein rein theoretisches Konstrukt und existiert so in realen Netzwerken nicht. Wie bereits beschrieben, hat dies historische Ursachen: Die physikalische Sterntopologie entstand aus technischen Gründen aus der physikalischen Bustopologie. Die bisher genutzte logische Bustopologie war aber so erfolgreich, dass man sie einfach beibehalten hat. Das Ergebnis ist eine Kombination aus physikalischem Stern und logischem Bus.

Sonderformen und Mischtopologien

Aus der Kombination der verschiedenen Grundtopologien lassen sich Misch- oder Sonderformen ableiten. Eine sehr verbreitete Mischtopologie ist die **Baumtopologie**. Mehrere (physikalische) Sterntopologien sind hierbei hierarchisch miteinander verbunden. Zwischen den Verteilern untereinander sind auch Verbindungen herzustellen. Diese bezeichnet man als Uplink. Die Baumtopologie wird häufig in großen Gebäuden eingesetzt.

In der Praxis werden Mischtopologien immer dann verwendet, wenn die unterschiedlichen Vorteile der jeweiligen Topologien gezielt genutzt werden sollen. Häufig werden Mischformen allerdings auch übergangsweise geduldet, wenn es um den Ausbau oder die Erweiterung von bestehenden Netzen geht.

Bewertung von Topologien

Die Vor- und Nachteile der verschiedenen Topologien und ihrer Mischformen können insbesondere nach dem Verkabelungsaufwand, der Anzahl der zu durchlaufenden Verteiler, der im Netzwerk verfügbaren Gesamtbandbreite und auch hinsichtlich ihrer Ausfallsicherheit bewertet werden.

- Netzwerktopologien weisen immer eine physikalische und eine logische Struktur auf.
- Typische LANs sind physikalische Sterntopologien jedoch logische Bustopologien.
- Aus den Grundtopologieformen Bus, Ring und Stern lassen sich Mischformen bilden.

2.2.3 Geografische Ausdehnung von Netzwerken

Der Begriff ‚LAN‘ wird sehr häufig synonym allgemein für miteinander vernetzte PCs verwendet. Eigentlich ist ein **LAN** (**L**ocal **A**rea **N**etzwerk) allerdings nur ein räumlich eng begrenztes Netzwerk und meist auf ein Gebäude bezogen. Wie das Beispiel Dreamhack in Jönköping (Schweden) aus dem Jahr 2004 zeigt (vgl. Abb. 1), kann die in einem LAN miteinander verbundene Anzahl von Rechnern trotzdem erheblich sein.

1: Dreamhack - LAN-Party mit über 5.000 Teilnehmern

Um Netzwerke nach ihrer räumlich-geographischen Ausdehnung gegeneinander abgrenzen zu können, werden die englischen Begriffe Area Network mit verschiedenen Attributen versehen: **L**(**local**), **W**(**wide**), **G**(**global**) und **M**(**metropolitan**). Frühere Netze waren immer drahtgebunden, heute können sie auch drahtlos (wireless) sein. Der zusätzliche Buchstabe W charakterisiert dies.

Typische Verbindungsarten für Computernetze

Medium	Leiter	Technologiebeispiel
elektr. Strom	Koaxialkabel	Netzkabel (10Base2)
elektr. Strom	Twisted Pair	Netzkabel (100BaseT)
elektr. Strom	Twisted Pair	USB
elektr. Strom	Twisted Pair	IEEE 1394 (Firewire)
Licht	Glasfaser	Netzkabel (802.11)
Licht (infrarot)	ohne	IrDa
Funk	ohne	WLAN (IEEE 802.11)

Bei Netzwerken mit sehr geringer Ausdehnung (bis zu mehreren Metern) spricht man von **PAN**s (**P**ersonal **A**rea **N**etworks). PANs dienen der spontanen Verbindung weniger Endgeräte (PC, Drucker, Mobiltelefone, **PDA**s (**P**ersonal **D**igital **A**ssistent), Mediaplayer usw.). Typische Technologie ist hier neben **USB** (**U**niversal **S**erial **B**us) Bluetooth.

Zukünftig werden **BAN**s, also **B**ody **A**rea **N**etworks voraussichtlich an Bedeutung gewinnen - hier wird unmittelbar am Körper ein Netzwerk mit Sensoren aufgebaut, das beispielsweise der Vernetzung intelligenter Kleidung oder medizinischen Zwecken dient.

2.2.4 Datenübertragungstechnik in Netzwerken

In Netzwerken sind deshalb ganz verschiedene **Übertragungstechniken** [*transmission technologies*] entstanden, weil sich die Anforderungen an die verschiedenen Rechnernetze wesentlich unterscheiden. Abb. 2 zeigt verschiedene, teilweise historische, Datenübertragungstechniken und die bei ihrer Entwicklung gestellten Anforderungen.

Bedeutung hat hierbei heute im Wesentlichen nur noch das Ethernet. Es kann als Nachfolger des Alohanet bezeichnet werden und hat sich heute als Quasistandard für LANs herausgebildet.

Übertragungstechnik	Anforderungen bei der Entwicklung
Alohanet (historisch)	- Funknetz für Rechner - wenige Rechner - keine zentrale Zugriffssteuerung - einfache Technik - Zuverlässigkeit der Übertragung
Ethernet	- kabelgebundenes Netz/Kupfer - überschaubares LAN - Verbindung unterschiedlichster Endgeräte - keine zentrale Zugriffssteuerung - einfache Technik - Zuverlässigkeit der Übertragung
ARCNET (**A**ttached **R**esources **C**omputer **Net**work)	- kabelgebundenes Netz/Kupfer - überschaubares LAN - Verbindung definierter Endgeräte - Zugriffskontrolle - zuverlässige Antwortzeit - Zuverlässigkeit der Übertragung
FDDI (**F**iber **D**istributed **D**ata **I**nterface)	- kabelgebundenes Netz/Glasfaser - LAN und MAN (bis 200 km) Zugriffskontrolle - Zuverlässige Antwortzeit - hohe Abhörsicherheit

2: Datenübertragungstechniken

Die Vereinbarungen und Festlegungen für die jeweilige Datenübertragungstechnik beziehen sich in der Regel auf die folgenden Aspekte:

- Spezifikation des Mediums/des Leiters
- Aufbau der durch die Daten bestimmten Signalfolgen
- Umgang mit den Nutzdaten (z. B. Aufteilung)
- Umgang mit Sendeberechtigungen
- Verfahren bei Datenübertragungsfehlern

Diese Vereinbarungen werden auch als **Protokolle** bezeichnet.

Durch das Internet ist die Notwendigkeit gewachsen, Datenübertragungen zwischen verschiedensten Systemen und mit unterschiedlichsten Übertragungsmedien zu ermöglichen. Das Internet besteht schließlich aus inhomogenen Netzen, außerdem fehlen zentrale Steuerungsmechanismen praktisch ganz. Das ist der Grund, warum sich das Internet auf eine Übertragungstechnik stützt, die einfach strukturiert, vielseitig und auch etwas anarchisch ist: Ethernet. Die etwas chaotische Entstehungsgeschichte des Ethernet aus dem AlohaNet kann als Grund dafür angesehen werden, dass diese Übertragungstechnik heute zu den Wichtigsten in Computernetzwerken zählt.

3: Vater des AlohaNet: Norman Abramson

2.2.4.1 Das AlohaNet

Im Jahre 1970 wurde ein Forscherteam um Norman Abramson (Abb. 3) an der Universität von Honolulu auf Hawaii beauftragt, einen Standard für ein Funknetzwerk zu entwickeln. Dieses Funknetz sollte die Rechner der auf den umliegenden Inseln verteilten Universitätsinstitute verbinden. Zur Verfügung standen nur zwei Funkfrequenzen für den gesamten Datenverkehr aller Teilnehmer.

Aus diesen Setzungen leitete Abramson die folgenden Grundzüge ab:

1. Datenpakete
2. keine Zuteilung von Senderechten
3. Datenfehlerfeststellung und -rückmeldung
4. Sendewiederholung bei Datenfehlern

Für die Übertragungstechnik bedeutete das:

1. Die Daten werden in Pakete fester Größe aufgeteilt, ‚portionsweise' versendet und beim Empfänger wieder zusammengesetzt.
2. Jede Station darf zu jeder Zeit senden.
3. Der Empfänger stellt gegebenenfalls Übertragungsfehler fest und meldet diese über die zweite Frequenz dem Sender der Daten.
4. Der Sender wird aufgefordert, das fehlerhafte **Datenpaket** *[frame]* erneut zu senden. Durch die zufällige Verschiebung des neuen Sendezeitpunktes wird verhindert, dass es erneut zu Kollisionen kommt.

Heute ein Geschwindigkeitsalptraum

Beim Stand der ‚Aloha-Technik' konnte bestenfalls eine Datenübertragungsrate von 9600 bit/s erreicht werden – es wurden also maximal 9600 Nullen oder Einsen pro Sekunde übertragen. Rechnet man das in die heute gebräuchlichen Einheiten Mbit/s (Megabit pro Sekunde), so wird die geringe Datenübertragungsrate ganz deutlich 0,0091 Mbit/s. Für uns heute ein Alptraum.

Moderne Funkprotokolle für WLANs nach dem Standard 802.11n übertragen bis zu 300 Mbit/s, also die 31250-fache Datenmenge pro Sekunde.

2.2.4.2 Ethernet

Wenige Jahre später, übertrug Robert Metcalfe mit seinen Mitarbeitern das Prinzip für die Datenübertragung vom Funk auf Kabel und entwickelte es weiter. Obwohl es diesmal nur darum ging, einen Standard zu entwickeln, der mehrere Computer mit einem Drucker verband, so wurde doch auf die gleichen Grundzüge wie auf Honolulu zurückgegriffen. Der Name ‚Ethernet' war geboren: Was im Äther hervorragend funktionierte, sollte ebenso gut auf einer Zweidrahtleitung wirksam sein.

Datenübertragung nach dem Ethernetstandard

Beim Ethernet werden die Daten mittels Hochfrequenztechnik als elektrische Signale über Kupferleitung in Form von binär kodierten Paketen **(Datagrammen)** *[datagram]* übertragen – man spricht in diesem Zusammenhang auch von ‚Paketvermittlung'.

Die zu transportierenden Daten müssen in mehrere Pakete definierter Länge aufgeteilt werden. Diese werden dann unabhängig voneinander abgeschickt. Jedes Paket bewegt sich ohne zentrale Steuerung durch das Netzwerk. Weil alle angeschlossenen Rechner das Netz permanent ‚abhören', kann der Datenempfänger genau die Datenpakete ‚herausfischen', die für ihn bestimmt sind. Der Empfänger muss dann alle Pakete sammeln und die Nutzdaten zusammensetzen, bis die Information komplett ist.

Ethernet übernimmt in diesem Prozess das Versenden der einzelnen Pakete. Dabei bietet Ethernet nur einen **verbindungslosen Dienst** *[connectionless service]* an. Das bedeutet: Ethernet an sich garantiert nicht, dass das Datenpaket auch seinen Empfänger erreicht oder dass die Empfängerstation überhaupt aktiv am LAN ist. Was sich wie ein Problem anhört, ist die besondere Stärke von Ethernet.

Protokoll	Kennzeichnung *
IP Internet Protocol (IPv4)	0x0800
Internet Protocol, Version 6 (IPv6)	0x86DD
Address Resolution Protocol (ARP)	0x0806
Reverse Address Resolution Protocol (RARP)	0x8035
Apple Talk (EtherTalk)	0x809B
Appletalk Address Resolution Protocol (AARP)	0x80F3
VLAN Tag (VLAN)	0x8100
Novell IPX (alt)	0x8137
Novell	0x8138

* Das Präfix für 0x kennzeichnet die Zahlen als hexadezimal

4: Datenübertragungstechniken

Ethernet ist auf andere ‚Partner' angewiesen, die die Verbindungskontrolle übernehmen. Da die ‚Partner' aber autonom arbeiten, kann Ethernet z. B. mit IP, dem Internetprotokoll, genauso gut zusammenarbeiten wie mit dem Protokoll von Novell (IPX) oder mit anderen. Die Tabelle (Abb. 4, S. 49) zeigt die wichtigsten dieser ‚Partnerprotokolle'.

Damit das Versenden klappt, muss jedes Paket neben den aufgesplitteten Nutzdaten zusätzliche Informationen mitführen. Diese sind in einem definierten Format abgelegt und allen Teilnehmern als Standard ‚Ethernet' bekannt. Eine Arbeitsgruppe (802.3) des **IEEE** [***Institute of Electrical and Electronics Engineers***] entwickelt in Unterprojekten die Standards für Ethernet-basierte LANs (vgl. Abb. 1).

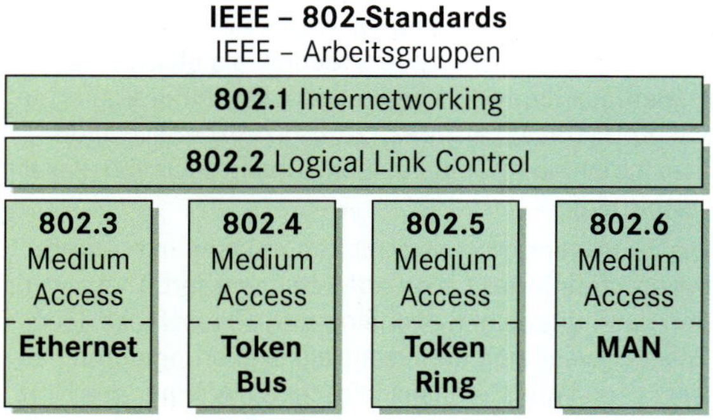

1: Arbeitsgruppen des IEEE (Auszug)

Abb. 2 zeigt ein Beispiel für den Aufbau eines einfachen Ethernet-Datenpaketes.

Die **Präambel** besteht aus einer sieben Byte langen Folge von sich abwechselnden 1-0-Signalen: sieben mal 0b01010101, also sieben mal 0x55. Ihr folgt direkt mit der festgelegten Signalfolge 0b11010101 (0xD5) der sogenannte Start Frame Delimiter (SFD). Dieser immer gleiche Beginn eines Datenpaketes ermöglicht es jedem Empfänger, den korrekten Abstand der einzelnen Bits des Datenpakets zu ermitteln und entsprechend einzustellen. Den Einstellvorgang nennt man Synchronisation. Die Synchronisation ist allerdings nur erforderlich beim physikalischen und logischen Bus, also bei der Verwendung von 10Base2 oder beim Einsatz von Hubs. Sie kann wegen des fast ausschließlichen Einsatzes von Switches heute entfallen. Aus Kompatibilitätsgründen bleibt die Präambel Bestandteil des Ethernet-Pakets.

Die **Zieladresse** wird in der Regel als eine sechsstellige Hexadezimalzahl angeben. Sie wird als **MAC**-Adresse (**M**edium-**A**ccess-**C**ontrol-Adresse) bezeichnet. Mit ihr wird die durch die Hardware der Netzwerkkarte festgelegte Adresse des Zielrechners benannt.

Vom Zählen bis zehn, zwei und sechszehn

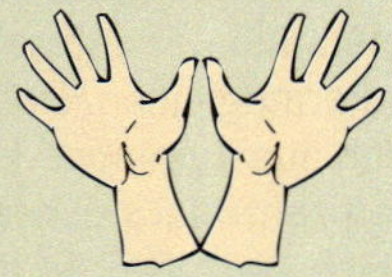

Weil der Mensch zehn Finger hat, zählen wir von Eins bis Zehn. Daraus abgeleitet ist das natürliche Zahlensystem mit den zehn Ziffern 0 bis 9.

Computer können nur zwei Zustände unterscheiden: Spannung ja oder nein. Sie zählen also nur von 0 bis 1. Wenn Computer uns vertraute Zahlen verarbeiten sollen, müssen diese entsprechend übersetzt werden. Zum Einsatz kommt der Binär- oder Dualcode. Da beim Zählen immer dann eine neue Stelle verwendet werden muss, wenn der Ziffernvorrat erschöpft ist, ergibt sich bereits bei der Zahl 2 ‚unseres' Dezimalsystems im Binärsystem eine zweite Stelle, bei der Zahl 4 eine dritte, bei der Zahl 8 eine vierte und bei der Zahl 16 eine fünfte Stelle. Kleine Werte werden in diesem System also relativ schnell zu großen und unübersichtlichen Zahlen. Um computergerecht zählen zu können (0 oder 1) und trotzdem den Überblick zu behalten, greift man auf das hexadezimale Zahlensystem zurück, das die sechzehn Ziffern von 0 bis F verwendet. Vier Binärstellen lassen sich so zu einer Hexadezimalstelle zusammenfassen.

Die Tabelle zeigt den Zusammenhang:

Dezimal Z_{10} = Zd	**Dual** Z_2 = Zb = 0bZ	**Hexadezimal** Z_{16} = Zh = =xZ
0	0	0
1	1	1
2	10	2
3	11	3
4	100	4
5	101	5
6	110	6
7	111	7
8	1000	8
9	1001	9
10	1010	A
11	1011	B
12	1100	C
13	1101	D
14	1110	E
15	1111	F

Zur Unterscheidung von Zahlen verschiedener Systeme, verwendet man Indizes ($_2$, $_{10}$, $_{16}$), nachgestellte Buchstaben (d, b, h bzw. D, B, H) oder die vorangestellten 0b oder 0x.

Beispiel: 17_{10} = 17d = 11_{16} = 11h = 0x11 = 10001_2 = 10001b = 0b10001

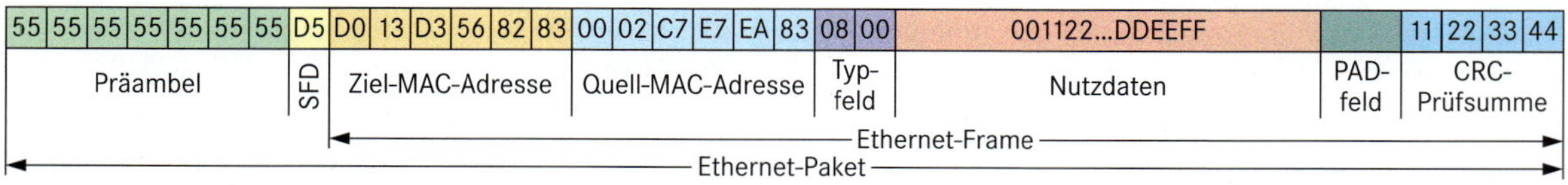

2: Aufbau eines einfachen Ethernetpakets

Auch die **Quelladresse** oder Absenderadresse, wird als 6-stellige Hexadezimalzahl angegeben. MAC-Adressen sind innerhalb eines Netzes deshalb eindeutig, weil jeder Hersteller einen eigenen Adressbereich besitzt, aus der er seinen Geräten unterschiedliche Adressen zuweist. Zwar werden alte bereits vergebene Adressen gegebenenfalls wieder verwendet, eine weltweite Eindeutigkeit gibt es also inzwischen nicht mehr, allerdings ist dies innerhalb lokaler Netze in der Regel unrelevant.

Das **Typfeld** gibt an, welches Protokoll die Verbindungskontrolle übernimmt, also mit welchem Partnerprotokoll Ethernet zusammenarbeitet. Im Beispiel-Ethernetblock (Abb. 2) arbeitet Ethernet mit dem Internetprotokoll IPv4 zusammen. Eine IPv4-Adresse ist 4 Byte lang (z.B. die Adresse $192.168.16.254_{10}$). Das Prokoll IPv6 verwaltet hingegen 16-Byte-Adressen (z.B. $2001{:}0DB8{:}0000{:}1337{:}0000{:}0000{:}0000{:}0017_{16}$).

Die Information im Typfeld ist wichtig, denn der Empfänger muss nach dem Empfang eines Datenpaketes schließlich wissen, aus wie vielen Datenpaketen die Gesamtinformation besteht und das wievielte Datenpaket es ist. Diese Angaben sind im Ethernetblock Teil der Nutzdaten und müssen vom darüber liegenden Partnerprotokoll ausgewertet werden. Im konkreten Beispiel kümmert sich also das Partnerprotokoll IPv4 um die Identifikation des konkreten Datenpaketes und der Einbindung in die Gesamtzahl der Pakete.

Ethernet II erlaubt die Nutzung virtueller lokaler Netze, sogenannte **VLANs** [*Virtual Local Area Network*]. Damit ist die logische Auftrennung eines physikalischen Netzes möglich und es entstehen gegeneinander abgetrennte Netze. Um die VLANs identifizieren zu können, muss der Ethernetblock bei Bedarf um einen VLAN-Tag erweitert werden. Der **VLAN-Tag** umfasst vier Bytes und wird gegebenenfalls vor dem Typfeld eingefügt.

„Ei ih ih ih“ oder „Ei triple ih“

IEEE steht für **I**nstitute of **E**lectrical and **E**lectronics **E**ngineers.

Es ist der weltgrößte technische Berufsverband, in dem sich Ingenieure aus den Bereichen Elektrotechnik und Informatik zusammengeschlossen haben. Verschiedene Arbeitsgruppen sind für die Standardisierung von Elektro- und Informationstechnik, Technologien, Hard- und Software zuständig.

Die Arbeitsgruppe 802 war ein Projekt, das im Februar 1980 (also im Jahr 80/Monat 2) begann und sich bis heute mit verschiedenen Standards für lokale Netzwerke beschäftigte. Diese Standards lassen sich der so genannten Protokollfamilie 802.x zuordnen, die laufend weiterentwickelt werden. Es gibt verschiedene Untergruppen der AG802. Diese beschäftigen sich mit verschiedene Teilthemen und damit Standardisierungen.

Die Informationen über die Nutzung eines VLANs und der damit veränderte Aufbau des Ethernetpakets stehen im Typfeld (0x8100).

Die **Nutzdaten** des Pakets umfassen die eigentlich zu übertragenden ‚nützlichen‘ Informationen des Absenders. Diese werden allerdings immer um weitere Informationen des im Typfeld angegebenen Partnerprotokolls ergänzt und erst bei der Auflösung des Ethernetpakets wieder entfernt. Die so erweiterten Nutzdaten umfassen zwischen 46 und 1500 Byte. Da die Gesamtlänge eines Ethernet-Frame-Pakets aus Kompatibilitätsgründen mindestens 64 Byte betragen muss, müssen die Nutzdaten gegebenenfalls aufgefüllt werden. Die Informationen über die Auffüllung stecken im **PAD**-Feld [*Paket Assembly/Disassembly*].

Der Vergleich der gesendeten mit den empfangenen Daten wird auch als Datenkonsistenzprüfung bezeichnet. Aus den zu übertragenen Bytes des Ethernet-Frames wird eine **Prüfsumme** [*checksum*] errechnet und in das **CRC**-Feld [*Cyclic Redundancy Check*] eingetragen. Da der Empfänger die gleiche Berechnung durchführt, kann er das Datenpaket bei ungleichen Prüfsummen verwerfen. Eine Neuübertragung der Daten würde in diesem Falle nicht durch das Ethernet, sondern über das darüber liegende Partnerprotokoll veranlasst.

Ein einfaches Prüfsummenverfahren

Ein einfaches Verfahren zur Überprüfung von Datenkonsistenz ist die Bildung der Quersumme der übermittelden Einzeldaten.

Angenommen ein Absender verschickt das Worte „Affe“. Übertragen werden die ASCII-Werte der Buchstaben A-f-f-e , also die Daten 41h-66h-66h-65h. Zur Überprüfung wird beim Absender die Summe aus den vier übertragenen Zahlen errechnet. (65d + 102d + 102d + 101d = 370d) und als Hexadezimalzahl der zu übertragenden Information angehängt (370d = 0172h). Sollte nun durch einen Übertragungsfehler z. B. das Wort „Afge“ ankommen, würde dies durch die Prüfsummenberechnung beim Empfänger sofort bemerkt, da die neu errechnete Quersumme mit der übertragenen nicht übereinstimmt (371 ≠ 370). Das Datenpaket würde verworfen.

Dieses einfache Prüfsummenverfahren funktioniert allerdings nicht bei Informationsvertauschung. Ein beispielsweise übertragenes „Aeff“ würde nicht als Fehler erkannt. Dieses Manko ist ein wichtiger Grund, warum fast immer das aufwändigere Verfahren CRC eingesetzt wird.

- Ethernet arbeitet paketorientiert. Es existiert keine zentrale Paketsteuerung.
- Ethernet bietet einen verbindungslosen Dienst.
- Ethernet arbeitet mit verschiedenen Protokollen zusammen, es ist eine Multiprotokoll-Lösung.

2.2.5 Netzzugriffsverfahren

Der Zugriff der im Netzwerk angeschlossenen Geräte auf ein **gemeinsam genutztes Medium** [*shared media*] muss so geregelt sein, dass sie sich beim Senden und Empfangen von Daten nicht gegenseitig beeinträchtigen. Andernfalls ist ein Datenverlust bei der Übertragung zu erwarten. Abb. 1 zeigt die verschiedenen Verfahrensprinzipien und nennt einige Beispiele.

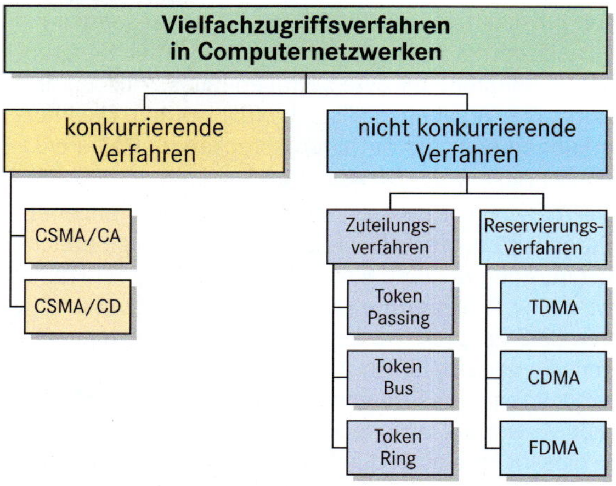

1: Verfahrensprinzipien und Anwendungsbeispiele

2.2.5.1 Konkurrierende Zugriffsverfahren

Bei dieser Art der Netzwerknutzung sind alle Geräte gleichberechtigt und können jederzeit Daten über das Medium ins Netzwerk senden. Treten Störungen durch gleichzeitiges oder überlagertes Senden auf, so werden die Daten erneut gesendet.

CSMA/CD

Beispiel für ein Zugriffsprotokoll in konkurrierenden Verfahren ist das im Ethernet verwendete **CSMA/CD** [*Carrier Sense Multiple Access/Collision Detection*]. Abb. 2a bis 2c zeigen die einzelnen Phasen und damit das Zustandekommen des Namens. Mehrere Teilnehmer befinden sich im Netz. Die Station, die senden möchte, ‚hört' die Leitung ab, um zu identifizieren, ob gerade eine andere Station sendet.

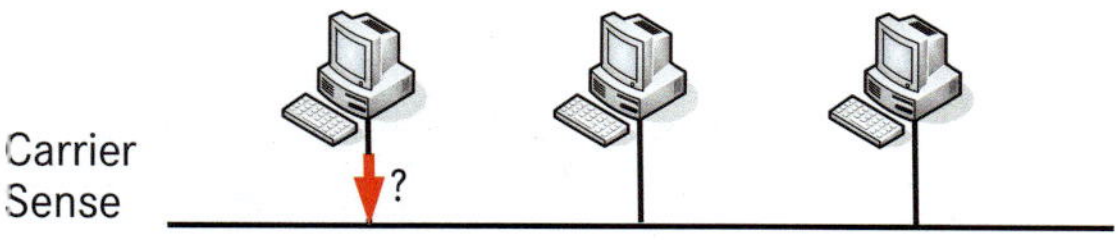

2a: CSMA/CD

Da prinzipiell alle Stationen auf das **Übertragungsmedium** [*transmission medium*] zugreifen können, kann es vorkommen, dass weitere Stationen beabsichtigen zu senden.

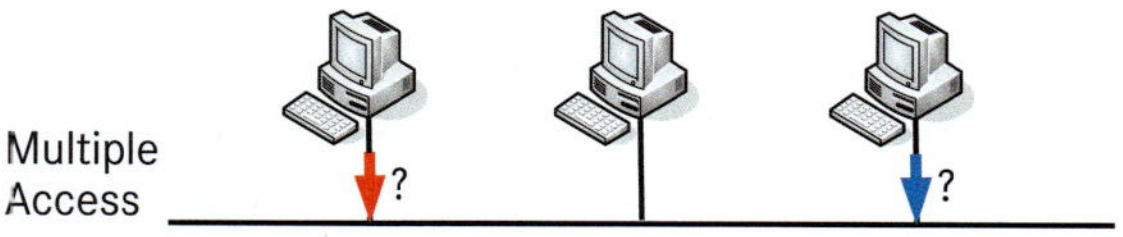

2b: CSMA/CD

Wird noch nicht gesendet, also ist die Leitung ‚frei', so sendet die Station ihre Daten. Überträgt zu diesem Zeitpunkt keine Station, so erhalten alle Stationen die Nachricht. Nur die adressierte Station verwendet die Nachricht – alle anderen Stationen verwerfen sie. Unmittelbar nach dem Senden überprüft die sendende Station ob eine anderen Station gegebenenfalls gleichzeitiggesendet hat und es zu einer **Datenkollision** [*data collision*] auf der Leitung kam.

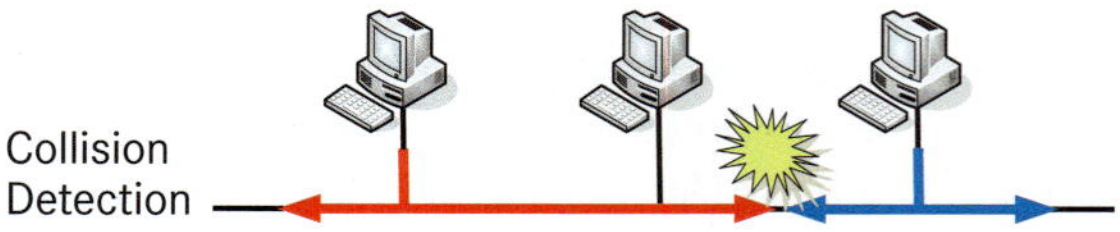

2c: CSMA/CD

Wird eine Kollision aufgrund der **Signalüberlagerung** [*jam*] bemerkt, schickt die sendende Station ein **Störungssignal** [*jam signal*] ins Netzwerk. Sollte eine andere Station die Störung zuerst wahrgenommen haben, sendet diese das Jam Signal. Ein Störungssignal hat immer zur Folge, dass alle Stationen das Senden einstellen und erst nach einem von der Station per Zufallsgenerator ermittelten Zeitraum erneut mit dem Senden begonnen wird. Damit soll verhindert werden, dass nach einer Störung mehrere Stationen gleichzeitig senden und es sofort wieder zu einer Kollision käme. Über den jeweils eigenen Zufallsgenerator ist sichergestellt, dass die Sendechancen bei allen Stationen gleich sind.

Da wegen des logischen Busses alle Stationen eine gesendete Nachricht empfangen, muss jeweils geprüft werden, ob die empfangene Nachricht für die eigene Station bestimmt war. Ist dies der Fall, wird sie ausgewertet, anderenfalls einfach verworfen. Abb. 3 zeigt den Algorithmus von CSMA/CD abgewickelt von der empfangenden Stelle.

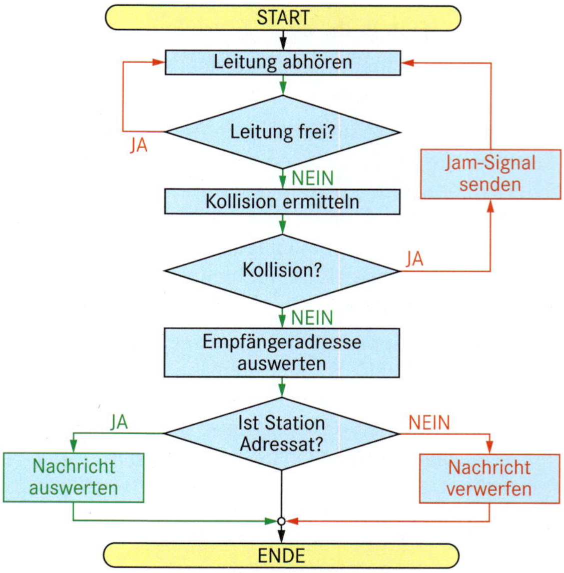

3: Empfangsvorgang CSMA/CD (Störungen: rot)

Nachteilig an dem CSMA/CD-Verfahren ist die Tatsache, dass mit zunehmender Anzahl der Stationen die Kollisionswahrscheinlichkeit prinzipiell steigt. Wenn dann viele Stationen senden, kann die hohe Zahl an Kollisionen dazu führen, dass der effektive Datendurchsatz gegen Null geht.

CSMA/CA

Eine alternative Entwicklung ist das **CSMA/CA**-Verfahren [***Carrier Sense Multiple Access/Collision Avoidance***]. Im Gegensatz zur CSMA/CD ist hier eine Technik zur **Kollisionsverhinderung** [*collision avoidance*] implementiert. Bei diesem Verfahren schickt jede Station vor dem Senden eine Sendeankündigung, die dazu führt, dass andere Stationen mit ihrer Datenübertragung warten, bis das Medium wieder frei ist. CSMA/CA wird beispielsweise bei WLAN-Netzwerken eingesetzt. Abb. 4 zeigt den Algorithmus von CSMA/CA vor dem Senden für die sendewillige Stelle.

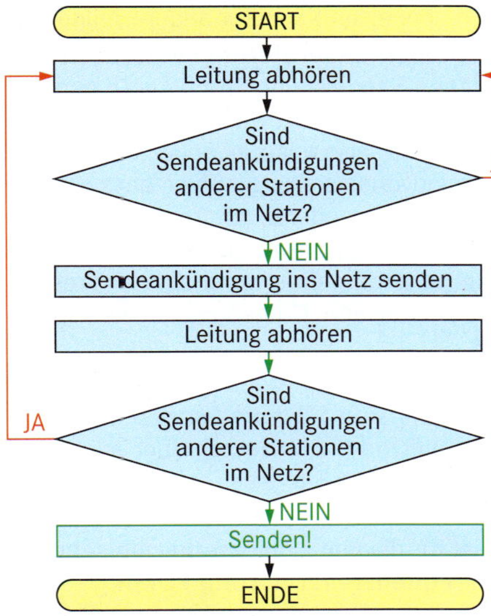

4: Sendevorgang CSMA/CA (Störungen: **rot**)

2.2.5.2 Nicht konkurrierende Zugriffsverfahren

Wenn es für den Zugriff auf das Netzwerk Regelungen gibt, die den gleichzeitigen Zugriff unmöglich machen, spricht man von nicht konkurrierenden Zugriffsverfahren. Unterscheiden lassen sich solche Verfahren, bei denen die Sendeberechtigung über eine Zuteilung erfolgt (Zuteilungsverfahren) oder ob bereitgestellte Ressourcen Voraussetzung für das Senden sind (Reservierungsverfahren).

Zuteilungsverfahren

Zuteilungsverfahren können realisiert werden, indem eine übergeordnete Stelle Senderechte vergibt (Zentralverfahren), aber auch wenn der sendewilligen Teilnehmer das Senderecht selbst initialisiert (Dezentralverfahren). Da von den Zuteilungsverfahren in Computernetzwerken lediglich Token Passing noch Bedeutung hat, soll es hier vorgestellt werden. Token Passing gehört zu den dezentralen Zugriffsverfahren.

Token Passing

Token Passing soll hier am Beispiel der Ringtopologie, also am Beispiel Token Ring erläutert werden. Beim Token Bus muss ein logischer Ring erst durch die Definition von Vorgänger und Nachfolger einer Station erzeugt werden. Die kollisionsfreie Übertragung funktioniert dort aber prinzipiell genauso.

Warum eigentlich Token

Als Token werden ganz allgemein kleine, teilweise unbeschriftete, oft tönerne, münzähnliche Gegenstände, teilweise auch Münzen selbst, in anderem Zusammenhang auch Pfeifen verstanden.

In unterschiedlichen Kulturen wurden Token als Zählmarken oder Mengensymbole verwendet. Ein Token kann aber auch ein Symbol für einen besonderen Wert sein. Hieraus lässt sich die Vorstellung ableiten, dass derjenige, der einen Token trägt, wichtig ist – im übertragenen Sinne: etwas zu sagen hat.

Sehr häufig wird der Begriff Token im Sinne eines Sprechsteines verstanden, der in einem Gesprächskreis von Person zu Person weitergegeben wird. Nur die Person, die den Token hält, hat Rederecht, alle anderen müssen zuhören. Überliefert ist die Zeremonie der Weitergabe der Friedenspfeife als Token bei den Indianern.

Im Netzwerk wird ein einmal initiiertes, spezielles Datenpaket, das so genannte token, in vorgegebener Richtung von Station zu Station kontinuierlich weitergegeben. Über ein spezielles Bit (Besetztbit) kann das Token jeweils signalisieren, ob die Leitung freigegeben ist oder nicht.

Wenn nun eine Station senden möchte, wartet diese so lange ab, bis sie das Token erhält (vgl. Abb. 5 – Zustand I). Erreicht das Token die Station und ist dessen Besetzt-Bit nicht gesetzt, hängt diese ihre zu sendenden Daten als Paket mit Absender- und Zieladresse an (Abb. 5 – Zustand II).

Außerdem aktiviert sie nun das Besetztbit des Token und reicht das gesamte Datenpaket im Ring weiter.

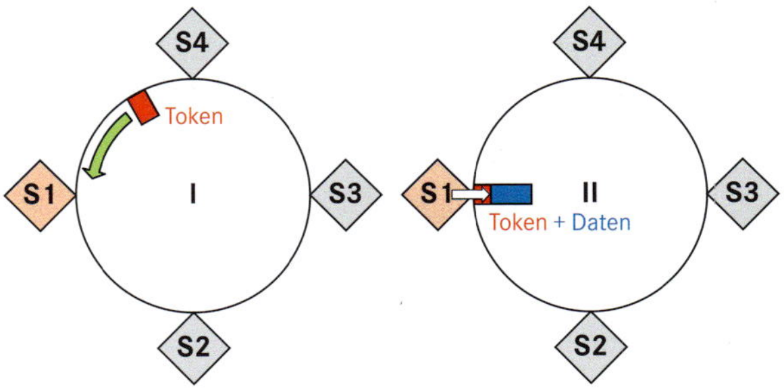

5: Tokenpassing

Die Stationen, für die das Token einschließlich der Daten nicht bestimmt ist, geben es einfach unverändert zur nächsten Station im Ring weiter (Abb. 1 – Zustand III).

Kommt das Datenpaket am Ziel an, kopiert die Zielstation die Daten und setzt das Empfangen-Bit (vgl. Abb. 1 – Zustand IV).

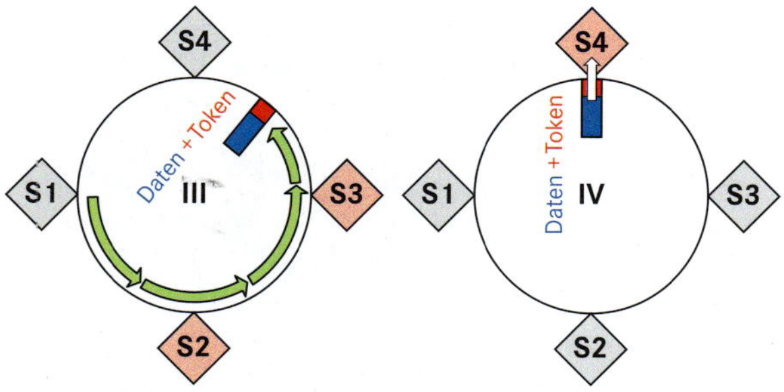

1: Tokenpassing

Das Paket wird anschließend bis zur Absenderstation weitergereicht. Diese entfernt die Daten aus dem Token und deaktiviert das Besetzbit (vgl. Abb. 2 – Zustand V). Da die versendeten Daten nun wieder bei der Absendestation angekommen sind, kann diese die Datenkonsistenz feststellen und gegebenenfalls im Fehlerfall sofort eine Neuübermittlung aktivieren. Liegt kein Fehler vor, wird das Token an die nächste Station weitergegeben (vgl. Abb. 2 – Zustand VI).

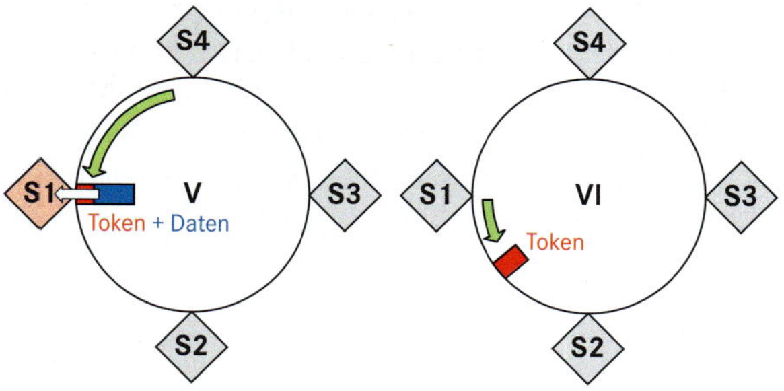

2: Tokenpassing

Bei diesem Verfahren ist durch die Ringstruktur und das Zugriffsverfahren eine deutlich komplexere Hardware erforderlich als beispielsweise bei CSMA. Dem gegenüber steht, dass bei Token-Passing Kollisionen ausgeschlossen sind, was sich insbesondere bei geringeren Datenübertragungsgeschwindigkeiten wegen der definierten Antwortzeiten vorteilhaft auswirkt. Durch die vom Absender vorgenommene Prüfung der Datenkonsistenz und der guten Rekonstruktionsmöglichkeit zeichnet sich Token Passing durch besonders hohe Zuverlässigkeit aus.

Reservierungsverfahren

Bei den Reservierungsverfahren werden je nach Anwendung verschiedene Ressourcen einzelnen Teilnehmern zugewiesen und damit reserviert. Das können vereinbarte Frequenzen, definierte Zeitfenster oder festgelegte Codes sein.

Zielsetzung bei den Reservierungsverfahren ist fast immer das gleichzeitige oder störungsfreie Senden.

Ein typisches Beispiel ist das **Resource reSerVation Protocol** (**RSVP**), dass beispielsweise zur Übertragung von Video-Streams eingesetzt wird. Störungen (z. B. infolge von Datenkollisionen) wären hier deshalb besonders problematisch, weil diese Störungen zu zeitversetztem Datenempfang führen. Das Video kann damit nur nach sehr großen Zeitverzögerungen genutzt werden. Möglicherweise wird die Nutzung aber auch ganz verhindert. Stimmen sich Sender und Empfänger dagegen soweit ab, dass ein bestimmtes Frequenzband ausschließlich von ihnen genutzt wird, kann die Datenübertragung darüber kontinuierlich und störungsfrei erfolgen. Das reservierte Frequenzband als Differenzbereich zweier Frequenzen wird auch als Kanal oder Pfad bezeichnet. Damit die Reservierung klappt, werden die zwischen Sender und Empfänger liegenden Router mittels Protokoll informiert. Diese blockieren dann den reservierten Kanal für andere Teilnehmer.

Bei **Zeitscheiben-Reservierungsverfahren** werden verschiedenen Sendern und Empfängern genau festgelegte Zeitabschnitte zugewiesen. Die zur Verfügung stehende Zeit wird also quasi in ‚Scheiben geschnitten'. Wichtige Grundvoraussetzung ist hier, dass ein Prozess, der zugunsten eines anderen unterbrochen wird, nichts über diesen anderen „wissen" muss. Nach der Unterbrechunng muss dem unterbrochenen Prozess dann wieder die ‚verlassene' Umgebung zur Verfügung gestellt wird.

Zeitscheibenverfahren werden typischerweise als **TDMA** [*Time Division Multiple Access*] insbesondere in Mobilfunknetzen (GSM-Netze), aber auch beim Broadband Integrated Services Digital Network (Breitband-ISDN) genutzt.

Ein Beispiel für die von Computernetzen sehr häufig genutzte **Frequenzreservierung FDMA** [*Frequency Division Multiple Access*] sind DSL-Anschlüsse. Hier werden zur Trennung der gemeinsam über eine Leitung übertragenen Daten und Sprache definierte Frequenzen zugewiesen.

Codereservierung CDMA [*Code Division Multiple Access*] kommt beim Bluetooth-Netz zur Anwendung.

- Zugriffsverfahren ermöglichen mehreren Teilnehmern die gemeinsame Nutzung eines Übertragungsmediums.
- Zugriffsverfahren werden unterschieden nach konkurrierenden und nicht konkurrierenden Verfahren.
- Das am häufigsten verwendete konkurrierende Verfahren ist CSMA/CD.
- Token-Passing, als ein nicht konkurrierendes Verfahren, basiert auf der kontinuierlichen Weitergabe einer Sendeberechtigung.
- Zeitkritische Anwendungen erfordern häufig Reservierungsverfahren.

2.3 Woraus besteht ein Netzwerk?

Ein Computernetzwerk dient der Verbindung mehrer Computer und gegebenenfalls weiterer Endgeräte.

Wie Abb. 3 zeigt, erfolgt die Anbindung der Computer als **Netzwerkendeinrichtung** (**A**) jeweils über eine **Netzwerkschnittstelle** (**B**) an das **Übertragungsmedium** (**C**). Unter Umständen sind für die Verknüpfung der Medien **Kopplungselemente** (**D**) erforderlich.

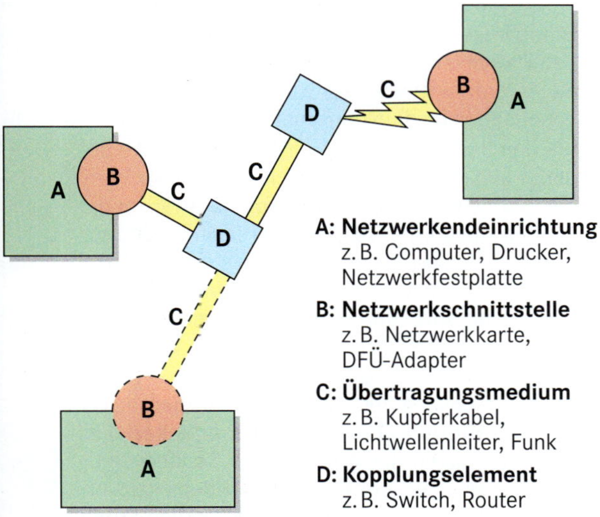

3: Netzwerkbestandteile

2.3.1 Netzwerkschnittstellen

Bei der Betrachtung der Schnittstellen ist es wichtig, zu unterscheiden, ob sie für eine lokale Netzwerkanbindungen oder für eine Anbindungen per Datenfernübertragung ausgelegt ist.

2.3.1.1 Netzwerkschnittstellen für die lokale Netzwerkanbindung

Die Anbindung eines Computers an ein lokales Netzwerk erfolgt in der Regel über eine **Netzwerkkarte** [*Network Interface Card (NIC)*]. Dabei weist der Begriff ‚Karte' noch darauf hin, dass traditionell Computer über ‚Steckkarten' erweitert wurden, deren Sockel an das Bussystem (ISA, PCI, u. a.) des Computers angebunden sind.

Der Begriff Netzwerkkarte wird immer noch verwendet, obwohl die lokale Schnittstelle bei modernen PCs meist direkt auf dem Mainboard verlötet ist. Möglich sind auch USB-, PMCIA-, PC-Card-, IEEE 1384- oder andere Schnittstellen.

Die Netzwerkkarte hat die Aufgabe, die physikalische Verbindung zum Netzwerk bzw. dem Übertragungsmedium herzustellen. Sie ist physikalisch adressiert durch die MAC-Adresse (→ Kap. 2.2.4 Ethernet). Die digitalen Daten des Endgerätes müssen von der Netzwerkkarte in elektrische, elektromagnetische oder optische Signale übersetzt werden. Außerdem muss über die im Netz jeweils geltenden Zugriffsverfahren die logische Verbindung zwischen Endeinrichtung und dem Kommunikationsnetzwerk hergestellt werden. Erfolgt beispielsweise die Anbindung über Ethernet, so ist das Zugriffsverfahren CSMA/CD (→ Kap. 2.2.5).

Die Unterschiedlichkeit der Computersysteme (Intel, Apple usw.) und der Netzwerkarchitekturen (Ethernet, Token Ring usw.) machen jeweils verschiedene Netzwerkkarten erforderlich. Hinzu kommen die unterschiedlichen Anforderungen der Übertragungsmedien und deren Anschlüsse. Abb. 4 zeigt die typischen Einflussgrößen für die Gestaltung und Auswahl von Netzwerkkarten.

Die Netzwerkkarten unterscheiden sich auch hinsichtlich der Übertragungsgeschwindigkeiten. Hierbei bestehen Abhängigkeiten zwischen dem jeweils verwendeten Protokoll und dem Übertragungsmedium. Bei leitergebundenen Netzwerken sind die folgenden standardisierte Übertragungsgeschwindigkeiten typisch:

- 10 Mbit/s (veraltet)
- 100 Mbit/s (Fast Ethernet **FE**)
- 1000 Mbit/s (1 Gbit/s Gigabit Ethernet **GBE**)

Neuere Karten unterstützen schon Übertragungsgeschwindigkeiten von 10 Gbit/s (10 Gb-Ethernet bzw. 10 GBE). Dies gilt sowohl für Lichtwellenleiter als auch für spezielle Twisted-Pair-Kupferkabel.

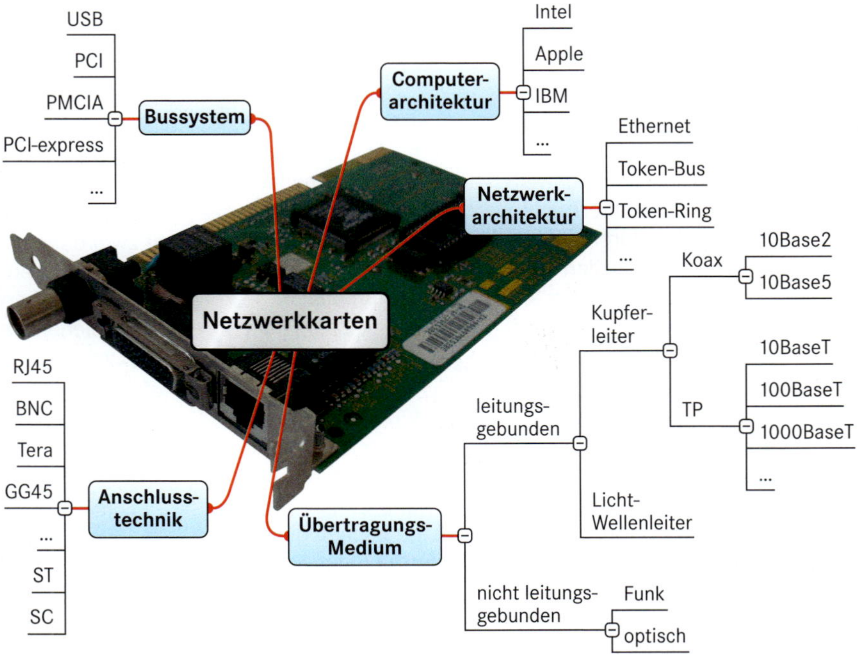

4: Einflussgrößen für die Konstruktion und Auswahl von Netzwerkkarten

Netzwerkkarten zur **Datenübertragung per Funk** ermöglichen die nicht-leitergebundene Datenübertragung. Die für das **W**ireless **L**ocal **A**rea **N**etwork (**WLAN**) spezifizierten **WLAN-Adapter** folgen dabei dem IEEE-Standard der Normen-Familie 802.11 (vgl. Abb. 1).

Standard	theoretische Datenrate (MBit/s)	Frequenzband (GHz)	Entwicklungsjahr
802.11	bis 2	2,4 - 2,485	1997
802.11a	bis 54	5	1999
802.11b	bis 11	2,4 - 2,485	1999
802.11g	bis 54	2,4 - 2,485	2003
802.11h	bis 108	5	2003
802.11n	bis 540	2,4 - 2,485 optional 5	in der Entwicklung Fertigstellung: 2009

1: Standard 802.11 und Erweiterungen (Auszug)

Die Funkverbindung erfolgt entweder direkt zwischen zwei WLAN-Adaptern (vgl. Abb. 2 a) oder über einen so genannten Accesspoint (AP), der über eine R-J45 Schnittstelle mit dem leitungsgebundenen LAN verbunden ist (vgl. Abb. 2 b).

a) nur leiterungebundene Verbindung

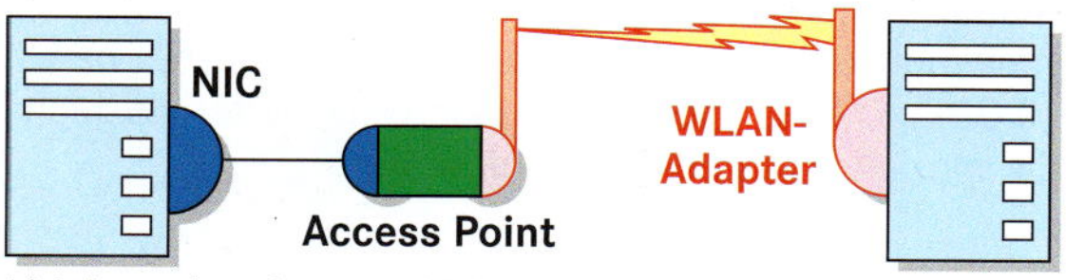

b) leitergebundene und leiterungebundene Verbindung

2: WLAN-Verbindungen

In Deutschland ist die Sendeleistung im WLAN aus gesundheitlichen Gründen auf 100 mW beschränkt. Trotzdem können Reichweiten bis zu mehreren hundert Metern im Freien erreicht werden. Einschränkungen ergeben sich durch die bauliche Situation innerhalb von Gebäuden wegen zu durchdringende Materialien und durch die Form und Ausrichtung der Antennen.

Da bei allen WLAN-Verbindungen ein geteiltes Medium verwendet wird, ist es aus Sicherheitsgründen erforderlich, die Datenübertragung zu verschlüsseln. Der häufig verwendete **WEP**-Standard [***Wired Equivalent Privacy***] gilt inzwischen deshalb als unsicher, weil zur Entschlüsselung lediglich eine ausreichende Datenmengen mitgeschnitten werden muss. Dies erfordert aber nur einige Minuten. Anschließend können diese Daten in wenigen Sekunden analysiert und der Schlüssel berechnet werden. Bei der aktuellen Verschlüsselung nach dem **WPA**- [***Wi-Fi Protected Access***] oder **WPA2**-Standard funktioniert das nicht. WPA sollte also dringend statt WEP verwendet werden.

Vom Simplex zum Duplex

In ‚normalen' Funknetzen kann der Datenverkehr oft nur in einer Richtung stattfinden. Dies ist immer dann der Fall, wenn für die Verbindung nur eine Frequenz zur Verfügung steht. Wird tatsächlich nur eine Richtung benötigt (Beispiel: Radio und Fernsehen) spricht man von **Simplex**. Diese Betriebsart ist für Computernetzwerke eigentlich nicht geeignet. Trotzdem gab es einen Anwendungsfall: das ältere Sky-DSL. Hierbei fand ein einseitiger Datenverkehr (der Downstream) vom Satellit zur Satellitenantenne des Nutzers statt. Für die andere, die Anforderungsrichtung, wurde ein zweites drahtgebundenes Medium eingesetzt.

Werden beide Richtungen einer Datenstrecke benötigt und steht aber zeitgleich nur eine zur Verfügung, spricht man vom **Halbduplexbetrieb**. In dieser Betriebsart müssen sich die Teilnehmer also ‚absprechen' wer von beiden gerade senden darf – der andere muss dann zuhören. Ein typisches Beispiel ist Sprechfunk. Für Computernetzwerke gibt es diese Betriebsart nur noch bei veralteten Netzwerkkarten.

Die heute übliche Betriebsart in Computernetzen ist der **Vollduplexbetrieb**. Dabei erlauben die Netzwerkkarten das gleichzeitige Senden und Empfangen. Eine sehr bekannte Vollduplexanwendung ist das klassische Telefon: Hören und Sprechen funktioniert gleichzeitig.

Spezielle Netzwerkkarten

Für besondere Anwendungsfälle werden Spezialformen von Netzwerkkarten eingesetzt. Ein typisches Beispiel sind Netzwerkkarten mit mehreren Netzwerkanschlüssen (vgl. Abb. 3), die gleichzeitig, also parallel verwendet werden können.

Sie ermöglichen ein **Load-Balancing**, also eine Lastverteilung des Netzwerkverkehrs auf mehrere Verbindungen. Diese Karten mit zwei oder auch vier Anschlüssen werden häufig in Servern eingesetzt. Neben der Lastverteilung dienen sie auch der gleichzeitigen Einbindung in mehrere Netze oder der Nutzung besonders hoher Datenübertragungsraten.

3: PCI-NIC Dual-Port

- Netzwerke bestehen aus Endeinrichtungen, Schnittstellen, Übertragungsmedien und Kopplungselementen.
- Netzwerkkarten sind Schnittstellen. Sie übersetzen digitale Daten in physikalische Signale.
- Für die Datenübertragung per Funk werden WLAN-Adapter erforderlich.
- Die Datenübertragung per WLAN sollte aus Sicherheitsgründen immer verschlüsselt erfolgen.

2.3.1.2 Schnittstellen für die Datenfernübertragung (DFÜ)

Schnittstellen zur Anbindung von Computern an Weitverkehrsnetze werden auch als Datenfernübertragungsschnittstellen oder DFÜ-Adapter bezeichnet. Die besondere Herausforderung dieser Schnittstellen besteht darin, für die Anbindung sehr häufig auf vorhandene Medien zurückzugreifen, die ursprünglich für die Aufgabe der Datenübertragung gar nicht gedacht waren. Ein bekanntes Beispiel ist die Nutzung der vorhandenen Telefonleitung zur Internetanbindung.

Diese Setzung hat zu sehr unterschiedlichen Technologien geführt, die, bis auf eine Ausnahme, heute alle nebeneinander genutzt werden. Die Wahl der geeigneten Technologie ist u. a. von den folgenden, sich teilweise gegenseitig bedingenden Faktoren abhängig:

- Anschluss einzelner Rechner oder eines LAN
- permanente oder zeitlich begrenzte Anbindung
- erforderliche Datenübertragungsgeschwindigkeit
- zu nutzendes Medium u. a.

Abb. 4 bietet einen Überblick der verschiedenen DFÜ-Schnittstellenarten. Neben der Unterscheidung zwischen Wähl- und Dauerverbindungen ist die Art der Signalübertragung bedeutsam. Diese ist sehr stark vom Medium abhängig und hat gleichzeitig entscheidenden Einfluss auf die Datenübertragungsgeschwindigkeit. Wichtige Begrifflichkeiten der Signalübertragung sollen hier kurz vorgestellt werden.

Analoge und digitale Signale

Digitale Signale unterscheiden im Gegensatz zu analogen Signalen immer nur eine genau definierte Anzahl verschiedener Zustände. Eine Sonderform bildet hierbei das Binärsignal, dass lediglich zwei Zustände gegeneinander abgrenzt. Computer arbeiten mit binären Digitalsignalen und erfordern damit immer den Austausch digitaler Signale. Der Informationsaustausch in unserer natürlichen Umgebung erfolgt hingegen analog. Ein Beispiel ist unsere Sprache. Die beim Sprechen ausgetauschten Signale können prinzipiell unendlich viele unterschiedliche Zustände annehmen. Die erzeugten Laute unterscheiden sich voneinander in einer großen Facette von Tonhöhen und Lautstärken.

Zur Übertragung von Sprache wird im einfachsten Fall das analoge akkustische Signal in ein entsprechendes (analoges) elektrisches Signal umgewandelt und dann auf der Leitung übertragen. Die Tonhöhe wird dabei von der Frequenz, die Lautstärke von der Höhe der Spannung repräsentiert.

Modulation und Demodulation

Sehr viele DFÜ-Schnittstellen tragen die Bezeichnung ‚Modem' (Abb. 4). Hintergrund ist deren Aufgabe, die Datensignale so umzuformen (modulieren), dass diese als analoge Signale übertragen werden können. Trotzdem ist zu unterscheiden, ob die digitalen Signale über einen Digital-Analog-Wandler in analoge Signale umgewandelt werden müssen oder ob sie als digitale Signale (Rechtecksignal) einem Trägersignal lediglich aufgesetzt (aufmoduliert) werden. Abb. 5 zeigt das Prinzip der Aufmodulation eines Rechtecks als einfachstes digitales Signal auf ein Sinusträgersignal (einfachstes analoges Signal).

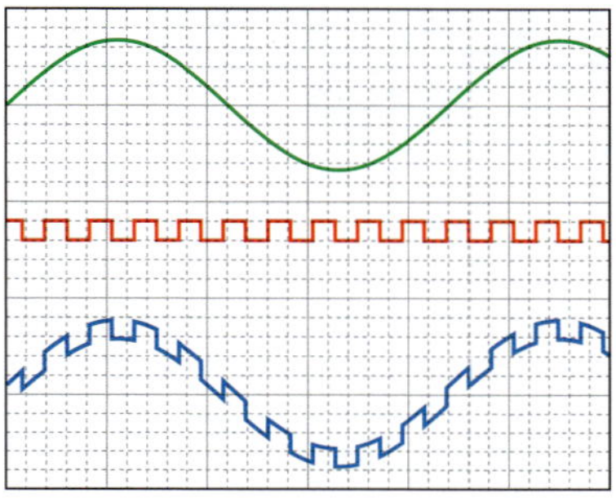

5: Prinzip der Aufmodulation

Die DA-Wandlung ist langsamer und prinzipiell fehleranfälliger. Den Umkehrvorgang bezeichnet man als Demodulation.

Multiplexverfahren

Um möglichst schnell möglichst viele Informationen über ein Medium zu versenden, wählt man Umschaltverfahren, die als Multiplexen bezeichnet werden. Dabei gibt es verschiedene Varianten. Beim **Frequenzmultiplex** werden digitale Signale verschiedener Quellen auf unterschiedliche Trägerfrequenzen aufmoduliert und können dann gleichzeitig übertragen werden. **Zeitmultiplex** bedeutet die Übertragung von Teilinformationen mehrerer Quellen in zugewiesenen sehr kurzen Zeitabschnitten, sogenannten Zeitscheiben. **Wellenlängenmultiplex** kommt bei optischen Medien zum Einsatz. Hier werden verschiedene Informationen als Lichtimpulse unterschiedlicher Wellenlänge (= unterschiedlicher Farbe) übertragen. Der Multiplexer übernimmt dabei immer die Aufgabe, zwischen den Frequenzen, Zeitscheiben, Wellenlängen usw. hin und her zu schalten.

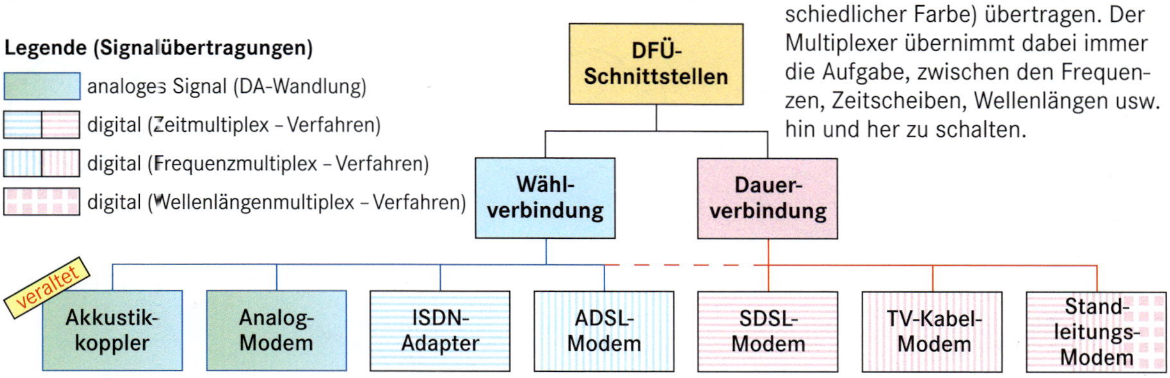

4: Anbindungen zur Datenfernübertragung

2.3.1.2.1 Akustikkoppler und Analog-Modem

Beide DFÜ-Schnittstellen nutzen den für das einfache Telefon (**POTS** = **P**lain **O**ld **T**elefone **S**ervice) definierten Frequenzbereich von 300 Hz bis 3400 Hz (Sprachfrequenz) zur Übertragung der Daten. Vereinfacht kann man also davon sprechen, dass die zu übermittelnden digitalen Daten in hörbare Töne umgewandet, über die Telefonleitung geschickt werden und anschließend wieder in digitale Signale zurückgewandelt werden.

Bei der ältesten Technik, dem Akkustikkoppler (vgl. Abb. 1) erfolgt die Anbindung unter direkter Verwendung des an das Telefonnetz angeschlossenen Telefons. Der Telefonhörer wird auf den Koppler so umgedreht aufgelegt, dass Lautsprecher und Mikrofon jeweils „gekoppelt" werden. Da die Übertragungsgeschwindigkeit beim Akkustikkoppler nur zwischen 110 und 300 Bit/s (!) erfolgt, gibt es diese Technik nicht mehr.

1: Akustikkoppler

Abb. 2 zeigt das Anschlussprinzip für eine Internetanbindung über ein Analog-Modem. Die digitale Anbindung am Computer erfolgt über eine vorhandene Schnittstelle. Dies kann extern (Modemgerät) über die serielle Schnittstelle oder USB erfolgen. Alternativ kann eine interne Anbindung (Modemkarte) direkt über den Datenbus (PCI/PCMCIA) erfolgen.

Für die Verbindung von Modem zu Modem ist das Anwählen der Gegenstelle (Server des Providers) erforderlich. Bei der Einwahl durch das Modem findet über das **P**oint to **P**oint **P**rotocol (**PPP**) eine automatische Konfiguration der Übertragungsstandards und die Authentifizierung des Nutzers statt.

Die möglichen Datenübertragungsraten betragen mit den aktuellen Datenübertragungsverfahren V.90 und V.92 maximal 56Kbit/s im **Downstream** und 33Kbit/s im **Upstream**.

Analoge Modems werden dann eingesetzt, wenn keine Daueranbindung erforderlich und keine hohen Datenübertragungsgeschwindigkeiten notwendig sind. Dies ist zum Beispiel der Fall bei Kreditkartenlesegeräten beim bargeldlosen Bezahlen an der Kasse. Modems werden heute auch dann eingesetzt, wenn andere Technologien nicht zur Verfügung stehen, z. B. bei der Nutzung von Laptops im Hotel.

Von Bandbreiten und Kanälen

Sehr häufig wird der Begriff der Bandbreite als Synonym für die Datenübertragungsgeschwindigkeit verwendet. Das ist zwar erklärlich, aber eigentlich falsch.

Mit der Bandbreite ist immer die Breite eines Frequenzbandes gemeint. Dem guten alten Telefonsystem (POTS) steht z.B. die Bandbreite von 3,1 kHz (3,4 khz – 0,3 kHz) zur Verfügung. Innerhalb dieser Bandbreite sind physikalisch Datenübertragungsgeschwindigkeit von max. 33,6 kbit/s möglich. Die theoretische Übertragungsgeschwindigkeit lässt sich über Komprimierungsverfahren noch auf 56 kbit/s steigern.

Zu höheren Datenübertragungsgeschwindigkeiten kommt man, wenn man für die Datenübertragung einen größeren Frequenzbereich benutzt und diesen in einzelne Sektoren unterteilt. Damit entstehen voneinander unabhängige Kanäle, auf denen eine parallele Übertragung möglich ist. Die Bandbreite des einzelnen Kanals ist zwar nicht größer geworden, allerdings die gleichzeitig zu nutzende Gesamtbrandbreite.

Wichtig für die tatsächliche Datenübertragungsgeschwindigkeit ist aber nicht nur die Bandbreite, sondern die Länge der eigentlich nur für Sprachverbindung ausgelegten Leitung, bis zur Anbindung an das Weitverkehrsnetz. Heutige „Internet - Breitbandanbindungen" sind nicht nur deshalb so schnell, weil sie einen größeren Frequenzbereich nutzen. Vielmehr muss der Kunde nicht mehr wie bei Modem und ISDN große Strecken des für hohe Frequenzen störanfälligen Telefonnetzes nutzen, um mit seinem Provider verbunden zu werden. Vielmehr nutzt er nur noch die kurze Strecke bis zur nächsten Vermittlungsstelle. Dort erfolgt dann die direkte Anbindung an das Internet.

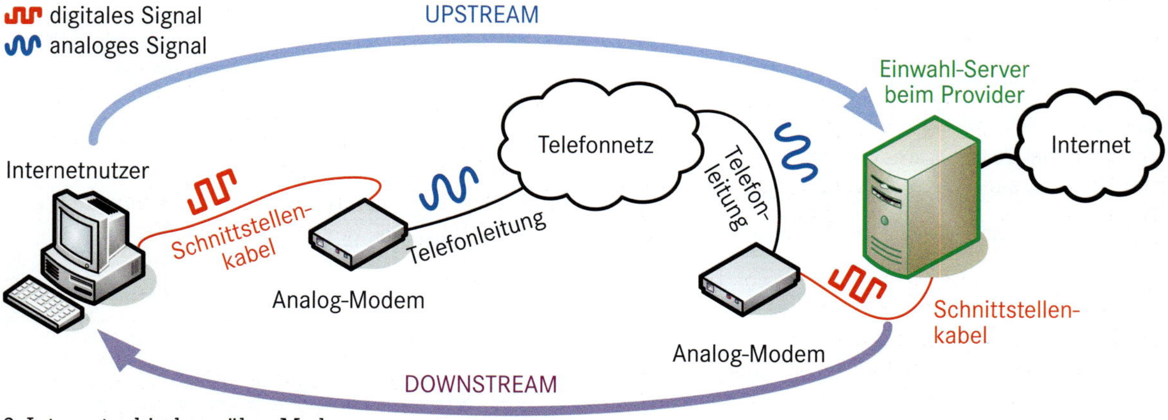

2: Internetanbindung über Modem

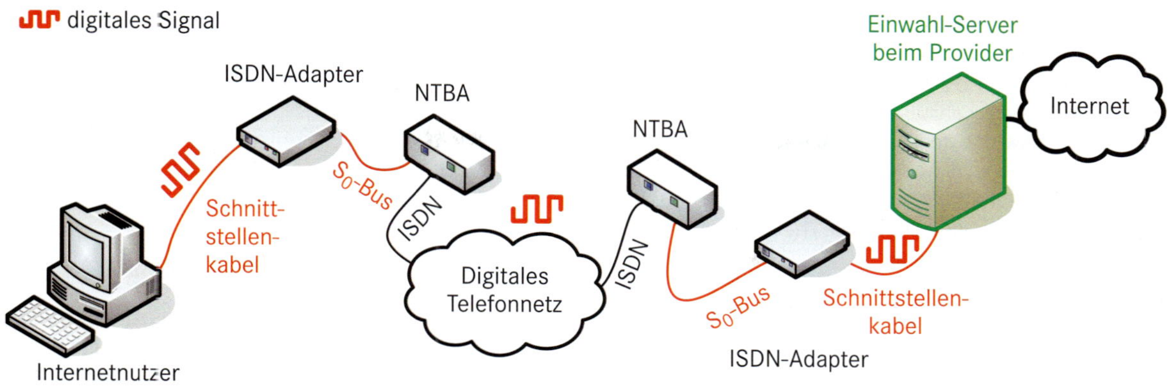

3: Internetanbindung über ISDN-Adapter (Basisanschluss)

2.3.1.2.2 ISDN-Adapter

Wenn ein öffentliches digitales Netz zur Datenfernübertragung genutzt werden soll, kann die Anbindung des Endgerätes über einen ISDN-Adapter erfolgen. Hierbei handelt es sich fast ausschließlich um Wählverbindungen. **ISDN** steht für den internationalen Standard **I**ntegrated **S**ervices **D**igital **N**etwork, der die Nutzung verschiedener Sprach- und Datendienste (Telefonie, Fernschreiben, Teletex, Fax, Daten usw.) in einem digitalen Netz regelt.

Bei ISDN entfällt die Umwandlung digitaler Signale in analoge Signale und umgekehrt. Außerdem ist die Signalqualität besser. Wegen der Unterteilung des Frequenzbandes in verschiedene Kanäle können Daten und/oder Sprache zudem parallel übertragen werden.

Abb. 3 zeigt das Anschlussprinzip für eine Internetanbindung über das öffentliche digitale Telefonnetz für die in Deutschland sehr weit verbreitete Anschlussart **Basisanschluss**.

Der **ISDN-Adapter** ist für die Anwahl der Gegenstelle und für das Einbinden und Versenden der digitalen Nutzdaten zuständig. Der S_0-Bus kann als vieradriger ‚hausinterner' digitaler Bus angesehen werden. Er ermöglicht die Nutzung von maximal sieben weiteren digitalen Endgeräten (z. B. ISDN-Telefone, ISDN-Faxgeräte oder weitere ISDN-Adapter). Analoge Endgeräte (z. B. vorhandene analoge Telefone) können am S_0-Bus ohne speziellen Adapter nicht betrieben werden.

Der S_0-Bus wird zum ISDN-Telefonnetz durch den **N**etz**t**erminator **B**asis**a**nschluss (**NTBA**) [*Network Termination for ISDN Basic rate Access*] begrenzt. Der NTBA bereitet die Daten vom S_0-Bus so auf, dass sie zur Vermittlungsstelle des digitalen Telefonnetzes übertragen werden können.

ISDN-Adapter werden ähnlich wie Analog-Modems über eine vorhandene **Schnittstelle** an den PC angeschlossen. Dies kann extern über die serielle Schnittstelle oder USB erfolgen. Möglich ist auch hier die interne Anbindung direkt über den Datenbus (PCI/PCMCIA). Die Bauform des ISDN-Adapters als ISDN-Karte oder eigenständiges Gerät richtet sich nach der Art der Schnittstelle.

Neben dem oben genannten **Basisanschluss** [*Basic Rate Interface (BRI)*] gibt es für ISDN den **Primärmultiplexanschluss (PMxAs)** [*Primary Rate Interface (PRI)*]. Die wesentlichen Merkmale zeigt die Tabelle in Abb. 4.

Anschlussart Merkmal	**Basisanschluss BRI**	**Primärmultiplexanschluss PRI**
Anzahl der Kanäle	3	32
Verwendung der Kanäle	1 Steuerkanal 2 Nutzkanäle	1 Steuerkanal 1 Syn. u. Wartung 30 Nutzkanäle
Übertragungsrate Nutzkanal	64 kbit/s	64 kbit/s
Übertragungsrate Steuerkanal	16 kbit/s	64 kbit/s
Übertragungsrate (gesamt)	144 kbit/s	2048 kbit/s
Abkürzung	2B1D	S_{2M} E1 T1 (USA)
Hinweis	Typische Anschlussart für Privatanschlüsse	Anschlussart für Firmen (Telefonanlagen)

4: ISDN-Anschlussarten (Merkmale)

- Akustikkoppler und Analogmodem wandeln digitale Signale in elektrische Signale um, die hörbaren Tönen entsprechen. Die Signalübertragung erfolgt analog.
- ISDN-Adapter sind für die Versendung der digitalen Signale auf verschiedenen Kanälen zuständig.
- Analogmodem und ISDN nutzen das Telefonnetz zwischen Nutzer und Provider zur Anbindung an das Weitverkehrsnetz.
- Analogmodem und ISDN-Verbindungen sind fast ausschließlich Wählverbindungen.

2.3.1.2.3 DSL-Modem

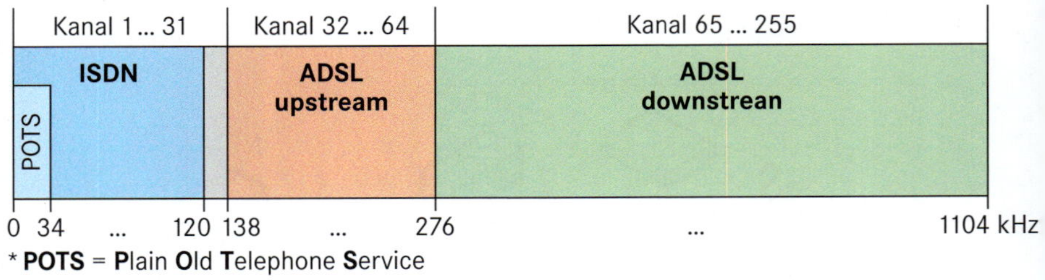

1: Aufteilung der Frequenzbereiche für asymmetrisches DSL (ADSL/ADSL2)

Ein DSL-Modem stellt die Verbindung eines PC's mit einem Weitverkehrsnetz (beispielsweise dem Internet) her. Genutzt wird hierbei ein bestehendes analoges Netz (z. B. das Telefonnetz). Trotz des analogen Netzes ist DSL deutlich schneller als die digitale Variante ISDN. Es gibt zwei Gründe für die sehr hohen Übertragungsraten:

1. **DSL** (**D**igital **S**ubscriber **L**ine) kann auf die geschwindigkeitssenkende Umwandlung von digitalen Signale in analoge und umgekehrt verzichten, weil bei dieser Technologie das digitale Nutzsignal dem analogen Signal durch ein spezielles digitales Modulationsverfahren quasi ‚aufgesetzt' wird. Im vorhandenen analogen Netz wird dann ein gemischtes analoges Signal übertragen.
2. Die Übergabe des digitalen Nutzsignals in das Weitverkehrsnetz erfolgt bereits in der Vermittlungsstelle. Die Störanfälligkeit des analogen Telefonnetzes macht sich auf den so genutzten kurzen Strecken viel weniger bemerkbar.
3. Die Technologie von DSL nutzt die **parallele Übertragung** der zu übermittelnden Daten in einem sehr breiten Frequenzband. Sprachsignale des Telefons und Datensignale sind dabei deutlich voneinander getrennt.

Abb. 1 zeigt die Aufteilung der Frequenzbereiche für die Nutzung des asymmetrischen DSL (**ADSL**) [***Asymmetric Digital Subscriber Line***]. Der gesamte Frequenzbereich ist dabei in 255 Kanäle mit einer Bandbreite von je 4,3125 kHz aufgeteilt. DSL nutzt den hohen Frequenzbereich von 138 kHz bis 1104 kHz, während der analoge Sprachsignal- und ISDN-Bereich darunter liegen. Zur Vermeidung von Störungen oder Überlagerung der verschiedenen Signale gibt es eine ‚Sicherheitszone' zwischen 120 und 138 kHz.

Der Begriff ‚asymmetrisch' ist auf den Umstand zurückzuführen, dass für Downstream und Upstream jeweils unterschiedliche Bandbreiten zur Verfügung stehen. Dies ist in vielen Fällen sinnvoll, da der typische Internetnutzer nur wenig Informationen ins Netz sendet (geringer Upstream), während er andererseits viele Informationen aus dem Netz ‚saugt' (hoher Downstream). 191 parallele Kanäle für den Downstream gegenüber 32 für den Upstream bedeuten eine fast um den Faktor 6 höhere Übertragungsgeschwindigkeit in Richtung vom Anbieter zum Nutzer. Wird eine symmetrische Bandbreite benötigt, also die gleiche Bandbreite für den Upstream und Downstream, z. B. durch Server von Informationsanbietern, kommt **SDSL** [***Symmetric Digital Subscriber Line***] zur Anwendung.

Abb. 2 zeigt exemplarisch die DSL-Anbindung eines Internetnutzers an das Internet über die vorhandene Telefon-Zweidrahtleitung vom Telefonhausanschluss bis zur Vermittlungsstelle. Das Gegenstück zum DSL-Modem bildet der **DSLAM** (**DSL A**ccess **M**ultiplexer), der für die permanente ‚Umschaltung' und Synchronisation der für die Übertragung genutzten Kanäle sorgt.

Anders als bei POTS und ISDN wird bei DSL keine echte Wählverbindung aufgebaut. Um den Diensteanbietern allerdings ähnlich wie bei der Nutzung von Analogmodems oder ISDN Verwaltungs- und Abrechnungsmög lichkeiten auf der Basis vorhandener Technologien (PPP) zu ermöglichen, wurde eine virtuelle Einwahlmöglichkeit mit **PPPoE** (**P**oint to **P**oint **P**rotocol **o**ver **E**thernet) geschaffen. Der Name weist auf die ‚Einwahltechnik' hin: das Protokoll wird als Nutzdatenpaket eines Ethernet-Frames zwischen Provider und Nutzer ausgetauscht. Nach der Authentifizierung können die tatsächlichen Nutzdaten angefordert werden: der Nutzer hat das Gefühl, er hätte sich durch Einwahl mit dem Diensteanbieter verbunden. Für ADSL, also die asymetrische Variante, wird in der Regel nur eine quasipermanente Verbindung geschaltet: einmal innerhalb von 24 Stunden wird zwangsgetrennt.

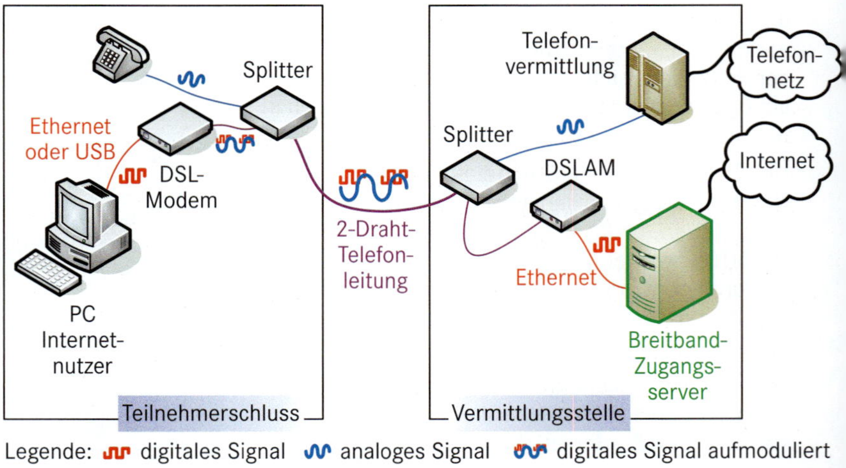

2: Internetanbindung über DSL-Modem

Typischerweise ist ein DSL-Modem mit dem PC per Ethernet verbunden. Obwohl die DSL-Anbindung auch über USB oder PCI/PCMCIA-Karten möglich ist, lässt sich mit dem Ethernetanschluss ein vorhandenes LAN mit dem WAN verbinden. Ein Router muss allerdings die richtige Zuweisung der angeforderten Daten übernehmen. Sogenannte **DSL-Router** stellen eine Kombination aus **SOHO**-Router (**S**mall-**O**ffice/**H**ome-**O**ffice-Router), Switch und DSL-Modem dar.

- In einem DSL-Modem erfolgt keine Digital-Analog-Umwandlung
- DSL-Modems verbinden in der nächsten Vermittlungsstelle mit dem Weitverkehrsnetz.
- Durch die Nutzung hoher Frequenzen verfügt DSL über eine hohe Gesamtbandbreite.
- Die Anbindung von LANs an das Weitverkehrsnetz erfordert die Kombination von Router und DSL-Modem.

2.3.1.2.4 Kabel-Modem

Abb. 3 zeigt die Anschlussseite eines Kabel-Modems. Es ermöglicht die schnelle Anbindung eines PCs an das Internet, wobei das **Fernseh-Kabelnetz** als Verbindungsmedium zum WAN genutzt wird.

3: Rückseite TV-Kabelmodem

TV-Kabel-Modems arbeiten nach dem gleichen Prinzip wie die in Kap. 2.3.1.2.3 beschriebenen DSL-Modems, allerdings werden höhere Frequenzen für die verschiedenen Kanäle verwendet (bis 900 MHz). Die sehr hohen Frequenzen können deshalb ohne besondere Störeinflüsse genutzt werden, weil das TV-Kabelnetz wegen seiner ursprünglichen Bestimmung für Hochfrequenznutzung ausgelegt ist. So werden für die ‚letzte Meile' zum Endabnehmer ausschließlich Koaxialkabel eingesetzt. Durch die Nutzung hoher Frequenzen lassen sich deutlich höhere Datenübertragungsgeschwindigkeiten erreichen als bei DSL (theoretisch bis 100 MBit/s).

Da TV-Kabel-Technik ursprünglich nur als unidirektionales System – von den Sendeanstalten in Richtung Fernsehteilnehmer – (simplex) ausgelegt war, muss es für die Internetnutzung durch spezielle, bidirektional wirkende Verstärker rückkanalfähig gemacht werden. Signale können so in beide Richtungen (duplex) übertragen werden.

Wie schnell kann eigentlich DSL sein?

Die Höhe der Datenübertragungsrate bei DSL hängt von der Leitungsqualität, äußeren Bedingungen und der Entfernung zur Vermittlungsstelle ab. Für ADSL beträgt die maximale Entfernung zur Vermittlungsstelle 5 km, für SDSL 8 km.

Eine Möglichkeit zur Erhöhung der Übertragungsgeschwindigkeit liegt in der Erweiterung des Frequenzbereiches. So nutzt ADSL2+ den Bereich bis 2208 kHz und erreicht theoretisch bis 25 MBit/s. Da aber Leitungsstörungen mit der weiteren Erhöhung der Frequenz zunehmen, sind weitere Geschwindigkeitserhöhungen nur dann möglich, wenn spezifische Anforderungen an die Leitungen gestellt werden. Die Technologie **VDSL2** (**V**ery High Speed **D**igital **S**ubscriber **L**ine) ermöglicht bis zu 200 MBit/s wenn Hybridstrecken genutzt werden. Das sind Glasfasernetze, bei denen nur die letzte sehr kurze Strecke als Kupferleitung ausgelegt ist.

Bei der Anbindung zum Internet über Kabelmodem liegt prinzipiell eine asynchrone Verbindung vor. Angepasst an die für Internetnutzung typische Verkehrslast, können die Frequenzbereiche so genutzt werden, dass mehr Übertragungskapazität im Downstream als im Upstream zur Verfügung steht.

Das in Abb. 3 abgebildete Kabelmodem wird über ein Patchkabel mit dem PC verbunden. Der PC muss in diesem Fall über eine Ethernet-Netzwerkkarte verfügen. Möglich ist prinzipiell allerdings auch die direkte Anbindung eines TV-Kabelmodems über USB.

TV-Kabelanbindungen zählen nicht zu Wählverbindungen, da die Verbindung dauerhaft besteht. Ähnlich wie bei DSL erfolgt die Abrechnung und Administration der Nutzerdaten allerdings über PPPoE.

Die Abb. 4 zeigt die Anbindung eines PCs an das Internet über Kabelmodem. Im Verbund werden Radio/TV und Telefon genutzt.

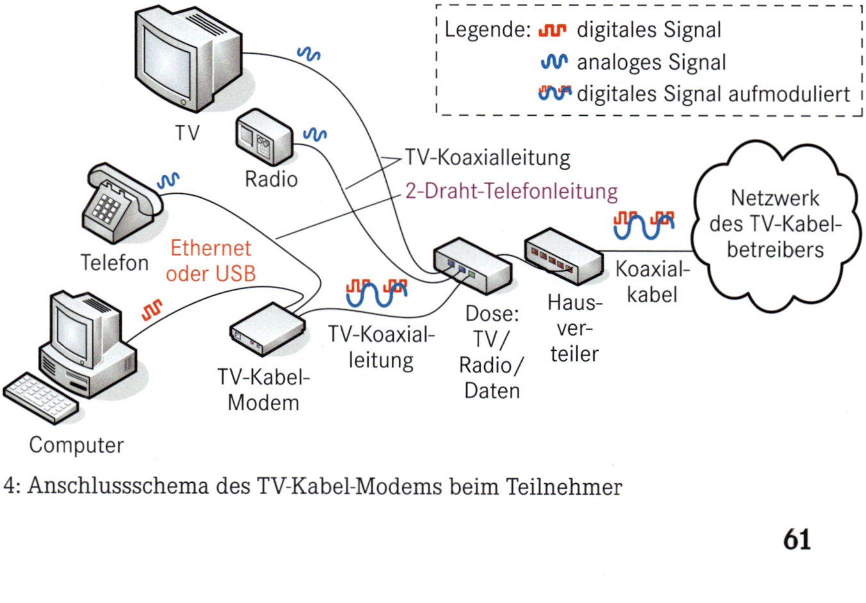

4: Anschlussschema des TV-Kabel-Modems beim Teilnehmer

Konvergenz der Dienste

Durch ganz verschiedene Technologien hat sich im Verlauf der Entwicklungsgeschichte eine deutliche Trennung verschiedener Kommunikationsdienste ergeben. Telefon, Rundfunk/Fernsehen und Internet nutzten und nutzen verschiedene Geräte, Medien und Übertragungstechniken. Diese Dienste werden heute zusammengeführt (konvergiert).

Die Betreiber des TV-Kabels haben als Erste mit „Triple-Play" einen Verbund von Internet, Telefon und digitalem Fernsehen realisiert. Inzwischen bieten auch die DSL-Anbieter verschiedene Verbünde an.

Eine besondere Bedeutung bei dieser Konvergenz der Dienste bildet die Nutzung schneller Übertragungstechniken für das Internet. Telefon und Fernsehen werden als IP-Telephonie und IP-TV über das Internet angeboten, eigene Leitungen sind dann nicht mehr notwendig. Die Endgeräte sind entweder direkt auf das Medium Internet abgestellt (s. u.) oder es werden die herkömmlichen Endgeräte über entsprechende Konverter angeschlossen.

Der abgebildete USB-Telefonhörer wird beispielsweise direkt an einen PC angeschlossen. Nachdem ein entsprechendes Programm installiert ist und eine ausreichend schnelle Internetverbindung besteht, kann über ein → Gateway eine Sprechverbindung zu jedem beliebigen Telefon der Welt aufgebaut werden. Genutzt wird hierbei nicht das Telefonnetz sondern das Internet.

2.3.1.2.5 DFÜ-Schnittstellen für Permanentverbindungen

Allen bisher zur WAN-Anbindung vorgestellten Technologien liegt die Notwendigkeit zugrunde, vorhandene Leitungen mit anderen in Konkurrenz teilen zu müssen. Damit sind immer Schwankungen in der Übertragungsgeschwindigkeit und der Signalgüte verbunden. Wenn es allerdings darum geht, weit entfernte LANs von Firmen untereinander zu verbinden, oder wenn es um professionelle Nutzung z. B. im Zusammenhang mit Internetdiensten geht, sind diese Einschränkungen nicht akzeptabel.

Permanentverbindungen als Daten-Standleitungen werden auch als Standleitungen, **D**aten**d**irekt**v**erbindung (**DDV**) oder **St**andard**f**est**v**erbindung (**SFV** oder **StFV**) bezeichnet. Sie garantieren **permanent**e Anbindungen nach **definiert**er Spezifikation bezüglich Signalgüte, Übertragungsgeschwindigkeit und Verfügbarkeit.

Physikalische Standleitungen

Darunter sind exklusive Permanentverbindungen mit Kupfer- oder Lichtwellenleiter zu verstehen, die zwischen dem Dienstanbieter und Dienstnutzer als Punkt-zu-Punkt-Verbindung bestehen. Die Verbindung zum Netz des Netzbetreibers (Provider) stellt jeweils das Standleitungsmodem her. Bei der Kombination **Firewall – Router** schottet die Firewall das LAN nach außen vor unberechtigter Nutzung oder Manipulation ab, während der Router für die Weiterleitung der Datenpakete im internen oder externen Netz sorgt.

Abb. 1 zeigt die Verbindung zweier LANs z. B. einer Firma mit räumlich getrennten Standorten über eine physikalische Standleitung. Entscheidend ist hier, dass eine physikalische Leitung aus dem Netz des Betreibers zur Verbindung der beiden LANs exklusiv für den Kunden reserviert ist. Auf diese Leitung hat kein anderer Netznutzer Zugriff. Der Provider kann zusätzlich eine Permanentverbindung ins Internet zur Verfügung stellen. Physikalische Standleitungen sind wegen der hohen Kosten relativ selten. Allerdings gibt es Anbieter, die eine reine Glasfaserleitungen als **‚Dark Fibre'** vermieten – hier muss der Kunde selbst für das ‚Licht' auf der Leitung sorgen und entsprechende Hardware bereitstellen. Der Vorteil ist dabei die fehlende Bandbreitenbeschränkung durch den Provider und die unbeschränkte Nutzung.

Virtuelle Standleitungen

Von virtuellen Standleitungen spricht man dann, wenn die bestehende physikalische Leitung zwar mit anderen Nutzern geteilt wird, trotzdem aber eine Bandbreite und die Dienstgüte zwischen Anbieter und Nutzer fest vereinbart wird. Entsprechende Vereinbarungen über garantierte Verfügbarkeit, maximale Reaktions- und Wiederherstellungsfristen werden als **Service-Level-Agreements** (**SLA**) oder **Dienstgütevereinbarungen** (**DGV**) bezeichnet.

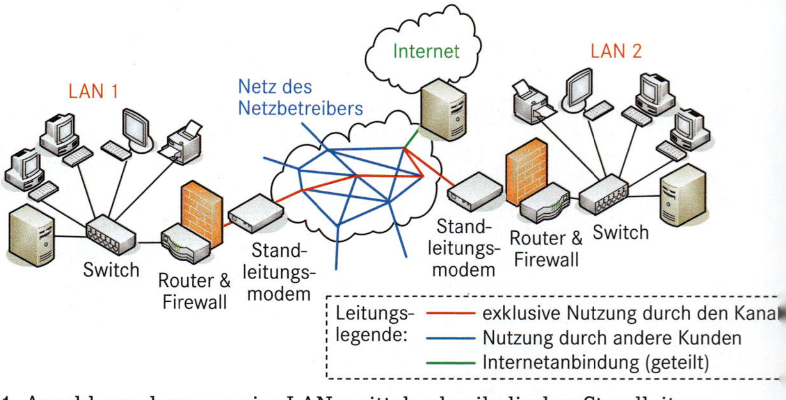

1: Anschlussschema zweier LANs mittels physikalischer Standleitung

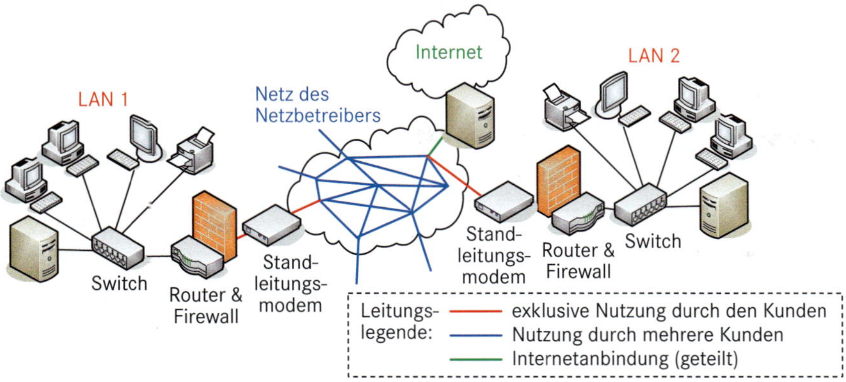

2: Anschlussschema zweier LANs über eine virtuelle Standleitung

Abb. 2 zeigt die Verbindung der beiden Firmen-LANs aus dem oben beschriebenen Beispiel, diesmal über eine virtuelle Standleitung. Auch hier existiert ein permanenter Anschluss an das Internet über die Verbindung zum **PoP** (**P**oint **o**f **P**resence) eines Providers.

Im Gegensatz zur physikalischen Standleitung lässt sich hier die benutzte Leitung im Netz des Betreibers nicht eindeutig zuordnen. Zum Einsatz kommt vielmehr vom Prinzip her die im Zusammenhang mit DSL und Kabelmodem bereits beschriebene Technologie des Kanal-Multiplexens. Entscheidender Unterschied zu DSL und Kabelmodemtechnik ist allerdings die ausschließliche Reservierung bestimmter Kanäle und damit Bandbreiten für die Verbindung zwischen Anbieter und Nutzer.

Steht für eine virtuelle Standleitung kein Netz eines Netzbetreibers zur Verfügung, so muss das Internet als Netz genutzt werden. In diesem Fall wird üblicherweise eine Anbindung über **SDSL** (**Sym**metrisches **DSL**) über den Breitbandzugangsserver der nächsten Vermittlungsstelle erfolgen. Indem SDSL die gleiche Anzahl von Kanälen für den Upstream und Downstream nutzt und indem feste IP-Adressen zugewiesen werden, ist über SDSL auch der Betrieb eines Internetservers möglich.

Die Nutzung des Internets zur Verbindung weit entfernter LANS eines Firmennetzes hat zur Konsequenz, dass zur Abschottung privater Netze besondere Absicherungsmechanismen (z. B. → **VPN** (**V**irtual **P**rivate **N**etwork) erforderlich werden.

Die Kosten für eine Standleitung hängen in der Regel von der Leitungslänge und der zur Verfügung gestellten Bandbreite ab. Die Abrechnung erfolgt nach Bandbreite über eine feste Grundgebühr und/oder nach dem übertragenen Datenvolumen.

Obwohl Standleitungen mittlere Verfügbarkeiten von 98,5 % (Kupfer) bzw. 99,5 % (Glasfaser) aufweisen, erfordern manche kommerzielle Nutzungen höhere Werte. Ist dies der Fall, garantiert der Provider üblicherweise gegen eine höhere Gebühr auch Verfügbarkeiten, die darüber liegen.

Eine andere Möglichkeit stellen so genannte Fallback-Lösungen dar, bei denen eine zweite Standleitung als ‚Reserveleitung' bereitgehalten wird. Je nach Anforderung wird diese gegebenenfalls automatisch beim Ausfall der Hauptleitung aktiviert. Reserveleitungen weisen aus Kostengründen häufig eine geringere Bandbreite auf. Mit dem Parallelbetrieb von zwei Standleitungen kann Ausfallsicherheit und **Lastausgleich** [***load balancing***] gleichermaßen erreicht werden.

Von Dauerverbindungen und Zwangstrennungen

Jeder Internetnutzer mit einer Flatrate (europaweit über 34 % aller Internetnutzer) hat das Gefühl, über eine Standleitung ins Internet zu verfügen. Das ist aber nicht so. Innerhalb von 24 Stunden wird jeder ‚normale' Internetnutzer, einmal kurz vom Internet getrennt und automatisch neu verbunden.

Dies hat zwei Gründe:

- für die Nutzung eines Servers im Internet sind **statische** also fest zugewiesene IP-**Adressen** notwendig, um diese Server aus dem Netz verlässlich angesprochen zu können. Durch die Zwangstrennung ergibt sich die Zuweisung **dynamischer**, also wechselnder, **IP-Adressen**. Nicht jeder beliebige Nutzer kann damit einen eigenen Server (z. B. als Webserver, Mailserver usw.) im Internet betreiben.
- Die Anzahl der durch das IPv4-System bedingten IP-Adressen ist begrenzt. Ohne dynamische Adressvergabe wären bald alle Internetadressen verteilt und kein neuer Nutzer könnte sich mehr mit dem Internet verbinden. Durch die Zwangstrennung werden kontinuierlich nicht mehr benötigte IP-Adressen wieder freigegeben und stehen ‚neuen' Nutzern zur Verfügung.

- Permanentverbindungen sind dauerhafte Verbindungen zwischen räumlich getrennten LANs bzw. zwischen LANs und WANs.
- Die Dienstgüte kommerzieller Permanentverbindungen ist definiert.
- Physikalische Standverbindungen werden über reservierte Leitungen realisiert.
- Virtuelle Standverbindungen werden über die Reservierung von Kanälen und Bandbreiten realisiert.

2.3.2 Übertragungsmedien

Abb. 1 zeigt die Übertragungsmedien, die prinzipiell für die Datenübertragung in Netzwerken genutzt werden können.

Die Wahl des geeigneten Mediums ist von einer Reihe ganz unterschiedlicher Faktoren abhängig. Immer aber soll das Medium die möglichst schnelle und fehlerfreie Datenübertragung ermöglichen.

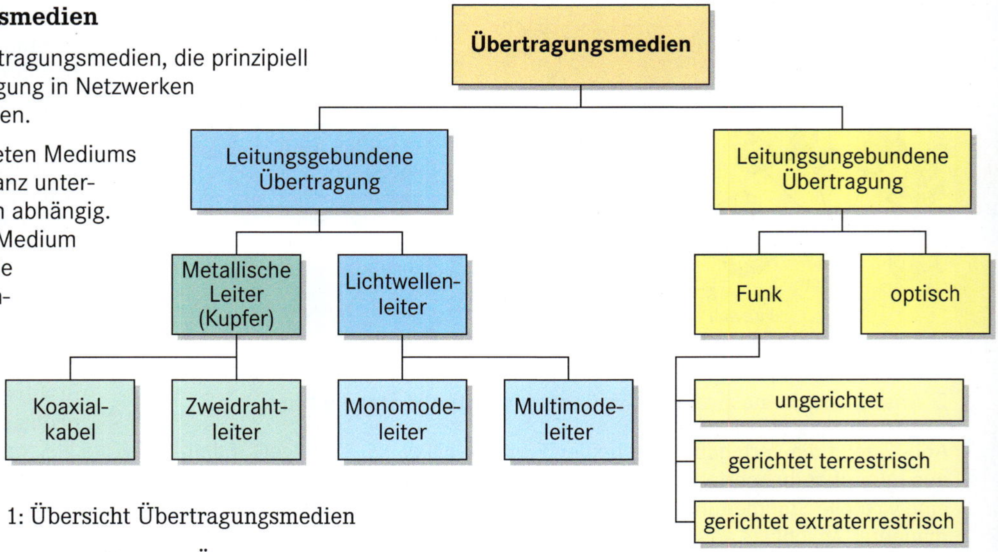

1: Übersicht Übertragungsmedien

Um die Eignung der verschiedenen Übertragungsmedien einschätzen zu können, sind grundlegende Kenntnisse zu einzelnen Kenngrößen der Übertragungsmedien erforderlich:

- Dämpfung
- Störungseinfluss
- Bandbreite
- Laufzeit
- Verfügbarkeit

Die Reduzierung der Stärke des Nutzsignals auf einem Übertragungsmedium bezeichnet man als **Dämpfung**. Die Dämpfung wird als Verhältnis der Signalstärken in dezibel (dB) angegeben.

Störungen entstehen durch Reflexionen und eingekoppelte Fremdsignale. Sie verändern und verfälschen das Nutzsignal. Eine typische Störung ist das so genannte **Nebensprechen**. Es entsteht durch ein benachbartes Nutzsignal, dass ungewollt auf das gewünschte zu übertragende Nutzsignal eingekoppelt wird.

Mit der **Bandbreite** wird die Breite des Frequenzbandes bezeichnet, das vom Übertragungsmedium mit akzeptabler Dämpfung übertragen wird. Als akzeptabel gilt ein Wert von 3,01 dB für die jeweilige Frequenzgrenze.

Die **Laufzeit** bezeichnet die Ausbreitungsgeschwindigkeit des Signals im Übertragungsmedium. Prinzipiell entspricht die Ausbreitungsgeschwindigkeit der Lichtgeschwindigkeit, sie wird jedoch in Abhängigkeit von Medium und Signalfrequenz verringert.

Übertragungsstrecken können ausfallen. So sind z. B. Funkstrecken von atmosphärischen Störungen abhängig. Die **Verfügbarkeit** der Medien ist bei der Auswahl und Planung zu berücksichtigen und erfordert gegebenenfalls ein entsprechendes Netzmanagement.

Neben den genannten Kenngrößen spielen für die Auswahl des Mediums die **Kosten** der Installation, der **Installationsaufwand** und die **Sicherheit** eine wichtige Rolle. Nicht selten werden bereits installierte Medien genutzt, obwohl damit Nachteile akzeptiert werden müssen.

Dezibel – eine neue Einheit?

Immer dann wenn Werte in einem großen Wertebereich liegen, verwendet man einen logarithmischem Maßstab. Dieser wird durch den Zusatz Dezibel (dB) kenntlich gemacht. Es handelt sich dabei also um ein Verhältnismaß und nicht um eine neue Einheit.

Das logarithmische Dämpfungsmaß aus dem Verhältnis der am Leitungsanfang eingespeisten Eingangsspannung U_1 zur am anderen Ende abgegriffenen Ausgangsspannung U_2 lässt sich folgendermaßen berechnen:

$$a_u = 20 \cdot \lg \frac{U_1}{U_2} \text{ dB}$$

2.3.2.1 Metallische Leiter (Kupfer)

Eigentlich haben Kupferleiter als Übertragungsmedium in Netzwerken mehrere Nachteile:

- Die Dämpfung durch den ohmschen Widerstand ist relativ groß.
- Bei hohen Frequenzen steigt die Dämpfung durch den steigenden Wechselstromwiderstand.
- Wegen des mit steigender Frequenz zunehmenden induktiven Widerstands des Kupferleiters ist die Bandbreite begrenzt.
- Werden mehrere parallele Leitungen in einem Kupferkabel zur Signalübertragung verwendet, kommt es über die entstehenden elektromagnetischen Felder schnell zum Nebensprechen.
- Prinzipiell lassen sich einfache Kupferleiter wegen des entstehenden elektromagnetischen Feldes relativ leicht ‚abhören'.

Bei Lichtwellenleitern gibt es diese Nachteile nicht. Sie sind allerdings deutlich teurer und erfordern zudem einen größeren Installationsaufwand. Deshalb werden bei Kupferleitern verschiedene Maßnahmen ergriffen, um die oben beschriebenen Nachteile zu reduzieren.

2.3.2.1.1 Koaxialkabel

Die Verwendung von Koaxialkabeln in Netzwerken lässt sich aus der Nutzung in anderen hochfrequenten Netzen (z. B. Antennenkabel Radio/TV) ableiten.

Abb. 2 zeigt den Aufbau eines Koaxialkabels. Der Innenleiter wird durch eine konzentrisch angeordnete Isolationsschicht (dem Dielektrikum) und einem ebenfalls konzentrisch angeordneten Kupfergeflecht umschlossen, der als Außenleiter dient. Die ganze Anordnung wird von einem Isolationsmantel eingehüllt.

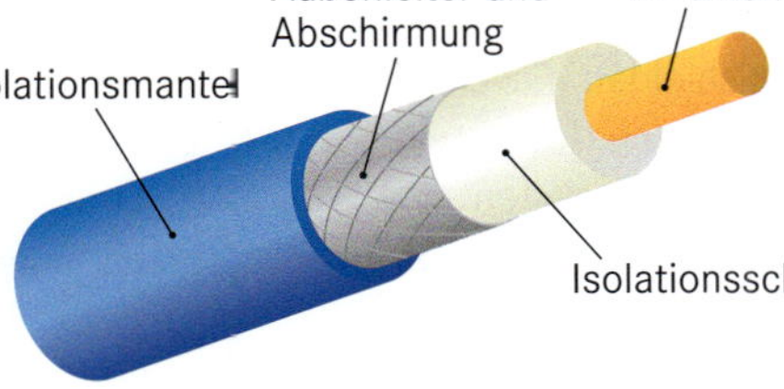

2: Aufbau eines Koaxialkabels

Da das Kupfergeflecht den Innenleiter vollständig einschließt, kann der Außenleiter gleichzeitig als Abschirmung dienen. Mit dieser Anordnung gleichen Koaxialkabel mehrere der oben genannten Nachteile einfacher Kupferleiter aus:

- Das Koaxialkabel kann bei hohen Frequenzen als Wellenleiter aufgefasst werden, bei dem die Oberflächen des metallischen Innen- und Außenleiters der Führung einer elektromagnetische Welle dienen. Der bezogen auf den Innenleiter asymmetrische Aufbau begünstigt die Übertragung hoher Frequenzen. Damit steigt die Bandbreite gegenüber einfachen Kupferleitern.
- Wegen der Abschirmung sorgen Koaxialkabel für einen besseren Schutz gegen Übersprechen.
- Außerdem reduziert die konzentrische Abschirmung die Abgabe elektromagnetischer Felder nach außen. Koaxialkabel lassen sich nur schlecht abhören.

Nachteilig ist die von der Dicke des Dielektrikum abhängige höhere Dämpfung von Koaxialkabeln. Außerdem muss, um Reflektionen auf der Leitung zu vermeiden, sorgfältig darauf geachtet werden, dass die Enden eines Koaxialkabels mit einem Widerstand abgeschlossen werden, der dem Wellenwiderstand des Kabels entspricht (typisch: 50 Ω).

Inzwischen ist die Verwendung von Koaxialkabeln insbesondere in LANs veraltet. Die Sterntopologie moderner LANs lässt sich mit der Forderung nach Leistungsanpassung durch die Verwendung von Abschlusswiderständen schwer vereinbaren. Außerdem werden durch geeignete Maßnahmen bei Zweidrahtkupferleitern ähnliche Abschirmungen bei geringerer Dämpfung und hoher Bandbreite erreicht.

Abb. 3 bietet einen Überblick über die im Ethernet eingesetzten Koaxialverkabelungen. Das deutlich teurere Thick-Ethernet weist wegen der höheren Dicke des Dielektrikums die weit geringere Dämpfung auf.

IEEE-Norm und -Bezeichnung	Kabelbezeichnung	Reichweite [m]	Datenrate [MBit/s]
802.3 -10Base2 Thin Ethernet	RG58 (50 Ω) Thinwire	185	10
803.3 -10Base2 Thick Ethernet	RG8 (50 Ω) Yellow-cable	500	10

3: Koaxialkabel für Ethernet

2.3.2.1.2 Zweidrahtkupferleiter als Twisted-Pair-Kabel

Die Bezeichnung ‚Twisted-Pair' (**TP**) verrät es: Alle in Netzwerken eingesetzten symmetrischen Kupferleiter werden verdrillt bzw. verseilt. Dabei werden die beiden Adern des Hin- und Rückleiters zu einer Doppelader umeinander gewickelt (**Verdrillung**). Da in jedem Aderpaar die Ströme gleich, aber in ihrer Richtung entgegengesetzt sind, entstehen jeweils gleiche, aber entgegengesetzt verlaufende elektromagnetische Felder. Durch die Verdrillung wird das nach außen wirkende Gesamtfeld sehr stark verringert. Störungen durch Nebensprechen können so deutlich reduziert werden. Die Verdrillung der Doppeladern wird als **Verseilung** bezeichnet. Sie verstärkt den gewünschten Schutz.

Zusätzlich zu dem oben beschriebenen Effekt in Bezug auf das Nebensprechen kann durch die Verdrillung der Wechselstromwiderstand eines symmetrischen Kupferleiters gesenkt werden. Bei sorgfältiger Verdrillung lassen sich damit höhere Bandbreiten und geringere Dämpfungen erreichen. Hochwertige Twisted-Pair-Kabel lassen heute Betriebsfrequenzen von 600 MHz bei Übertragungsgeschwindigkeiten von 10 GBit/s zu. Sie sind damit Koaxialkabeln deutlich überlegen.

Um den Einfluss externer elektromagnetischer Felder so gering wie möglich zu halten und gleichzeitig die Abstrahlung eigener Felder zu verhindern, sind alle für Computer-Netzwerke eingesetzten symmetrischen Kabel geschirmt. Der Schirm kann sowohl jede Doppelader und/oder das gesamte Kabel umschließen und jeweils als Folien- oder als Netzschirm aus einem Kupferdrahtgeflecht ausgeführt sein.

Abb. 4 zeigt ein Twisted-Pair-Kabel mit 4 Doppeladern. Die einzelnen Adernpaare sind mit Folie, das gesamte Kabel mit Kupferdrahtgeflecht geschirmt.

4: Aufbau eines geschirmten TP-Kabels (S/FTP)

NEXT und FEXT

Jeder kennt es: man telefoniert mit seinem Gesprächspartner und plötzlich hört man leise ein ganz anderes Gespräch mit. Dieser Störungs-Effekt tritt durch elektromagnetische Beeinflussung parallel verlegter Leitungen auf und wird als Nebensprechen oder **Übersprechen** [*crosstalk*] **(XT)** bezeichnet.

Zur Bestimmung der Störgröße wird zwischen **Nahnebensprechdämpfung** [*near end crosstalk*] **(NEXT)** und **Fernnebensprechdämpfung** [*far end crosstalk*] **(FEXT)** unterschieden. Entscheidend für die Betrachtung ist dabei die Auswirkung des Störsignals zum Nutzsignal am nahen oder fernen Ende der Leitung.

Generell gilt: Für eine gute Signalqualität muss die Nebensprechdämpfung hoch sein.

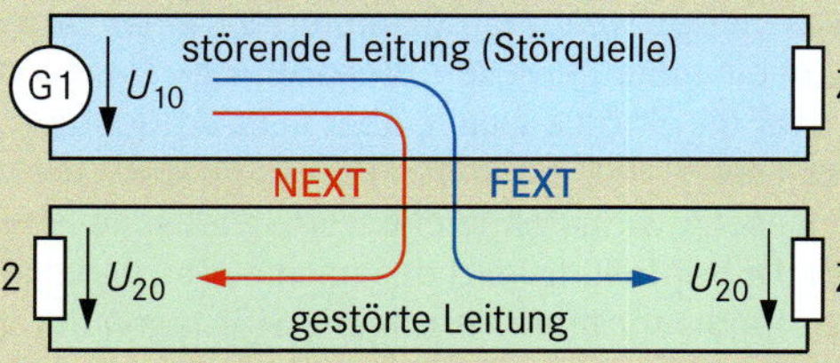

$$a_{NEXT} = 20 \cdot \lg \frac{U_{10}}{U_{20}} \text{dB} \qquad a_{FEXT} = 20 \cdot \lg \frac{U_{10}}{U_{21}} \text{dB}$$

Leitungsaufbau von Twisted-Pair-Kabeln

Für die Adernpaare von TP gibt es ein festes Farbschema: blau-orange-grün-braun (Abb. 1).

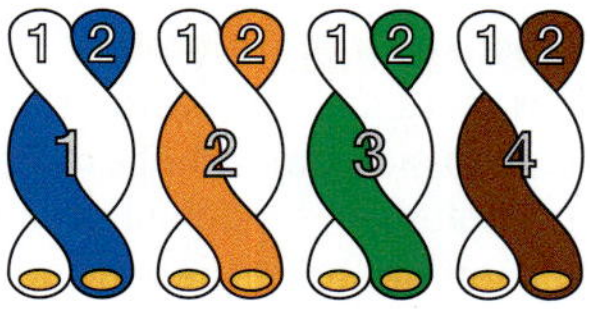

1: Farbschema für TP-Kabel

Als Material für die Aderpaare wird für **Verlegekabel** (Installationskabel) starrer Kupferdraht, für **Patchkabel** (Anschlusskabel) flexible Kupferlitze verwendet. Patchkabel sind flexibel und an beiden Enden jeweils mit RJ45-Steckern versehen. Sie verbinden Endgeräte mit Installationsbuchsen oder Buchsen eines Patchfeldes untereinander. Der Querschnitt von TP-Kabeln liegt üblicherweise zwischen 0,4 mm² und 0,55 mm². Häufig wird die Stärke auch in **AWG** [*American Wire Gauge*] angegeben. Ein typisches Patchkabel trägt dann den AWG-Code 21, hat also den Querschnitt von 0,5 mm² (vgl. Abb. 2).

Die Unterscheidung und Bezeichnung von Twisted-Pair-Kabel erfolgte ursprünglich ausschließlich nach vorhandener oder nicht vorhandener Schirmung. Unterschieden wurden **UTP** und **STP** (**U**nshielded und **S**hielded **T**wisted **P**air). Die auch verwendete Angabe **FTP** bezeichnete die Art des Schirmes genauer: (**F**oiled **T**wisted **P**air).

AWG-Code	entspricht Cu in mm²
24	0,25
22	0,34
21	0,5
20	0,75

2: AWG-Code

Nach **ISO/IEC-11801** werden heute Bezeichnungen verwendet, die sich auf Gesamtschirmung, Aderschirmung und gegebenenfalls auf die verseilte Aderzahl (2 oder 4) beziehen.

Es gilt folgendes Schema: G/ATX

- G bezeichnet die Gesamtschirmung,
- A die Aderpaarschirmung,
- TX steht für verseilte Aderzahl (TP für Twisted Pair, TQ für Twisted Quad)

Die Schirmungsart selbst wird abgekürzt:

- U = unshielded (ungeschirmt)
- S = screened shielded (Schirm aus Drahtgeflecht)
- F = foiled shielded (Folienschirm).

Daraus lassen sich folgende Bezeichnungen für gebräuchliche Kabel ableiten:

U/UTP (früher UTP): Ungeschirmtes Kabel mit ungeschirmten Doppeladern.

U/FTP (früher FTP oder auch STP): Ungeschirmtes Kabel mit foliengeschirmten Doppeladern

S/UTP: Drahtgeflechtgeschirmtes Kabel mit ungeschirmten Doppeladern

F/UTP: Foliengeschirmtes Kabel mit ungeschirmten Doppeladern

S/FTP: Drahtgeflechtgeschirmtes Kabel mit foliengeschirmten Doppeladern

S/FTQ: Drahtgeflechtgeschirmtes Kabel mit foliengeschirmten Sternvierer (vgl. auch Abb. 3)

F/FTP: Foliengeschirmtes Kabel mit foliengeschirmten Doppeladern

SF/FTP: Drahtgeflecht- und foliengeschirmtes Kabel mit foliengeschirmten Doppeladern.

Beispielhaft zeigt Abb. 3 den Aufbau für ein 16-adriges Kabel als S/FTQ bzw. S/STQ mit Gesamtschirm und Sternaderschirmung. Nach dem von **CENELEC** (Europäisches Komitee für elektrotechnische Normung) festgelegten Kurzzeichensystem trägt das dargestellte Kabel die Bezeichnung J-2YCY 8x2x0,6 ViMF.

Aufbau:

- blanker Kupferleiter 0,6 mm Durchmesser
- Voll-PE-Isolierung
- je 4 Adern zu einem Sternvierer verseilt und mit kunststoffkaschierter Al-Folie geschirmt (Kontaktseite außen)
- geschirmte Vierer in Lagen zur Seele verseilt
- Geflechtschirm
- Kunststoffmantel (grau) aus PVC oder halogenfreiem Material, flammwidrig

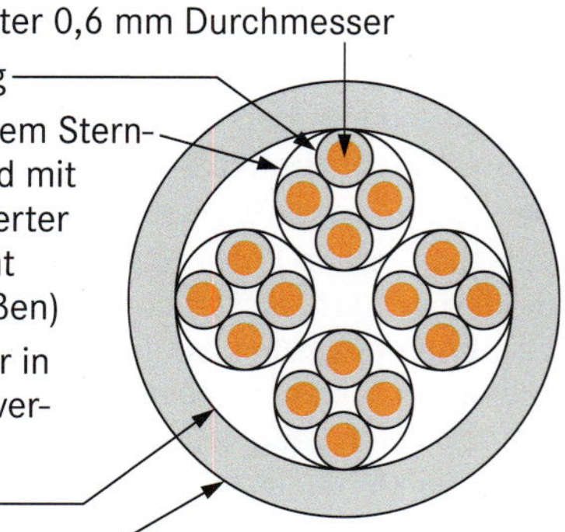

3: Aufbau eines S/FTQ

Klassifizierung von TP-Kabeln

Für eine leichtere Klassifizierung der einzelnen Kabel wurden die **Kategorien Cat 1** bis **Cat7** definiert. Diese bestimmen jeweils ein spezifisches Anforderungsprofil. Die Einteilung stammt von mehreren US-amerikanischen Organisationen, die Standards für die Elektro-, Kommunikations- und Datentechnik festlegen: **ANSI/TIA/EIA** (**A**merican **N**ational **S**tandards **I**nstitute, **T**elecommunications **I**ndustry **A**ssociation und **E**lectronic **I**ndustries **A**lliance). Sie hat Eingang gefunden in die europäischen Verkabelungsnormen ISO/IEC 11801 und EN 50173-1.

Einen Überblick über die Klassifizierung liefert die unten angegebene Tabelle (Abb. 5). Dabei sind die für die Zuordnung zu einer bestimmten Kategorie zu erfüllenden Anforderungen von weiteren Größen abhängig (z. B. Ohmscher Widerstand, Wellenwiderstand, Laufzeitunterschied auf den Aderpaaren, usw.).

Besondere Bedeutung haben Kabel nach Cat 5. Cat 5 ist heute die für die Datenübertragung überwiegend installierte Basis. Dies gilt auch für die meisten mit dem Steckverbinder RJ45 (Abb. 4) versehenen Patchkabel.

4: Steckverbinder RJ45

Für die deutlich höheren Anforderungen nach Cat 7 sind allerdings neue Steckverbindungen erforderlich. Der nach IEC 60603-7-7 spezifizierte Verbindungsstecker für Cat 7 trägt die Bezeichnung GG45 (auch „Nexans“-Steckverbinder) und ist abwärtskompatibel zu RJ45 (vgl. Abb. 6).

6: GG45 Steckverbinder

- Zur Datenübertragung sind Kupferleiter als Koaxialkabel oder als verdrillte Zweidrahtleiter (TP-Kabel) geeignet.
- In Ethernet-Netzwerken haben TP-Kabel die Koaxialkabel weitgehend verdrängt.
- Datenübertragung ist Hochfrequenztechnik. Zur Vermeidung von Störungen durch entstehende elektromagnetische Felder werden TP-Kabel geschirmt.
- TP-Kabel sind anforderungsspezifisch in die Kategorien Cat 1 bis Cat 7 klassifiziert. Moderne Netzwerke erfordern mindestens Kabel Cat 5.
- Patchkabel sind fertig konfektionierte Kabel mit RJ45 Steckern.

Kategorie	Eignung für Frequenz [MHz]	Beispielhafte Anwendungen und typische Datenübertragungsstandards und Datenübertragungsraten	Typischer Kabelaufbau	Dämpfung bei spezifizierter Frequenz [dB/100 m]	NEXT bei spezifizierter Frequenz [dB]	Hinweis
Cat 1	bis 0,1	Telefonkabel Sprache, für Datenübertragung ungeeignet	U/UTP	nicht spezifiziert	nicht spezifiziert	nur informell definiert
Cat 2	bis 1,5	Telefonkabel Sprache/ISDN 4 Mbit/s-Token Ring Netze, RS232-Schnittstellen	U/UTP	2,6	nicht spezifiziert	nur informell definiert
Cat 3	16	Telefonkabel Sprache/ISDN Sprach- und Datenübertragung: 10 Mbit/s-Ethernet (10BaseT)	U/UTP	13,1	23	veraltet, Altinstallation
Cat 4	20	16 Mbit/s-Token Ring Netze	U/STP	10,2	36	veraltet, Altinstallation
Cat 5	100	100 Mbit/s-Ethernet (100BaseT); mit 4 Doppeladern auch für 1 Gbit/s-Ethernet (1000BaseT)	F/UTP auch S/FTP	22	32	erweitert leistungsfähig als Cat 5e
Cat 6	250	ATM-Netze, Multimediaübertragung, Sprach- & Datenübertragung	S/FTP	30	40	erweitert leistungsfähig als Cat 5e
Cat 7	600	10 Gbit/s-Ethernet (10GbBaseT) Neue Steckverbindungen erforderlich	S/FTP	50	60	-

5: Übersicht über TP-Kabel-Klassifizierung

2.3.2.2 Lichtwellenleiter

Licht**w**ellen**l**eiter (**LWL**) sind Leiter aus hochtransparentem mineralischem Quarz bzw. Kieselglas oder auch aus organischem Kunstoff wie z. B. Polymethylmethacrylat (PMMA).

Lichtwellenleiter dienen der Übertragung von auf Licht basierenden Signalen. Hierbei kann Licht unterschiedlicher Wellenlänge eingesetzt werden. Das Spektrum reicht von ultraviolettem bis zu infrarotem Licht, typisch ist aber der Einsatz von Infrarot-Laser.

Das elektromagnetische Wellenspektrum

Das elektromag. Spektrum umfasst die verschiedenen Arten elektromagnetischer Wellen zwischen niederfrequenten Wechselströmen ($\lambda = 10^7$ m) und Gammastrahlung ($\lambda = 10^{-12}$ m). Zwischen Wellenlänge und Frequenz besteht die einfache Beziehung

$$\textit{Frequenz} = \frac{\textit{Lichtgeschwindigkeit}}{\textit{Wellenlänge}} \qquad f = \frac{c}{\lambda}$$

Licht nimmt hierbei nur einen vergleichsweise schmalen Bereich ein. Zur Datenübertragung wird auf LWL fast ausschließlich Licht mit einer Wellenlänge $\lambda = 850$ nm, $\lambda = 1310$ nm und $\lambda = 1550$ nm verwendet.

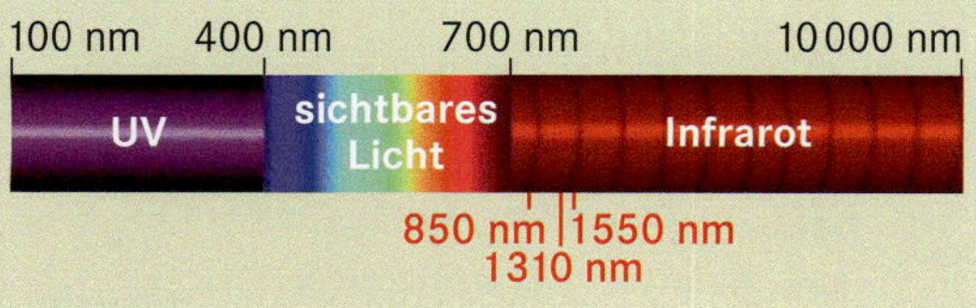

In der Netzwerktechnik ist es erforderlich die digitalen Informationen, die in der Regel in Form elektrischer Signale vorliegen, in optische Signale zu wandeln und dann zu übertragen. Diese beiderseitige ‚Übersetzung' leisten die LWL- Netzwerkschnittstellen an den Enden eines Übertragungskanals (siehe Abb. 1).

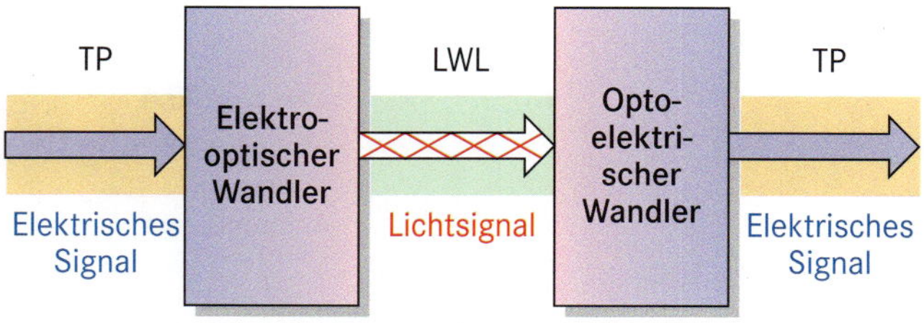

1: Signalumwandlung

Wie bei der Datenkommunikation über Kupferkabel kommt es auch bei LWL zu Dämpfungsverlusten. Diese sind jedoch viel geringer, so dass sich LWL generell besser für die Datenübertragung über längere Strecken (je nach Standard bis zu hunderten Kilometern) eignen, ohne dass die optischen Signale zusätzlich verstärkt werden müssen. Lichtwellenleiter bieten darüber hinaus auch eine viel größere Datenübertragungsrate als elektrische Kupferleitungen.

Ein weiterer entscheidender Vorteil ist die Resistenz gegen elektromagnetische Einflüsse und die Abhörsicherheit. Es ist ungleich schwieriger optische Signale in einem LWL-Medium unbemerkt ‚abzuhören' als elektrische Signale eines Kuperleiters ‚abzufangen', ohne dass ein deutlicher Signalverlust bemerkt wird.

LWL als Glasfaserkabel

Glasfasermedien bestehen aus einem **Glasfaserkern** [*core*], in dem das Lichtsignal strahlenförmig geführt wird. Dieser Kern ist von einem **Mantel** [*cladding*] ebenfalls aus Glas umschlossen, der dafür sorgt, dass die Lichtwellen nicht austreten. Dies ist möglich, weil der Mantel eine kleinere **Lichtbrechungszahl n** aufweist und es damit an der Grenzfläche zwischen Mantel und Kern zur Reflektion des Lichtstrahls kommt. Bei allen Quarz/Quarz-Fasern sind Kern- und Mantelglas mechanisch nicht trennbar miteinander verbunden. Der Mantel selbst ist mit einer **Beschichtung** [*coating*] aus schützendem Kunstoff bedeckt, die die mechanische Belastbarkeit des Lichtwellenleiters erhöht und vor Feuchtigkeit schützt. Alle LWL sind empfindlich gegenüber starker Biegung. Abb. 2 zeigt den prinzipiellen Aufbau und den Vorgang der Reflexion an der Grenzfläche.

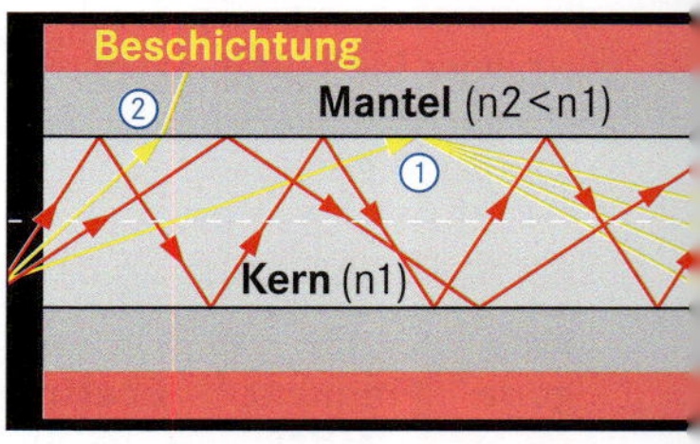

2: Aufbau von Multimode-LWL und Entstehung von Moden

Deutlich wird hier, dass der Verlauf des Lichtstrahls und die Häufigkeit der Reflektion insbesondere vom Einstrahlwinkel abhängig ist. Damit entstehen unterschiedliche Laufzeiten für die Lichtwellen. Man spricht von verschiedenen **Moden**, wobei hohe Moden hohen Laufzeiten und niedrige Moden niedrigen Laufzeiten entsprechen. Lichtwellenleiter, die verschiedene Moden zulassen, werden als **Multimode**-LWL, solche mit einem Mode als **Monomode**-LWL bezeichnet. Als Störungen können dabei auch Streureflexion ① und Totalabsorption ② auftreten.

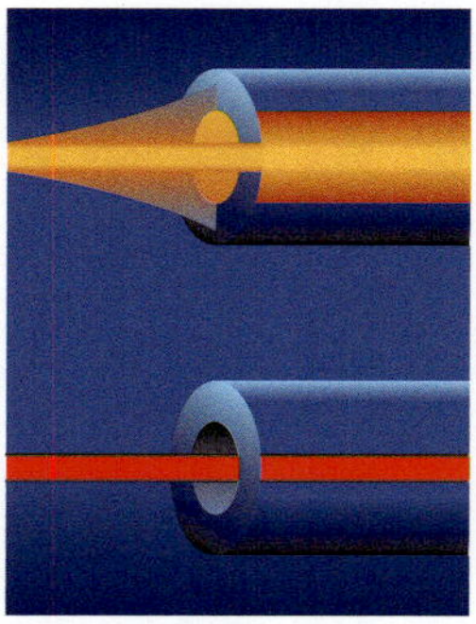

3: LED- und VCSEL-Lichteinkopplung

Das Auftreten von Moden ist neben dem Aufbau des LWLs in besonderer Weise von der Art der Lichtquelle abhängig. Mit einer LED-Lichteinleitung werden alle Moden einer Faser angeregt (Vollanregung). Mit der Verwendung von Laser zur Lichteinkopplung wird die Anzahl der angeregten Moden hingegen begrenzt. Zum Einsatz kommen sogenannte **VCSEL**s (**V**ertical **C**avity **S**urface **E**mitting **L**asers) (Abb. 3).

Für Multimode-LWL wirkt sich der Nachteil der unterschiedlichen Laufzeiten besonders bei großen Entfernungen aus: Die Datenübertragungsgeschwindigkeit sinkt, da Streureflektionen und Absorptionen mit steigender Länge zunehmen.

Zur Klassifizierung von Lichtwellenleitern wird häufig von einem **Bandbreiten-Längen-** oder **Bandbreiten-Reichweite-Produkt** gesprochen. Eigentlich ist dies begrifflich falsch, da mit ‚Bandbreite' ja die Datenübertragungsgeschwindigkeit gemeint ist. Abb. 4 strukturiert die verschiedenen Arten von Lichtwellenleitern.

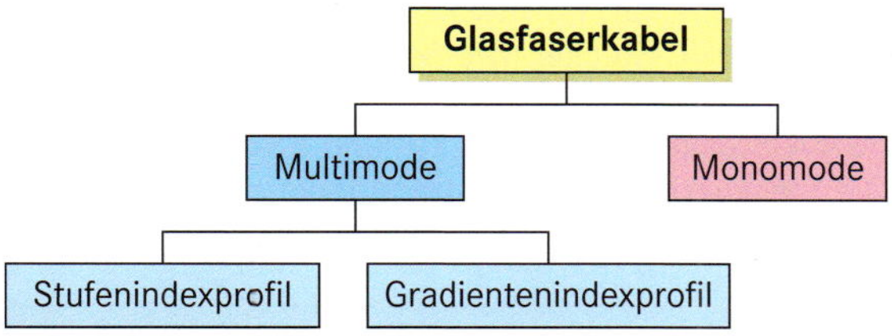

4: Arten von Lichtwellenleitern

Lichtwellenfaser mit Stufenindexprofil

Wie Abb. 5 zeigt, springt beim Stufenindexprofil die Brechungszahl vom Kern zum Mantel abrupt. Neben der Totalreflexion und Führung des Strahls kommt es bei diesem Multimoden-LWL auch zu Streureflexionen und zum Verlust des Strahls durch Absorbtion (vgl. auch Abb. 2 ① und ②). Stufenindexprofilfasern sind vergleichsweise preiswert und werden typischerweise bei LWL-Patchkabeln verwendet.

Lichtwellenfaser mit Gradientenindexprofil

Abb. 6 zeigt die Zusammenhänge bei Gradientenindexprofilfasern. Der Kern ist hierbei so aufgebaut, dass der Brechungsindex von innen nach außen stetig abfällt, bis er dem Index des Mantels entspricht. Es kommt zu gekrümmten Strahlungswegen mit klarer Führung und einer hohen Treue des Strahlungsimpuls am Ausgang bezogen auf den Eingangsimpuls. Das Problem der Laufzeitunterschiede zwischen den einzelnen Moden, die sogenannte **Modendispersion**, existiert auch hier. LWL mit Gradientenindexprofil werden für Verbindungen von Gebäuden oder Etagen eingesetzt.

Monomode-Lichtwellenleiter

Um den Nachteil unterschiedlicher Laufzeiten auszuschließen, müssen LWL zur Verfügung stehen, die bei der Verwendung von Laser nur noch einen Mode zulassen. Da die Möglichkeit verschiedener Einstrahlwinkel von der Dicke des Kerns abhängig ist, kann man dann zu **Monomode-LWL** kommen, wenn der Kerndurchmesser sehr klein (ca. 5 – 10 µm) ist. Abb. 7 zeigt den prinzipiellen Aufbau.

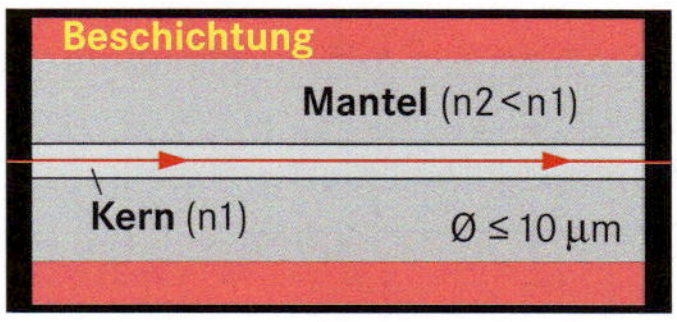

7: Aufbau eines Monomode-LWL

Monomode-LWL sind aufwändiger und damit auch teurer zu fertigen als Multimode-LWL. Wegen des hohen Bandbreite-Längen-Produkts sind sie für sehr weite Strecken (bis mehrere hundert Kilometer) bei gleichzeitig hohen Übertragungsraten bis 1000 GBit/s geeignet. Normalerweise wird zur Datenübertragung über Monomodefasern eine Lichtwellenlänge von 1550 nm verwendet.

LWL als Kunststofffaserkabel

Neben den oben dargestellten Glasfasermedien, die insbesondere bei der professionellen → Strukturierten Verkabelung im Primär- und Sekundärbereich eingesetzt werden, kommen bei kleineren Installationen, also im Endnutzerbereich und in Heimnetzwerken, hauptsächlich **Polymerfaserkabel (POF)** [*Polymer Optical Fiber*] zum Einsatz. POF sind sehr viel günstiger als Glasfasermedien und ebenso unempfindlich gegenüber elektromagnetischen Störungen. Allerdings ist das Bandbreiten-Längen-Produkt geringer.

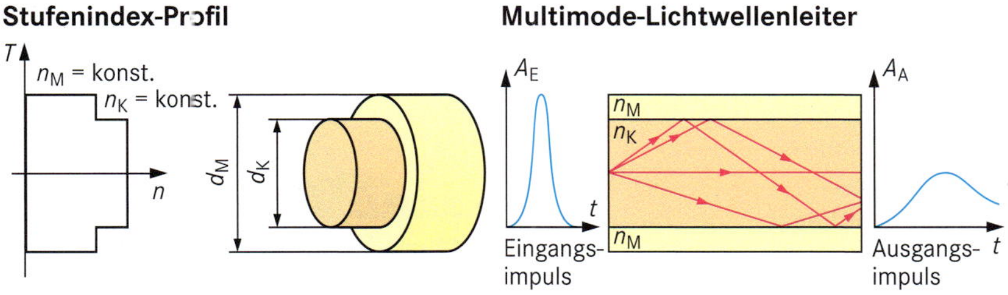

Typische Werte:
n_M = 1,517 (Mantel)
n_K = 1,527 (Kern)
n = Brechzahl

Typische Werte:
d_K {100 µm, 200 µm, 400 µm} d_M {200 µm, 300 µm, 500 µm}

- Große Laufzeitunterschiede der Lichtstrahlen,
- Starke Impulsverbreiterung
- Bandbreite – Reichweite – Produkt $B \cdot l > 100$ MHz · km

5: Zusammenhänge beim Stufenindexprofil

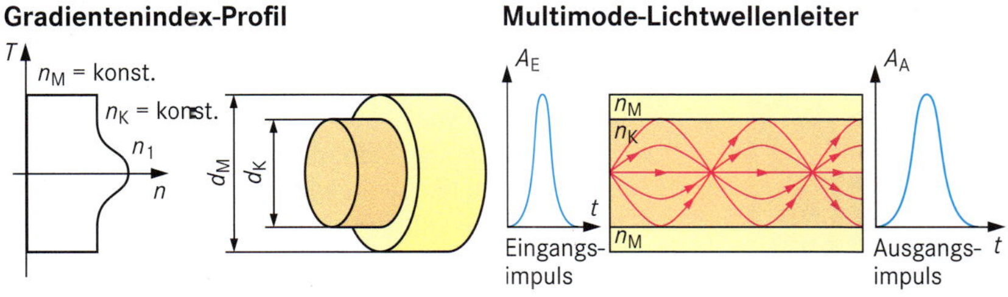

Typische Werte:
n_M = 1,457 (Mantel)
n_K = 1,417 (Kern)

Typische Werte:
d_K = 50 µm
d_M = 125 µm

- Große Laufzeitunterschiede der Lichtstrahlen,
- Geringe Impulsverbreiterung
  $B \cdot l > 1$ GHz · km

6: Zusammenhänge beim Gradientenindexprofil

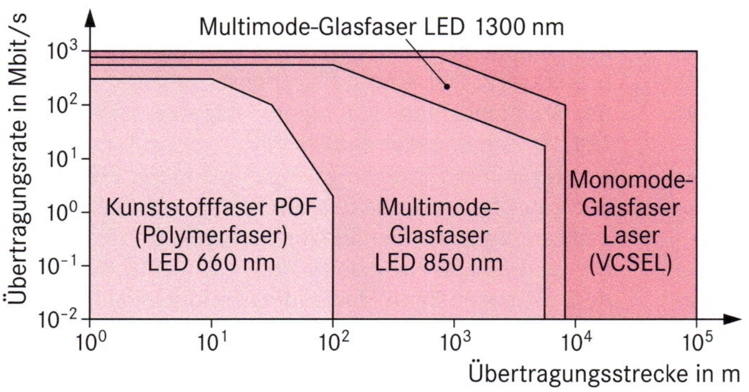

1: Vergleich des Übertragungsverhaltens von Lichtwellenleitern

Abb. 1 zeigt einen Vergleich der verschiedenen Lichtwellenleiter bei Betrachtung von Faserart und Sendertyp bezüglich Übertragungsstrecke und Übertragungsrate. Der Preis für das Medium selbst und der mit dem Medium verbundene Installationsaufwand steigt deutlich mit der Leistungsfähigkeit des jeweiligen Lichtwellenleiters.

Verbindungen von Lichtwellenleitern

Die LWL- Fasern werden in der Regel mit Steckverbindern verbunden. Dies hängt auch damit zusammen, dass der Übergang von einem Leiterstück auf ein anderes, das sogenannte ‚Spleißen', deshalb in der Praxis einen hohen Aufwand bedeutet, weil die Glasfasern genau in der optischen Achse plan miteinander verschweißt werden müssen. Sonst kommt es zur Brechung des Lichtstrahls an der Übergangsstelle. Dies erfordert im Gegensatz zum elektrischen Leiter, bei dem eine Klemm- oder Lötverbindung genügt, eine spezielle Ausbildung und besondere Sorgfalt. Abb. 2 zeigt eine Glasfasermuffe bei der Installation. In den einzelnen Kassetten werden die einzeln gespleißten Glasfasern eingelegt. Die Kassetten führen die einzelnen Fasern so, dass es nicht zu unzulässigen Biegeradien kommt. Damit wird das Brechen der Adern bzw. eine zu starke Dämpfung des Lichtsignals verhindert.

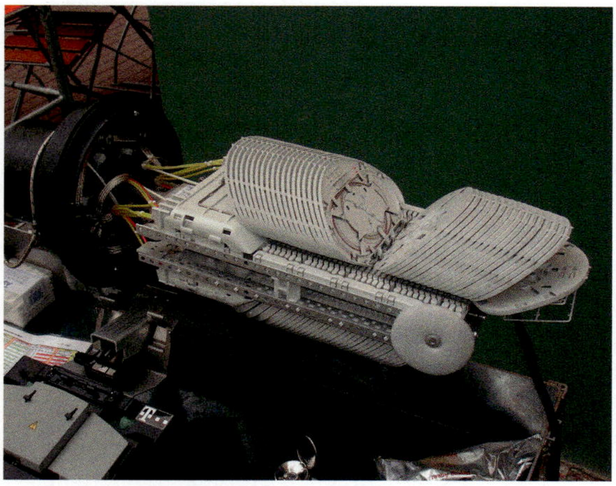

2: Auflegen gespleißter Glasfasern in einer Glasfasermuffe

Die am häufigsten verwendeten Steckerarten für LANs sind **ST** [***Straight Tip***] und **SC** [***Straight Connector***] teilweise auch **LC** [***Light Connector***], während für MANs und WANs in Deutschland vor allem **E-2000** verwendet wird (vgl. Tab. 3).

Im Gegensatz zu elektrischen Steckverbindern besteht prinzipiell die Möglichkeit, dass Stecker für die Sende- und Empfangsleitung gegeneinander vertauscht werden können.

Weitere Standard-Steckertechniken sind **DIN**-Stecker, **FC**-Stecker [***Ferrule Connector***], **MIC**-Stecker [***Media Interface Connector***], **Mini-BNC**-Stecker [***Bajonette Connector***], **FSMA**-Stecker, **MTRJ**-Stecker und **ESCON**-Stecker. Die Steckverbinder sind untereinander nicht kompatibel.

Bezeichnung	**Abbildung**	**Hinweis**
ST		- LAN - Monomode- und Multimode - Typischer Einsatz im LWL-Patchfeld
SC	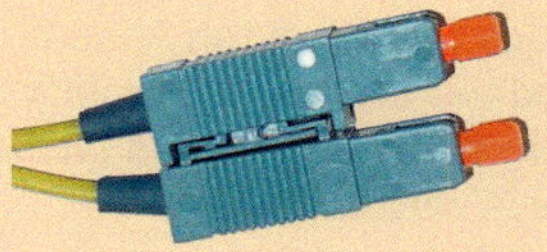	- LAN - Monomode- und Multimode - Duplexstecker möglich
LC	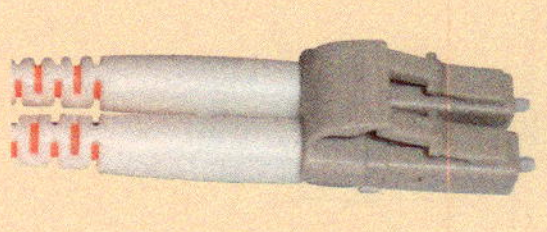	- LAN - Monomode- und Multimode - ähnlich SC, kleiner - nur Duplexstecker
E-2000	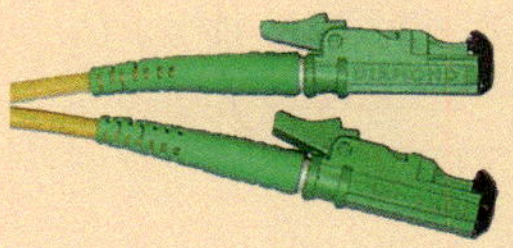	- WAN - Monomode - mit Schutzklappe

3: Häufig verwendete LWL-Stecker

- Lichtwellenleiter übertragen Daten in Form von Lichtsignalen.
- Lichtsignale sind auch elektromagnetische Strahlung eines bestimmten Frequenzbandes.
- LWL können Glasfaserkabel oder Kunststofffaserkabel sein.
- Zur Übertragung findet die Umwandlung elektrischer in optische Signale statt.
- Die in LWL möglichen Laufzeitenunterschiede des Lichtsignals führen zu verschiedenen Moden.
- LWL mit Gradientenindexprofil weisen eine geringere Dämpfung als solche mit Stufenindexprofil auf.

2.3.2.3 Funknetze

Funknetze nutzen Verfahren der leitungsungebundenen Datenübertragung. Diese erfolgt immer dann, wenn leitungsgebundene Medien nicht zur Verfügung stehen oder deren Verwendung unkomplizierter und einfacher ist. Häufig ist der deutlich geringere Installationsaufwand und die erweiterten Nutzungsmöglichkeiten ein wichtiger Grund.

Streng genommen kann man bei leitungsungebundener Übertragung nicht von einem Medium sprechen, denn alle **elektromagnetischen, also auch optische Signale** durchwandern beispielsweise auch Vakuum. Es soll deshalb im Folgenden um die verschiedenen Techniken der leitungsungebundenen Übertragung gehen.

Eine sinnvolle Unterscheidung ergibt sich aus der Betrachtung der unterschiedlichen Einsatzgebiete. Abb. 4 zeigt eine Übersicht.

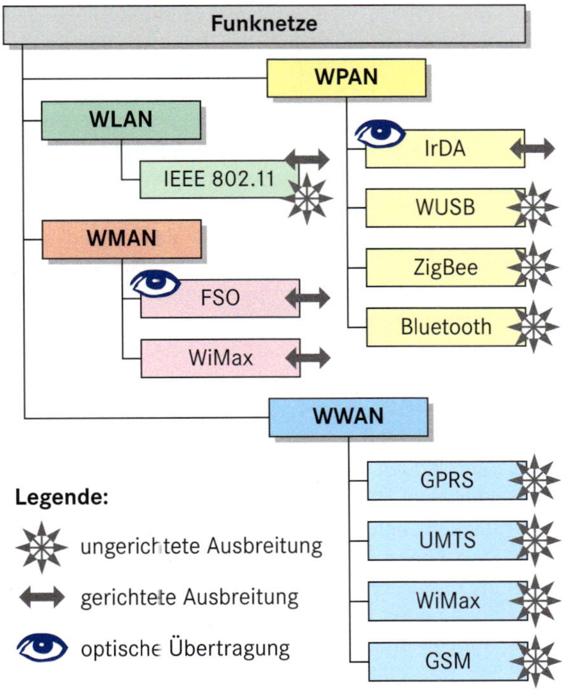

4: Leitungsungebundene Datenübertragungstechniken

Als gerichtet wird die Ausbreitung dann verstanden, wenn sie direkt zwischen zwei Funkstellen als Punkt-zu-Punkt-Verbindung erfolgt. Bei der optischen Übertragung kommt Licht (meist Infrarotlicht und Infrarotlaser) zur Anwendung, ansonsten elektromagnetische Signale, meist als Mikrowellen.

2.3.2.3.1 WPAN

Bei **W**ireless **P**ersonal **A**rea **N**etworks geht es um die drahtlose Anbindung von meist tragbaren Geräten oder um deren Verbindung untereinander. WPAN umfasst räumlich den kleinsten Bereich. Abb. 5 zeigt wichtige technische Daten im Vergleich.

IrDA [*Infrared Data Association*]

Die gerichtetete Datenübertragung nach dem IrDA-Standard erfolgt optisch über Infrarot. Beispiele sind die Verbindung von Personal Digital Assistents (PDAs), Laptops und Mobilfunkgeräten untereinander. IrDA verliert an Bedeutung und wird durch die Funktechnologie Bluetooth verdrängt.

WUSB [*Wireless Universal Serial Bus*]

ist eine funkbasierte Erweiterung des Universal-Serial-Bus-Standards und dient dem Anschluss von Peripheriegeräten wie Scanner, Digitalkamera, Drucker, Mutimediaplayer usw. Analog zu USB ist die Verwendung von USB-Hubs als Host möglich, der den Anschluss von bis zu 127 Geräten ermöglicht.

ZigBee

ist ein Funknetz-Standard, der es ermöglicht, Haushaltsgeräte, Sensoren uvm. auf Kurzstrecken zu verbinden. Die Hauptanwendungsgebiete liegen in der Industrie-, Medizin- und Automatisierungstechnik. Aufgrund der geringen Reaktionszeiten ist ZigBee auch für **Echtzeitanwendungen** verwendbar. Der Name wird abgeleitet vom zick-zack-förmigen Tanz der Honigbienen zur Informationsweitergabe.

Bluetooth

wurde ursprünglich vom Hersteller Ericsson entwickelt und ist inzwischen ein Industriestandard für die Vernetzung von Geräten über geringe Distanzen. Daher wird es häufig zur Anbindung von PDAs, Mobiltelefonen und Peripheriegeräten an Computer verwendet. Mit der Namensgebung „Bluetooth" wird der im 10. Jahrhundert lebende dänische Wikingerkönig Harald Blåtand (deutsch: Blauzahn, englisch: Bluetooth) geehrt, der für seine Kommunikationsfähigkeit weit bekannt war. Bluetooth erlaubt sichere, verschlüsselte Verbindungen, wenn der Sicherheitscode nicht zu kurz gewählt wird. Insgesamt kann ein Bluetooth-Netz bis zu 255 Teilnehmer umfassen, von denen acht Geräte gleichzeitig aktiv sein können.

	IrDa	WUSB	Bluetooth	ZigBee
Wellenlänge bzw. Frequenz	850 – 900 nm	3,1 GHz 10,6 GHz	2,402 GHz 2,480 GHz	2,46 GHz
Typische Entfernungen	bis 100 cm	bis 10 m	10 – 100 m	10 – 100 m
Datenübertragungsgeschwindigkeit	bis 16 Mbit/s	bis 480 Mbit/s	bis 2,1 Mbit/s	bis 250 kbit/s
Spezifikation im Standard	Infrared Data Association	IEEE 802.15.4	IEEE 802.15.1	IEEE 802.15.4

5: Wichtige Eigenschaften von WPAN-Technologien

2.3.2.3.2 WLAN

Wireless **L**ocal **A**rea **N**etwork bezeichnet ein lokales Netz (LAN) mit Funkübertragung.

Nicht selten wird der Begriff WLAN mit Wi-Fi gleichgesetzt. Dies liegt daran, dass sich die von der **Wi-Fi Alliance** festgelegten Vereinbarungen auf der Basis des IEEE-802.11-Standards durchgesetzt haben. Streng genommen ist die Gleichsetzung nicht zulässig. Die Wi-Fi Alliance wurde 1999 unter dem Namen **WECA** [***Wireless Ethernet Compatibility Alliance***] gegründet. Der Name Wi-Fi hat keine Bedeutung, auch wenn nicht ganz unbeabsichtigt die Begrifflichkeit ‚Wireless Fidelity' damit assoziiert wird.

Für die WLAN-Technik nach dem 802.11-Standard lassen sich die nachfolgenden Merkmale festlegen:

- Typische Reichweite: bis ca. 100 m
- Frequenzen: 2,4 GHz bis 2,4835 GHz (FB1) und 5,15 GHz bis 5,725 GHz (FB2) (FB = Frequenzbereich)
- Anzahl der überlappungsfreien Kanäle: 3 (FB1) bzw. 19 (FB2)
- Max. zulässige Strahlungsleistung: 100 mW (FB1) bzw. 500 mW (FB2)
- Bandbreite eines WLAN-Kanals: 20 MHz
- Typische Datenübertragungsgeschwindigkeit: 54 Mbps; als Weiterentwicklung 300 Mbit/s
- Die tatsächliche Übertragungsgeschwindigkeit ist oft geringer, da alle Geräte im WLAN sich die Bandbreite für Up- und Downstream teilen müssen.
- Typische Strahlungsleistung: 20 - 40 mW
- Verschlüsselung möglich nach WEP und WPA.

Die besondere Bedeutung von WLAN nach dem IEEE 802.11 Standard dürfte auf folgende Umstände zurückzuführen sein:

1. Die von WLAN genutzten Frequenzbereiche sind freigegeben. Eine Nutzung ist ohne weitere Lizensierung von Jedermann erlaubt.
2. WLAN nutzt die gleiche Adressierung wie Ethernet. Verbindungen zu drahtgebundenen LANs lassen sich so problemlos herstellen (vgl. Kap.2.3.1.1).

Prinzipiell sind zwei Betriebsarten möglich. Im **Ad-hoc-Modus** besteht das Netzwerk aus gleichberechtigten Stationen, die direkt miteinander kommunizieren. Der Ad-hoc-Modus eignet sich nur für eine sehr geringe Anzahl von Stationen. Nachteilig ist auch, dass eine Weiterleitung von Datenpaketen zwischen den Stationen nicht vorgesehen und in der Praxis auch nicht ohne weiteres möglich ist. Deshalb hat die zweite Betriebsart insbesondere für die Verbindung von WLAN und LAN eine zentrale Bedeutung: Im **Infrastrukturmodus** kommunizieren die angebundenen Stationen über einen Accesspoint (vgl. auch Abb. 1). Dieser koordiniert die Kommunikation der Clients.

Von Leuchtfeuern, Accesspoints und Elektrosmog

Ein Accesspoint sendet im Infrastrukturmodus an alle benachbarten Stationen in kurzen Intervallen (z. B. 10 s) so genannte „Beacons" (dt. „Leuchtfeuer"). Jeder Laptopbenutzer, der sich in ein WLAN einklinkt, profitiert von diesem ‚Leuchtfeuer': Der Accesspoint übermittelt neben der Übertragungsrate und der Art der Verschlüsselung auch den Namen des Netzes. So kann der Client die in der Umgebung vorhandenen WLANs erkennen und anzeigen. Das Verfahren erlaubt auch die kontinuierliche Qualitätsüberwachung des Netzes vor dem Versenden von Nutzdatenpaketen.

Das kontinuierliche „Feuern" ist allerdings auch ein Grund für die Diskussion um die möglichen gesundheitlichen Gefahren von WLANs. Weil WLANs mit Frequenzen im Mikrowellenbereich arbeiten, besteht prinzipiell die Gefahr der Erwärmung von Gewebe durch die elektromagnetischen Felder. Wegen der begrenzten Sendeleistung der einzelnen Funkstellen im WLAN werden gesundheitsschädliche Auswirkungen allerdings dann als unschädlich angesehen, wenn die gesetzlichen Grenzwerte eingehalten werden. Allerdings gelten die Wirkungen auf Organismen als nicht endgültig erforscht.

2.3.2.3.3 WMAN

Beim **W**ireless **M**etropolitan **A**rea **N**etwork geht es um die Verbindung von Netzknoten, die innerhalb einer Stadt oder einer Region verteilt sind.

Eine typische Technik innerhalb eines WMAN stellt **FSO** [***Free Space Optics***] dar. Diese auf optischem Richtfunk basierende Technik wird vor allem zur LAN-LAN-Kopplung auf Firmengeländen oder für Netzwerkanbindungen in Städten also im MAN verwendet. MIT FSO lassen sich mehrere Kilometer überbrücken. Die Datenübertragungsgeschwindigkeit reicht bis 2,5 Gbit/s.

Zum Einsatz kommt Infrarotlaser. Besondere Vorteile hat FSO wegen der mit Licht einhergehenden elektromagnetischen Umweltverträglichkeit, der transparenten Datenübertragung und mit der großen Abhörsicherheit. FSO ist nur für Punkt-zu-Punkt Verbindungen geeignet.

1: Accesspoint zur Anbindung eines WLANs an ein drahtgebundenes LAN

‚Transparente Netzwerktechnik‘ kann man da durchgucken?

In der Tat: **‚Transparenz**‘ bedeutet Durchsichtigkeit. Im Zusammenhang mit der Datenübertragung ist damit aber nur gemeint, dass es für die Endgeräte nicht festzustellen ist, wie die Daten übertragen werden, ob über Leitung oder Funk und ob Licht genutzt wird oder nicht. Transparent bedeutet generell in der Netzwerktechnik ‚Komponenten sind zwar da, sie werden aber nicht wahrgenommen‘.

Eine andere in WMANs eingesetzte Technik stellt **WiMax** [*Worldwide Interoperability for Microwave Access*] dar. Eigentlich bezeichnet WiMax nur die Herstellerorganisation WiMAX-Forum. Diese zertifiziert Geräte, die der Funknetz-Technologie nach dem Standard 802.16 entsprechen.

Für die WiMax-Technik nach dem 802.16- Standard lassen sich die nachfolgenden Merkmale festlegen:

- Frequenzen: 2 – 11 GHz (FB1), 25 GHz (FB2)
  (FB = Frequenzbereich)
- Ausstrahlung: gerichtet (FB2); ungerichtet (FB1)
- Reichweite: typisch 2 – 3 km (FB1); max. 50 km (FB2)
- Datenrate: typisch 1 – 2 Mbit/s; max. 108 Mbit/s
- Asymetrische Bandbreitennutzung (FB1)
- Bandbreitenreservierung und Datenpriorisierung [*Quality of Service* (*QoS*)] möglich
- Kurze Systemreaktionszeiten

Damit sind mit WiMax auch LAN-LAN-Verbindungen als Richtfunkstrecken möglich, primär wird WiMax aber für die Bereitstellung drahtloser Internetzugänge z.B. für mobile Endgeräte eingesetzt. Je nach Verfügbarkeit stellt WiMax eine Alternative zu DSL- und UMTS-Verbindungen dar. Bei WiMAX gibt es im Unterschied zur WLAN-Ethernet-Technologie eine zentrale Basisstation, die die Sendeberechtigungen an die verbundenen Stationen vergibt. WiMAX kann im Bandbreitenreservierungsmodus auch gut zur **Sprachdatenübertragung über IP-Netzwerke** [*Voice over IP (VoIP)*] eingesetzt werden.

2.3.2.3.4 WWAN

Im **W**ireless **W**ide **A**rea **N**etwork geht es um Weitverkehrsnetze, die auf der Funktechnik basieren.

Hierzu ist der ungerichtete Betrieb der WiMax-Technologie zu zählen. In dieser Betriebsart geht es schließlich um die Anbindung von festen oder mobilen Endgeräten an das Internet, also an ein Weitverkehrsnetz. Auch alle Mobilfunknetze, die zwar primär der Sprachdatenübermittlung dienen, die aber zur Anbindung an Weitverkehrsnetze genutzt werden, werden hier zu den WWAN-Technologien gerechnet.

GSM

Global **S**ystem for **M**obile Communications (früher *Groupe Spécial Mobile*) ist derzeit der Standard mit der größten Verbreitung für digitale Mobilfunknetze. GSM erlaubt auch Datenübertragung (**CSD**: **C**ircuit **S**witched **D**ata). Trotz der Einführung von **HSCSD** (**H**igh **S**peed **C**ircuit **S**witched **D**ata) verliert GSM wegen GPRS und UTMS an Bedeutung.

GPRS

General **P**acket **R**adio **S**ervice baut auf dem GSM-Mobilfunknetz auf, allerdings als paketorientierter Dienst. Mit den höheren Datenraten ist GPRS für die Betrachtung von vereinfachten Webseiten, sogenannten **WAP**-Seiten (**W**ireless **A**pplication **P**rotocol) und zum Versenden von Multimedia Messages (MMS) konzipiert worden.

UMTS

Universal **M**obile **T**elecommunications **S**ystem ermöglicht wesentlich höhere Datenübertragungsraten. Die Erweiterungen **H**igh **S**peed **D**ownlink **P**acket **A**ccess (**HSDPA**) und **H**igh **S**peed **U**plink **P**acket **A**ccess (**HSUPA**) erlauben noch größere Datenraten. UMTS ist damit als mobile Netzwerkanbindung ähnlich schnell wie einfaches DSL. GSM, GPRS und UMTS im Vergleich zeigt Abb. 2.

Vermittlungsarten bei Funkdiensten

Leitungsvermittelter Dienst: Hier werden für die Dauer der Verbindung die benötigten Kanäle reserviert. Sie können während einer bestehenden Verbindung anderweitig auch dann nicht genutzt werden, wenn gar kein Datenverkehr herrscht (Beispiel: GSM).

Paketvermittelter Dienst: Hier werden die Daten in ‚Pakete‘ aufgeteilt, getrennt versendet und beim Empfänger wieder zusammengesetzt. Eine Funkkanalblockierung erfolgt nur während des Paketversands (Beispiel: GPRS).

	GSM	GPRS	UMTS
Frequenzen	900 MHz und 1800 MHz (Europa)	900 MHz und 1800 MHz (Europa)	1920 – 1980 MHz (Uplink) 2110 – 2170 MHz (Downlink)
Reichweiten	100 m – max. 35 km	100 m – max. 35 km	bis ca. 10 km
Datenübertragungsraten	CSD: 9,6 kbit/s bzw. 14,4 kbit/s HSCSD: 115,2 kbit/s durch Kanalbündelung (8 Kanäle)	55,6 kbit/s (theor.: 171,2 kbit/s) Kanalbündelung (8 Kanäle)	384 kbit/s HSDPA: bis 7,2 Mbit/s HSUPA: bis 1,4 Mbit/s
Dienstart	Leitungsvermittelt	Paketvermittelt	Paketvermittelt

2: GSM, GPRS, UMTS im Vergleich

- Funknetze sind leitungsungebunden.
- Für WPAN, WLAN, WMAN und WWAN gibt es spezifische Technologien.
- In WLANs wird fast ausschließlich die Technologie nach dem Standard IEEE-802.11 verwendet.

2.3.3 Kopplungselemente

Wenn Endgeräte vernetzt werden sollen, müssen sie verbunden werden. Im einfachsten Fall sollen nur zwei Geräte miteinander verbunden werden. Hier genügen Kabel, die für die direkte Kopplung vorgesehen sind: Um jeweils die Sende- mit den Empfangsseiten direkt zu verbinden, sind bei diesen Kabeln die Sende- und Empfangsleitungen jeweils gekreuzt. Man spricht deshalb auch von **Crossover**-Kabeln.

Wenn es aber darum geht, **mehr als zwei Geräte miteinander zu verbinden**, wenn **längere Signalstrecken** überwunden werden müssen oder um **unterschiedliche Schnittstellen** zu koppeln, genügen einfache Kabel nicht mehr. Zur Verbindung benötigt man Kopplungselemente, die im Gegensatz zu den ‚passiven‘ Kabeln **aktive Komponenten** im Netzwerk sind. Diese elektronischen Systeme dienen neben der eigentlichen Verbindung der Verstärkung, Umsetzung, Erkennung, Steuerung und Weiterleitung der Datenströme. Eine Übersicht der Aufgaben von Kopplungselementen zeigt Abb. 1. Bei der Betrachtung der Kopplungselemente ist unbedingt zu berücksichtigen, dass deren Bezeichnungen historisch gewachsen sind. Eine eindeutige Abgrenzung der jeweiligen Kopplungselemente gegeneinander und deren spezifischen Funktionen ist deshalb nicht möglich.

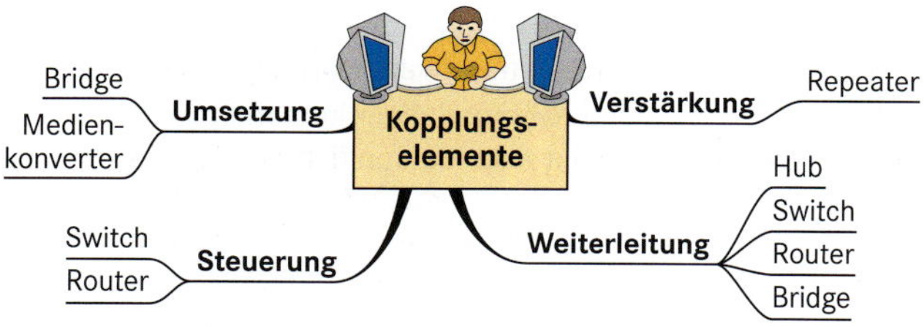

1: Hauptaufgaben von Kopplungselementen

Hinweis: Um die Funktionsweise von aktiven Komponenten besser verstehen zu können, kann es hilfreich sein, sich parallel auch über → Schichtenmodelle (Kap. 2.4.1) zu informieren.

2.3.3.1 Repeater und Medienkonverter

Repeater

Repeater (dt.: Wiederholer) haben die Aufgabe der **Signalverstärkung**. Sie empfangen also ein elektrisches oder optisches Signal, bereiten dieses auf und versenden es erneut. Da bei einer einfachen Signalverstärkung, z. B. am Ende einer dämpfenden Signalstrecke, nicht nur die Nutzsignale sondern auch die Störungen verstärkt werden, betreiben hochwertigere Repeater eine **Signalregeneration**. Schwache Signale und mögliche Störungen wie Rauschen, Verzerrung der Amplitude oder der Laufzeit (Jitter) werden dabei korrigiert und aus dem neuen Signal entfernt. Repeater arbeiten auf der ersten Schicht des **OSI-Modells** (OSI-Layer 1), der so genannten → **Bitübertragungsschicht** *[physical layer]*, also der Schicht, die die physikalische Übertragungstechnik bereitstellt.

Achtung! Daten kreuzen (1)!

Damit die Kopplung per Kabel funktioniert, müssen die Sende- und Empfangsseiten miteinander verbunden werden. Ein ‚normales‘ Patchkabel tut es da meist nicht. Hier sind die beiden Stecker RJ45 entsprechend dem unten abgebildeten Anschlussschema (TIA 568A) angeschlossen.

	10BaseT (Cat3) **100BaseTX** (Cat5)	**1000BaseT** (Cat5)
1	Tx+	Bi / DA+
2	Tx–	Bi / DA–
3	Rx+	Bi / DB+
4	n.c.	Bi / DC–
5	n.c.	Bi / DC+
6	Rx–	Bi / DB–
7	n.c.	Bi / DD+
8	n.c.	Bi / DD–

Tx: transmit data
Rx: receive data
n.c.: not connected
Bi: bidirectional data
DA, DB, DC, DD: data A, B, C, D

Da die Datenübertragung bis 100 Mbit/s mit vier Adern auskommt, während für 1 Gbit/s acht benötigt werden, gibt es zwei verschiedene Arten von Crossover-Kabeln, die das Kreuzen der Leitungen übernehmen.

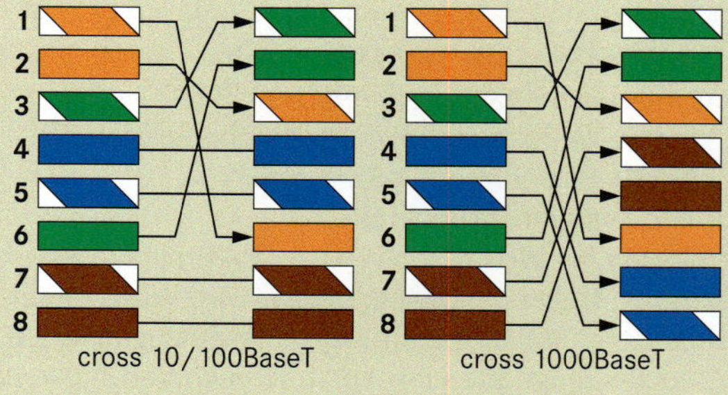

Ein einfaches Patchkabel zum ‚crossen‘ reicht allerdings doch, wenn man einen entsprechenden Crossover-Adapter verwendet oder wenn man über eine Netzwerkkarte verfügt, die das automatische Erkennen von Sende- und Empfangsleitungen beherrscht und entsprechend umschaltet. Solche Netzwerkkarten gibt es als Gigabit-Ethernetkarten. Die Funktion bezeichnete man als **Auto-MDI-X-Funktion** [*Medium Depent Interface*].

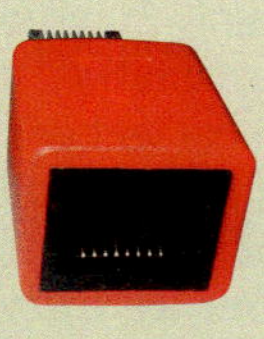

Repeater werden heute im wesentlichen bei Datenübertragungen über weite Strecken eingesetzt.

Für ältere Ethernet-Netzwerke (10Base-x) gilt, dass Repeater nicht beliebig häufig kaskadiert, also hintereinander geschaltet, werden dürfen, um die Ausdehnung eines Netzwerks zu vergrößern (→ 5-4-3-Regel, Kap. 2.3.3.2).

Auch für Funksignale gibt es Repeater – sie kommen in WLANs und Mobilfunknetzen zum Einsatz.

Medienkonverter

Einen typischen Medienkonverter zeigt Abb. 2. Mit ihm werden Netzwerkabschnitte (so genannte Segmente) verbunden, die die verschiedenen Medien Kupferleitung und Glasfaser zur Übertragung nutzen. Er übernimmt dabei die Aufgabe der **Umsetzung** oder **Konvertierung** (Umwandlung) von Signalen.

Dieser Medienkonverter wandelt elektrische Signale in optische Signale um und stellt Sie dabei so zur Verfügung, dass sie dem jeweiligen Standard entsprechen. Im konkreten Fall findet eine Konvertierung von 100BaseTX zu 100BaseSX und umgekehrt statt.

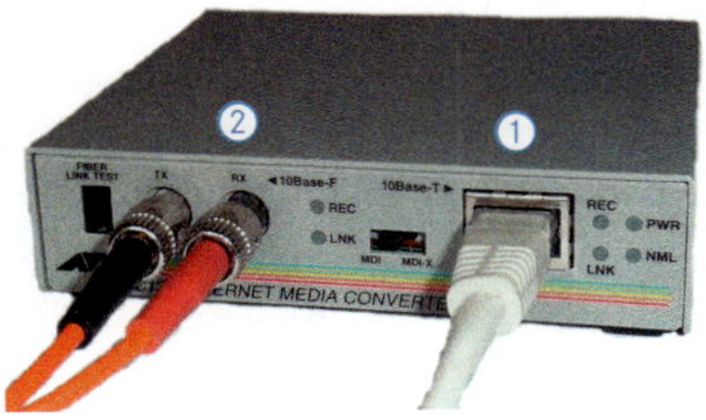

2: Medienkonverter LWL-Cu

An den Medienkonverter in Abb. 1 können die Verbindungsstecker für Kupfer RJ45 ① und Lichtwellenleiter ST ② angeschlossen werden.

Da es um eine physikalische Signalumsetzung geht, arbeiten Medienkonverter üblicherweise auf der → **Bitübertragungsschicht** (OSI-Layer 1). Etwas anderes ergibt sich, wenn Medienkonverter erweiterte Funktionen übernehmen. Dies ist der Fall, wenn sie wie → **Bridges** funktionieren. Solche Medienkonverter werden als **Switched Mediaconverter** bezeichnet. Diese arbeiten auch auf der → **Sicherungsschicht** (OSI-Layer 2).

2.3.3.2 Hub

Die Übersetzung des englischen Begriffs verrät es: **Hub** heißt Mittel- bzw. Knotenpunkt oder auch Nabe. Dementsprechend übernimmt ein Hub eine zentrale Stelle und Funktion innerhalb eines Netzwerks ein:

Er verteilt die an seinen Anschlüssen eingehenden Signale. Die Anschlüsse werden **Ports** genannt.

Technisch gesehen ist ein Hub nur ein Multi-Port-Repeater, der ein eingehendes Signal an alle Ports weiterleitet und dabei gegebenenfalls verstärkt. Er arbeitet deshalb wie ein Repeater auf der Bitübertragungsschicht (OSI-Layer 1).

Trotz der physikalischen Sternstruktur, die durch die Verwendung eines Hubs entsteht, liegt ein logischer Bus auf Basis eines **geteilten Mediums** [***shared medium***] mit dem Zugriffsverfahren CSMA/CD vor. Damit entsteht ein zentraler Nachteil des Einsatzes von Hubs.

Über Hubs kann ein Netzwerk sternförmig räumlich erweitert werden. Allerdings wird damit die zur Verfügung stehende Bandbreite des Datenbusses nicht vergrößert. Auch in dem vergrößerten Netz dürfen nicht mehrere Stationen gleichzeitig senden, wenn es nicht zu einer Kollision kommen soll. Der Einsatz von Hubs vergrößert also den Bereich innerhalb dessen Kollisionen möglich sind. Ursache ist die jetzt höhere Anzahl von Stationen, die gleichzeitig senden können. Diesen Bereich des Netzwerkes bezeichnet man als **Kollisionsdomäne**.

Die Erweiterung einer Kollisionsdomäne führt prinzipiell zu zwei Problemen:

1. Die Wahrscheinlichkeit von Kollisionen steigt.
2. Zwischen sehr weit entfernten Stationen können zu lange Signallaufzeiten dazu führen, dass Kollisionen nicht mehr erkannt werden.

Beide Fälle führen zu einer massiven Störung der Datenübertragung.

Eine Kollisionsdomäne ist also hinsichtlich der Anzahl der im Netz befindlichen Stationen und der räumlichen Ausdehnung möglichst klein zu halten. Dies lässt sich durch die **5-4-3 Regel** erreichen: Maximal fünf Segmente dürfen mit vier Hubs (oder Repeatern) verbunden werden. Nur an drei dieser Hubs dürfen Stationen angeschlossen sein (Abb. 3). Dies begrenzt die Anzahl der anzuschließenden Endgeräte und gleichzeitig die Gesamtlänge des Netzes.

Die massiven Nachteile zu großer Kollisionsdomänen haben dazu geführt, dass heute solche ‚Verteiler' eingesetzt werden, die Kollisionsdomänen unterteilen können: → Switches, Bridges, Router. Hubs haben heute kaum noch Bedeutung. Zu finden sind sie noch in Altinstallationen und vereinzelt zur Netzwerkanalyse. Mit einem Hub lässt sich nämlich der Datenverkehr der angeschlossenen Stationen überprüfen.

Hier wird ein weiterer Nachteil des Einsatzes von Hubs deutlich: Hubs ermöglichen ein einfaches Abhören des Datenverkehrs innerhalb der Kollisionsdomäne.

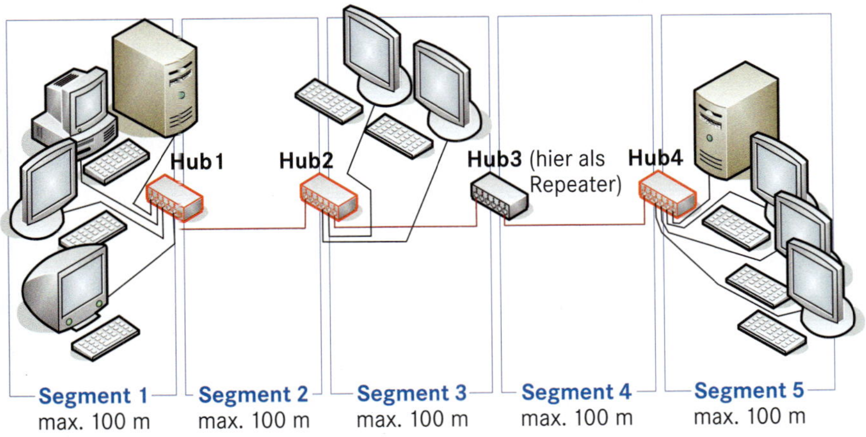

3: 5-4-3 Regel

Achtung! Daten kreuzen (2)!

Die Verbindung von Kopplungselementen untereinander erfordert das Gleiche, wie die direkte Verbindung zweier Rechner: Sende- und Empfangsleitungen müssen gekreuzt werden. Dies lässt sich ganz unterschiedlich realisieren.

1. **Crossover-Kabel**
   Jeweils ein Port der beiden Kopplungselemente (Hubs oder Switches) werden mit dem Crosslinkkabel verbunden.
2. **Uplink-Port**
   Einer der beiden Kopplungselemente besitzt einen besonderen Anschluss (Kennzeichnung: UpLink-Port oder MDI-X). Dieser Anschluss kreuzt Sende- und Empfangsleitung fest verdrahtet. Zur Verbindung wird ein ‚normales' Patchkabel verwendet. Bei einigen Geräten wird über einen Schalter eingestellt, ob ein Port als Uplink-Port genutzt werden soll.
3. **Auto-MDI(X)-Port**
   Moderne Kopplungselemente, wie alle 1000BaseT-Geräte, erkennen eine Anbindung automatisch und nehmen die Kreuzung selbsttätig vor. Zur Verbindung der Kopplungselemente können Patch- oder Crossover-Kabel verwendet werden.

2.3.3.3 Bridge

Der Name ‚Bridge' (Brücke) weist auf die Funktion dieses Kopplungselementes hin. Bridges überbrücken Netzwerksegmente mit gleichen oder unterschiedlichen Standards. Diese können physikalischer Art sein und/oder sich auf Protokolle beziehen. Typische Beispiele sind Bridges, die Glasfaser- und Kupfernetze überbrücken und/oder solche, die die Kommunikation zwischen Ethernet und Token Ring (Abb. 1) sicherstellen. Im Gegensatz zu einfachen Medienkonvertern, die man vom Verständnis her auch als Bridges auffassen könnte, findet hier keine rein physikalische Signalumsetzung statt, vielmehr steuern Bridges den Datenverkehr über die Auswertung von MAC-Adressen und Lenkung von Datenpaketen. Bridges arbeiten deshalb immer zusätzlich zur → Schicht 1 auf der Ebene der Schicht 2 (Sicherungsschicht) des OSI-Modells.

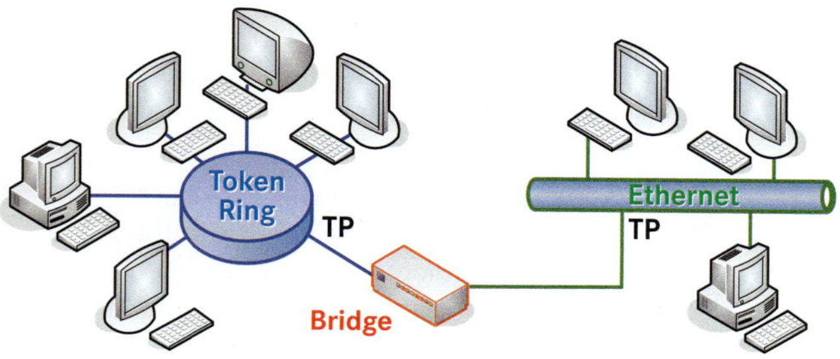

1: Eine Bridge verbindet z.B. Ethernet und Token Ring

Das Lenkungsprinzip

Eine Bridge besitzt typischerweise zwei Netzwerkschnittstellen. Über diese teilt sie das Netz in zwei von einander isolierte Segmente auf. Erreichen nun Datenpakete die Bridge, so werden diese von der Bridge hinsichtlich der MAC-Zieladresse ausgewertet und an das entsprechende Segment weitergeleitet. Die Schnittstellen aller Bridges arbeiten im sogenannten **Promiscuous Mode**. Das heißt, sie nehmen jedes Datenpaket erst einmal an. Nach der Auswertung werden nur fehlerfreie Datenpakete weitergereicht. Dies hat den Vorteil, dass ‚Datenmüll' (z.B. Fragmente einer Kollision oder fehlerhafte Pakete) nicht von einem Segment in das andere gelangen können.

Eine Besonderheit bilden spezielle administrative Datenpakete (z.B. → ARP oder → DHCP). Diese besitzen keine feste Zieladresse. Die Bridge leitet diese als so genannte **Broadcasts** (quasi ein ‚Rundruf an alle Stationen im Netz') ohne Zielauswertung weiter.

Gebrückte Segmente mit unterschiedlichen Protokollen und/oder Medien

Werden Segmente mit unterschiedlichen Zugriffsverfahren verbunden (z.B. CSMA/Token Passing) übernimmt die Bridge die Datenflusskontrolle über das sogenannte Teilschichtenprotokoll **LLC** (**L**ogical **L**ink **C**ontrol). Werden außerdem noch verschiedene Übertragungsmedien gebrückt, findet, wie bei den Medienkonvertern, eine physikalische Konvertierung der Signale statt. Außerdem übernimmt die Bridge die Zugriffskontrolle auf das Medium (**MAC** (**M**edia **A**ccess **C**ontrol)).

Gebrückte Ethernet-Segmente

Bei einem gebrückten Ethernet wird durch eine Bridge die Kollisionsdomäne in zwei Segmente aufgespalten. Die Bridge leitet dabei nur solche Datenpakete weiter, die für das andere Segment bestimmt sind oder deren Adresse unbekannt ist. Dadurch können die Stationen der gegeneinander abgeschotteten Segmente untereinander ungestört kommunizieren. Auch ist eine parallele Datenkommunikation im jeweils anderen Segment möglich. Da benachbarte Stationen dazu tendieren, eher untereinander zu kommunizieren, führt dieser Ansatz zu einer starken Entlastung des **shared medium**.

Üblicherweise wird die Paketweiterleitung einer Bridge über eine MAC-Adressen bezogene **Weiterleitungstabelle** realisiert. Die Bridge analysiert die Absender-MAC-Adressen aller eingehenden Datenpakete und speichert diese zusammen mit dem eingegangenen Port in der **SAT** [*Source Adress Table*]. Die SAT wird kontinuierlich aktualisiert. Erhält die Bridge nun ein Datenpaket, bei dem die Ziel-MAC-Adresse bekannt ist, so wird dieses an den bekannten Port weitergegeben. Unbekannte Ziel-MAC-Adressen werden hingegen an den jeweiligen anderen Port der Bridge weitergeleitet. Eine solche **‚lernende' Brücke** [*learning bridge*] wird auch als **transparente Bridge** bezeichnet.

2.3.2.4 Switch

Der Name drückt es aus: ein Switch arbeitet aufgrund seiner Lenkungsfunktion ähnlich wie ein Schalter - er stellt die Verbindung zwischen einzelnen Endgeräten gezielt her. Ein Switch arbeitet prinzipiell genau wie eine Bridge. Die von einer Bridge genutzte Möglichkeit der gezielten Lenkung von Datenpaketen erfolgt auch bei Switches. Hierbei geht es allerdings nicht um die Brückung von Segmenten mit unterschiedlichen Zugriffsverfahren, vielmehr um die Aufteilung eigentlich großer Kollisionsdomänen im Netzwerk so, dass massive Kollisionsstörungen vermieden werden (vgl. Abb. 3).

Ein Switch arbeitet wie die Bridge immer zusätzlich zur Schicht 1 auf der Ebene der → Schicht 2 (Sicherungsschicht) des OSI-Modells.

Die ursprüngliche Unterscheidung: ‚Bridges brücken zwei Netzsegmente über zwei Ports, Switches sind **Multiport-Bridges**', gilt inzwischen als überholt. Allerdings lassen sich Switches als Bridges verstehen, die mehrere Netzsegmente mit gleichem Zugriffsverfahren verbinden.

Das Lenkungsprinzip

Wie bei der Bridge registriert der Switch den Zusammenhang zwischen eigenem Port und MAC-Adresse der angeschlossenen Netzwerkkomponente und trägt diesen in die Weiterleitungstabelle (SAT) ein, die kontinuierlich erweitert und angepasst wird. Der Switch ‚lernt' über die Auswertung der eingehenden Datenpakete und stellt anschließend die erforderlichen Verbindungen ganz gezielt her. Verbindungen können dabei auch parallel aufgebaut werden. Abb. 2 zeigt das Prinzip schematisch.

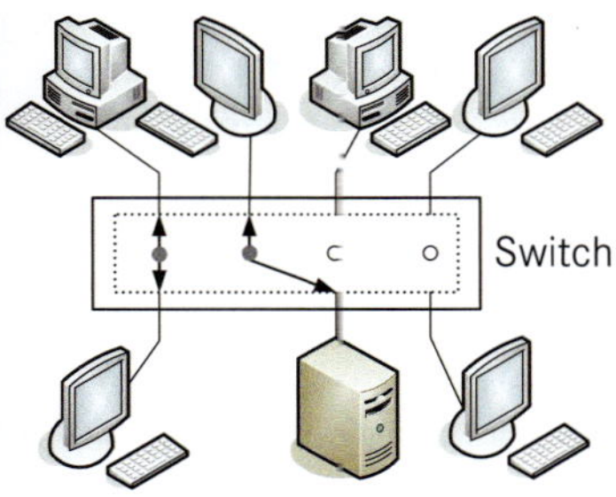

2: Switchprinzip (schematisch)

Jeder Port eines Switches stellt ein eigenes Segment im gesamten Netz dar. So entsteht über die Zuordnung von Port und abgespeicherter MAC-Adresse für jeden Port quasi eine eigene Kollisionsdomäne.

Da sehr häufig an einem Port nur ein einziges Gerät angeschlossen ist, ist innerhalb dieses Segments eine Datenkollision unmöglich. Die logische Busstruktur des Ethernets wird durch die Verwendung eines Switches in sternförmig angeordnete, voneinander isolierte Teilbusse aufgelöst.

Abb. 3 verdeutlicht diesen Zusammenhang. Im dargestellten LAN wurde ein Hub durch einen Switch ausgetauscht. Aus einer Kollisionsdomäne entstehen damit drei Domänen mit ein bzw. zwei Endgeräten.

Switches können nach der Art der Weiterleitung unterschieden werden. Zur Anwendung kommen hauptsächlich **Store-and-Forward** und **Cut-Through**.

Bei der Basistechnologie des **Store-and-Forward** wird ein Datenpaket vor der Weiterleitung zunächst angenommen, **zwischengespeichert** [*stored*] und ausgewertet. Die Auswertungs- und Prüfungszeit des Pakets auf Gültigkeit vor der **Weiterleitung** [*forwarding*] wird als **Latenzzeit** bezeichnet. Sie ist abhängig von der variablen Paketlänge und gleichzeitig auch vom verwendeten Protokoll. Sie verzögert natürlich den Weiterleitungsvorgang.

Cut-Through wird alternativ in solchen Switches eingesetzt, die hohe Weiterleitungsgeschwindigkeiten erfordern. Hier wird lediglich die Ziel-MAC-Adresse ausgewertet. Eine Paketfehlerkontrolle kann daher nicht erfolgen. Besonders leistungsfähige Switche setzen auch Kombinationen aus den verschiedenen Weiterleitungsmethoden ein.

Ausführungen

In Abhängigkeit von der Verwendung gibt es Switches mit beispielsweise 4, 5, 8, 12 oder 16 Ports für private Netze und solche mit bis zu 48 Ports für den professionellen Einsatz als Standgeräte oder als 19"-Einschubmodul. Zum Einbau in Bodentanks werden **Miniswitches** mit vier Ports eingesetzt.

Zu unterscheiden sind **Port-Switches** der älteren Generation und moderne **Segment-Switches**. Während Port-Switches lediglich die Zuordnung je einer MAC-Adresse zu je einem Port zuließen, ermöglichen moderne Segmentswitches hingegen Zuweisungstabellen, bei denen pro Port mehrere Hundert bis Tausend Quelladressen abgelegt werden können.

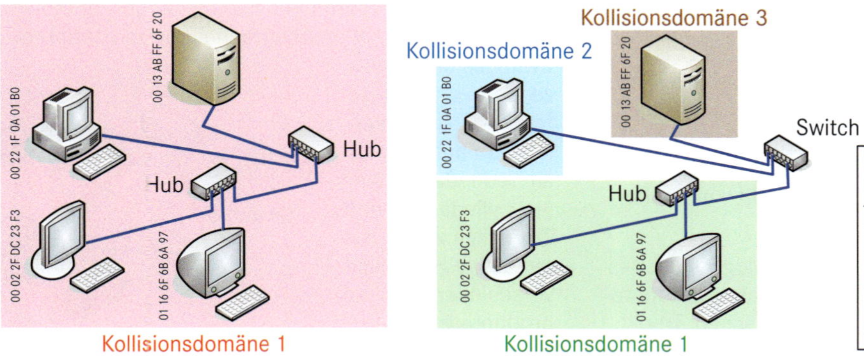

Source Adress Table

Port	MAC-Adr
01	0013ABFF6F20
02	00022FDC23F3
03	
04	
05	01166F6B6A97; 0221F0A01B0
06	

3: Switch statt Hub: Entstehung getrennter Kollisionsdomänen

Für den professionellen Einsatz bieten die Hersteller inzwischen Geräte an, die für angeschlossene Endgeräte zusätzlich zu der Switching-Funktion die Aufgabe der Energieversorgung übernehmen können: **Power over Ethernet** (**PoE**). Dabei kann jeweils über die Datenleitung elektrische Leistung von bis zu 13 Watt bereitgestellt werden. Diese Technik ist in IEEE 802.3af spezifiziert. Die Weiterentwicklung soll zukünftig eine Leistungsbereitstellung bis 60 W ermöglichen. Energiesparende Thinclients in einem Terminal-Server-Netz werden also zukünftig über den Switch und das TP-Kabel mit elektrischer Energie versorgt werden können.

Um wichtige Einstellungen zur Fehlervermeidung und zur Optimierung eines Netzes vorzunehmen, lassen sich spezielle Switches für den professionellen Einsatz konfigurieren. Diese **managed Switches** ermöglichen es beispielsweise auch, den Datenverkehr im Netz zu überwachen, eine Priorisierung von Datenströmen durch Bandbreitenreservierung vorzunehmen oder einzelne Ports gezielt zu sperren.

Kopplung mehrerer Switches im Netzwerk

Die Notwendigkeit mehrere Switches zu koppeln, entsteht u.a. dann, wenn

- mehr Endgeräte angeschlossen werden sollen, als Ports am Switch zur Verfügung stehen (**Netzerweiterung**),
- Netzverbindungen aus Sicherheitsgründen mehrfach vorhanden sein sollen (**Redundanzen über teilvermaschte Netze**),
- Abgrenzungen physikalisch verbundener Systeme vorgenommen werden sollen (**Netztrennung über VLAN**).

Netzerweiterung

Am einfachsten ist die Anbindung eines oder mehrerer Switches als **einfacher Uplink** mittels Netzwerkkabel. Nachteilig ist der entstehende Engpass, wenn viel Datenverkehr über die Uplinkleitung zwischen zwei Switches laufen muss. Außerdem begrenzt in einem so kaskadierten Netz der Switch mit der kleinsten Weiterleitungstabelle (SAT) die maximale Anzahl der Stationen im Netzwerk.

Switches mit einem **speziellen Uplink-Port**, der für eine höhere Datenübertragungsrate ausgelegt ist, können den Nachteil des Engpasses Uplink teilweise kompensieren. Dies ist auch möglich beim sogenannten **Stacking**, also ‚Stapeln' professioneller Switches. Hierbei kommen aufeinander abgestimmte proprietäre (herstellerspezifische) Uplink-Schnittstellen mit hoher Datenübertragungsrate zum Einsatz.

Spezielle Switches bieten eine weitere Möglichkeit des Bündelns mehrerer Ports. Abb. 1 zeigt das sogenannte **Port Trunking**. Der Begriff ist vom englischen ‚Trunk' abgeleitet, was soviel bedeutet wie Baum, Hauptstamm, Hauptverkehrsweg oder Hauptader.

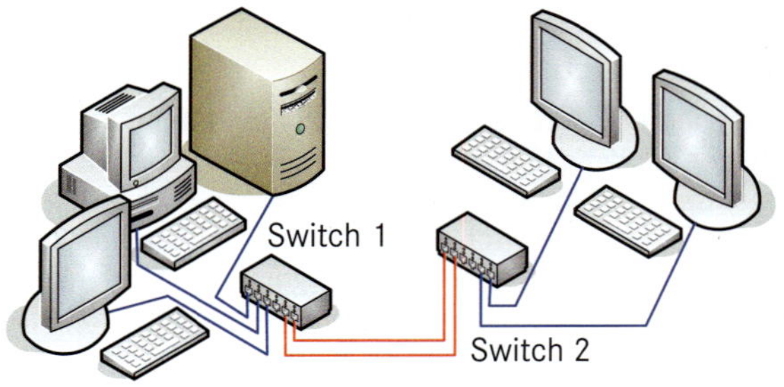

1: Port Trunking

Port Trunking erfordert Geräte, die diese Funktion unterstützen. Wenn andere Geräte verwendet werden, besteht die Gefahr, dass Datenpakete mehrfach zugestellt werden und es in Folge von Schleifen zu Störungen oder Überlastungen des Netzwerkes kommen kann.

Redundanzen über teilvermaschte Netze

Um Ausfallsicherheit zu erreichen, ist das Herstellen redundanter Verbindungen durch **Vermaschung** [***meshing***] sinnvoll. Abb. 2 zeigt ein solches, über mehrere Switches teilvermaschtes Netz. Beim Ausfall einzelner Leitungen oder Switches kann der Datenverkehr trotzdem über die bestehenden anderen Verbindungen aufrecht erhalten werden.

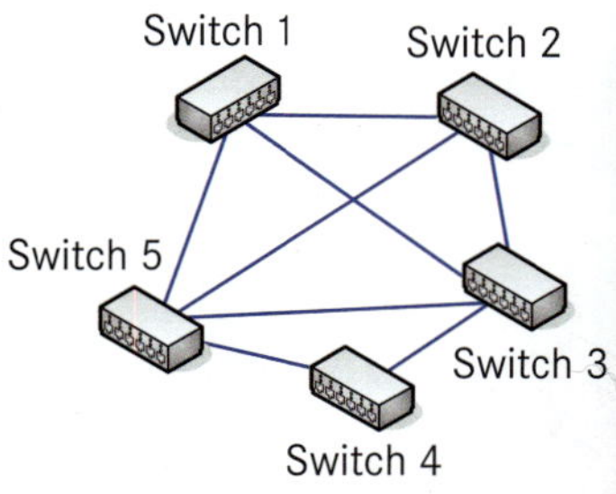

2: Teilvermaschtes LAN

Ohne Koordination der Switches untereinander führt eine solche Teilvermaschung allerdings zum Problem von ungewollten Schleifen. Das Netz wird von redundanten Nachrichtenpaketen quasi überflutet (Broadcaststurm) und es kommt in kurzer Zeit zu massiven Störungen des Datenverkehrs. Eine Möglichkeit bietet hier das von der IEEE standardisierte und häufig eingesetzte **Spanning-Tree-Protocol** (**STP**). Dabei kommunizieren die Switches untereinander mit speziellen Datenpaketen (**B**ridge **P**rotocol **D**ata **U**nits (**BPDU**).

Das Spanning-Tree-Protokoll erlaubt unabhängig von der physikalischen Verkabelung die Festlegung einer logischen Baumstruktur. Abb. 3 zeigt die Zusammenhänge: Switch 1 übernimmt hier die steuernde Rolle der Wurzel und legt ‚in Absprache' mit den anderen Switches die zu nutzenden Verbindungen fest (- - -). Im Fehlerfall wird automatisch ein redundanter Weg (—) wieder aktiviert. Zusätzlich zu STP bieten einige Hersteller verschiedene andere proprietäre Techniken an, die das fehlerfreie Meshing unterstützen.

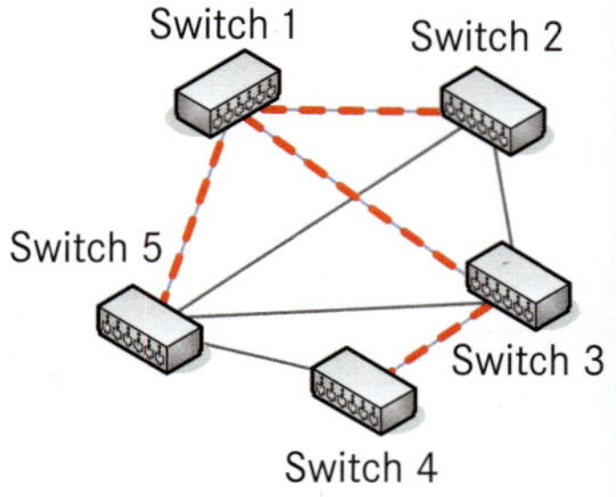

3: Spanning Tree (- - -)

Störungen durch Schleifen im Netzwerk

Schleifen im Netzwerk können zu erheblichen Störungen führen, wenn Datenpakete in mehreren Pfaden kreisen und dadurch nicht korrekt oder mehrfach zugestellt werden. Das Entstehen einer Störung verdeutlicht das Beispiel in Abb. 4.

① PC 1 sendet an PC 2 ein Datenpaket (Frame).
- Beide Switches empfangen den Rahmen.
- Switch 1 und 2 erkennen PC 1 in Netz A.

② Beide Switches leiten den Rahmen an PC 2 in Netz B.
Störung: PC 2 erhält zwei Rahmen.

③ Der Rahmen von PC 1 über Switch 1 erreicht auch Switch 2 über Netz B.
Störung: Switch 2 erkennt PC 1 in Netz B.

④ Der Rahmen von PC 1 über Switch 2 erreicht auch Switch 1 über Netz B.
Störung: Switch 1 erkennt PC 1 in Netz B.

Störung: Antwortet jetzt PC 2 und will die Nachricht an PC 1 senden, so leiten beide Switches den Rahmen nicht in Netz A weiter.

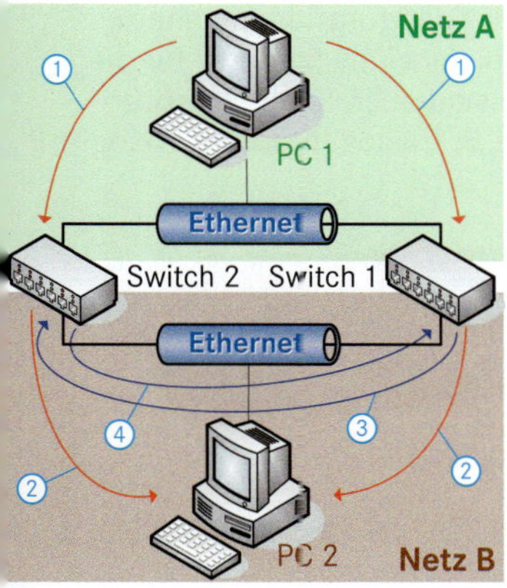

4: Störungen durch Schleifen

Beide haben ‚falsch' gelernt, dass sich PC 1 und PC 2 im gleichen Netz befinden. PC 1 ist damit aus Netz B auch für andere PCs nicht mehr zu erreichen.

Werden im Netzwerk Broadcasts versendet, so werden diese über alle Ports weitergeleitet, was dazu führt, dass das gesamte Netzwerk mit fehlerhaft kreisenden Paketen überlastet wird. Durch das Spanning Tree Protokoll kann dies verhindert werden.

Netztrennung über VLAN

Prinzipiell gilt, dass in einem mittels Switches verbundenen LAN eine uneingeschränkte Kommunikationsmöglichkeit aller Endteilnehmer im Netz untereinander besteht. Switches arbeiten zwar prinzipiell auf → Layer 2 des OSI-Schichtenmodells, deren logische Verbindung entspricht aber dem physikalischen Aufbau: alle Endeinrichtungen sind miteinander verbunden.

Diese uneingeschränkte Konnektivität (Verbindungsmöglichkeit) kann aus Gründen der Ordnung und/oder Sicherheit nicht gewünscht sein. Beispiele sind Trennung von Abteilungen innerhalb einer Firma, Trennung von öffentlichen und internen Zugängen oder leistungsbezogene Trennungen eines Netzes.

Die **V**irtual **L**ocal **A**rea **N**etwork-Technologie (**VLAN**) ermöglicht es, die logische Konnektivität von der physikalischen zu trennen. Durch Konfigurationen eines speziellen **VLAN-Switches** kann die Sicht eines Endsystems hinsichtlich seiner Konnektivität im LAN geändert werden, ohne die physikalische Struktur zu ändern. Auf diese Weise können separate Gruppen von Endsystemen erstellt werden, die jeweils eine eigene, spezifische Sicht auf das LAN besitzen. Das vorhandene, physikalische LAN wird also in virtuelle LANs, die VLANs, aufgeteilt. Abb. 5 zeigt die Aufteilung eines LANs in zwei VLANs. Jeweils nur die beiden Endsysteme A und B bzw. C und D ‚sehen' sich im Netzwerk und können untereinander kommunizieren. Eine Kommunikation zwischen A und C ist z. B. nicht möglich, obwohl sie sich physikalisch im gleichen Netzsegment befinden. Werden mehrere Switches eingesetzt, so müssen alle VLAN-fähig sein.

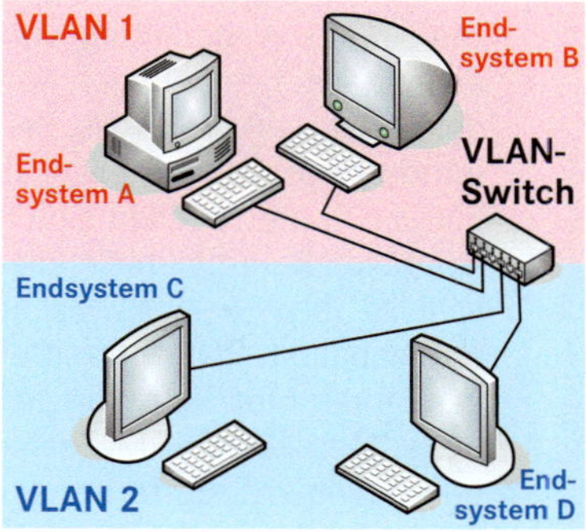

5: Prinzip des VLANs

VLANS lassen sich in drei Varianten realisieren.
Portbasierte VLANs sind die einfachste und kostengünstigste Variante. Die jeweiligen Ports lassen sich auf physikalischer Ebene (Layer 1) durch Konfiguration des managebaren Switches in logisch getrennte Bereiche segmentieren.

Tagged VLANs sind sinnvoll, wenn es um eine einfache portunabhängige Segmentierung geht. Die Endgeräte müssen dann nicht mehr an festgelegte Ports angeschlossen werden. Allerdings müssen die Endgeräte das Tagging unterstützen. Tagged VLANs sind nach IEEE 802.1q standardisiert. Hier erfolgt die Zuordnung anhand so genannter **Tags** auf Layer 2. Das sind spezifische ‚Markierungen' der Datenpakete. Bei → Ethernet wird der entsprechende **VLAN-Tag** im Ethernet-Frame eingebettet.

Regelbasierte VLANs nehmen die Segmentierung virtueller Netze über die Zuordnung anhand von speziellen Regeln vor. Sie stellen die flexibelste Lösung dar. Regelbasierte Switches erfordern allerdings, dass die Switches auch auf den höheren Schichten des → OSI-Schichtenmodells arbeiten.

Zuordnungsregeln können über
- die MAC-Adresse (→ OSI-Layer 2),
- die Adressierung des verwendeten Vermittlungsprotokolls (→ OSI-Layer 3),
- die IP-Subnetz-Adresse oder den IP-Ports (→ OSI-Layer 3 und 4) oder
- die Anwendungsprotokolle (→ OSI-Layer 5 - 7)

erfolgen.

Bei VLANs sollte die Anfälligkeit gegen verschiedene Angriffsmöglichkeiten immer kritisch geprüft werden (→ **Datensicherheit**). Gegebenfalls sind **erweiterte Sicherheitsmaßnahmen** wie z. B. die Portauthentifizierung nach 802.1x erforderlich.

2.3.3.5 Router

Ein Router ‚routet', d. h. er ermittelt Routen (Wege) über die er leitet. Mit der Weiterleitung fällt dem Router automatisch die Funktion zu, mehrere Rechnernetze zu koppeln und gegebenenfalls auch voneinander zu trennen.

Das Lenkungsprinzip

Die gezielte Weiterleitung von Datenpaketen geschieht anhand einer eindeutigen Adresse des jeweils verwendeten Netzwerkprotokolls. Bei Netzwerken, die auf dem Internetprotokoll basieren, sind dies die IP-Adressen. Für das Routen bedient sich der Router einer lokal vorhandenen Routingtabelle, die angibt, über welchen Anschluss (bzw. welche Zwischenstation) welches Netz erreichbar ist. Router ermitteln zudem anhand von so genannten **Metriken**, möglichst optimale Transportwege. Metriken sind Maßzahlen für verschiedene Kriterien, wie z. B. Entfernung, Kapazität der Übertragungsstrecke, Auslastung oder Fehlerrate.

Router arbeiten auf dem Layer 3 des → OSI-Schichtenmodells, der sogenannten **Vermittlungsschicht** [***network layer***]. Dies hat zur Konsequenz, dass Datenpakete ohne Adressierung durch das verwendete Netzwerkprotokoll im Gegensatz zu Bridges oder Switches von Routern nicht weitergeleitet werden können. Broadcasts werden also in das angekoppelte Netz ebenso wenig weitergeleitet, wie Datenpakete eines adresslosen Protokolls (Beispiel NetBIOS). Weil Router zusätzlich zur Schicht 1 und 2 auf der Ebene des Layer 3 arbeiten, ist es prinzipiell möglich, dass an den verschiedenen Schnittstellen eines Routers verschiedene Protokolle verwendet werden. Im Gegensatz zu **Einprotokoll-Routern**, die nur für homogene Umgebungen ausgelegt sind, werden diese Router als **Multiprotokoll-Router** bezeichnet.

Router besitzen im Gegensatz zu Switches echte Netzwerkschnittstellen mit jeweils einer MAC-Adresse. Sie arbeiten deshalb nicht transparent. Router lassen sich also immer anhand eindeutiger Adressen identifizieren (vgl. Abb. 1). Deutlich wird hier auch, dass Router immer mindestens eine LAN- und eine WAN-Schnittstelle aufweisen. Router gibt es als Geräte für den privaten oder professionellen Einsatz.

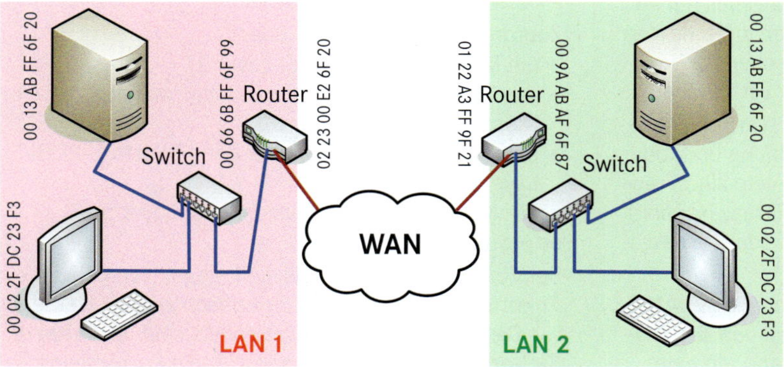

1: Netzwerkschnittstellen von Router und Endgeräten

SOHO-Router

SOHO-Geräte (**S**mall-**O**ffice-**H**ome-**O**ffice) dienen der Anwendung im privaten Bereich bzw. für kleine Büros. Sie werden häufig als Kombinationsgeräte eingesetzt, die über das Routen hinaus mehrere Funktionen bereitstellen. Typisch für die DSL-Anbindung ist beispielsweise die Kombination aus DSL-Modem, Switch und WLAN-Accesspoint. Aber auch Firewall, VPN-Server und Printserver können integriert sein. Die Konfiguration dieser Geräte erfolgt in der Regel über den Browser eines im Netzwerk angeschlossenen PCs.

Professionelle Router

Abb. 2 zeigt einen Router für den professionellen Einsatz. Wegen sehr unterschiedlicher Anforderungen im professionellen Bereich, die von Büronetzwerken bis zu weltweit verbundenen Hochleistungsnetzwerken reichen, kommen hier Standgeräte oder Router im 19"-Format für den Einbau in Serverschränken zum Einsatz. Für die Konfiguration der professionellen Geräte weisen diese spezifische weitere Schnittstellen auf, die auch der Wartung dienen: **Serieller Konsolenport** zum Anschluss eines Konfigurationsrechners, **AUX**iliary-**Port** zum Anschluss eines Modems für die Fernwartung u. a. Typisch sind auch herstellerspezifische Betriebssysteme (z. B. Ciscos **I**nternetworking **O**perating **S**ystem (**IOS**)).

2: Professioneller Cisco-Router

Bei hochwertigen Routern können die Schnittstellen durch **Einsteckkarten** [***WAN Interface Cards (WICs)***] oder modulare **Netzwerkeinschübe** [***Network Modules (NMs)***] an die spezifischen Erfordernisse angepasst werden. So kann die Anzahl der anzuschließenden WANs und LANs und deren unterschiedliche Technologie frei gewählt werden. Im Gegensatz zu SOHO-Routern ermöglichen professionelle Geräte auch die Nutzung einer alternativen Leitung bei **Ausfall** [***fallback***]. Wenn diese Router eine Lastverteilung zwischen zwei Leitungen ermöglichen, spricht man vom **Loadbalancing**. Darüber hinaus lassen sich häufig besondere Sicherheitsoptionen nutzen.

Softwarerouter

Routerfunktionen können auch von einem Rechner wahrgenommen werden. Beispiele sind Linux-Router oder Windows-Server. Diese Rechner müssen über mindestens zwei Netzwerkschnittstellen verfügen, außerdem muss eine spezielle Routing-Software installiert sein.

2.3.3.6 Gateway

Der englische Begriff ‚Gateway' heißt übersetzt ‚Torweg', ‚Ausfalltor' oder ‚Pforte'. Aus der Bedeutung im technischen Sinne als ‚Netzübergang' lässt sich die Funktion eines Gateways ableiten. Ein Gateway ermöglicht die Nutzung unterschiedlicher technischer Vereinbarungen (Protokolle) und Nutzungsarten. Gateways werden deshalb auch **Protokollumsetzer** genannt. Im Gegensatz zu einer Bridge werden beim Gateway lediglich die eigentlichen Nutzdaten weitergereicht.

Ein besonders anschauliches Beispiel ist ein VoIP-Telefon-Gateway: Dieses Gateway ermöglicht eine Kommunikation der Anwendung ‚Telefonieren' über zwei unterschiedliche Netze mit unterschiedlichen Protokollen (vgl. Abb.3).

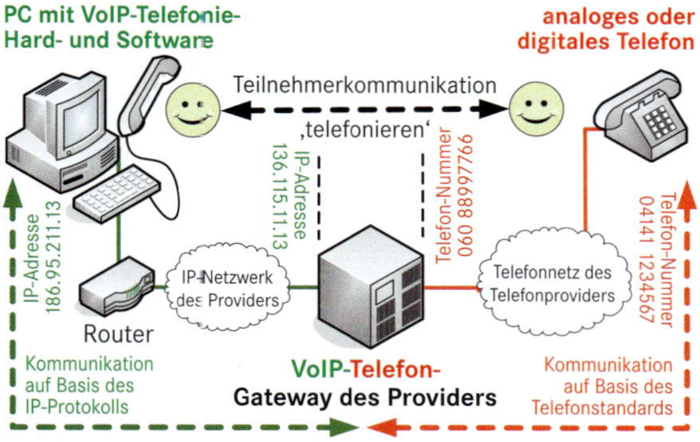

3: Funktion eines Gateways (hier für Voice over IP)

Da die Kommunikation zusätzlich zum eigentlichen Gespräch auch die Verbindungsaufnahme mit dem Gesprächsteilnehmer umfasst, muss auch diese Aufgabe vom Gateway übernommen werden. Im Beispiel übersetzt daher das Gateway auch die IP-Adresse für das IP-Netz in die Telefonnummer für das Telefonnetz. Übertragen wird nach der ‚Übersetzung' im jeweils netzwerktypischen Medium das entsprechende Protokoll, das die relevanten Nutzdaten enthält. Es werden also von einem Gateway alle nicht benötigten Informationen entfernt (am Beispiel die IP-Adressen für das Telefonnetz und die Telefonnummern für das IP-Netz) und nur die protokollunabhängigen Nutzdaten weitergeleitet.

Um diese Umsetzung zwischen den Netzen und Protokollen zu ermöglichen, müssen alle Gateways auf den höheren Schichten des → OSI-Schichtenmodells arbeiten. Tatsächlich nutzen Gateways die OSI-Layer ab Schicht 4 bis 7. Sie arbeiten also oberhalb der von einem typischen Router genutzten Vermittlungsschicht (→ Layer 3).

Gateways existieren als ‚stand-alone'-Hardware oder auf der Basis von Software für PCs mit entsprechenden Schnittstellen. Darüber hinaus gibt es auch Router, die zusätzlich zum Routing Gatewayfunktionen übernehmen.

Neben dem beschriebenen VoIP-Gateway gibt es weitere gebräuchliche Gateways: Von Bedeutung sind Mail-SMS- und Mail-Fax-Gateways.

Ist ein DSL-Router nicht auch ein Gateway?

Häufig werden DSL-Router auch als ‚(Internet-) Gateway' bezeichnet. Das ist zwar verständlich, weil sie als ‚Tor' und ‚Übergangsstelle' arbeiten, aber doch falsch. DSL-Router nehmen nämlich praktisch nie Umsetzungen auf höheren Protokollebenen vor. Das müssen sie auch gar nicht, da ja das LAN und das Providernetz üblicherweise beides IP-Netzwerke sind.

Zur Netzwerkkonfiguration wird von mir die Angabe einer Gateway-Adresse verlangt, obwohl ich doch gar kein Gateway habe.

Bei der Konfiguration taucht der Begriff ‚Standardgateway' erneut auf (vgl. Abb. unten.) Hier soll nämlich die IP-Adresse des Gerätes angegeben werden, an das alle IP-Pakete, die lokal nicht adressiert werden können, weitergeleitet werden. In aller Regel ist dies die IP-Adresse der ‚Pforte' nach draußen. Die Pforte ist der Router, der den Verkehr ins WAN regelt. Ein Gateway im Sinne eines Protokollumsetzers ist aber dieser Router nicht.

```
C:\WINDOWS\system32\cmd.exe
C:\Dokumente und Einstellungen\stesa>ipconfig
Ethernetadapter LAN-Verbindung:
        Verbindungsspezifisches DNS-Suffix:
        IP-Adresse. . . . . . . . . . . . : 192.168.0.15
        Subnetzmaske. . . . . . . . . . . : 255.255.255.0
        Standardgateway . . . . . . . . . : 192.168.0.1
```

- Kopplungselemente dienen der Verstärkung, Weiterleitung, Steuerung und Umsetzung von Daten und Signalen.
- Repeater und Medienkonverter nehmen eine physikalische Signalaufbereitung vor.
- Hubs verbinden als Sternverteiler Endgeräte eines Netzes innerhalb einer Kollisionsdomäne.
- Bridges koppeln Netzwerksegmente unter Auswertung der MAC-Adressen der angeschlossenen Endgeräte.
- Switches koppeln Netzwerksegmente mit gleichen Zugriffsverfahren. Sie separieren Kollisionsdomänen durch Führen und Anpassen von Weiterleitungstabellen unter Auswertung von MAC-Adressen.
- Router ermöglichen es, Netze zu verbinden oder zu trennen.
- Router verwalten Routen für Netzwerkpakete. Sie leiten Datenpakete auf der Grundlage der jeweiligen Protokoll-Adressierung weiter und führen Weiterleitungstabellen auf der Grundlage dieser Protokolladressen.
- Router können Datenpakete von nicht-routingfähigen Protokollen nicht weiterleiten.
- Gateways sind Protokollumsetzer. Sie ermöglichen die Kommunikation über nicht kompatible Technologien und Protokolle hinweg.

2.3.4 Verkabelung

2.3.4.1 Anschlusstechnik

Für die Verbindung der leitungsgebundenen Medien mit den verschiedenen Schnittstellen und Kopplungselementen stehen für jeden Medientyp entsprechende Anschlusssysteme zur Verfügung.

Für Kupferkabel sind bei den Koaxialkabeln die BNC-Verbindungen, bei TP-Kabeln die RJ-Steckverbindungen und LSA+-Klemmverbindungen gebräuchlich. Für Glasfasermedien wird insbesondere die ST- und SC-Steckertechnik eingesetzt.

BNC-Verbindungen (Bayonett Neill Concelman)

Die inzwischen veralteten Koaxialkabel werden mit der BNC-Steckertechnik durch so genanntes ‚**Crimpen**' verbunden - dabei wird eine metallische Steckerhülse auf die abisolierten Leiter gepresst. Untereinander werden die BNC-Stecker mit BNC-Kupplungen mit Bajonettverschlüssen verbunden, an die auch die gegebenenfalls erforderlichen Abschlusswiderstände angeschlossen werden können.

RJ-Steckverbindungen (Kupfer) ‚Registered Jack'

RJ-Steckverbindungen verbinden RJ-Buchsen von Endgeräten mit denen von Anschlussdosen (vgl. Abb. 1). Bei Patchfeldern (Abb. 2) stellen Sie die Verbindungen zu den Kopplungselementen her.

1: RJ-45 Anschlussdose

2: Teil eines 19"-Patchfeldes mit RJ-45 Buchsen

In den meisten Fällen werden vorkonfektionierte Anschlusskabel verwendet. Diese sind in passenden Längen vorgefertigt und mit bereits montierten Steckern versehen. Twisted-Pair-Patch- oder Anschlusskabel können allerdings auch selbst hergestellt werden, indem auf die aus Litzen bestehenden TP-Kabel mit Hilfe einer speziellen Zange an beide Enden RJ45-Stecker gepresst werden. Für dieses **Crimpen** wird die äußere Kabelhülle entfernt, die Adern in korrekter Anordnung mit einer Einführhilfe in den Stecker geschoben und mit Hilfe der Zange zusammengepresst. Abschließend wird die vorher (!) übergeschobene Hülse auf den Stecker geschoben (Abb. 3).

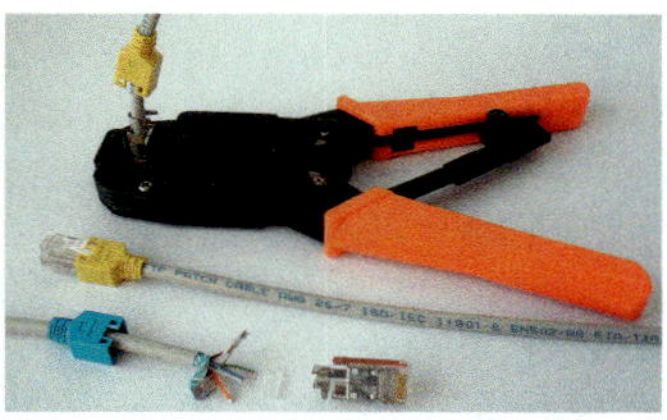

3: Crimpen eines Patchkabels

LSA+-Klemmverbindungen

Immer, wenn TP-Kabel zum Auflegen an Dosen oder 19"-Patchfeldern fest verlegt werden sollen, wird die sogenannte **LSA+**-Technik (**L**öt-, **S**chraub- und **A**bisolier-frei-Technik) eingesetzt. Die einzelnen starren Kupferadern des Verlegekabels werden mit dem LSA+-Tool, einem speziellen Auflegewerkzeug, in jeweils eine Klemme gedrückt. Da die Klemme die Isolierung des Kabels durchschneidet, wird der Kontakt zur Kupferader hergestellt, gleichzeitig klemmt sie die Ader fest. Um den Kontakt korrekt herzustellen, ist unbedingt auf den richtigen Querschnitt der Ader zu achten. Abb. 4 zeigt den Auflegevorgang auf die Buchse eines 19"-Patchfeldes.

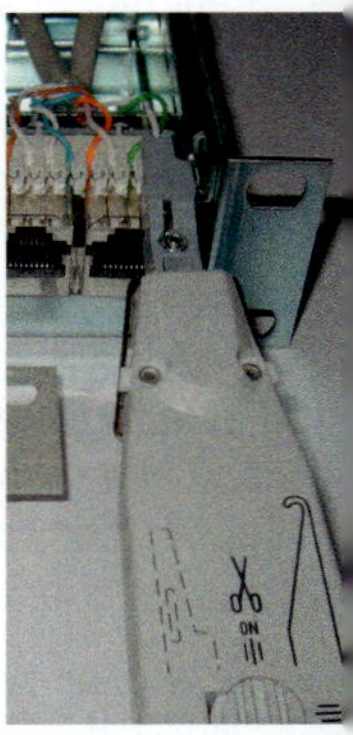

4: Auflegen mit LSA+-Tool

Professionelle LSA+-Tools schneiden automatisch das überstehende Kabelende ab. Sie besitzen zudem zum Entfernen der Kabel aus der LSA+-Klemme einen Auszieh-haken. Für die Montage mit beiden Anschlusstechniken ist neben dem LSA+-Tool auch ein Seitenschneider und ein spezielles Abisolierwerkzeug notwendig.

Adernbelegung für TP

Sowohl beim Anschluss von RJ-45-Steckern, als auch bei der Montage von Anschlussdosen und Patchfeldern, muss auf die korrekte Adernbelegung geachtet werden. Alle Kabel und auch viele Anschlusskomponenten weisen eine der **Norm EIA/TIA 586 A** oder **B** entsprechende Farbcodierung (vgl. Abb. 5) auf.

Im europäischen Raum ist die B-Variante besonders häufig. Um Belegungsfehler zu vermeiden ist in einer Installation immer nur ein Verkabelungsschema (A oder B) zu verwenden.

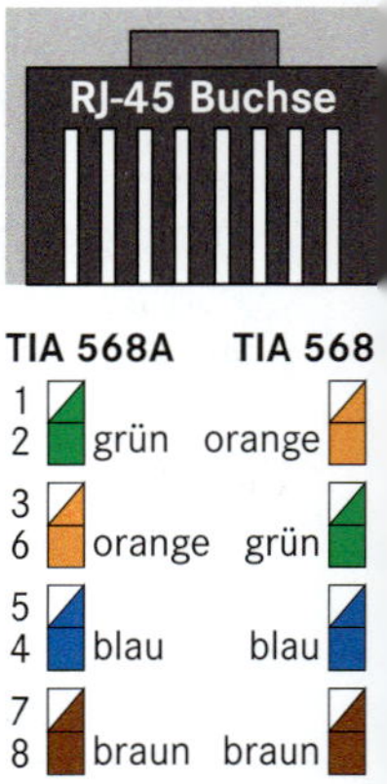

5: RJ-45-Buchsenbelegung und Fa codierungen

Verbindungen bei Lichtwellenleitern

Bei Lichtwellenleitern müssen die Medien an den Enden plan poliert und im passenden Steckersystem (z. B. **SC** oder **ST**) fixiert werden. Ungenutzte LWL-Stecker müssen stets mit Schutzkappen abgedeckt werden. Verschmutzungen führen sonst schnell zur Unbrauchbarkeit des LWL-Kabels.

Aufgrund des hohen Aufwandes bei der Steckermontage werden auch hier in der Praxis meistens vorkonfektionierte Lichtwellenleiter eingesetzt. Zu Verlängerungen eines Mediums können **Steckerkupplungen** eingesetzt werden, allerdings treten hier Dämpfungsverluste auf. Mit höherem technischen Aufwand und viel Erfahrung können LWL-Medien alternativ mit speziellen **Lichtbogen-Spleißgeräten** passgenau verschmolzen werden, so dass nur eine sehr geringe Dämpfung auftritt.

Planung und Installation einer TP-Verkabelung

Bei der Planung und Installation einer Verkabelung sind vielfältige Aspekte zu beachten, die zudem von verschiedenen Faktoren abhängig sind. Exemplarisch seien hier einzelne Aspekte erläutert.

Kabel

- Um Zukunftssicherheit zu gewährleisten, sollten ausschließlich Kabel aktueller Kategorien verlegt werden (z. B. aktuell Cat 6e/Cat 7).
- Faustformel zur Schätzung der Kabellänge: 2 x Luftlinie = Stücklänge + Reserve
- Zur Ermittlung der Maximallänge der Verlegekabel müssen die Anschlusskabel mit einberechnet werden (vgl. Abb. 6).

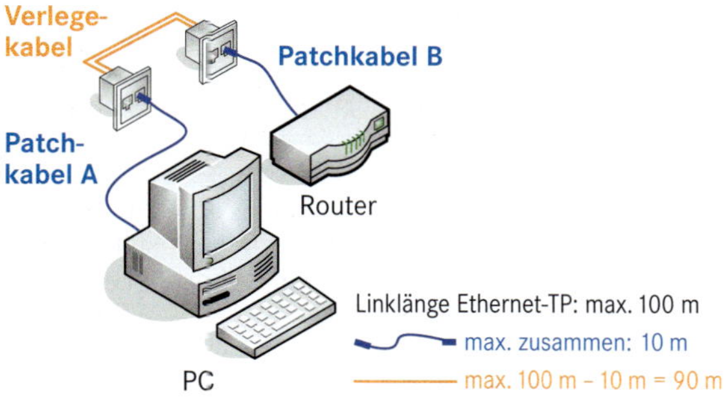

6: Längenermittlung des Verlegekabels

Dosen

- Die Anzahl der Anschlussdosen ergibt sich aus dem Port-Bedarf des Büros.
- Aufputz- oder Unterputzvarianten werden von den Räumlichkeiten bestimmt.

Kabelführung

- Kabel möglichst im doppelten Boden, alternativ in Leerrohren vorsehen und führen.
- Um die getrennte Führung von Strom- und Datenkabeln zu ermöglichen, sind möglichst Doppelkanäle zu verwenden.
- Bei der Planung sind gleich Verkabelung und Anschlussdosen für Telefon/ISDN vorzusehen.
- Stromversorgungsdosen sind in ausreichender Zahl einzuplanen.
- Kabel-Sharing, also die aufgeteilte Führung von je 4 Adern für Ethernet und Telefon/ISDN in einem Kabel ist zu vermeiden. Damit werden Querstörungen verhindert, außerdem wäre der Ausbau auf GB-Ethernet nicht möglich.
- Bei Bohrungen sind die Durchmesser auf fertig konfektionierte Patchkabel mit RJ45-Steckern abzustimmen (15 x 15 mm).
- Bei Wand- und Geschossdurchführungen müssen unbedingt die Brandschutzbestimmungen beachtet werden.

Aufstellorte

- Immer wenn Hardware erforderlich ist, die größere Wärme- und Geräuschentwicklung erzeugt, wird ein klimatisierter Verteiler- und Serverraum notwendig.

Abb. 7 zeigt das Prinzip eines zentralisierten Verkabelungskonzepts. Die Anschlussdosen einer Etage sind im Verteilerraum zusammengeführt. Die Verlegekabel werden auf einem Patchfeld aufgelegt, um flexibel Verbindungen mit dem zentralen Switch herstellen zu können.

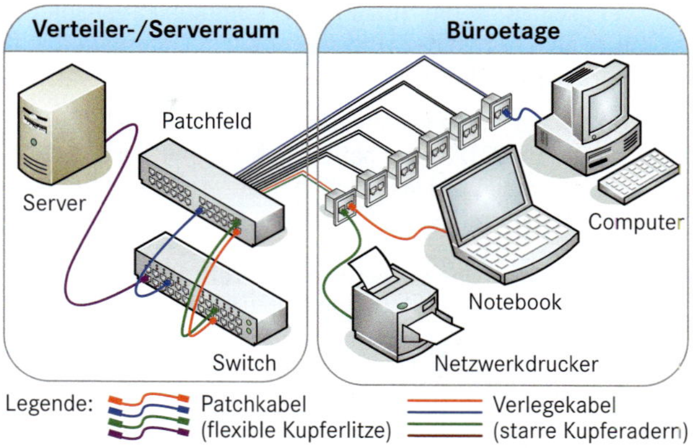

7: Zentrales Verkabelungskonzept

Im professionellen Bereich wird fast ausschließlich 19-Zoll-Technik eingesetzt. In die genormten Schränke (offen oder abschließbar) werden an Lochleisten die mit 19"-genormten Teile eingebaut. Die Einteilung erfolgt über die Lochleisten in so genannten **Höheneinheiten** (**HE**) **bzw. Units** (**U**). 1 HE entspricht dabei 1 3/4 Zoll oder 44,45 mm. Abb. 8 zeigt einen 12-HE-Schrank für die zentralisierte Verkabelung der Anschlussdosen einer Büroetage für die Daten- und Telekommunikation.

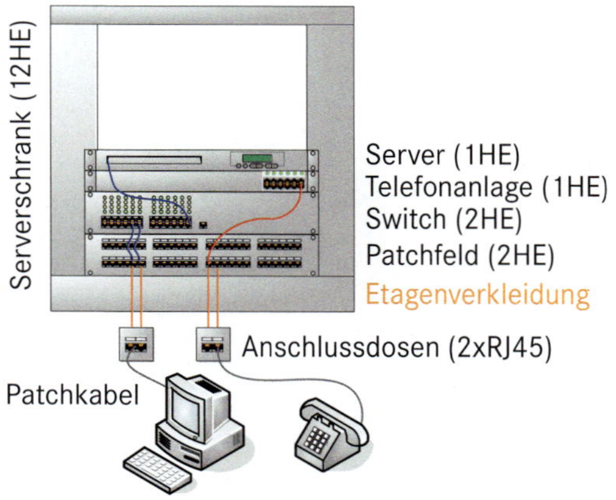

8: 12-HE-Schrank

- Die linke Doppeldose ist mit zwei aktiven Netzwerkanschlüssen auf dem Switch gepatcht.
- Von der rechten Doppeldose ist lediglich die linke Buchse aktiv – diese ist als Telefonanschluss auf die Telefonanlage gepatcht.

Wegen der sehr platzsparenden Ausgestaltung von Server und Telefonanlage mit je 1 HE wird im Technikerjargon auch von „Pizzaschachteln“ gesprochen. Nach jeder Netzwerkkabelinstallation sind verschiedene **Messungen der Verkabelung** (Dämpfung, Fext, Next usw.) vorzunehmen und eine **Verkabelungsdokumentation** anzufertigen.

2.3.4.2 Strukturierte Verkabelung

Mit **Strukturierter Verkabelung** wird die systematische Verkabelung von Gebäuden, manchmal auch nur von Teilbereichen in großen Gebäuden bezeichnet. Die Strukturierte Verkabelung bezieht sich dabei auf Leitungswege für die Nutzung von Kommunikationsdiensten, also neben der Übertragung von Daten auch auf Sprachdatenübertragung.

Grundlage bilden verschiedene internationale (ISO/IEC 11801; EN 50173) und nationale Normen (DIN 44312-5), die im Detail Linkklassen, Kabelkategorien und Steckersysteme spezifizieren (→ Kapitel 2.3.1).

Zielsetzung der strukturierten Verkabelung

- Erhöhung der Übersichtlichkeit durch Systematisierung der Verkabelung
- Flexibilität in Bezug auf Ausbaufähigkeit und Anpassungsfähigkeit des Netzwerkes
- Diensteneutralität zur unabhängigen Nutzung von Diensten und Anwendungen
- Zukunftssicherheit und damit Investitionsschutz. Für einen Zeitraum von mindestens 10 Jahren sollen auch zukünftige Standards bzw. Protokolle oder Anwendungen genutzt werden können.

Struktur

Strukturmerkmal ist die strenge Hierarchie des Netzwerkes, die die drei Bereiche Primärverkabelung, Sekundärverkabelung und Tertiärverkabelung unterscheidet (vgl. Abb. 1).

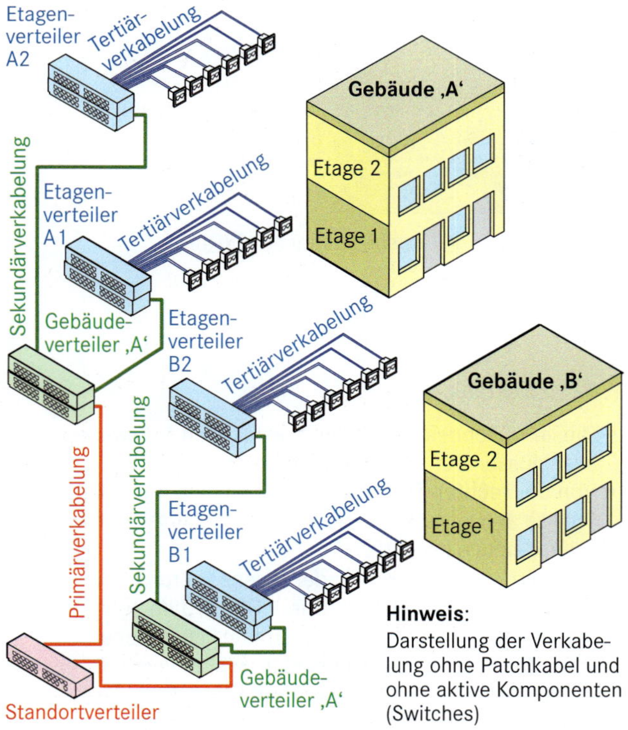

1: Hierarchie der Strukturierten Verkabelung

Primärverkabelung

Diese gebäudeübergreifende Verkabelung wird auch Standort- oder Campusverkabelung genannt. Dabei ist bis zu 1500 m Distanz zwischen einem zentralen Standortverteiler und den jeweiligen Gebäudeverteilern vorgesehen.

Hier werden besondere Anforderungen hinsichtlich der Ausfallsicherheit und hoher Übertragungsraten über weite Strecken gestellt. Für diese Anforderungen bieten sich besonders Lichtwellenleiter (LWL) an. Die Ausfallsicherheit wird in der Regel durch redundante Leitungswege erreicht. Üblich ist die Realisierung in einer Stern- oder Ringtopologie.

Sekundärverkabelung

Die auch als vertikale Verkabelung oder Gebäudebackbone bezeichnete Verkabelung verbindet die Gebäudeverteiler mit den Etagenverteilern eines Gebäudes. Die Ausdehnung der einzelnen Leitungen beträgt bis zu 500 m.

Auch hier werden inzwischen häufig LWL eingesetzt, da diese eine höhere Datenübertragungsgeschwindigkeit als TP zulassen. Bei aktueller Neuausführung einer Gebäudeverkabelung wird die kupferkabelbasierende Verkabelung der Kategorie 6 nur noch selten eingesetzt.

Tertiärverkabelung

Diese Etagen- oder Anschlussverkabelung ermöglicht die Verteilung auf Etagen- oder auch Abteilungsebene.

Die Tertiärverkablung verbindet die Wandanschlussdosen für die Endgeräte mit den Etagenverteilern. Insgesamt darf der Leitungsweg einschließlich der vorkonfektionierten Patchkabel für das kupferkabelbasierende Ethernet 100 m nicht überschreiten.

Üblicherweise wird die Etagenverkabelung mit Kupferkabeln der Cat 6e bzw. Cat 7 ausgeführt. Im Sinne einer zukunftssicheren Installation (Gigabit-Ethernet) sind achtadrige Verbindungen einzuplanen, selbst wenn bei der aktuell geplanten Verkabelung nur zwei Aderpaare benötigt werden.

Der Definitionsbereich der Tertiärverkabelung endet an der Wandanschlussdose. Somit sind die Geräteanschlusskabel zur Anbindung der Endgeräte in der Norm nicht berücksichtigt.

Eine eindeutige Bereichstrennung ist nicht immer gegeben. Dies gilt zum Beispiel, wenn mehrere Etagen zusammengefasst oder auch besonders große Etagen unterteilt werden sollen. Spezielle Kundenanforderungen können auch dazu führen, dass direkt an einen Etagenverteiler angeschlossene Lichtwellenleiter bis zu einem Arbeitsplatz geführt werden. In diesem Falle spricht man von ‚**fibre to the desk**'. Das Führen von Lichtwellenleiter bis in die Büroräume, um mittels eines Miniswitches mit integriertem Medienwandler das Patchen von Endgeräten dort zu ermöglichen, wird als ‚**fibre to the office**' bezeichnet.

2.3.4.3 Collapsed Backbone

Collapsed Backbone ist ein Verkabelungskonzept, das alle Netzwerksegmente in einem zentralen, leistungsfähigen Switch zusammenführt (vgl. Abb. 2). „Collapsed Backbone" lässt sich mit „zusammengeschrumpftes Rückgrat" übersetzen. Die zentrale Netzinfrastruktur wird auf die Größe des internen Bus-Systems des Switches verkleinert. Der Collapsed Backbone ist für weniger komplexe Netzwerke die Alternative zur strukturierten Verkabelung. Der zentrale Verteilerknoten kann gegebenenfalls auch aus mehreren, miteinander verbundenen, ‚gestapelten' Switches bestehen.

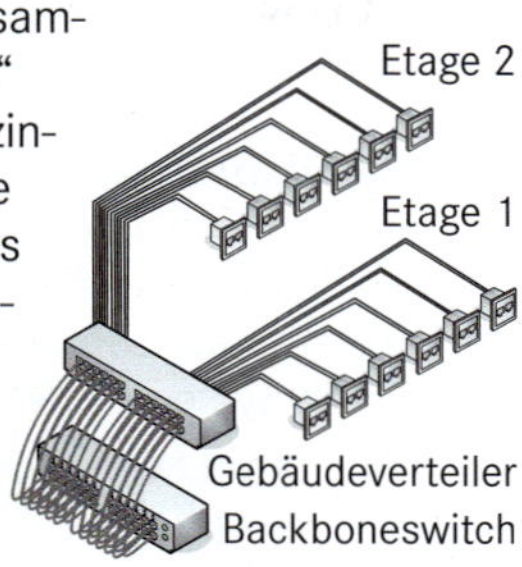

2: Collapsed Backbone

Vorteile:

- Geringe Kosten für aktive Netzwerkkomponenten, da nur ein Verteiler benötigt wird
- Geringer Raumbedarf durch Wegfall von Unterverteilungsräumen
- Hohe Leistungsfähigkeit durch interne Kommunikation im zentralen Backbone-Switch
- Zentrale Verwaltung und Netzwerkmanagement
- Leichte Wartung durch weniger Netzelemente

Nachteile:

- Prinzipiell höherer Verkabelungsaufwand
- Bei Entfernungen > 100 m ist die teurere Verkabelungslösung mit LWL erforderlich
- Begrenzung bei der Teilnehmerzahl durch die Anzahl der Ports des zentralen Verteilers
- Gefahr des zentralen Ausfalls (sinnvoll ist die Auswahl zuverlässiger Komponenten)

Von einem **Distributed Backbone** spricht man dann, wenn durch den Einsatz von weiteren Unterverteilern eine Dezentralisierung erreicht wird. Diese Variante kann als erster Schritt zu der komplexeren Strukturierten Verkabelung gesehen werden.

- BNC- und RJ-45-Steckverbindungen können durch Crimpen hergestellt werden.
- TP-Verlege-Kabel werden mit LSA+-Klemmverbindungen an Dosen oder Patchfeldern aufgelegt.
- LWL können nur mit vorkonfektionierten Steckerkupplungen, oder durch spezielle Lichtbogenspleißgeräte verlängert werden.
- Die Strukturierte Verkabelung stellt ein streng hierarchisches Konzept mit Primär-, Sekundär- und Tertiärbereichen dar.
- Collapsed Backbone ist ein zentralisiertes Verkabelungskonzept, das sich für weniger komplexe Verkabelungen eignet. Ein leistungsfähiges Switch ist erforderlich.

2.4 Wie funktioniert die Datenübertragung?

2.4.1 Schichtenmodelle

Schichtenmodelle dienen der Veranschaulichung und dem Verständnis der Abläufe bei der Datenkommunikation. Aus vereinbarten Modellen entstehen dann Schichtenarchitekturen, die die Entwicklung und Herstellung verschiedener Komponenten zur Datenkommunikation ermöglichen. Ein einfaches Beispiel der Weitergabe eines Films von einer Anwenderin zu einem Anwender soll den Zusammenhang verdeutlichen (Abb.3):

Die Anwenderin möchte ihre Information in Form eines Films übermitteln ①. Der analog gedrehte Film wird auf einem PC mit einem Codec (z. B. xVid) digital umcodiert ② und in einer Datei als ‚Container' (z. B. als AVI) gespeichert ③. Um die Datei transportieren zu können, wird sie aufgrund ihrer Größe in mehrere Zip-Archive aufgeteilt ④ und auf mehrere Datenträger (z. B. DVDs) kopiert ⑤. Die Datenträger werden in mit Absender und Adressat beschriftete Umschläge ⑥ gesteckt und an einen Logistikdienstleister ⑦ übergeben. Dieser übernimmt den eigentlichen Transport und kümmert sich um die korrekte Zustellung der Umschläge beim Adressaten. Danach durchläuft der Prozess erneut alle Teilschritte in umgekehrter Reihenfolge: Die Umschläge werden geöffnet und die Datenträger entnommen. Die Datenträger werden in einen PC eingelesen, die drei ZIP-Dateien werden zu einer Videodatei ‚entpackt'. Diese wird wieder zu einem analogen Video umcodiert, das der Anwender ansehen kann.

Überträgt man das Beispiel in ein so genanntes Schichtenmodell, so wird jedem Teilschritt eine eigene Schicht zugeordnet. Eine Schicht übernimmt jeweils eine bestimmte Funktion.

Im Beispiel sind diese Funktionen realisiert: Die filmische Darstellung der Information ①, die Kodierung als Digitalfilm ②, die Speicherung im AVI-Dateicontainerformat ③, das Aufteilen in ZIP-Dateien ④, die Speicherung auf Datenträgern ⑤, die Umschlagverpackung und -adressierung mit Hilfe einer Adressierungsnorm (z.B. Name/Straße/PLZ) ⑥ und der eigentliche Transport von der Absender- zur Zieladresse ⑦. Somit lassen sich in diesem Beispiel sieben Schichten identifizieren, über die die beiden Anwender miteinander kommunizieren.

3: Schichtenmodell

2.4.1.1 Aufgabenverteilung in Schichten

Das zentrale Prinzip von Schichtenmodellen ist die Aufgabenverteilung an mehrere zusammenarbeitende Schichten. Sollen Daten von einem Ende einer Kommunikationsstrecke zum anderen Ende transportiert werden, so durchlaufen sie im Schichtenmodell die Schichten jeweils von oben nach unten und umgekehrt (vgl. Abb. 1). Dabei findet eine Kommunikation der Schichten miteinander auf zwei verschiedene Arten statt – **vertikal** und **horizontal**. Abb. 1 macht dies deutlich: In **vertikaler Richtung** werden die Informationen Schicht um Schicht über definierte Schnittstellen (in der Abb. durch orange Pfeile dargestellt) an die benachbarten Schichten weitergegeben. Auf diesem Weg erfolgt der so genannte Ende-zu-Ende-Transport ⑧. Auf **horizontaler Schichtebene** erfolgt eine **logische Kommunikation** der beiden Kommunikationspartner jeweils auf gleicher Schichtebene über vereinbarte Standards ⑨.

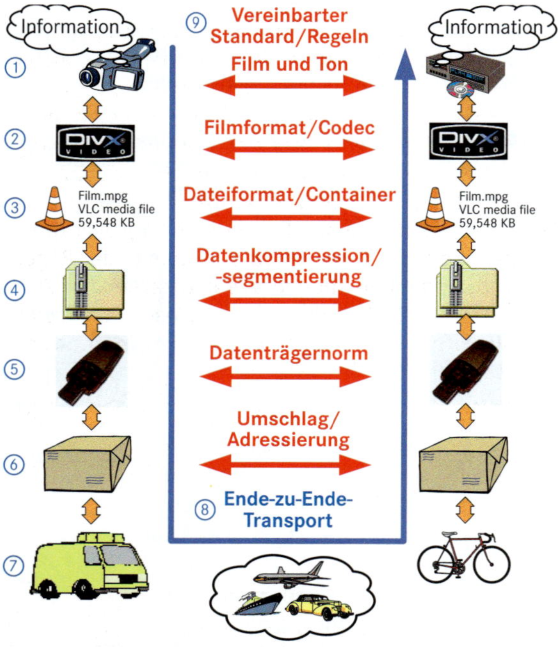

1: Kommunikation über ein Schichtenmodell

Da die Schichten **definierte Schnittstellen** zur darüber- bzw. darunterliegenden Schicht haben, kann die technische Realisierung einer Schicht auch unterschiedlich und damit auch herstellerunabhängig gelöst werden, sofern die Schnittstellenspezifikation gewahrt bleibt. Am Beispiel der ‚Datenübertragung auf dem Postweg' kann auf allen Ebenen das Regelwerk jeweils auf beiden Seiten ausgetauscht werden – so ist die Kommunikation in anderer Form (z.B. textbasiert/ schriftlich), mit einem anderen Codec (z.B. DivX), mit einem anderen Dateiformat (z.B. MPG-Datei), einem anderen Datenträger (z.B. USB-Stick), einer anderen Verpackung und Adressierung (z.B. Pakete und Chiffre-Adressierung) und einem anderen Transportdienstleister möglich, ohne dass die Kommunikation behindert würde. Voraussetzung ist jedoch, dass die Partner auf einer Ebene das gleiche Regelwerk kennen und nutzen. Solche Regelwerke werden in der Netzwerktechnik **Protokolle** genannt. Bezogen auf Netzwerke findet also zwischen den Schichten einer Ebene über ein **Protokoll** zwischen Sender und Empfänger die **logische Kommunikation**, unabhängig von der Hardware und den anderen Schichten, statt. Ein **Protokoll** ist somit die **Vereinbarung eines präzisen Regelwerks**, nach denen Daten horizontal zwischen den Schichten der vernetzten Systeme ausgetauscht werden.

Auch in der Netzwerktechnik ist die Verwendung von **Schichtenarchitekturen** [*multilayered architectures*] eine Methode, um Komplexität zu reduzieren. Bei der Kommunikation zwischen Endgeräten müssen viele Teilaufgaben erbracht werden: Die Signalisierung auf dem Medium, die Zugriffsteuerung, die Adressierung, die Weiterleitung zum Adressaten, der Verbindungsauf- und -abbau, eine fehlerfreie Datenübertragung und die Sicherheit sind beispielhafte Funktionen, die realisiert werden müssen. Daher wurden auch für die Datenkommunikation verschiedene **Schichtenmodelle** vorgeschlagen, die der Entwicklung von Netzwerkprotokollen und dem Verständnis der Abläufe bei der Datenkommunikation dienen. Die am häufigsten gebrauchten Modelle sind das **OSI-Modell** und das **TCP/ IP-Modell**.

2.4.1.2 OSI-Modell

Das **OSI-Referenz-Modell** [*Open Systems Interconnections Reference Model*], auch 7-Schichten-Modell genannt, beschreibt die Kommunikation in **7 Schichten** [*layers*] zwischen verteilten, offenen Systemen. Das Wort **‚offen'** [*open*] bezeichnet die Herstellerunabhängigkeit und das ‚verteilt' die **Verbindung** zwischen voneinander **entfernten Systemen** [*interconnection*]. Die Systeme werden in **Datenendeinrichtung** (**DEE**) und **Datenübertragungseinrichtung** (**DÜE**) unterschieden. Das Wort ‚Referenzmodell' macht deutlich, dass das Modell auch einen allgemein erklärenden Charakter hat: Auf seiner Basis können weitere spezielle Modelle und technische Realisierungen durch Protokolle entwickelt werden.

Die Abb. 2 visualisiert den Weg einer Anfrage von einer Datenendeinrichtung (DEE) 1, über eine Datenübertragungseinrichtung (DÜE) – im Beispiel ein Router – zu einer DEE [*DTE*] 2. Er läuft durch die ‚gestapelten' Schichten (Protokollstapel) des Modells:

Der Nutzer 1 ① stellt mit Hilfe einer Anwendung ③ eine Anfrage an User 2 ②. Diese wird vom Anwendungsprogramm an den Protokollstapel ④ weitergereicht und durchläuft die Schichten 7 bis 1 im eigenen System DEE 1. Dann wird die Anfrage über das Übertragungsmedium ⑤ von Netzwerk 1 zu einem Router weitergeleitet. Im Router werden die Schichten 1 bis 3 hinauf und hinab durchlaufen ⑥. Dann wird die Anfrage auf das Medium des **Netzwerks** [*network*] 2 ⑦ übertragen und durchläuft beim Empfänger alle Schichten nach oben. Dort wird vom Protokollstapel die Anfrage an die Anwendung und damit an den User 2 übergeben. Bei der Antwort wird sinngemäß umgekehrt verfahren. Auch in diesem Beispiel erfolgt zwischen den Systemen eine logische Kommunikation ⑧ auf horizontaler Ebene über die Protokolle der jeweiligen Schichten.

Die sieben OSI-Schichten

⑦ Die **Anwendungsschicht** [*application layer*] stellt den – im OSI-Modell nicht erfassten – Anwendungsprozessen die Schnittstelle zur Netzwerkfunktionalität zur Verfügung. Dieser obersten Schicht lassen sich viele → Anwendungsprotokolle, z. B. das Protokoll zur Darstellung von Webseiten im Anwendungsprogramm Internetbrowser → HTTP zuordnen.

⑥ Die **Darstellungsschicht** [*presentation layer*] ist für die Vereinbarungen über die Art der Darstellung zuständig. Hier werden also Kodierungen oder Syntaxfestlegungen vereinbart. Diese kommen z. B. zum Tragen, wenn zwischen den kommunizierenden Systemen unterschiedliche Kodierungsformen (ähnlich wie z. B. verschiedene Textdokumentenformate wie TXT, RTF) oder lokale Syntaxunterschiede (ähnlich wie z. B. national unterschiedliche Zeichensätze wie ö, ø, ò, ó, ô ,õ) auftreten. Darüber hinaus werden Funktionen der Datenkompression und Verschlüsselung von der Schicht übernommen.

⑤ Die **Sitzungsschicht** [*session layer*] stellt Möglichkeiten zur Verfügung, um eine Verbindung zwischen DEEen aufzubauen, über die **kontrolliert** Daten gesendet und empfangen werden können. Es werden Funktionen zur Koordination des Datentransfers zur Verfügung gestellt: Wird beispielsweise eine Verbindung unterbrochen, so sorgt die Sitzungsschicht für die Anforderung der fehlenden Daten, ohne dass die Übertragung komplett neu beginnen muss.

Die anwendungsbezogenen Schichten 7, 6 und 5 werden zusammengefasst auch Anwendungsschichten genannt. Von ihnen werden die Daten, so genannte **Nachrichten**, versandt, die von den darunter liegenden Schichten transportiert werden. Die folgenden Schichten 4 – 1 werden sinngemäß daher auch als Transportschichten bezeichnet.

④ Die **Transportschicht** [*transport layer*] gewährleistet unabhängig vom Kommunikationsnetzwerk, dass die Nachrichten vom Sender zum Empfänger kommen. Dazu werden die von den Anwendungsschichten erhaltenen Nachrichten, die beliebig lang sein können, vor dem Versenden in so genannte **Segmente** aufgeteilt, die beim Empfänger wieder zusammengesetzt werden. Das Zusammensetzen mehrerer Informationseinheiten umfasst auch das Anordnen der Segmente in korrekter Reihenfolge und bei Bedarf das erneute Anfordern von verloren gegangenen Segmenten.

③ Die **Vermittlungsschicht** oder **Netzwerkschicht** [*network layer*] ermöglicht anhand einer eindeutigen Adressierung den Aufbau, Betrieb und Abbau von Netzwerkverbindungen zwischen Endsystemen über mehrere miteinander gekoppelte Teilstrecken hinweg. Die von ihr verarbeiteten logischen Informationseinheiten werden als **Pakete** [*packets*] oder auch als Datagramme bezeichnet. Da auf dem Weg zwischen Sender und Empfänger für Datenpakete in der Regel mehrere Kommunikationspfade existieren können, übernimmt die Netzwerkschicht im Wesentlichen eine **Wegwahlfunktion, basierend auf der logischen Adressierung** der Endsysteme.

Router und Layer-3-Switches lassen sich dem Network-Layer zuordnen.

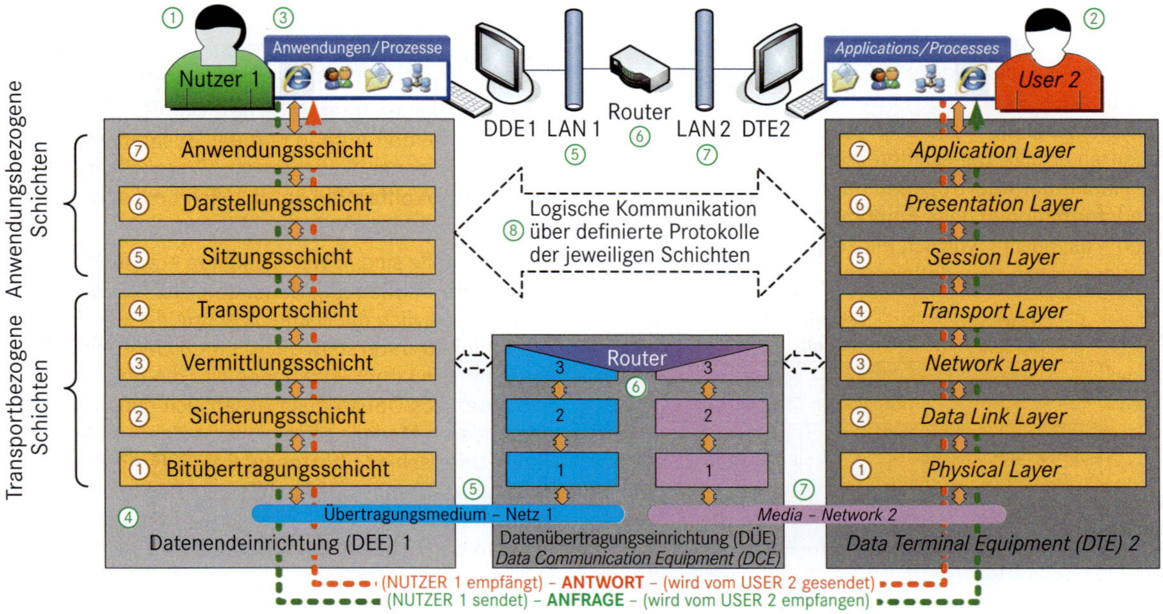

2: Darstellung einer Ende-zu-Ende-Kommunikation über einen Router anhand des OSI-Modells

② Die **Sicherungsschicht** [*link layer*] sorgt dafür, dass die von der darüber liegenden Schicht erhaltenen Pakete vor der Übertragung in so genannte Blöcke, auch **Rahmen** [*frames*] genannt, aufgeteilt werden, damit diese logischen Informationen später in physikalische Bitfolgen übertragen werden können. Zur Datenübertragung muss die Sicherungsschicht mit Hilfe eines Synchronisationsmechanismus Anfang und Ende eines Frames im übertragenen Bitstrom erkennen können. Ein Beispiel ist die Frame-Synchronisation beim Ethernet. Eine **Flusssteuerung** [*flow control*] signalisiert dem Sender, nur so viele Frames zu übertragen, wie der Empfänger auch in der Lage ist, zu verarbeiten. Eine **Fehlersicherung** [*error control*] erkennt und behebt mögliche Fehler in den übertragenen Daten. Auch das **Zugriffsverfahren** [*medium access control*] auf das Medium ist im Layer 2 geregelt. Nach IEEE ist die Schicht 2 in zwei weitere **Unterschichten** [*sub layers*] unterteilt, um weitere Funktionen zu differenzieren. Diese sind **Logical Link Control** (**LLC**) und **Media Access Control** (**MAC**).

Dieses Verfahren zum Sicherstellen einer fehlerfreien Datenübertragung führt zum Namen Sicherungsschicht. Layer-2-Hardware sind Bridges und Switches.

① Die **Bitübertragungsschicht** [*physical layer*] ist für die physikalische Signalisierung verantwortlich. Sie umfasst Vereinbarungen zum Austausch der Informationen auf Grundlage einzelner Bits. Diese Schicht definiert die Schnittstelle zwischen der DEE und dem Übertragungsmedium. Typischerweise bezieht sich die Definition des Physical Layers auf:

- die Kodierung,
- den Frequenzbereich,
- die Datenübertragungsrate und
- andere physikalische Vereinbarungen.

Netzwerkkarte, Modem, Repeater und Hub ‚arbeiten' auf diesem Layer. Ein Modem z. B. sorgt beim Empfangsvorgang dafür, dass die erzeugten ausgehenden elektrischen Signale den eingehenden Tonsignalen entsprechen und die Modulation auf den vereinbarten Frequenzen erfolgt. Dabei ‚interessiert' das Modem weder der Inhalt der übertragenen Informationen, noch ob die Informationen beim Empfänger überhaupt ankommen - es tauscht lediglich mit seiner Gegenstelle Informationen nach dem definierten Regelwerk aus.

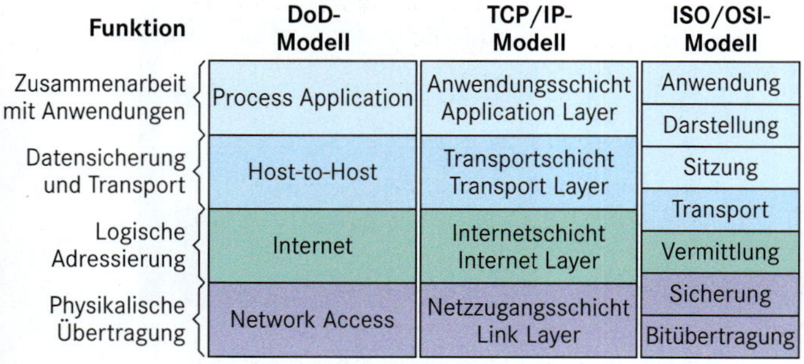

1: DoD-, TCP/IP- und OSI-Modell im Vergleich

- Schichtenmodelle sind in der Informatik eine Methode, um Komplexität zu reduzieren und ‚schichtweise' Systeme zu entwickeln.
- Die Schichten übernehmen definierte Funktionen und haben Schnittstellen zu ihren Nachbarschichten.
- Auf horizontaler Ebene findet zwischen den Schichten zweier Systeme eine logische Kommunikation über ein Protokoll statt.
- Ein Protokoll ist die Vereinbarung von Regeln, nach denen eine Kommunikation zwischen Systemen stattfindet.
- Die bei der Kommunikation zusammenwirkenden Protokolle werden als Protokollstapel bezeichnet.
- Das 7-Schichten-ISO-OSI-Modell dient der Entwicklung von Netzwerkprotokollen und dem Verständnis ihrer Arbeitsweise.

2.4.1.3 DoD- und TCP/IP-Modell

Schon Jahre vor dem OSI-Modell wurde Anfang der 70er das **DoD-Modell** von einer Behörde des Amerikanischen Verteidigungsministeriums [**D**epartment **o**f **D**efense (**DoD**)] der **DARPA** (**D**efense **A**dvanced **R**esearch **P**rojects **A**gency) entwickelt. Mit zukunftsweisenden Protokollen sollte ein bei einem Atomkrieg ausfallsicheres und Ressourcen sparendes Netzwerk entstehen. Die DARPA verbesserte ihr eigenes Netzwerk, das ursprüngliche **ARPANET**, durch die Entwicklung und Nutzung des **TCP/IP-Protokolls**. Das zunächst monolithische, also aus einem ‚Guss' bestehende, Protokoll wurde später in die zwei Protokolle **IP** und **TCP** unterteilt. Aufgrund des Erfolgs für den **Zusammenschluss von Netzen** [*internetworking*], wurde das DoD-Modell später nach den beiden zusammenarbeitenden Protokollen als so genanntes **TCP/IP-Modell** benannt. Aus dem ARPANET entstand so ein weltumspannendes Netz, das erst seit 1986 seinen offiziellen Namen trägt: **Internet**. Das TCP/IP-Modell macht heute den Aufbau und das Zusammenwirken der verschiedenen Schichten und Protokolle der → **Internetprotokollfamilie** anschaulich und ist in → **RFC** 1122 und 1123 detailliert beschrieben.

Beide Modelle sind in vier Schichten aufgeteilt, wobei das TCP/IP-Modell funktional dem DoD-Modell entspricht - lediglich die Namensgebung der vier Schichten ist leicht unterschiedlich. Einen Überblick der Schichten und ihrer Funktionen gibt die Abb. 1. Auch Schichten des OSI-Modells lassen sich denen der beiden anderen Modelle prinzipiell zuordnen, wenngleich einige Unterschiede bestehen: Das TCP/IP-Modell ist im Gegensatz zum OSI-Modell kein streng hierarchisches Schichtenmodell. So sind die Funktionen und Dienste der Schichten nicht so präzise festgelegt. Höhere Schichten können auch dazwischen liegende Schichten überspringen, um tiefer liegende Schichten zu nutzen.

In der Praxis hat das **TCP/IP-Modell**, aufgrund der Bedeutung des Internets, inzwischen eine größere Relevanz als das OSI-Modell. Während es beim OSI-Modell nur wenige konkret realisierte Protokolle gibt, existieren für das TCP/IP-Modell eine Vielzahl unterschiedlicher Protokolle.

Welche Funktion haben die Schichten?

Auf der Ebene der **Anwendungsschicht** werden Anwendungsprogrammen oder -prozessen Funktionen zu Datenübertragung bereitgestellt. Die dazu erforderlichen Vereinbarungen (Protokolle), bilden die Grundlage für den Datenaustausch von **Nachrichten** [*messages*]. Über die → **Anwendungsprotokolle** erfolgt die Weiterleitung der Daten an die Transportschicht.

Die **Transportschicht** ermöglicht zwischen zwei Endsystemen einer Kommunikationsstrecke eine Ende-zu-Ende-Kommunikation. Beim Ende-zu-Ende-Transport der **Segmente** [*segments*] lassen sich zwei Prinzipien unterscheiden: die des **gesicherten** und die des **ungesicherten Transportes**. Ähnlich wie beim Briefversand eines Einschreibens mit Rückschein, kann der Absender eine Empfangsbestätigung des Empfängers erhalten. Alternativ können Sendungen auch einfach verschickt werden, ohne dass der Absender über die Zustellung benachrichtigt wird. Für beide Varianten gibt es entsprechende Protokolle der Transportschicht.

Die **Internetschicht** hat eine vermittelnde Funktion – auf dieser Ebene erfolgt die Wegesteuerung der **Pakete** [*packets*]. Es wird für jedes empfangene Paket das nächste geeignete Zwischenziel ermittelt (→ Routing) und dann weitergeleitet.

Die **Netzzugangsschicht** hat die Aufgabe, den Zugang zu verschiedenen Netzwerktechnologien und den Zugriff auf die verwendeten Medien zu ermöglichen. Netzwerke unterschiedlicher Standards können somit durch die übergeordneten Schichten bzw. Internetprotokolle verbunden werden. Die Datenübertragungseinheiten heißen auf dieser Schicht **Rahmen** [*frames*].

Wie arbeiten die Schichten zusammen?

Die Schichten im TCP/IP-Modell stellen aufeinander aufbauend Funktionen für jeweils darüber liegende Schichten zur Verfügung. Es werden von einem Programm die Daten im Format eines Anwendungsprotokolls an die Anwendungsschicht übergeben. Auf jeder der darunter liegenden Schichten werden die zu übermittelnden Daten mit einer speziellen Adressierung aus Absender- und Empfängeradresse versehen und quasi wie ein Briefbogen in mehrere unterschiedlich adressierte Umschläge verpackt. Das Prinzip des Ineinanderschachtelns heißt in der Sprache der Netzwerktechnik **Kapselung** [*encapsulation*]. Es wird für jede der drei unteren Schichten eine eigene Adressierungsform verwendet: Auf der Transportschicht wird mit so genannten → **Ports** adressiert, auf der Internetschicht mit **IP-Adressen** und auf der Netzwerkzugangsschicht werden beim Ethernetzugang im LAN **MAC-Adressen** genutzt.

Die Adressierungsinformationen werden als **Header**, also als ‚Kopf' bezeichnet, der den jeweiligen Daten vorangestellt wird. Auf der Netzzugangsschicht wird üblicherweise noch ein **Trailer**, quasi ein ‚Schwanz' angehängt, in dem Informationen für die Fehlerprüfung enthalten sind. Am Beispiel des Ethernets sind dies die vier Bytes der CRC-Prüfsumme.

Abb. 2 stellt modellhaft die Kapselung der Daten bei der Kommunikation zwischen zwei Systemen dar. Die Datenpakete durchlaufen den IP-Protokollstapel auf der **Absenderseite** (System A) von oben nach unten, erhalten jeweils einen entsprechenden Header, und werden auf unterster Ebene über ein Medium übertragen. Auf der **Empfängerseite** werden ‚Umschlag für Umschlag', bzw. ‚Header für Header' wieder von unten nach oben ausgepackt, bis von der Anwendungsschicht des Adressaten die Daten an die passende Anwendung übergeben werden können. Diese modellhafte Darstellung vereinfacht das Verständnis – sie gilt jedoch nur, sofern die Dateneinheiten höherer Schichten kleiner sind als die Tieferer. In der Praxis kann beispielsweise jedoch ein IP-Paket so groß sein, dass es auf der Netzzugangsschicht wiederum in mehrere Rahmen unterteilt werden muss, bevor es übermittelt wird.

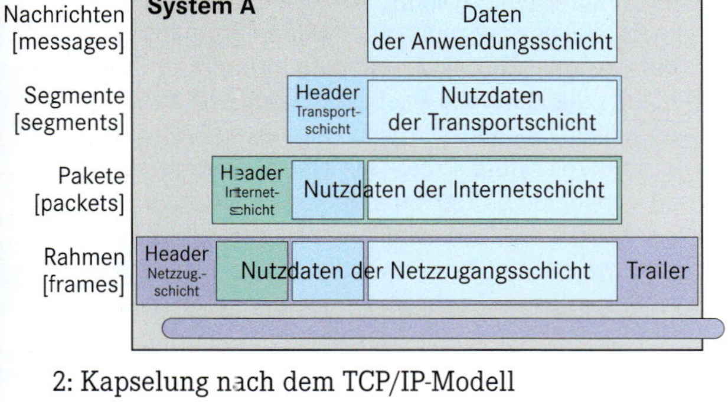

2: Kapselung nach dem TCP/IP-Modell

- Das TCP/IP-Modell hat eine größere Verbreitung und Praxisbedeutung als das OSI-Modell.
- Die Kapselung bezeichnet das Ineinanderschachteln von Datenpaketen.
- Zur Adressierung werden im TCP/IP-Modell Ports, IP- und MAC-Adressen verwendet.
- Adressierungsinformationen finden sich in den Headern von Dateneinheiten.
- Zwischen zwei Systemen findet eine Kommunikation durch die Schichten von oben nach unten und umgekehrt statt.
- Die Dateneinheiten auf den verschiedenen Schichten werden unterschiedlich bezeichnet:
  - Netzzugangsschicht: **Rahmen** [*frame*]
  - Internetschicht: **Paket** [*packet*]
  - Transportschicht: **Segment** [*segment*]
  - Anwendungsschicht: **Nachricht** [*message*]

2.4.2 Vermittlungsarten und Zuverlässigkeit

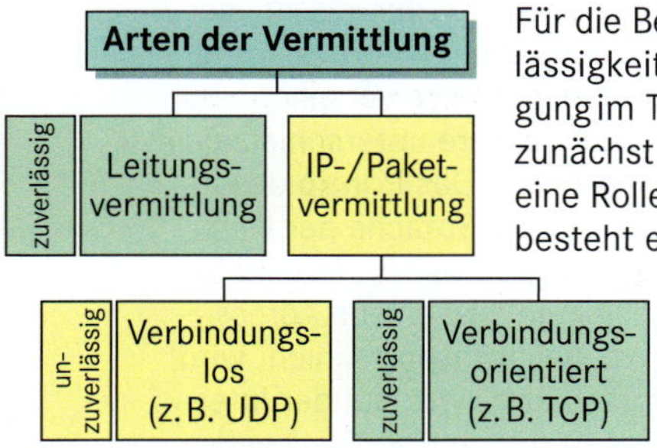

1: Vermittlungsarten

Für die Beurteilung der Zuverlässigkeit der Datenübertragung im TCP-/IP-Modell spielt zunächst die **Vermittlungsart** eine Rolle. Im einfachsten Fall besteht eine eigene, geschaltete Leitung, also ein physikalischer Kanal mit fester, zugesicherter Bandbreite bzw. Datenübertragungsrate zwischen zwei Endpunkten – dieses Vermittlungverfahren heißt **Leitungsvermittlung**. Es ist **zuverlässig**, da die Leitung mit niemandem geteilt werden muss – daher ist die Leitungsvermittlung allerdings auch relativ teuer. Alternativ besteht die Möglichkeit durch die so genannte **Paketvermittlung** die zu übertragenden Daten in kleine Informationseinheiten zu zerlegen und diese über ein (z. B. öffentliches) Netzwerk auf mehreren, unbestimmten Wegen zu verschicken. Dies hat den Vorteil, dass die kleinen Pakete zu kurzen Wartezeiten bei den Stationen führen und es zu einer guten Auslastung des Netzwerkes kommt. Gleichzeitig besteht die Gefahr, dass Pakete nicht oder in der falschen Reihenfolge ankommen. Paketvermittlung ist daher generell **unzuverlässig**. Dieses Verfahren wird beim Internet-Protokoll angewandt (Abb. 1).

In der Regel ist jedoch eine **zuverlässige** bzw. **gesicherte Datenübertragung** erwünscht, die erfordert, dass alle Daten vollständig, fehlerfrei, ohne Duplikate beim Empfänger ankommen und in der richtigen Reihenfolge zusammengesetzt werden können. Aufgrund mehrerer möglicher Wege und daraus resultierenden unterschiedlichen Laufzeiten ist dies bei einer **Paketvermittlung auf Ebene der Vermittlungsschicht** nicht gesichert. Daher muss die Internetschicht um Mechanismen auf einer höheren Schicht, der Transportschicht, erweitert werden, damit die Zuverlässigkeit auch bei einer ‚unsicheren' Paketvermittlung gewährleistet wird. Eine Lösung hierfür sind so genannte virtuelle Verbindungen – dabei wird unabhängig von der physikalischen Netzwerkverbindung zuerst ein logischer Kanal zwischen Sender und Empfänger aufgebaut, anschließend die Daten übertragen und erst bei erfolgreicher Übertragung aller Daten abschließend die logische Verbindung wieder abgebaut. Diese Variante der Paketvermittlung heißt **verbindungsorientiert**.

Alternativ können die Daten auch **verbindungslos** bzw. **ungesichert** übertragen werden. Dabei wird die Zuverlässigkeit nicht garantiert, jedoch können durch das Entfallen des logischen Verbindungsaufbaus und -abbaus die Daten viel schneller übertragen werden, was beispielsweise bei Kommunikationsanwendungen wie z. B. IP-Telefonie (VoIP) oder Videokonferenzen sinnvoll ist, um zu lange **Verzögerungen** [*delays*] zu vermeiden.

Bei dieser Anwendungsart kommt es also auf eine hohe Übertragungsgeschwindigkeit an und nicht so sehr darauf, dass alle Daten fehlerfrei übertragen werden – es können durchaus einige Sprachlaute oder Bilder verloren gehen, ohne dass das Gespräch unverständlich wird.

- Es werden Leitungsvermittlung und Paketvermittlung unterschieden.
- Die IP-Paketvermittlung ist generell verbindungslos. Um dennoch eine zuverlässige, verbindungsorientierte Vermittlung zu ermöglichen, bedarf es weiterer Mechanismen auf der Transportschicht.
- Zuverlässig heißt, dass Daten vollständig, fehlerfrei, ohne Duplikate ankommen und in korrekter Reihenfolge zusammengesetzt werden können.

2.4.3 Die Internetprotokollfamilie (TCP/IP)

Das TCP-/IP-Modell wird technisch in verschiedenen Protokollen umgesetzt. Das **I**nternet **P**rotokoll (**IP**) und das **T**ransmission **C**ontrol **P**rotocol (**TCP**) bilden das Fundament der **TCP/IP-Protokollfamilie**. In den 70er Jahren entstand zunehmend die Notwendigkeit, lokale Netzwerke der Netzzugangsschicht hardwareunabhängig miteinander zu verbinden – dies gelang mit dem Internetprotokoll, das eigens für diesen Zweck entwickelt wurde. Ein zentraler Erfolgsfaktor für die weite Verbreitung der Netzwerkprotokolle der Internetfamilie ist ihre Offenheit: Die Protokolle sind heute frei verfügbar – es entstehen somit keine Lizenzkosten.

Proprietäre Protokollfamilien

Als Protokollfamilie wird ein System von aufeinander aufbauenden Protokollen bezeichnet. Es werden **proprietäre** und **offene Protokolle** unterschieden. **Proprietäre Protokolle** sind in der Regel herstellerspezifisch entwickelt – entsprechend sind diese häufig lizenzrechtlich geschützt. **Offene Protokolle**, wie die der TCP/IP-Familie, entsprechen allgemeinen Standards und sind (kosten-)frei zu nutzen.

Wie ‚eigen' sollte es denn sein?

Große Betriebssystemhersteller wie z. B. Apple, IBM, Microsoft und Novell entwickelten zunächst proprietäre Protokolle für Netzwerke. Durch die Notwendigkeit verschiedene Systeme zu vernetzen, verwenden die Hersteller inzwischen auch offene Protokolle. Ein gutes Beispiel für das ‚Aussterben' propritärer Protokolle ist die **Netware-Protokollfamilie** (**IPX/SPX**) von Novell. Diese Protokolle verlieren an Bedeutung, da sie durch offene Protokolle ersetzt werden. So ist seit Version 5 von Netware die Kommunikation über IP möglich – IPX/SPX wird heute kaum noch genutzt. Heute werden auf den Anwendungsschichten oft herstellerspezifische Techniken implementiert, die auf offenen Protokollen der Transport- und Vermittlungsschichten laufen.

Die Internetprotokolle werden von der **I**nternet **E**ngineering **T**ask **F**orce (**IETF**), einer aus freiwilligen Mitarbeitern bestehenden Unterorganisation der **I**nternet **Soc**iety (**ISOC**), standardisiert.

Zu der Entwicklung neuer Standards kann jeder beitragen, indem er sich einer Arbeitsgruppe anschließt, die zu einer innovativen Lösungsidee einen so genannten **R**equest **f**or **C**omments (**RFC**) entwickelt, diskutiert und nach einem so genannten **Reifeprozess** [*maturity process*] als neuen fortlaufend nummerierten Standard unter der Webadresse http://ietf.org veröffentlicht.

Z. B. ist das TCP/IP-Schichtenmodell in den RFCs 1122 und 1123 beschrieben. Bei der Entwicklung von neuen Standards wird großer Wert auf **Zuverlässigkeit**, **Interoperabilität**, also systemübergreifende Kompatibilität und **Skalierbarkeit**, also der Tauglichkeit für das Wachsen der Systeme bzw. Netze, gelegt. Dies unterstützt den Erfolg der offenen Standards zusätzlich. Einen Überblick über die wichtigsten Protokolle und RFCs gibt Abb. 2.

2.4.3.1 Protokolle der Netzzugangsschicht

Eine Sonderrolle nehmen die Protokolle auf dieser Ebene ein, da sie nicht direkt zur Internetprotokollfamilie gehören. Sie dienen lediglich der Bereitstellung des Netzzugangs für die Internetprotokolle der höheren Schichten. Typische Protokolle sind in Abb. 2 ① benannt.

2.4.3.2 Protokolle der Internetschicht

Das für die IP-Familie namensgebende **Inter-Networking** bezeichnet das Verbinden von lokalen Netzen. Das hierfür entwickelte, verbindungslose **Internetprotokoll** (**IP**) ② ermöglicht unabhängig von den physikalischen Adressen des Netzzugangs eine logische Adressierung der Netzwerkgeräte. Dabei ist es erforderlich, die Systeme nicht nur im lokalen, sondern im gesamten Netzwerk eindeutig adressieren zu können. Dazu wurden so genannte **IP-Adressen** in Form von vier Dezimalzahlen zwischen 0 und 255 mit **trennenden Punkten** [*dotted notations*] eingeführt, z. B.: `206.131.241.137`.

Diese Adressierung gilt für die heute primär verbreitete **IP**-Version **4** (**IPv4**). Die über 4,3 Milliarden Adressen des 32Bit großen Adressraums der IPv4-Adressen sind inzwischen nahezu vergeben. Die Reservierung großer Teile für spezielle Aufgaben und auch die anfangs sehr großzügige Adressvergabe haben hierzu beigetragen.

Den prinzipiellen Aufbau eines IP-Paket-Headers der Version 4 (IPv4) stellt Abbildung 3 dar. Die besondere Darstellung mit Hilfe der Courier-Schrift (feste Laufweite) ermöglicht die Anzahl der pro Feld verwendeten Bits abzuzählen – so werden pro Zeile 32 Bit dargestellt (Bit 00-31).

```
 0                   1                   2                   3
 0 1 2 3 4 5 6 7 8 9 0 1 2 3 4 5 6 7 8 9 0 1 2 3 4 5 6 7 8 9 0 1
+-+-+-+-+-+-+-+-+-+-+-+-+-+-+-+-+-+-+-+-+-+-+-+-+-+-+-+-+-+-+-+-+
|③Version|  IHL  |④Type of Service|          Total Length         |
+-+-+-+-+-+-+-+-+-+-+-+-+-+-+-+-+-+-+-+-+-+-+-+-+-+-+-+-+-+-+-+-+
|        ⑤Identification         |Flags|      Fragment Offset    |
+-+-+-+-+-+-+-+-+-+-+-+-+-+-+-+-+-+-+-+-+-+-+-+-+-+-+-+-+-+-+-+-+
|⑥Time to Live |  ⑦Protocol     |        ⑧Header Checksum        |
+-+-+-+-+-+-+-+-+-+-+-+-+-+-+-+-+-+-+-+-+-+-+-+-+-+-+-+-+-+-+-+-+
|                       ①Source Address                          |
+-+-+-+-+-+-+-+-+-+-+-+-+-+-+-+-+-+-+-+-+-+-+-+-+-+-+-+-+-+-+-+-+
|                    ②Destination Address                        |
+-+-+-+-+-+-+-+-+-+-+-+-+-+-+-+-+-+-+-+-+-+-+-+-+-+-+-+-+-+-+-+-+
|                    Options                    |    Padding    |
+-+-+-+-+-+-+-+-+-+-+-+-+-+-+-+-+-+-+-+-+-+-+-+-+-+-+-+-+-+-+-+-+
```

3: IPv4-Header

Neben den Quell- ① und Zieladressen ② enthält ein **IP-Datenpaket** [*IP datagram*] je nach seiner IP-Version weitere Informationen im Header, der dem **Nutzdatenbereich** [*payload*] vorangestellt wird.

So werden beispielsweise Informationen

- über die verwendete IP-Version ③ (V4 oder V6),
- über die Art des Dienstes ④ (um eine Datenpriorisierung zu ermöglichen),
- zur eindeutigen Identifikation ⑤ (zum Sortieren von zusammengehörigen Paketen),
- über die Lebensdauer eines Paketes ⑥ (um in Schleifen endlos laufende Pakete zu vermeiden),
- über das gekapselte Protokoll ⑦ (z.B. UDP) und
- zur Prüfsummenberechnung ⑧ (um Übertragungsfehler zu identifizieren) mitgeführt.

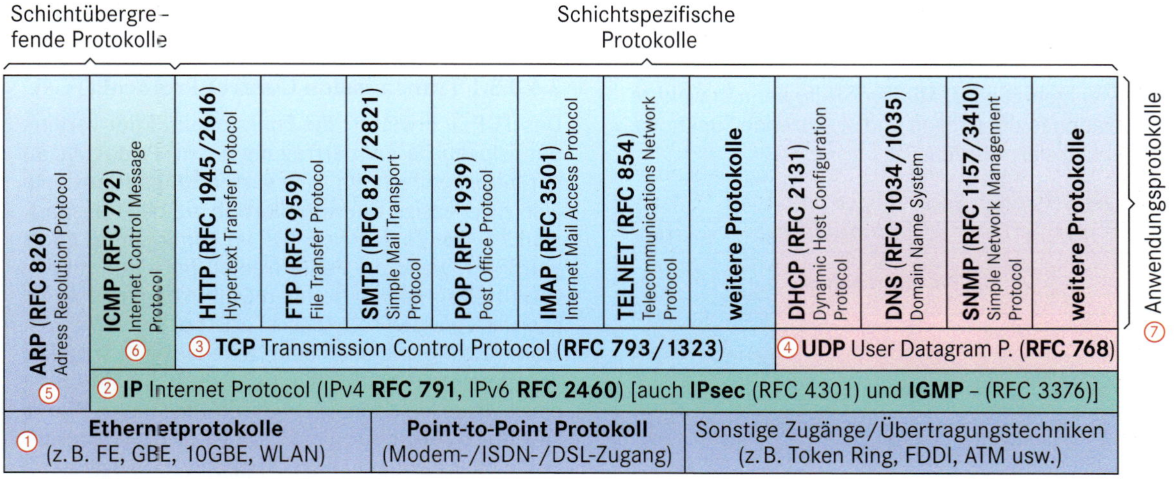

2: Zuordnung von Protokollen zum TCP/IP-Modell

Aufgrund des beschränkten Adressraums von IPv4 wurde für die vorliegende **V**ersion **6** (RFC 2460) des Internetprotokolls (**IPv6**) ein 128 Bit großer Adressraum (RFC 2373) vorgesehen. IPv6 Adressen bestehen aus acht 16-Bit-Zahlen, die als vierstellige Hexadezimalwerte, jeweils mit einem Doppelpunkt getrennt, dargestellt werden, z. B.:

`FEDC:BA98:7654:3210:FEDC:BA98:7654:3210`

Neben der enormen Vergrößerung des IPv6-Adressraums, gibt es weitere wichtige Vorteile:

- Feste Adressen für mobile Endgeräte (Mobile IP) werden möglich.
- IPv6 ermöglicht eine automatische Client-Netzwerkkonfiguration, die → DHCP bei IPv6 überflüssig macht.
- Spezielle Funktionen bzw. Standards wie IP-Security (IPsec-verschlüsselte Layer-3-Datenübertragung), Quality of Service (QoS-Datenpriorisierung) und Multicast (Sendungen an Teilnehmergruppen, z. B. für Multimediastreaming) sind in IPv6 bereits berücksichtigt.
- Bei IPv6 gibt es Vereinfachungen und Verbesserungen des Protokollheaders. Dies führt im Verbund mit Protokollerweiterungen zu verbesserter Funktionalität beim → Routing und Leistungssteigerung bei der Datenübertragung.

Trotz der Vorteile hat sich IPv6 auf Grund des Umstellungsaufwandes noch nicht durchgesetzt – lediglich große Provider und der asiatische Raum stellen schon auf IPv6 um. Allerdings unterstützen bereits heute aktuelle Betriebssysteme und die meisten Hardwarekomponenten IPv6.

Betrachtet man den Aufbau eines IPv6-Datagramms (Abb. 1), so wird deutlich, dass er prinzipiell ähnlich, jedoch einfacher als bei IPv4 ist. So finden sich ebenfalls Bereiche für Absender- ① und Zieladresse ②, die Versionsangabe ③, für **Datenpriorisierungsfunktionen (QoS)** ***[traffic class, flow label]*** ④, die Länge des **Nutzdatenbereichs** ***[payload length]*** ⑤ und die Lebensdauer ***[hop limit]*** ⑥. Da der Header eine feste Länge von 320 Bit hat, gibt es die Option im Bereich ‚Next Header' ⑦ die so genannte Extension Header ⑧ zu definieren, die zwischen dem Header und der Nutzlast ⑨ eingefügt wird. Mit ihrer Hilfe können weitere Informationen übertragen und ergänzende Funktionalitäten realisiert werden.

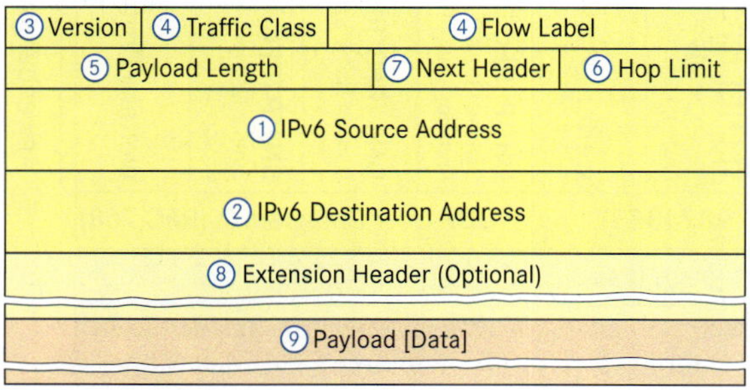

1: IPv6 Datagramm

- Ein System von aufeinander aufbauenden Protokollen wird als Protokollfamilie bezeichnet.
- Es wird zwischen herstellerspezifischen (proprietären) und offenen Protokollen unterschieden.
- Standards werden in RFCs dargestellt.
- Protokolle der Netzzugangsschicht gehören nicht direkt zur TCP/IP-Protokollfamilie.
- Das Internetprotokoll ermöglicht eine netzübergreifende, logische Adressierung, unabhängig von physikalischer Adressierung des Netzzugangs.
- IPv4 ist noch sehr verbreitet, wird aber zukünftig von IPv6 abgelöst werden, da die neue Version 6 einen ausreichend großen Adressraum und erweiterte Funktionen bietet.

2.4.3.3 Protokolle der Transportschicht

Für die Kommunikation über das Netzwerk stellen die Anwendungsprogramme die Daten bereit, die dann durch die Netzwerkfunktionalität des Betriebssystems über die so genannten Transportprotokolle übertragen werden sollen. Die Anwendungsdaten (Nachrichten) werden dabei segmentiert, das heißt in kleine Abschnitte unterteilt und als so genannte **Segmente** versandt. Damit die Segmente einem Anwendungsprogramm bzw. Anwendungsprotokoll zugeordnet werden können, erfolgt die Adressierung auf beiden Seiten einer Verbindung mit Kennzahlen, so genannten **Ports**. Für Standardanwendungen gibt es **Well-Known-Ports** (0-1023), die von der **I**nternet **A**ssigned **N**umbers **A**uthority (**IANA**) vergeben werden. IANA ist ein Gremium, das für die globale Koordinierung der Adressierung im Internet verantwortlich ist. Anwendungshersteller können darüber hinaus **Registered Ports** (1024- 49151) registrieren lassen. Im Portbereich von 49152 bis 65535 sind **Dynamic/Private Ports**, die von den Kommunikationspartnern für die Datenkommunikation frei verwendet werden können. Die häufigsten Protokolle der Transportschicht sind das **Transmission Control Protocol** und **User Datagram Protocol**.

2.4.3.3.1 Transmission Control Protocol (TCP)

Das **TCP** ③ erweitert die Funktionalität der verbindungslosen Datenübertragung des IP-Protokolls auf der Internetschicht um eine **verbindungsorientierte**, also zuverlässige **Kommunikation** auf der Transportschicht. Der Einsatz von TCP ist somit immer dann gefordert, wenn die Fehlerfreiheit bei einer paketvermittelten, bidirektionalen Datenkommunikation gesichert werden soll. Dies ist z. B. bei der WWW- oder Mail-Nutzung und auch beim zuverlässigen Transfer von Dateien über IP-Netze der Fall. TCP baut über einen virtuellen Kanal eine logische vollduplex **Punkt-zu-Punkt-Verbindung** auf. TCP ist nicht für **Broadcasts** oder das Senden an Gruppen von Endgeräten, so genannte **Multicasts**, geeignet.

Serveranwendungen ‚hören' auf ‚ihrem' Port (z.B. Port 80 für http-Anfragen an einen Webserver) ab [*listen-mode*], ob Nachrichten oder Anfragen für Sie eingehen. Die Clientanfragen werden nacheinander beantwortet.

Ein Beispiel soll die Notwendigkeit dynamischer Ports verdeutlichen: Damit bei einem Webserver der Standardport nicht durch von mehreren Clients aufgebaute Verbindungen ‚belegt' wird, kann die Datenkommunikation nach dem Verbindungsaufbau zwischen Server und Client auch auf einen anderen dynamischen Port fortgesetzt werden. Dieser wird zwischen Server und Client vereinbart. Da nun der Well-Known-Port des Servers nicht dauerhaft ‚besetzt' ist, kann der Server neben den aktiven Verbindungen auf den dynamischen Ports, weitere, neue Verbindungen aufbauen.

Der **Auf- und Abbau einer logischen TCP-Verbindung und die Datenübertragung**, erfolgt ähnlich wie bei einer Besprechung: Ein Gesprächspartner geht auf den anderen zu und eröffnet das Gespräch mit einem **Händedruck** [*handshake*], den der Partner erwidert. Dann werden so lange Informationen ausgetauscht, bis alles Wichtige angesprochen wurde. Werden Teile des Gesprächs von einer Seite nicht verstanden, weil es beispielsweise Nebengeräusche gab, der Partner zu schnell gesprochen oder gar genuschelt hat, so wird von der Gegenseite jeweils so lange nachgefragt, bis alle Informationen verständlich bzw. korrekt übermittelt wurden. Sind alle Informationen ausgetauscht, so beendet einer der Partner das Gespräch, indem er sich abschließend wieder mit einem von der Gegenseite erwiderten Händedruck verabschiedet.

TCP-Verbindungsaufbau: Den Ablauf des Aufbaus einer Verbindung zeigt Abb. 2:

Der Client (System A) ① beginnt mit dem Senden eines Synchronisationspakets (syn) mit einer Initialisierungssequenznummer x an den Server (System B). Die Nutzung von Sequenznummern ermöglicht zunächst das korrekte Zuordnen der Antwortpakete in der richtigen Reihenfolge.

Server B ② bestätigt mit einem **Bestätigungs-Paket** [*acknowledge*] (**ack**) und der um den Wert eins inkrementierten Initialisierungssequenznummer des Clients (x+1) den Erhalt. Zusätzlich wird von dem Server B ein eigenes Synchronisationspaket mit der eigenen Sequenznummer y versandt - so lassen sich auch serverseitig die Pakete einer korrekten Reihenfolge zuordnen. Beide Pakete werden in der Darstellung zu (syn ack) zusammengefasst. Bei der Datenübertragung können beide Meldungen auch in einem Paket versandt werden.

Client A ③ bestätigt wiederum den Erhalt durch das Versenden eines (ack) mit der Sequenznummer y+1. Zur Kontrolle wird zusätzlich die wiederum um den Wert eins erhöhte Sequenznummer x mit übermittelt. Nun ist die Verbindung in drei Schritten - daher auch **Drei-Wege-Handshake** - aufgebaut.

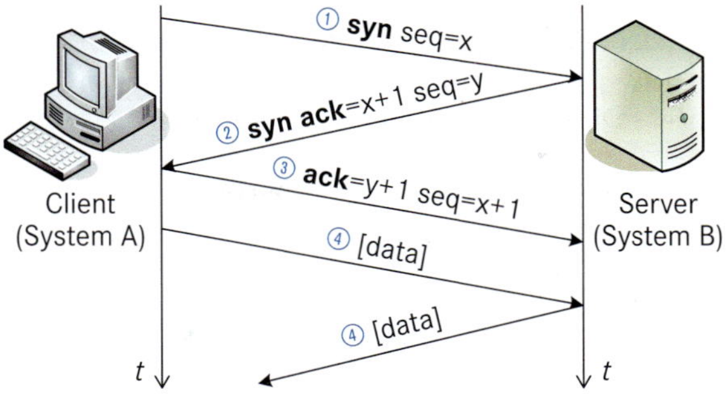

2: TCP-Verbindungsaufbau und Beginn der Datenübertragung

Datenübertragung: Die Partner können nun ihre Daten austauschen ④. Dabei können beide Systeme gleichberechtigt Senden. Jedes der folgenden Datenpakete erhält ebenfalls eine Sequenznummer, wodurch das Überprüfen auf vollständige Datenübertragung, das Erkennen von Duplikaten und das Wahren der korrekten Paketreihenfolge ermöglicht wird. Pakete, deren Empfang nicht vom Adressaten bestätigt wurde, werden vom Absender erneut versandt.

Im TCP sind für die zuverlässige Datenübertragung Verfahren zur **Flusskontrolle** [*flow control*], also einer Steuerung der Übertragungsgeschwindigkeit und zur **Überlastungssteuerung** [*congestion control*] quasi einer ‚Stauvermeidung' implementiert, die dafür sorgen, dass möglichst eine kontinuierliche Datenübermittlung ohne Verluste erfolgen kann.

Verbindungsabbau: Nach der erfolgreichen Datenübertragung, wird die Verbindung erneut mit Hilfe eines Drei-Wege-Handshakes durch einen der Kommunikationspartner beendet. Die ist in der Regel der Client.

2.4.3.3.2 User Datagram Protocol (UDP)

Das **UDP** ④ ist ein sehr einfaches und daher schnelles Protokoll der Transportschicht. UDP wurde Ende der 70er Jahre zur Sprachdatenübertragung entwickelt. Grund war das für diesen Anwendungszweck zu komplexe und wegen des Drei-Wege-Handshakes zu langsame TCP.

Das minimalistische UDP hat einen kleinen Header, der lediglich den Absender- und Empfängerport zur Adressierung, ein Längenfeld, das die Gesamtlänge des Datagrams angibt und eine Prüfsumme enthält. Die Prüfsumme ermöglicht es, die Integrität, also die Unversehrtheit des Pakets (im Sinne von vollständig und unverändert) beim Empfang zu verifizieren, um beschädigte Pakete verwerfen zu können.

Das **UDP** ist sehr schnell, jedoch **nicht zuverlässig**, da es ein **verbindungloses Protokoll** ist. Es wird immer dann eingesetzt, wenn es mehr auf eine hohe Übertragungsgeschwindigkeit als auf eine hohe Zuverlässigkeit ankommt. Anwendungen, die UDP nutzen, müssen somit fehlertolerant gegenüber fehlenden, redundanten und nicht in der korrekten Reihenfolge ankommenden Segmenten sein.

2.4.3.4 Schichtübergreifende Protokolle

Neben den schichtspezifischen Protokollen, gibt es zwei schichtübergreifende Protokolle, die im Protokollstapel (vgl. Abb. 2 auf S. 91) eine Sonderrolle einnehmen: **ARP** ⑤ und **ICMP** ⑥.

2.4.3.4.1 Adress Resolution Protokoll (ARP)

Das **ARP** ⑤ greift schichtübergreifend direkt auf die Netzzugangsschicht zu. Mit Hilfe des ARP erfolgt im lokalen Netzwerk die Zuordnung zwischen IP- und MAC-Adressen. Jedes System mit installiertem TCP/IP führt eine so genannte ARP-Tabelle, in der dem System bekannte Beziehungen gespeichert werden. Sie lässt sich beispielsweise unter Windows-Rechnern mit dem Befehl `arp -a` abrufen (vgl. Abb. 1).

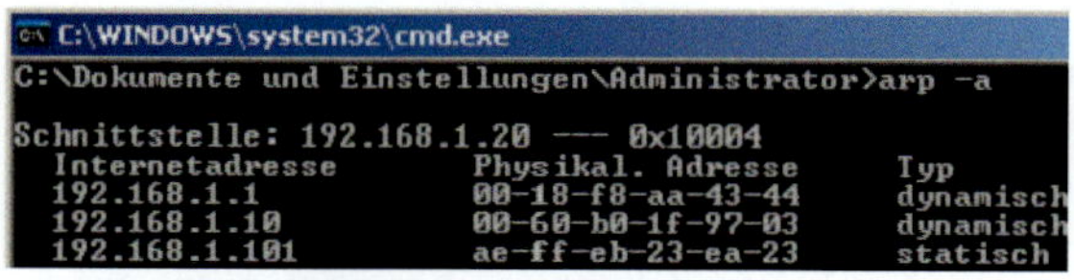

1: Anzeige der ARP-Tabelle unter Windows

Auch der **IP-Treiber**, also die betriebssystemnahe Software, die die IP-Kommunikation steuert, nutzt die ARP-Funktionalität zur IP-Datenkommunikation im LAN: Soll ein IP-Paket im LAN versendet werden, so wird vom IP-Treiber überprüft, ob die IP-Adresse bereits in der Tabelle eingetragen ist. Ist dies der Fall, so wird das IP-Paket mit der ermittelten MAC-Adresse an den Ethernet-Treiber weitergegeben. Der Ethernet-Treiber ist die betriebssystemnahe Software, die die Kommunikation auf der Netzzugangsschicht steuert. Ist die IP-Adresse nicht eingetragen, so wird vom IP-Treiber ein so genannter **ARP-Request** versandt. Dieser ‚Rundruf' wird an die Ethernet-Broadcast-Adresse ff-ff-ff-ff-ff-ff geschickt und erreicht somit alle Stationen im LAN. Die Station, die ‚ihre' IP-Adresse erkennt, bestätigt den ARP-Request mit einem Ethernet-Bestätigungspaket, dem **ARP-Reply**. Der IP-Treiber der sendenden Station wertet dieses aus und trägt die IP-Adresse und die gerade erhaltene, zugeordnete MAC-Adresse in die ARP-Tabelle ein und übergibt anschließend das IP-Paket mit der ermittelten MAC-Adresse dem Ethernet-Treiber zum weiteren Versand.

Ein automatisch erstellter Eintrag in der ARP-Tabelle wird als **dynamischer Eintrag** bezeichnet. Um die Tabelle möglichst klein zu halten, werden alle nicht verwendeten Einträge regelmäßig (bei Windows nach etwa zwei, bei Linux nach fünf Minuten) gelöscht. **Statische Einträge**, die ein Benutzer selbst erstellen kann, bleiben hingegen bestehen. Sie sind in der Regel nur zur Fehlersuche und für spezielle Netzwerkkonfigurationen erforderlich.

2.4.3.4.2 Internet Control Message Protocol

Das **ICMP** ⑥ und seine für IPv6 verwendete Erweiterung ICMPv6 dient der Steuerung der Datenübertragung zwischen Routern und auch Endgeräten.

Darüber hinaus werden automatisiert Informationen und Fehlermeldungen ausgetauscht. Beispielsweise erfolgen Meldungen über ICMP bei Nichterreichbarkeit von benachbarten Routern. Auch bei Zeitüberschreitung einer vorgegebenen maximalen **Antwortzeit** [*timeout*] im Netzwerk senden sich Router und Endgeräte so genannte ICMP-Nachrichten, um sich über den veränderten Status im Netzwerk zu informieren. ICMP arbeitet direkt auf der Internetschicht. Die Informationen in Form von ICMP-Nachrichten werden in IP-Pakete gekapselt. ICMP wird in den RFCs 793 und 2463 beschrieben.

Als Nutzer kommt man beispielsweise im Falle der Nutzung der Programme **PING** und **TRACEROUTE** indirekt mit dem Protokoll in Berührung: So lässt sich zum Beispiel unter Windowssystemen durch die Nutzung dieser Programme die Verfügbarkeit von Stationen, die Laufzeiten von Paketen und auch die Routen vom Absender zum Adressaten im IP-Netzwerk ermitteln. Die Eingabe von `ping 208.77.188.166` führt dazu, dass vom PING-Programm mit Hilfe des ICMP Testpakete mit einer so genannten ECHO-Anfrage versendet werden, die von der adressierten Station (`208.77.188.166`) ‚hoffentlich' beantwortet werden. Bleibt das ‚Echo' aus, so liegt eine Störung vor: Entweder ist der Adressat oder ein Netzknoten auf der Route nicht zu erreichen.

Weitergehende Diagnosemöglichkeiten bietet das TRACEROUTE-Programm, das unter Windows mit dem Befehl `tracert` aufgerufen wird. Das Programm verwendet ICMP, um die Route der Testpakete zu ermitteln und dem Benutzer auszugeben. Der Befehl `tracert www.westermann.de` liefert die Zahl und Dauer der so genannten Hops, also der Sprünge über Netzknoten auf dem Weg vom Absender zum Ziel und zusätzlich die Knotennamen und IP-Adressen.

- Ports sind Kennzahlen zur Adressierung auf der Transportschicht des TCP/IP-Modells.
- Von der IANA festgelegte Well-Known-Ports (0 - 1023) und so genannte Registered Ports lassen sich Anwendungen zuordnen.
- Das auf IP aufbauende, verbindungsorientierte TCP-Protokoll ermöglicht eine zuverlässige Datenkommunikation mit Hilfe von virtuellen Verbindungen, die durch Drei-Wege-Handshakes auf- bzw. abgebaut werden.
- UDP ist ein minimalistisches, schnelles Protokoll zur Datenübertragung, das verbindungslos und nicht zuverlässig arbeitet. Daher muss Software, die das UDP verwendet, auf der Anwendungsebene fehlertolerant sein.
- TCP wird für zuverlässige und UDP für schnelle Datenübertragung eingesetzt.
- ARP ist ein schichtenübergreifendes Protokoll, das IP-Adressen zu Ethernet-Adressen auflöst.
- ICMP dient der Steuerung der Datenübertragung von Routern und Hosts.

2.4.4 Protokolle der Anwendungsschicht

2.4.4.1 Hilfsprotokolle

Auf der Anwendungsschicht des TCP/IP-Modells sind Hilfsprotokolle zur Steuerung und Überwachung von Netzwerkelementen (z. B. Router, Server, Drucker, Computer usw.) besonders wichtig. Besonders bedeutsam ist die Adressierung der Netzwerkelemente.

2.4.4.1.1. Dynamic Host Configuration Protocol

Netzwerkelemente lassen sich durch manuelle Zuweisung von IP-Adressen hinreichend adressieren. Allerdings ist dieses Verfahren aufwändig, weil jede Station konfiguriert werden muss und gleichzeitig fehleranfällig. Da die Wahrscheinlichkeit der unbeabsichtigten Vergabe von doppelten IP-Adressen besteht. Eine zentrale Instanz zur automatischen Vergabe von IP-Adressen stellt der sogenannte DHCP-Server dar. Abb. 2 zeigt die notwendigen Minimalkonfigurationen für DHCP-Client und -Server.

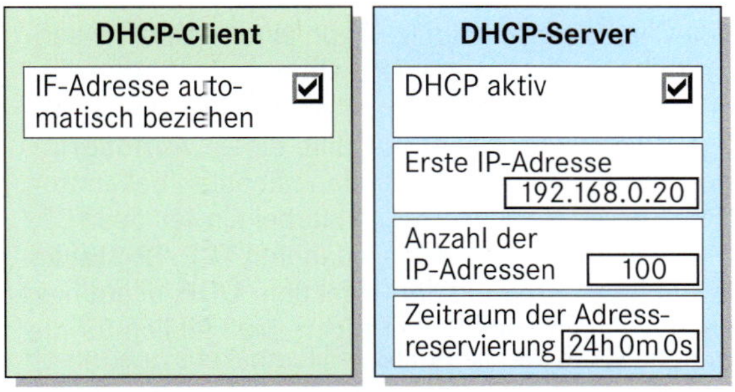

2: Minimalkonfiguration von DHCP-Client und Server

Der Zuweisungsvorgang selbst wird von einem Client ausgelöst, der sich im Netzwerk anmeldet. Er sucht mit einem Rundruf (Broadcast) als **DHCP-Discover** ① nach einem DHCP-Server. Dieser antwortet mit einer genau an einen Client gerichteten Antwort (Unicast) als **DHCP-Acknowledge** ②. Dabei weist er eine IP-Adresse mit weiteren Parametern (→ Subnetzmaske, IP-Adresse des Standardgateways, IP-Adressen von → DNS-Servern) zu. Der DHCP-Server führt Mac-Adresse des Clients und vergebene IP-Adresse in einer Tabelle (vgl. Abb. 3).

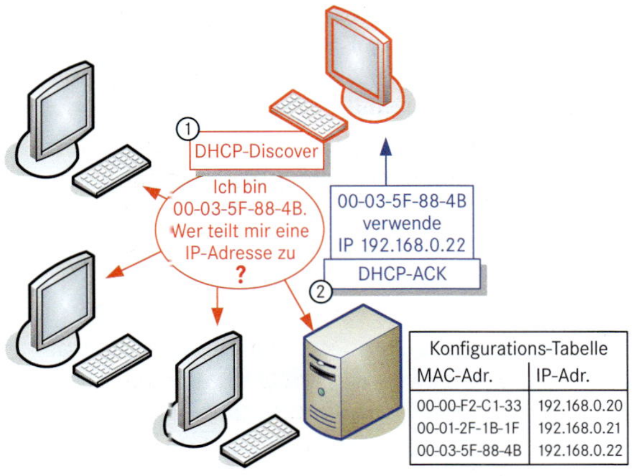

3: IP-Adressvergabe (Ablauf schematisch)

Die Funktionalität DHCP kann auf ganz unterschiedliche Art bereitgestellt werden. Als professioneller Standard bietet jedes Server-Betriebssystem DHCP als Dienst an. Häufig lässt sich DHCP aber auch als Teil einer Hardwarelösung aktivieren: Viele (DSL-) Router, WLAN-Accesspoints und auch Printserver bieten diese Möglichkeit. DHCP lässt sich auch als Softwarelösung auf jedem PC installieren.

Unbedingt ausgeschlossen werden muss dabei die gleichzeitige Aktivierung mehrerer DHCP-Server innerhalb eines Netzwerks. Sonst kommt es unweigerlich zu Adresskonflikten im Netz.

Prinzipiell erhalten bekannte Clients ihre ‚alte' IP-Adresse bei einer erneuten Anmeldung. Bei einer **statischen Zuweisung** erfolgt dies durch die dauerhafte Hinterlegung von MAC- und IP-Adresse. Üblich ist dies z. B. für Netzwerkdrucker oder Fileserver, um sie immer wieder unter der gleichen IP-Adresse ansprechen zu können. Da bei der statischen Zuteilung der Vorrat freier Adressen schnell erschöpft ist, werden über einer **dynamische Vergabe** nicht genutzte Adressen wieder freigegeben, sobald eine festgelegte Zeit (**Lease-Time**) überschritten wird.

Damit Clients mit manuell vergebenen IP-Adressen in ein DHCP-konfiguriertes Netz eingebunden werden können, lassen sich über die Konfiguration des DHCP-Servers bestimmte IP-Adressen von der automatischen Adressvergabe ausschließen. Abb. 4 und Abb. 5 zeigen das Ergebnis verschiedener Konfigurationsmöglichkeiten beim DHCP-Dienst eines Windows-Server-Betriebssystems.

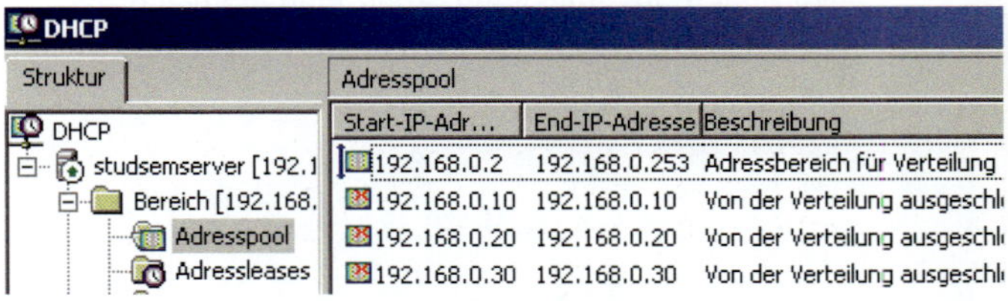

4: Adressbereich mit ausgeschlossenen Adressen

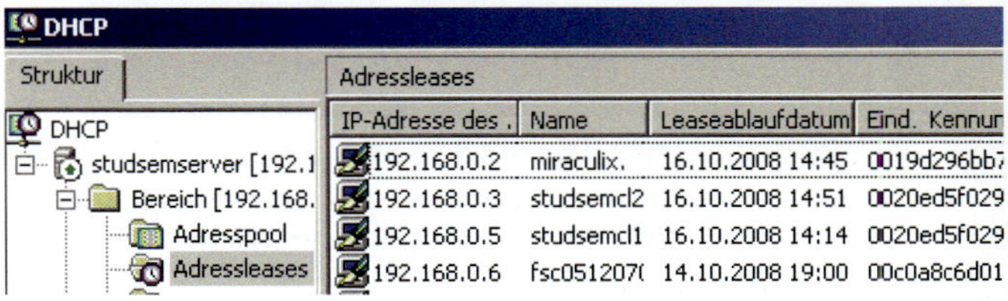

5: Zugewiesene IP-Adresse mit Ablaufzeiten

- Das Hilfsprotokoll DHCP dient der automatischen Zuweisung von IP-Adressen und weiterer Konfigurationsdaten.
- Um Adresskonflikte zu vermeiden, darf innerhalb eines abgeschlossenen Netzes immer nur ein DHCP-Server aktiviert sein (‚DHCP enable').

2.4.4.1.2 Domain Name System und DNS-Protokoll

Die Identifizierung eines Computers (**Host**), erfolgt eindeutig über seine IP-Adresse. Da sich zahlenbasierte IP-Adressen nur schwer merken lassen, ist dieses System wenig anwenderfreundlich. Mit dem **D**omain **N**ame **S**ystem (**DNS**) lassen sich hierarchische Strukturen dagegen sinnvoll und nachvollziehbar abbilden. Zur Identifizierung des die Informationen bereitstellenden Servers einer Domain übernehmen sog. **Nameserver** die Verwaltung der Zuordnung von DNS-Name zur IP-Adresse.

Ein DNS-Name besteht aus mehreren Namensteilen. Die Teilnahmen werden voneinander durch Punkte getrennt und bilden als Baumstruktur die Gesamtdomain. Abb. 1 zeigt die Struktur für die Domain www.westermann.de.

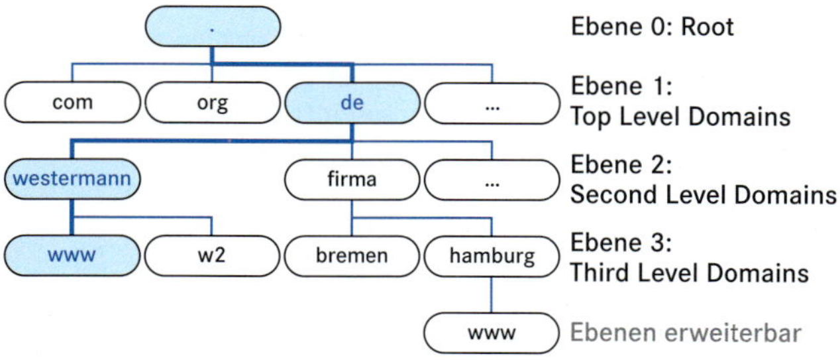

1: Baumstruktur eines DNS-Namens

Hinter einer Domain steht immer die ganz konkrete Hardware des Rechners, der die Informationen im Netz bereitstellt. Mit einem **Ping**-Befehl beispielsweise auf www.westermann.de lässt sich dies leicht nachvollziehen: Als Rückgabe erhält man die IP-Adresse 217.13.73.10 (Abb. 2).

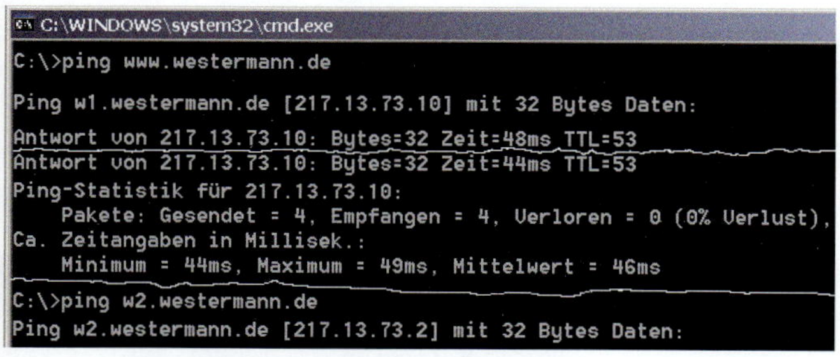

2: Ping auf www.westermann.de (Ausschnitt)

Wie man erkennen kann, verbirgt sich hinter der Third Level Domain www. der Host *w1*. von Westermann. Ein Ping auf w2.westermann.de führt tatsächlich auch zu einer anderen IP-Adresse (217.13.73.2).

Die Namensauflösung wird von Programmen über das **DNS-Protokoll** übernommen. Das Netz ist hierzu in Zonen eingeteilt, wobei für eine Zone immer ein **autoritativer Name-Server** verantwortlich ist. Dessen **gesicherte Informationen** sind zusätzlich auf **nicht-autoritativen Nameservern** kopiert und verteilt. Die Informationen der nichtautoritativen Nameserver gelten als nicht gesichert, da sie weniger aktuell sein können.

Ping oder Pong oder was?

Mit dem Programm **Ping** kann überprüft werden, ob ein bestimmter Host in einem IP-Netzwerk erreichbar ist und wie lange die Paketlaufzeit dauert. Dabei wird mit dem Befehl *ping* eine **Echo-Anfrage** *[echo request]* in das Netz geschickt und die Zeit gemessen, bis eine Antwort erfolgt.

Der Befehl *ping www.westermann.de* startet hierbei ein sogenanntes **forward lookup**, d.h. als Antwort wird u.a. die IP-Adresse des Host geliefert. Ein **reverse lookup**, also die Rückgabe des Domain-Namens zu einer bekannten IP-Adresse, ist mit dem Befehl *ping -a* möglich.

Kann ein Rechner nicht angesprochen werden, meldet Ping eine *Zeitüberschreitung der Anforderung* oder gibt den Hinweis: *Zielnetz nicht erreichbar*.

Funktionsprinzip einer DNS-Anfrage

Von Clientprogrammen (z.B. von einem Webbrowser) wird für den Abruf von Informationen die IP-Adresse des zu einem Domain-Namen gehörenden Host benötigt. Also startet dieses mit Hilfe eines „**Auflösers**" *[Resolver]* eine Anfrage an den nächsten bekannten DNS-Server. Der Resolver ist hierbei ein Teil des TCP/IP-Protokollstapels, des sogenannten **TCP/IP-Stacks**. Die Anfrage erfolgt in der Regel über **UDP**, allerdings kann sie auch über TCP erfolgen. Maßgeblich für die Anfrage ist der **Port 53**.

Kann der ‚befragte' DNS-Server den Namen nicht auflösen, wird die Anfrage an einen in der Hierarchie nächst höheren Server weitergeleitet. Diese Weiterleitung der Anfrage wird so lange erfolgen, bis der Name aufgelöst werden kann oder eine Fehlermeldung zurückgegeben wird. Die höchste DNS-Server-Instanz bilden sogenannte **Root-Server** als autoritative Nameserver. Root-Server beantworten nur indirekte Anfragen anderer DNS-Server, da sie sonst von Client-Anfragen überlastet würden.

Grundlage für die Namensauflösung bilden Host-Tabellen, in denen Domain-Name und zugehörige IP-Adresse gelistet sind. Ursprünglich wurden diese Adressen manuell gepflegt. Wegen der Größe des Internets erfolgt die Namensverwaltung allerdings seit 1983 auf der Grundlage der RFC 1034 bzw. 1035 manuell und dynamisch.

- Das Domain Name System DNS stellt einen vollständigen Domänennamen in einer Baumstruktur dar.
- Ein vollständiger Domänenname steht immer für einen Host mit einer eindeutigen IP-Adresse.
- Die Beziehung zwischen Domain-Name und IP-Adresse wird von hierarchisch angeordneten Domain-Name-Servern verwaltet.
- Die Namensauflösung erfolgt auf der Basis des DNS-Protokolls als Teil des TCP/IP-Stacks.

2.4.4.1.3 Simple Network Management Protocol

SNMP ist ein einfaches Potokoll zur Verwaltung und Überwachung von Netzwerkelementen über eine Managementstation (Abb. 3).

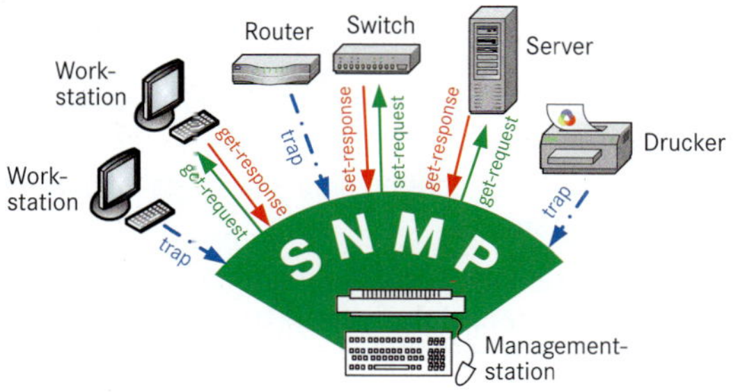

3: SNMP-Managementstation

Das Protokoll regelt die Kommunikation zwischen den überwachten Geräten und der Überwachungsstation. SNMP ist ein Teil des **TCP/IP-Stacks** wobei das verbindungslose **UDP** zum Transport genutzt wird.

Auf den Endgeräten läuft ein Schnittstellenprogramm, der sogenannte **SNMP-Agent**. Dieses Programm erfasst den eigenen Netzstatus und reagiert über **Port 161** auf definierte Kommandos der **N**etwork **M**anagement **S**tation (**NMS**). Möglich ist eine **Anforderung** ***[request]*** und die Antwort auf eine **Anforderung** ***[response]***. Außerdem können unaufgefordert Nachrichten beispielsweise als Ereignismeldung, sogenannte **traps**, vom Agenten an **Port 162** des Managers gesendet werden (vgl. Abb. 3).

Zu unterscheiden sind **get**-Befehle zum Holen von Informationen und **set** zum Konfigurieren der Endeinrichtungen. Die Werte, die über eine gemanagete Netzwerkkomponente ausgelesen und verändert werden können, werden in eine **M**anagement **I**nformation **B**ase (**MIB**) geschrieben. Typische Beispiele der sogenannten ‚**Managed Objects**' sind Adresse (get und set), Portstatus (get), Routerkonfiguration (set), Festplattenauslastung (get) und Ladezustand des Akkus einer USV (get).

Im Gegensatz zu der ursprünglich kommandozeilenorientierten Bedienung an der Management-Konsole auf der NMS, gibt es inzwischen so genannte SNMP-Manager, die als Software komplexe SNMP-verwaltete Netzwerke ansprechend visualisiert verwalten können. Aktuell ist die sichere SNMP-Version SNMPv3, die auch verschlüsselte SNMP-Kommunikation unterstützt.

- SNMP ist ein einfaches Protokoll zur Verwaltung und Überwachung von Netzwerkelementen über eine Managementstation.
- Die Netzwerk Management Station (NMS) holt sich mit dem get-Kommando Statusinformationen von den Netzwerkendeinrichtungen.
- Mit dem set-Kommando konfiguriert die Managementstation die Netzwerkendeinrichtung.

2.4.4.2 Anwendungsprotokolle

Bei Anwendungsprotokollen steht die gemeinsame Nutzung von **Netzwerkanwendungen** im Vordergrund, wobei die Netzwerkendeinrichtungen ganz verschiedene Plattformen und Betriebssysteme nutzen können.

Typische Beispiele sind die Internetanwendungen zur **Webseitendarstellung**, zum Schreiben von **E-Mails** und zum **Transfer von Daten**. Jede Netzwerkanwendung erfordert spezifische Anwendungsprotokolle, die jeweils Teil der entsprechenden Netzwerkprotokollfamilie sind. Wegen der besonderen Bedeutung des Internets werden im folgenden einige zentrale Anwendungsprotokolle ausschließlich der TCP/IP-Protokollfamilie dargestellt. Abb. 4 zeigt eine Übersicht der wichtigsten Internetanwendungen und die zugehörigen Anwendungsprotokolle.

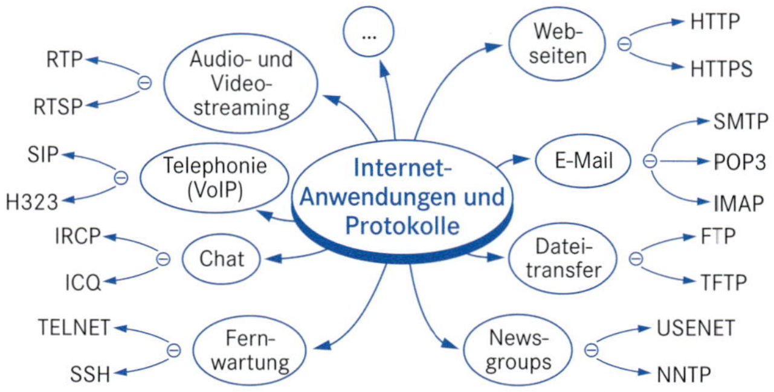

4: Internetanwendungen und Anwendungsprotokolle

2.4.4.2.1 Hypertext Transfer Protocol

Die Bezeichnung **HTTP** begegnet jedem Internetnutzer bei der Anzeige einer URL im Browser. Die **URL** (**U**niform **R**esource **L**ocator) ist die Webadresse, der Browser das Programm des Anwenders zur Anzeige von Webseiten.

HTTP legt fest, wie Seiten von einem Server im **WWW** (**W**orld **W**ide **W**eb) angefordert werden und wie dieser die Seiten bereit stellt. Das Protokoll ist Teil des TCP/IP-Stacks, wobei TCP meistens **Port 80** für den Transport nutzt.

Übertragen werden über HTTP meistens Daten in einer Seitenbeschreibungssprache (z.B. in **HTML** (**H**ypertext **M**arkup **L**anguage) und ihre Ergänzungen (Bilder, Skripte usw.). Wird hierbei ein Link übermittelt (z.B. auf *www.westermann.de/berufsschule.htm*) so wird über HTTP an den Server mit dem Hostnamen www.westermann.de mit einem **Get**-Kommando die Anfrage gerichtet, die Seite *berufsschule.htm* zurückzusenden. Zusätzliche Informationen wie Angaben über den Browser, zur gewünschten Sprache usw. können über den **Header** (Kopfzeilen) in jeder HTTP-Kommunikation übertragen werden.

HTTPS ist die Weiterentwicklung des Hypertext Transfer Protocols, indem für eine sichere Datenübertragung Verschlüsselungen definiert werden. S steht hierbei für ‚secure'.

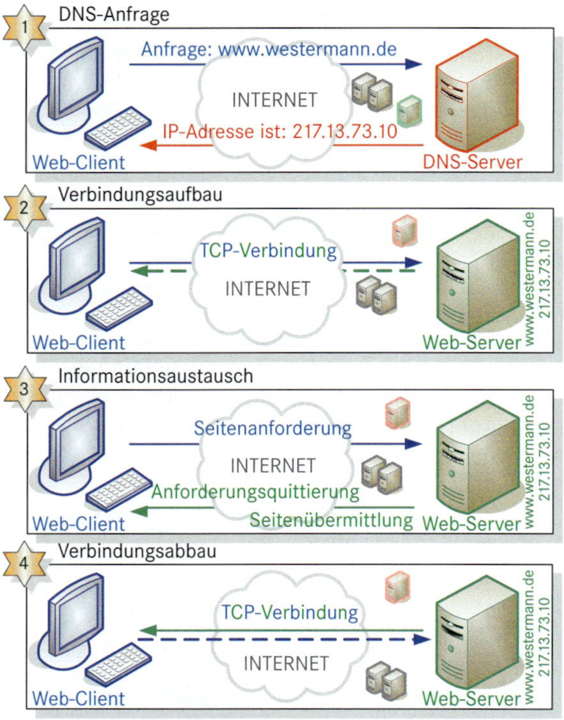

1: Datenkommunikation unter HTTP (schematisch)

Abb. 1 zeigt schematisch den Ablauf der Datenkommunikation bei der Anforderung und Übertragung einer Webseite mittels HTTP. Die Trennung der Verbindung erfolgt zwar typischerweise durch den Client, bei HTTP geschieht dies aber durch den Server. Damit kann dieser sofort nach der Datenübertragung wieder Daten an andere Clients senden. Außerdem wird dem Client so mitgeteilt, dass die Übertragung beendet ist. Die Anzeige im Browser erfolgt erst dann, wenn die TCP-Verbindung abgebaut wurde.

2.4.4.2.2 File Transfer Protocol

Wenn Dateien zwischen entfernten Rechnern über das Internet ausgetauscht werden sollen, wird **FTP** relevant. Dieses Protokoll ermöglicht es einem Nutzer, sich auf dem entfernten Rechner zu authentifizieren, Dateien zu übertragen, außerdem Verzeichnisse anzulegen und auszulesen. Dateien und Verzeichnisse können von ihm auch umbenannt oder gelöscht werden.

Ein typischer Anwendungsfall ist die Übertragung von lokal erstellten Webseiten auf einen Server im Internet (Beispiel in Abb. 2).

FTP ist Teil des TCP/IP-Stacks. Dabei wird das verbindungsorientierte TCP über die Ports 20 und 21 genutzt. Zwei Ports sind deshalb erforderlich, weil über den einen sogenannten CTRL-Port (21) die Abwicklung und Steuerung der **Sitzung** [*session*] erfolgt, während die eigentliche Dateiübertragung über den anderen sogenannten DATA-Port (20) erfolgt.

Für die Datenübertragung mittels FTP ist immer ein Steuerungsprogramm erforderlich, das auf dem Client ausgeführt wird. Die Steuerung selbst erfolgt über einen kleinen Befehlsvorrat von 42 Kommandos z. B. um Dateien herunterzuladen (`get`), hochzuladen (`put`), zu löschen (`delete`), Verzeichnisse anzuzeigen (`dir`) usw.

Prinzipiell genügt das kommandozeilenorientierte FTP-Programm, das nahezu jedes Betriebssystem mitbringt. Komfortabler zu handhaben sind allerdings eigenständige FTP-Programme.

Abb. 2 zeigt exemplarisch das Programm WS-FTP. Links wird die lokale **Verzeichnisstruktur** [***local system***] des Clients abgebildet, rechts die des entfernten **FTP-Servers** [***remote site***]. Immer notwendig ist die Angabe der Art der Datenübertragung als ASCII-Zeichen bzw. als Binärcode, da die Datenübertragung unterschiedlich gehandhabt wird.

- HTTP definiert die Übertragung von Webseiten.
- FTP dient der Übertragung von Datenverzeichnissen und Dateien.
- Dateioperationen zwischen lokalem System und Remote Site erfolgen über FTP kommandozeilenorientiert oder durch FTP-Programme mit grafischer Benutzeroberfläche.

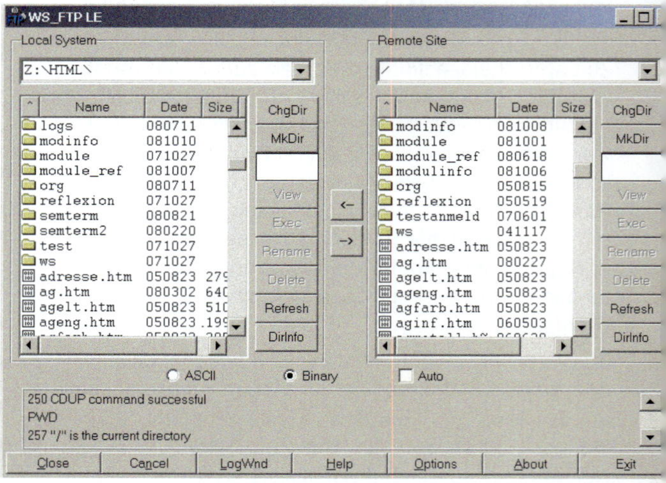

2: FTP-Programm WS-FTP

2.4.4.2.3 Mail-Protokolle

Zum Austausch von E-Mails über das Internet sind mindestens zwei Protokolle erforderlich. Ein Protokoll legt fest, wie das Versenden der elektronischen Post erfolgen soll, das andere definiert das Abholen und Empfangen von E-Mails. Tatsächlich stehen dem **S**imple **M**ail **T**ransfer **P**rotocol (**SMTP**) zum Versenden von Mails zwei Protokolle gegenüber, die dem Empfang dienen: **P**ost **O**ffice **P**rotocol (**POP**) und **I**nternet **M**essage **A**ccess **P**rotocol (**IMAP**).

2.4.4.2.3.1 Simple Mail Transfer Protocol

Das **SMTP** regelt das Verfahren zum Versenden von Mails. Abb. 3 zeigt die Transportschritte einer Mail.

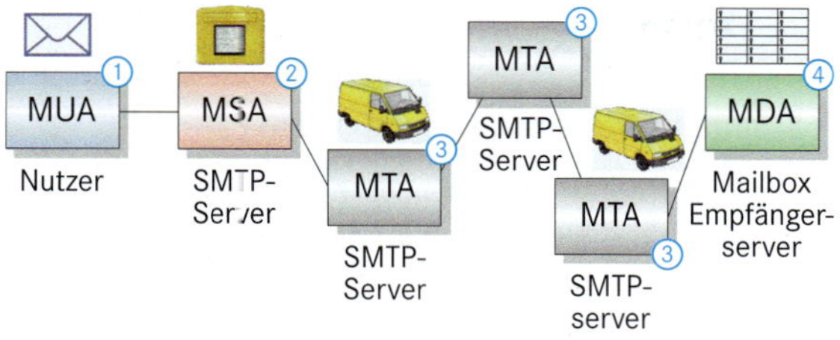

3: Transportschritte beim Mailversand

Das Mailprogramm beim Nutzer, der sogenannte **M**ail **U**ser **A**gent (**MUA**) ① versendet die Mail an den **M**ail **S**ubmission **A**gent (**MSA**) ②, einem Programm auf dem SMTP-Server. Dieses leitet die Mail ggf. noch über weitere SMTP-Server, auf denen ein **M**ail **T**ransfer **A**gents (**MTA**) ③ läuft, zum Ziel. Dort wird sie von einem **M**ail **D**elivery *A*gent (**MDA**) ④ angenommen, der sie auf die Empfänger-Mailboxen verteilt. Überträgt man das Verfahren auf die bekannte ‚Snail-Mail' (also auf die alte Post), so sorgt die MUA für den Einwurf in den gelben Briefkasten (MSA), von dort erfolgt der Transport über verschiedene Poststationen (MTA) bis zum Postfach bei der Empfängerpoststelle (MDA). Für das Abholen ist dann der Empfänger selbst zuständig. In Analogie übernimmt dies nicht SMTP, sondern ein anderes Protokoll (POP oder IMAP). Ganz ähnlich wie beim gelben Briefkasten muss die erste Instanz vor dem Weitertransport zuerst die Sendeberechtigung des Absenders feststellen (Briefmarke). Dies übernimmt der MSA im Gegensatz zum MTA. MTAs leiten alles weiter, MSAs nur Mails von berechtigten Mailabsendern. MDAs prüfen lediglich die Empfängeradresse.

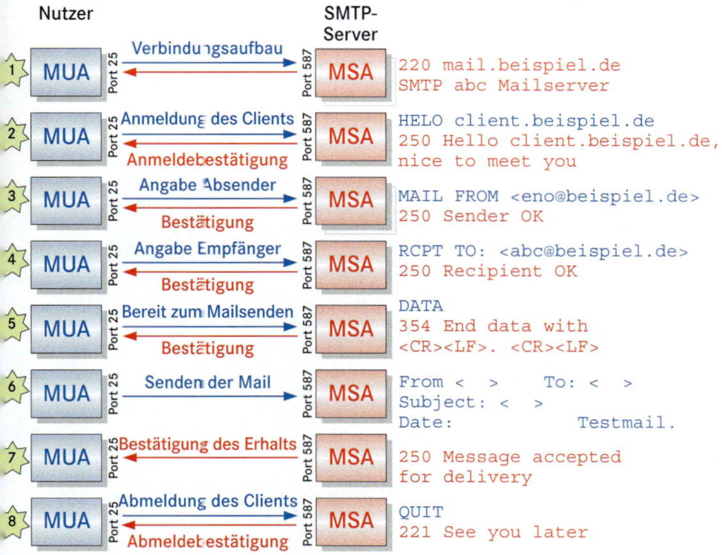

4: Kommunikationsablauf beim Mailversand (Aktivitäten und Befehle von MUA blau, MSA rot)

SMTP ist Teil des TCP/IP-Stacks. Es nutzt das verbindungsorientierte TCP über den **Port 25** (MTA) bzw. **587** (MSA). Den Ablauf der Kommunikation zwischen MUA und MSA zeigt Abb. 4. Üblich ist der Austausch über das 7-Bit ASCII-Format, d. h. ohne die Darstellung von Umlauten (vgl. Abb. 4 rechts). Soll die Darstellung Umlaute enthalten oder gar HTML-formatiert sein, müssen die Codierungsinformationen mit übertragen werden. Die Kommunikation zwischen MSA und MTA bzw. MTA und MDA erfolgt entsprechend.

Die ungeprüfte Weiterleitung über mehrere SMTP-Server (**Open Relay**) ist unter Sicherheitsaspekten nicht unproblematisch. Die SMTP-Kommunikation erfolgt standardmäßig unverschlüsselt. Die Mail kann also auch mitgelesen werden. Außerdem wird Schritt 3 und 4 jeweils von MTA zu MTA wiederholt, die Absender- und Empfängerangaben aber nicht mitprotokolliert. Für den Transport von einer Station zur nächsten wird quasi immer ein neuer **„Briefumschlag"** ***[envelope]*** geschrieben. Zwar enthält auch die eigentliche Mail Angaben über Empfänger und Absender, aber auch diese können bei unverschlüsselten Mails manipuliert werden. Bei Emails lässt sich also nicht ohne weiteres sicherstellen, woher die Nachricht kommt und ob ihr Inhalt authentisch ist. **Spam**, also das anonyme Versenden unerwünschter, oft lästiger und teilweise schädlicher Mails, ist eine Folge.

Folgende Sicherheitskonzepte kommen zum Einsatz:

Zugriffskontrolle: Nur zugelassene Benutzer dürfen den SMTP-Server nutzen.

Vertraulichkeit: Die Nachricht kann nicht von Fremden gelesen werden.

Echtheitsprüfung: Es wird sichergestellt, dass der angegebene Absender der tatsächliche ist.

Integrität: Die Nachricht kann auf dem Weg durchs Netz nicht unbemerkt verändert werden.

Die Konzepte basieren auf verschiedenen Authentifizierungs- und Verschlüsselungsverfahren. Typisch neben **SMTPAuth** zur Authentifizierung ist beispielsweise **SMTP-After-POP**. Wer über POP beim Diensteanbieter nachgewiesen hat, dass er ein eigenes Postfach besitzt, darf senden. Zur Verschlüsselung wird das TCP/IP- Verschlüsselungsprotokoll **SSL/TLS** genutzt oder z.B. **PGP** (**P**retty **G**ood **P**rivacy) als Verschlüsselungsprogramm eingesetzt. Auch möglich ist die Verschlüsselung der Mail über **S/MIME** (**S**ecure/**M**ultipurpose **I**nternet **M**ail **E**xtensions).

- Das SMTP dient dem Versand von Mails von einem Mail-Client.
- SMTP erlaubt die offene Kommunikation ohne Authentifizierung und Verschlüsselung. Es erfordert deshalb zusätzliche Sicherheitskonzepte.

2.4.4.2.3.2 Post Office Protocol

Das **P**ost **O**ffice **P**rotocol in der aktuellen Version **3** (**POP3**) dient dem Abholen von Mails aus dem eigenen Postfach bei einem Provider - in Analogie zur Snail-Mail also dem Abholen der Post aus dem Hausbriefkasten. Genutzt wird hierzu ein E-Mailprogramm (z.B. MS-Outlook, Thunderbird usw.)

POP3 ist ein rein textorientiertes ASCII-Protokoll. Die Steuerung der Datenübertragung geschieht durch zwölf Kommandos, die standardmäßig an den **Port 110** des Mailservers geschickt werden. POP3 ist im **RFC 1939** beschrieben und, wie die anderen Anwendungsprotokolle, Teil des TCP/IP-Stacks. Im Gegensatz zu SMTP erfolgt bei POP3 vor der Kommunikation mit dem Mailserver immer eine Authentifizierung.

1. Verbindungsaufbau durch den Client
2. Authentifizierung beim Mailserver
3. Herunterladen der Mails auf den lokalen Rechner des Nutzers
4. Löschen der abgerufenen Mails auf den Server
5. Verbindungsabbau durch den Client

1: Kommunikationsschritte unter POP3

Abb. 1 zeigt die fünf typischen Schritte beim Mailempfang unter POP3. Dieses Verfahren eignet sich besonders für die Verwaltung der Mails lokal auf dem Client und für nur kurzzeitig zum Mailserver bestehende Internetverbindungen. Nachteilig ist die Verfügbarkeit der gelesenen Mails nur auf dem einen (lokalen) Rechner. Zwar ist das Löschen auf dem Mailserver nicht zwingend, werden die Mails aber nicht gelöscht, führt dies sehr schnell zur Unübersichtlichkeit. POP3 erlaubt keine Verwendung von Ordnerstrukturen auf dem Mailserver. Da POP3 von sich aus keine Vertraulichkeit sicherstellt und bereits die Authentifizierung standardmäßig offen erfolgt, sollte die gesamte Kommunikation über Verschlüsselungstechniken wie z.B. SSL/TLS ablaufen. Auf dem Mailserver steht dazu der **Port 995** zur Verfügung.

2.4.4.2.3.3 Internet Message Access Protocol

IMAP dient, wie POP3, dem Empfang von Mails, allerdings erlaubt das Anwendungsprotokoll auch die Verwaltung von bereits empfangenen E-Mails von jedem beliebigen lokalen Rechner aus. Auch hierzu wird ein Mailprogramm verwendet. Im Gegensatz zu POP3 verbleiben die E-Mails bei IMAP auf dem Server. Das bedeutet, dass der **Zugriff** *[Access]* und die Verwaltung der Mails eine dauerhafte Verbindung zum Internet benötigt (Nachteil), andererseits aber auch von verschiedenen Rechnern, z.B. Desktop und Laptop, aus möglich ist (Vorteil).

Abb. 2 zeigt die typischen Schritte beim Mailempfang unter IMAP. Schritt 3 umfasst dabei fast immer mehrere Teilschritte, z.B. Anzeigen einer Mail, Anlegen eines neuen Ordners und Verschieben der Mail in diesen Ordner.

1. Verbindungsaufbau durch den Client
2. Authentifizierung beim Mailserver
3. Verwaltung der Mails auf dem Mailserver
4. Verbindungsabbau durch den Client

2: Kommunikationsschritte unter IMAP

Wie POP3 ist IMAP ein textbasiertes Protokoll des TCP/IP-Stacks. Für die offene Übermittlung ist **Port 143** reserviert. Verschlüsselte Verbindungen nutzen mit der Version IMAP3 den **Port 220**, in der aktuellen Version IMAPS den **Port 993**. Auch bei IMAP ist die Verwendung von Verschlüsselungstechniken dringend angeraten.

IMAP wird hinter den Kulissen auch von WebMail genutzt. Zugang und Authentifizierung erfolgen bei WebMail über eine mit einem Browser dargestellte Webseite. Auch Webmail ist natürlich auf eine vorhandene Internetverbindung angewiesen.

- POP3 und IMAP dienen dem Abrufen von Mails aus dem Postfach des Mailservers.
- POP verwaltet die Mails auf dem lokalen Rechner. IMAP verwaltet sie auf dem Mailserver.
- Beide Protokolle sollten ausschließlich mit Verschlüsselungstechniken genutzt werden.

2.4.4.2.4 Telnet

Telecommunication **Net**work ist ein rein textbasiertes Protokoll. Es dient der direkten Kommunikation im Internet. Es ist Teil des TCP/IP Stacks, wobei sich die Teilnehmer meist über **Port 23** verbinden. Mit Telnet werden Befehle anderer textbasierter Protokolle (FTP, SMTP, POP3, IMAP) über die Kommandozeile ausgetauscht. Dabei ist die Ansprache auch anderer Ports möglich. Abb. 3 zeigt eine POP3-**Sitzung** *[session]* über Telnet. Telnet wird aus Sicherheitsgründen zur Fernwartung kaum noch eingesetzt, statt dessen wird heute z.B. das Open Source Programm ‚Putty' basierend auf dem SSH-Protokoll verwendet.

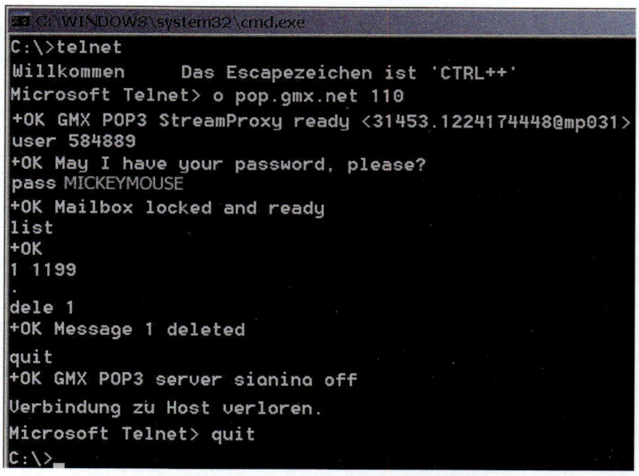

3: Verbinden, Auflisten u. Löschen einer Mail über Telnet

2.5.6 Datenweiterleitung und -blockierung

Jedes Netzwerk ist dringend darauf angewiesen, dass Daten des Absenders A auch beim Empfänger B ankommen. Zwischen mehreren Netzwerken sind funktionierende Weiterleitungstechniken erforderlich. Gleichzeitig muss es aus Sicherheitsgründen aber auch möglich sein, unerwünschte Daten abblocken zu können. Auch hierfür existieren Techniken. Um beide Varianten wird es im Folgenden gehen, wobei sich die Erläuterungen wegen der besonderen Bedeutung ausschließlich auf das Internet und das Protokoll TCP/IP beziehen.

2.4.5.1 IP-Adressierung und Subnetting

Wie bereits in 2.4.3.1 beschrieben, ist im Internet jede Netzwerkendeinrichtung über eine eindeutige IP-Adresse identifiziert. Da die IPv4-Adressierung derzeit noch am stärksten verbreitet ist, beziehen sich die weiteren Erläuterungen ausschließlich auf IPv4. IPv6 verwendet im Übrigen die gleiche Notation zur Festlegung von Netz- und Hostadressen.

Bei IPv4 besteht die Adresse aus 32 Bits. Wegen der schlechten Lesbarkeit einer 32-stelligen Binärzahl werden dabei jeweils 8 Bits (also 1 Byte) zu einer Dezimalzahl zusammengefasst. Die Bytes werden gegeneinander jeweils durch einen Punkt abgetrennt. Da der Wert je eines Bytes zwischen 0 und 255 liegen kann, entstehen so Netzwerkadressen vom Typ 0.0.0.0 bis 255.255.255.255. Die Gesamtadresse lässt sich dabei immer in eine Netzwerkadresse und eine Rechner- oder Hostadresse innerhalb dieses Netzwerkes unterteilen. Abb. 4 zeigt die Aufteilung.

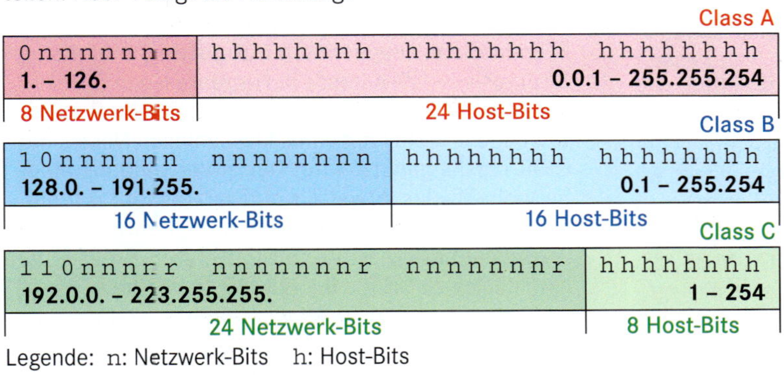

4: Struktur von IP-Adressen

Durch die Gliederung in Klassen lassen sich verschiedene Größen von Netzwerken definieren, wobei die Größe festlegt, wieviel Rechner (Hosts) zu einem Netzwerk gehören können. Gleichzeitig wird mit einer einzigen Angabe sowohl die Adresse des Hosts als auch die Zugehörigkeit zu 'seinem' Netz bestimmt. So gehört beispielsweise ein Host mit der Adresse 132.255.128.13 zum Class B-Netz 132.255.0.0.

Reservierte Host-Adressen

Damit bei der Zuweisung von Hosts zu einem Netz die Hostadresse nicht mit der Netzadresse kollidiert, gibt es sogenannte reservierte Adressen.

Reservierte Adressen dürfen definitionsgemäß nicht zur Adressbezeichnung verwendet werden.

1. Reserviert sind Host-Adressen, die ausschließlich aus Nullen bestehen, da mit der Adresse das zugehörige Netz beschrieben wird. Dies sind für Class A: x.0.0.0 , für Class B: x.x.0.0 und für Class C: x.x.x.0.
2. Reserviert sind Host-Adressen, die ausschließlich aus Einsen bestehen, da mit dieser Adressangabe immer ein Rundruf (Broadcast) an alle Hosts innerhalb des Netzes ausgelöst wird. Dies sind für Class A: x.255.255.255, für Class B: x.x.255.255 und für Class C: x.x.x.255.

Class A-Netze

Rein rechnerisch gibt es $2^7 = 128$ Class A-Netze, die $2^{24}-2$, also ca. 16 Millionen von Rechnern enthalten können. Sie sind erkennbar am ersten Bit 0. Das erste Byte kennzeichnet das Netz, die restlichen Bytes die Hosts im Netz. Im Class A-Netz gibt es allerdings zwei Netzwerkreservierungen: Netzwerk 0 gilt als **Default-Netz**. Die Adresse 0.0.0.0 wird als Zielangabe für die Weiterleitung aller unbekannten Zieladressen durch einen Router festgelegt. Das Netzwerk 127 gilt als **Loopback-Adresse**. Damit ist festgelegt, dass Datenpakete an diese Adresse immer zum Absender zurückkommen, und zwar so, als kämen sie aus einem anderen Netz. 127.0.0.x wird zu Testzwecken eingesetzt. Wegen der Reservierungen stehen im Class-A Netz also nur 126 Netzadressen zur Verfügung.

Class B-Netze

Diese weisen als höchstwertigste Bits immer den Wert 10 auf. Da die ersten beiden Bytes die Netzwerkadresse bezeichnen, gibt es tausende von Class B-Netzen, die jeweils tausende von Rechnern beinhalten können.

Class C-Netze

Jeweils 254 Hosts können von Millionen von Class C-Netzen verwaltet werden. Die drei höchsten Bits tragen den Wert 110. Class C-Netze beginnen mit dem Wert 192.0.0. und enden mit dem Wert 223.255.255. Drei Bytes bezeichnen also das Netz und nur ein Byte die Hosts im Netz.

Andere Klassen

Ein Wert zwischen 224.0.0 und 239.0.0 (höchste Bits 111) spezifiziert sogenannte Multicast-Adressen, das sind Adressen von Rechern, die sich physikalisch einem Netz nicht zuordnen lassen. Sie werden teilweise auch als Class D-Netz bezeichnet. Adressen ab 240.0.0.0 (höchste Bits 1111) werden für Forschungszwecke verwendet. Für sie wird auch die Bezeichnung Class-E-Netz verwendet. Da ihre Zuweisung sehr speziell ist, werden sie bei der weiteren Betrachtung vernachlässigt.

Private IP-Adressen

Durch das Wachstum des Internets kollidierte der Anspruch von eindeutiger Adressierung sehr schnell mit der begrenzten Anzahl von IPv4-Adressen. Definierte Adressbereiche wurden deshalb von der ‚öffentlichen' Vergabe ausgenommen. Da diese ‚privaten' Adressen im Internet nicht weitergeleitet werden, können sie in verschiedenen LANs mehrfach genutzt werden. Die Ansprache der Rechner im LAN erfolgt dann über **NAT** (**N**etwork **A**ddress **T**ranslation). Zwar sind alle Systeme innerhalb des LANs über je eine private Adresse eindeutig adressiert, nach außen wird aber nur eine öffentliche IP-Adresse verwendet (**Masquerading**). Abb. 1 zeigt die privaten Adressbereiche.

Netzadress-bereich	Anzahl Host-Adressen	Netzanzahl
10.0.0.0 – 10.255.255.255	2^{24} – 2 = 16.777.214	Klasse A: 1 privates Netz
172.16.0.0 – 172.31.255.255	2^{20} – 2 = 1.048.574	Klasse B: 16 private Netze
192.168.0.0 – 192.168.255.255	216 – 2 = 65.534	Klasse C: 256 private Netze

1: Private IP-Adresen

Klassenlose Netze

Durch die Netzklassen ergeben sich sehr starre Netzgrößen, bei der jeweils ein ganzes binäres Oktett über die Zuweisung als Netzwerk bzw. Hostadresse entscheidet. Bei der Zuweisung eines Klassen-Netzes zu einem Unternehmen besteht damit die große Wahrscheinlichkeit, dass viele Hostadressen ungenutzt bleiben.

Einen Ausweg bieten sogenannte klassenlose Netze (RFC 1518 und 1519) . Hierbei wird eine IP-Adresse zusammen mit einer **CIDR**-Maske (**C**lassless **I**nter **D**omain **R**outing) vergeben. Die CIDR-Maske, die in Form einer Net-ID zusammen mit der IP-Adresse angegeben wird, legt hierbei über eine bitweise Undierung fest, wie viele Bits für die Netzwerkadressierung genutzt werden. Das höchstwertigste Bit trägt die Bitnummer 1. Abb. 2 zeigt dies am Beispiel der IP-Adress 129.172.16.33/25. Mit der Notation IP/25 (Suffix-Notation) ist festgelegt, dass Bit 1 bis 25 die zugewiesene Netzadresse bilden, innerhalb derer stehen 126 IP-Adressen für die Hosts zur Verfügung. Die Hostadresse 129.172.16.0 ist als die Netzadresse reserviert, während in diesem Netz 129.172.16.127 für Broadcasts genutzt wird.

Die Sache mit der Undierung

Eine Undierung bezeichnet die Verküpfung zweier Binärzahlen über ein logisches UND. Die UND- oder AND-Verknüpfung wird auch als Konjunktion bezeichnet. Die nachfolgende Tabelle zeigt das Ergebnis einer UND-Verknüpfung zweier einstelliger Binärzahlen. Die Zahl 2 wird hierbei als Maske bezeichnet, mit der die Zahl 1 logisch verküpft wird.

Zahl 1	Zahl 2 (Maske)	Ergebnis
0	0	0
0	1	0
1	0	0
1	1	1

Der Wert des Ergebnisses entspricht bei der Undierung immer dann dem Wert der ersten Zahl, wenn der Wert der Maske 1 ist. Ist der Wert der Maske 0, so ist das Ergebnis immer 0.

Das nachfolgende Beispiel zeigt das Ergebnis einer 8-Bit Zahl, die über eine Maske undiert wird.

Zahl 1	1	0	0	1	1	0	1	1
Maske	1	1	1	1	0	0	0	0
Ergebnis	1	0	0	1	0	0	0	0

Subnetze

Subnetze sind Unterteilungen eines zugewiesenen Netzes, wobei auch Klassennetze unterteilt werden können. Beim sogenannten **Subnetting** wird die Struktur einer IP-Adresse in Netzadresse und Hostadresse lokal verändert, wobei das gleiche Prinzip wie bei der Erstellung eines klassenlosen Netzes mit CIDR-Maske genutzt wird: Durch Verwendung einer Subnetz-Maske verweist ein gesetztes Bit 1 auf die Netzwerkadresse. Die Notation erfolgt entweder als IP/Subnetmask (z.B.: 92.168.16.10/255.255.255.192) bzw. analog zu CIDR z.B.: 192.168.16.10/26).

Um ein Netz in Subnetze zu unterteilen, stehen nur solche Subnetzmasken zur Verfügung, die über führende Einsen verfügen. Dies begrenzt die möglichen Teil-Subnetzmasken für ein Oktett (siehe Abb. 3). Der Wert der folgenden Oktetts muss Null sein.

IP-Adresse (dez.)	129.	172.	16.	33.
IP-Adresse (bir.)	1000 0001.	1010 1100.	0001 0000.	0010 0001
Bit-Nummer	1 2 3 4 5 6 7 8	9 10 11 12 13 14 15 16	17 18 19 20 21 22 23 24	25 26 27 28 29 30 31 32
CIDR-Maske	1111 1111.	1111 1111.	1111 1111.	1000 0000
Zugewiesene Netzadresse	1000 0001.	1010 1100.	0001 0000.	0 000 0000
	129.	172.	16.	0
Vollständige Hostadressen 129.172.16. bis 129.172.16.126	1000 0001.	1010 1100.	0001 0000.	0 000 0001
	129.	172.	16.	1
	1000 0001.	1010 1100.	0001 0000.	0 111 1110
	129.	172.	16.	126

2: Prinzip der Bildung eines klassenlosen Netzes mit CIDR-Maske

Subnetmaske dezimal	Subnetmaske binär	Anzahl Subnetze
128	1000 0000	2
192	1100 0000	4
224	1110 0000	8
240	1111 0000	16
248	1111 1000	32
252	1111 1100	64
254	1111 1110	128
255	1111 1111	256

3: Erlaubte Subnetzmasken pro Oktett

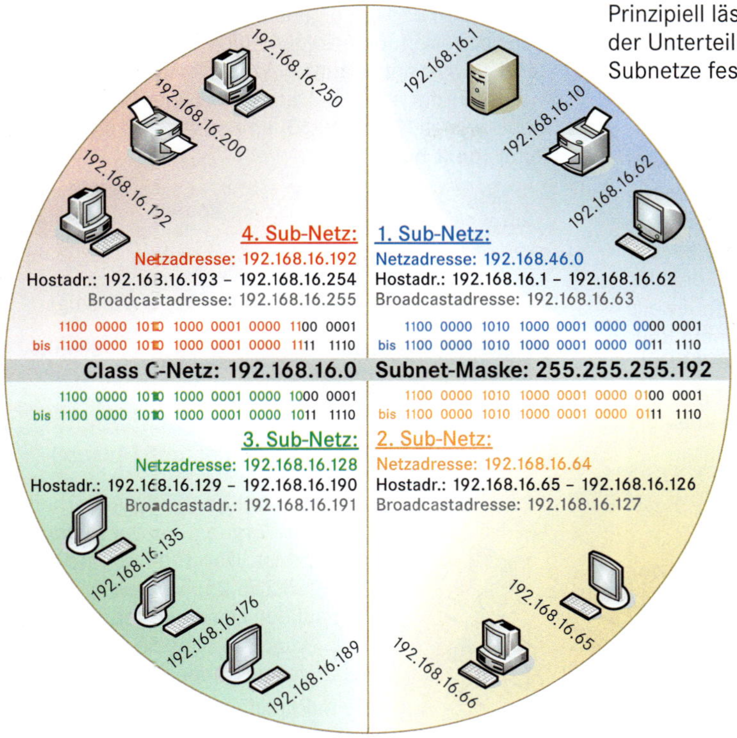

4: Unterteilung eines privaten Netzes in vier Sub-Netze

Das Zustandekommen von Subnetzen soll an einem Beispiel (vgl. Abb. 4) erläutert werden. Ein Class-C-Netz mit der Netzadresse 192.168.16.0 soll in vier Subnetze unterteilt werden. Vier Teilnetze erfordern zwei Bits (002, 012, 102, 112) zur Unterscheidung und damit 192_{10} als Teil der Subnetzmaske (vgl. Abb. 3). Im Class-C-Netz werden definitionsgemäß durch das letzte Byte die Hosts festgelegt. Mit der Subnetmaske 255.255.255.192 (192_{10} = $1100\ 0000_2$) werden also die obersten Bits des letzten Bytes als Teil der Netzwerkadresse charakterisiert. Damit stehen als letztes Byte der Netzadresse $0000\ 0000_2$ = 010, $0100\ 0000_2$ = 64_{10}, $1000\ 0000_2$ = 128_{10} und $1100\ 0000_2$ = 192_{10} zur Verfügung.

Das erste Subnetz trägt die Netzadresse 192.168.16.0. Nach der Konvention, dass Hostadressen ausgeschlossen sind, die ganz auf Null gesetzt (reserviert für die Netzwerkadresse) oder ganz auf Eins gesetzt sind (reserviert als Broadcastadresse), stehen jeweils maximal 62 IP-Adressen für die Hosts zur Verfügung. Das erste Subnetz umfasst damit die IP-Adressen 192.168.16.1 bis 192.168.16.62.

Das zweite Subnetz trägt die Netzadresse 192.168.16.64 und umfasst die IP-Adressen 192.168.16.65 bis 192.168.16.125.

Das dritte Subnetz (192.168.16.128) erlaubt die IP-Adressen 192 168.16.129 bis 192.168.16.190, während das vierte Subnetz (192.168.16.192) die restlichen IP-Adressen von 192.168.16.193 bis 192.168.16.254 zulässt.

Prinzipiell lässt sich also folgende Vorgehensweise bei der Unterteilung einer vorgegebenen Netzklasse in Subnetze festhalten.

1. Aus der Netzwerkklasse das relevante Oktett für die Subnetzmaske festlegen.
2. Anzahl der erforderlichen Subnetze ermitteln und geeignetes Byte für die Subnetzmaske wählen (vgl. Tabelle in Abb. 2).
3. Netzadressen der Subnetze bestimmen, indem alle Bits des jeweiligen Hostanteils auf ‚0' gesetzt wird.
4. IP-Adressen für die jeweiligen Subnetze bestimmen. Dabei auf die Nichtverwendung reservierter Adressen achten.

Für die Aufteilung eines Netzes in Subnetze gibt es mehrere Gründe:

- Vermeidung der Verschwendung nicht genutzter Hostadressen.
- Gleichmäßigere Ausnutzung des IP-Adressraumes und Minderung der Netzwerkbelastung durch gezieltes → Routing und Reduktion von Broadcasts.
- Logische Gliederung eines Netzwerks nach administrativen Vorgaben (z.B. nach unterneh mensorganisatorischen Strukturen).
- Sichere Abgrenzung von Teilnetzen gegeneinander.

- Jede IP-Adresse besteht aus einem Netzwerk- und einem Hostanteil.
- Bei Klassennetzen sind Net-ID und Host-ID fest definiert, bei klassenlosen Netzen erfolgt die Zuordnung durch eine CIDR-Maske.
- Subnetze sind durch eine Subnetzmaske unterteilte lokale Netze.

2.4.5.2 Routing

Routing bezeichnet die **Verfahrensweise** bei der Weiterleitung von Datenpaketen und streng davon getrennt die **Systematik** bei der Wahl der geeigneten Wege.

Abb. 5 zeigt eine Einteilung verschiedener Routingverfahren. Die größte Bedeutung haben hierbei **dynamisch adaptiv verteilte Verfahren**, bei denen die Entscheidungen dezentral getroffen werden und permanent den Veränderungen des Netzes angepasst werden. Dies wird nachfolgend erläutert.

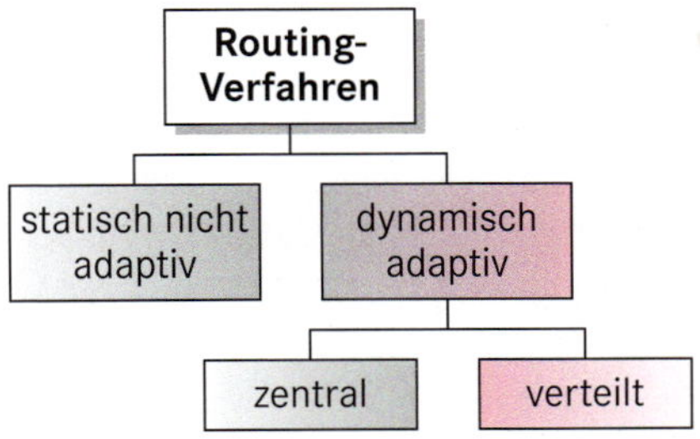

5: Routing-Verfahren

Verfahren bei der Weitergabe von Paketen

Wegen der beschriebenen Beschränkung auf das Routing im Zusammenhang von TCP/IP beziehen sich die weiteren Informationen nur auf das paketvermittelte Routing.

Das Prinzip des paketvermittelten Routings basiert auf der sukzessiven Weitergabe des Datenpakets von **Router** zu Router, wobei der nächste Routingpfad aus einer Routingtabelle entnommen wird. Router bilden hierbei die **Knoten** zwischen verschiedenen voneinander getrennten Netzen. Da sich das Verfahren jeweils auf ein einzelnes Datenpaket bezieht und einem Router die gesamte Route in der Regel nicht bekannt ist, wird konsequenterweise auch vom **Forwarding** gesprochen. Der Verfahrensablauf soll beispielhaft erläutert werden (vgl. Abb. 1).

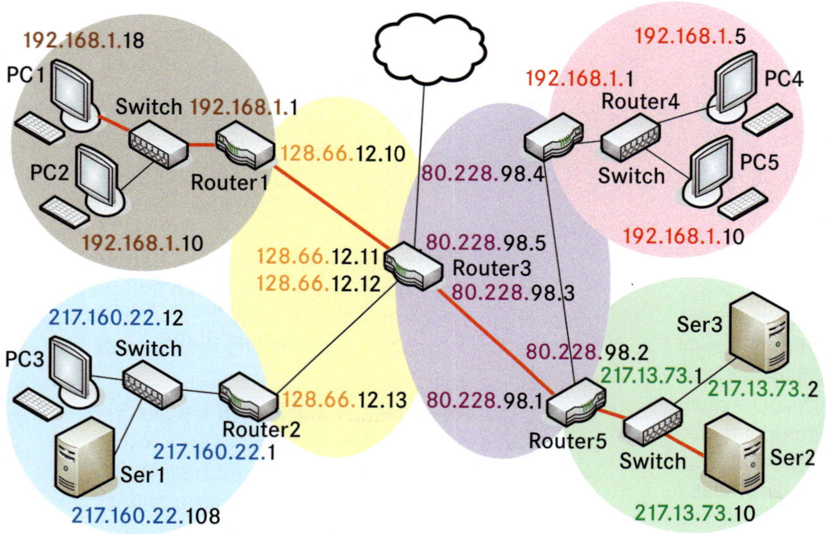

1: Routing in einem geringkomplexen Netz

PC1 (192.168.1.18) möchte ein Datenpaket an Ser2 (217.13.73.10) senden. PC1 weiß, dass alle Pakete in fremde Netze an Router 1 zu senden sind. Router 1 ermittelt den nächsten Router aus der kontinuierlich angepassten Routing-Tabelle (vgl. Abb. 2 rote Kennzeichnung). Aus Zieladresse und Subnetzmaske ergibt sich jeweils der Zielrouter, an den die Datenpakete zu senden sind und die eigene Schnittstelle über die die Datenweiterleitung erfolgen soll. Der Eintrag 0.0.0.0 steht für alle unbekannten Weiterleitungsadressen. Router 1 reicht also das Datenpaket über seine eigene Schnittstelle (128.66.12.10) an Router 3 (128.66.12.11) weiter (**next hop**).

Zieladresse	Subnetmaske	Router	Schnittstelle	Metrik
192.168.1.0	255.255.255.0	192.168.1.1	192.168.1.1	1
128.66.0.0	255.255.0.0	128.66.12.10	128.66.12.10	1
217.160.22.0	255.255.255.0	128.66.12.11	128.66.12.10	2
80.228.0.0	255.255.0.0	128.66.12.11	128.66.12.10	2
217.13.73.0	255.255.255.0	128.66.12.11	128.66.12.10	3
192.168.1.10	255.255.255.255	192.168.1.1	192.168.1.1	1
192.168.1.18	255.255.255.255	192.168.1.1	192.168.1.1	1
0.0.0.0	0.0.0.0	128.66.12.11	128.66.12.10	2

2: Routing (Forwarding)-Tabelle Router 1 (Auszug)

Zieladresse	Subnetmaske	Router	Schnittstelle	Metrik
217.13.73.0	255.255.255.0	80.228.98.1	80.228.98.3	2

3: Routing (Forwarding)-Tabelle Router 3 (Auszug)

Zieladresse	Subnetmaske	Router	Schnittstelle	Metrik
217.13.73.10	255.255.255.255	217.13.73.1	217.13.73.1	1

4: Routing (Forwarding)-Tabelle Router 5 (Auszug)

Dort und bei Router 5 wiederholt sich der Vorgang, bis der Zielhost erreicht ist. Der Subneteintrag 255.255.255.255 verweist schließlich auf den Host im eigenen Netz. Abb. 3 und 4 zeigen die relevanten Auszüge aus beiden Routingtabellen.

Beim Routing kommunizieren die Router untereinander mit Hilfe von Routingprotokollen. Dabei tauschen sie Informationen darüber aus, welches die optimalen Wege im Netzwerk sind.Diese Informationen formen dann die jeweiligen Routing-Tabellen.

Die in den Routingtabellen angegebene Metrik gibt im einfachsten Falle die Anzahl der Stationen (hops) an, prinzipiell stellt sie aber eine Maßzahl für weitere Kriterien (Entfernung, Auslastung, Fehlerrate usw.) dar.

Die Ermittlung der Metrik erfolgt über verschiedene Routinen und Algorithmen. Einen einfachen Algorithmus stellt der **Distanzvektor Algorithmus** dar, der lediglich die Anzahl der Hops ermittelt. In der Praxis kleiner Netze ist dieses Verfahren als **RIP** (**R**outing **I**nformation **P**rotocol) zu finden.

Im Gegensatz dazu steht das **Link State Routing**, das auf dem **Dijkstra Algorithmus** basiert, und zusätzlich u.a. Entfernung, Auslastung und Fehlerrate bei der Ermittlung des günstigsten Weges berücksichtigt. Eine Ausprägung ist das **B**oarder **G**ateway **P**rotocol (**BGP**), das in großen Netzen zu finden ist.

- Beim Routing werden Datenpakete von Routern auf der Grundlage von Routingtabellen weitergeleitet (next hop).
- Systematiken zur Wegewahl basieren typischerweise auf dem Distanzvektor Algorithmus bzw. auf dem Dijkstra Algorithmus.

2.4.5.3 Firewall

Eine Firewall dient der Abschottung eines internen von einem externen Netzwerk und der kontrollierten Passage von Daten in beide Richtungen anhand von festgelegten Regeln (Abb. 1).

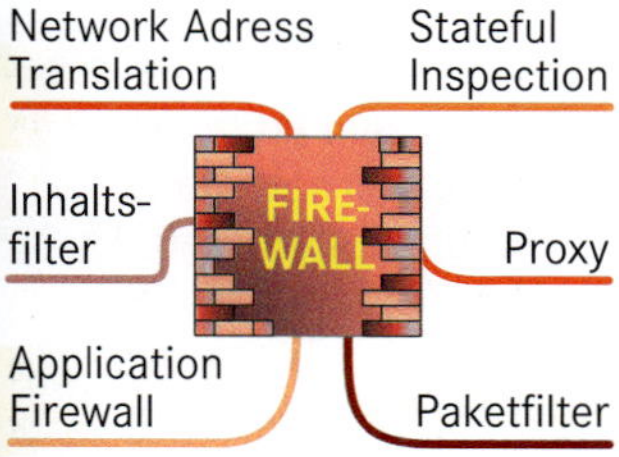

5: Firewall-Technologien

Eine Firewall besteht aus Hardwarekomponenten, die jeweils eigene Netzwerkschnittstellen aufweisen und aus Software, die auf dieser Hardware läuft. Dies gilt nicht für die sogenannte → **Personal Firewall**. Sie ist eine reine Softwarelösung und muss deshalb immer auf dem zu schützenden Endsystem selbst laufen. Die jeweils verwendete Technologie einer Firewall ist abhängig von dem höchsten Layer des OSI-Schichtenmodells auf dem sie arbeitet.

Als rudimentärer Schutz wird das auf der IP-Schicht (OSI- Schicht 3) arbeitende **N**etwork **A**ddress **T**ranslation (**NAT**) eingesetzt. Durch die Adressumsetzung ist der Zugriff aus dem Internet auf interne Rechner nicht ohne weiteres möglich. Dies ist der typische Schutz bei SOHO-Routern.

Besseren Schutz bieten **Paketfilter**, die auch auf Layer 3 arbeiten. Sie filtern Datenpakete insbesondere anhand der Port-Adresse. Soll z.B. unverschlüsselter E-Mail-Verkehr in einem Netz unterbunden werden, so wird der eingehende Port 110 (POP3) und der ausgehende Port 25 (SMTP) gesperrt.

Stateful-Inspection-Paketfilter halten zusätzlich eine Statustabelle im Speicher. Mit der Tabelle können kommende und gehende Datenpakete zueinander in Beziehung gesetzt werden. Unangeforderte Datenpakete lassen sich so von der Firewall blocken.

Bei der **A**pplication **L**evel **F**irewall (**ALF**) wird eine inhaltliche Kontrolle der Daten bis zur OSI-Schicht 7 durchgeführt. Eine ALF ist also beispielsweise in der Lage, in der HTTP-Kommunikation gezielt JavaSkript oder Active-X-Elemente auszufiltern. **Dedicated Proxy-Server** übernehmen abhängig vom Anwendungsprotokoll stellvertretend die gesamte Kommunikation und können so zwischen den Zielsystemengegebenenfalls einzelne Protokollfunktionen unterbinden.

Ein **Proxy** übernimmt als Stellvertreter das Anfordern der benötigten Informationen und leitet danach die erhaltenen Informationen an den anfordernden Client weiter. Der Firewallproxy überprüft also zuerst die Berechtigung, den externen Server zu kontaktieren. Erst nach positivem Ergebnis leitet er die Anfrage weiter. Eine direkte Verbindung zwischen Client und Server (und umgekehrt) kommt damit gar nicht erst zustande.

Inhaltsfilter [*Content Filter*] überprüfen die Inhalte des Netzwerkverkehrs z.B. anhand von Schlüsselwörtern und schließen darüber unerwünschte Inhalte aus.

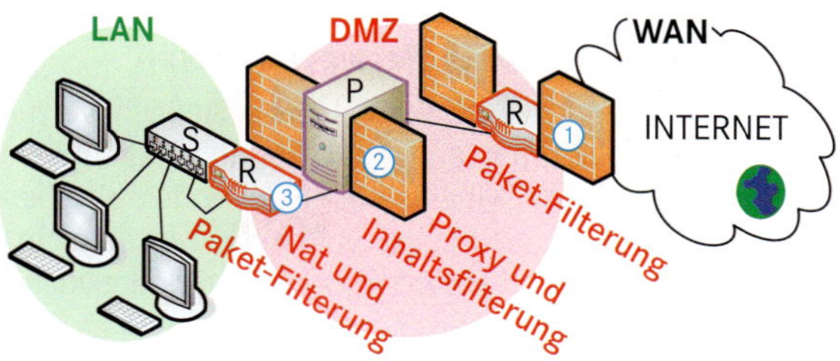

Legende: R: Router P: dedicated Proxy-Server S: Switch

6: Mehrstufige Firewall

Oft kommen auch mehrstufige Lösungen auf der Grundlage komplexer Firewallkonzepte zum Einsatz. Abb 6. zeigt ein **mehrstufiges Konzept** mit Paket-Filterung ① ③, Kommunikationsübernahme durch den Proxy und Inhaltsfilterung ②, die auf einem dedicated Proxy-Server läuft. Durch die Mehrstufigkeit entsteht neben LAN und WAN mindestens eine zusätzliche Zone, die auch als **Demilitarized Zone** (**DMZ**) bezeichnet wird. Der Vorteil der Mehrstufigkeit besteht auch darin, dass für den Fall eines gelungenen Angriffs auf die DMZ, das interne LAN trotzdem geschützt bleibt. In großen Firmen werden häufig durch Staffelung mehrerer DMZs mit unterschiedlichen Rechten Schutzbereiche für besonders sensible Firmendaten geschaffen.

Alle Firewalltechnologien erfordern für ihren wirksamen Einsatz fundierte Netzwerk- und Informationssicherheitskenntnisse. Wirksam ist eine restriktive Konfiguration, die ausschließlich erwünschte Kommunikation zulässt, z.B. über sogenannte Whitelists.

Personal Firewall

Die Personal Firewall filtert nur zwischen dem Netzwerk und dem Rechner auf dem sie läuft. Sie kann als Mischung zwischen Paketfilter und Anwendungsfilter verstanden werden. Die Datenpakete werden dabei nach Quell- oder Ziel-IP-Adresse, dem Quell- oder Ziel-Port und dem zugeordneten Protokoll gefiltert. Zusätzlich erlaubt die entsprechend konfigurierte Personal Firewall nur zugelassenen Anwendungsprogrammen den Zugriff auf das Netz.

Personal Firewalls werden als Mindestschutz empfohlen, sind jedoch in Ihrer Wirksamkeit nachhaltig beschränkt, da sie Bestandteil des zu schützenden Systems selbst sind. Personal Firewalls sind integrativer Bestandteil in unterschiedlicher Ausprägung von verschiedenen Betriebssystemen (Win XP, Vista, Linux, MAC OS). Personal Firewalls werden immer dann eingesetzt, wenn zusätzliche Hardware für die Firewall nicht zur Verfügung steht oder wenn ein einzelnes System gegen Angriffe aus dem LAN geschützt werden soll.

- Firewalls kontrollieren den Datenverkehr zwischen einem internen und einem externen Netz.
- Die häufigste Technologie einer Firewall basiert auf der Paketfilterung.
- Stateful Inspection Paketfilter ermöglichen eine intelligente Paketfilterung.

2.4.5.4 Virtual Private Network (VPN)

Ein VPN ist ein Netzwerk, auf das ausschließlich Nutzer Zugriff haben, deren Kreis genau definiert ist. Trotzdem ist dieses Netz Teil eines übergreifenden physikalischen Netzwerkes. Exklusive Leitungen gibt es nicht. Das Netzwerk ist also **privat** in Bezug auf den exklusiven Zugang zu dem Netzwerk und den gesamten Datenverkehr. Das Netzwerk ist virtuell privat, da physikalische Elemente des Netzes (z.B. Leitungen, Router usw.) durchaus von fremden Nutzern mitgenutzt werden. Abb. 1 zeigt ein virtuelles privates Netz, bei dem der außerhalb der physikalischen Netzstruktur des LANs liegende VPN-Client über das Internet so angebunden wird, als wäre er unmittelbarer physikalischer Teil des LANs.

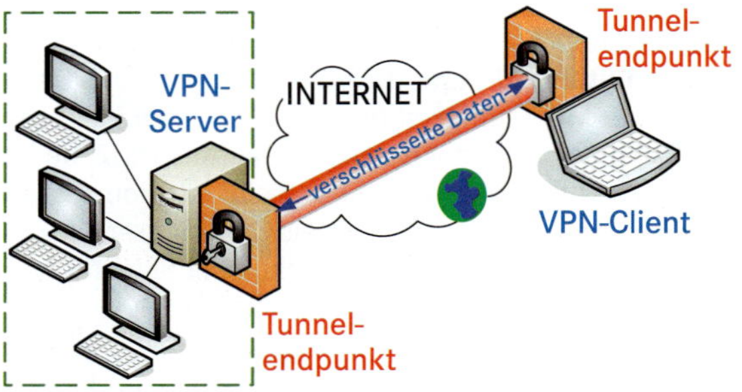

1: VPN-Client-Anbindung über das Internet (schemat.)

Ein VPN gewährleistet die logische Isolierung zwischen Privatnetz und öffentlichem Netz. VPNs basieren auf Authentifikation, Verschlüsselung und Integritätsprüfung und nutzen Tunneltechnik.

Tunnel-Protokolle

Das Prinzip des VPN-Tunnels basiert auf der Verschlüsselung und nachfolgenden Kapselung eines Ursprung-Datenpakets.

1. Ein VPN-Partner erzeugt Datenpakete, die der Protokollstruktur des privaten Netzes entsprechen. Die Datenpakete enthalten also neben den Nutzdaten z.B. Adressierungsinformationen des physikalisch privaten Netzes.
2. Diese Datenpakete werden vor der Übergabe an das öffentliche Netz vom sendenden **VPN-Gateway** zuerst verschlüsselt und dann mit protokollabhängigen Informationen für den Transport im öffentlichen Netz (Trägernetzwerk) versehen. Dies können z.B. Adressinformationen der Tunnelendpunkte sein. Dies stellt die Kapselung dar. Das VPN-Gateway ist hierbei eine reine Softwarelösung, die auf dem jeweiligen Tunnelendpunkt läuft.
3. Die gekapselten Datenpakete durchwandern das öffentliche Netz.
4. Nach der Datenübergabe am anderen Tunnelendpunkt werden die Header des Transportsystems entfernt und die Datenpakete entschlüsselt. Diese Aufgabe übernimmt das Partner-Gateway.
5. Die Datenpakete werden im privaten Netzwerk bestimmungsgemäß weitergeleitet.

Das Tunneln erfordert drei Protokolle:

- das Protokoll des physikalisch privaten Netzes, also das gekapselte Protokoll,
- das Protokoll, das die Verschlüsselung und Kapselung vornimmt und
- das Protokoll des Träger-Netzwerkes.

Das Prinzip des Virtuellen Privaten Netzwerkes erfordert keine Übereinstimmung zwischen dem Protokoll des privaten Netzwerkes und dem Trägernetzwerk, erlaubt diese allerdings. VPN-Client und LAN in Abb. 1 könnten also beispielsweise über das Netwareprotokoll IPX/SPX kommunizieren, während für den Transport im Internet TCP/IP genutzt wird. Gleichzeitig können aber beide Systeme mit TCP/IP arbeiten.

VPN erlaubt nicht nur die Anbindung eines Clients über einen Tunnel, sondern auch die Verbindung mehrerer Netzwerk über Tunnel (Site-to-Site-VPN).

Um einen Kommunikationsablauf auch für die Netzdienste zu ermöglichen, die auf Antwortpakete angewiesen sind, wird vom VPN-Gateway für die Dauer der Sitzung eine systeminterne virtuelle ‚Netzwerkkarte', der sogenannte VPN-Adapter erzeugt. Der **VPN-Adapter** ist lokal adressierbar, kann aber nicht vom Netz aus angesprochen werden. Kommen nun eingehende Pakete dort an, so werden sie automatisch von der Tunnelsoftware in Empfang genommen und an den VPN-Client weitergereicht. Sicherheitslücken in VPN können dann auftreten, wenn das interne Netz über eine weitere Schnittstelle mit dem Trägernetz verbunden ist. Dies ist also unbedingt zu vermeiden.

VPN-Software

Zum Aufbau eigener VPNs existiert freie Software für die gängigen Betriebssysteme. OpenVPN ist kommandozeilenorientiert, allerdings können entsprechende **GUI**-Tools (**G**raphical **U**ser **I**nterface) eingebunden werden.

OpenVPN kommuniziert über eine verschlüsselte SSL-Verbindung. Die Software wird dabei auf den beiden Systemen installiert, die über eine Schnittstelle zum öffentlichen Netz verfügen.

- Virtual Private Networks sind datentechnisch logisch in sich geschlossene Netze, die trotzdem Teile öffentlicher Netze gemeinsam mit anderen nutzen.
- VPN erfordert Authentifikation, Verschlüsselung, Integritätsprüfung und Tunneltechnik.
- Beim VPN-Tunnel wird das Protokoll des privaten Netzes mit einem speziellen Tunnelprotokoll in das Protokoll des Trägersystems gekapselt.
- VPN erlaubt die Nutzung gleicher und verschiedener Protokolle im privaten und öffentlichen Netz.
- VPN ist eine reine Softwarelösung. Diese wird auf den Systemen installiert, die über eine Schnittstelle ins öffentliche Netz verfügen.

2.5 Welche Probleme gibt es durch Netzwerke?

Probleme durch Netzwerke entstehen immer dann, wenn die Sicherheit der im Netz verfügbaren Daten nicht gewährleistet ist. Täglich erfolgreiche Angriffe im Internet zeigen die Notwendigkeit, sich als Beteiligter von Netzen mit Schutzmaßnahmen auseinander zu setzen. Die Tabelle in Abb. 2 zeigt eine Zusammenstellung typischer Angriffe.

Angriff	Erläuterung/Ziel
Man-in-the Middle Attack	Versuch, unbemerkt die vollkommene Kontrolle der Datenkommunikation zu übernehmen.
Denial of Service Attack	Einzelne Dienste oder ganze Server sollen arbeitsunfähig gemacht oder übernommen werden.
DNS-Spoofing	Versuch, die Verbindung eines Namens (URL) zu einer IP-Adresse zu fälschen (dient z.B. dem Phishing).
Phishing	Versuch, durch gefälschte Webadressen an Daten von Nutzern zu gelangen, um diese kriminell zu nutzen (z.B. Bankdaten).
IP-Spoofing	Ziel, IP-Pakete mit gefälschter IP-Adresse zu versenden. Dient dem Informationsdiebstahl und/oder der -manipulation
Brute-Force Attack	Angriff dient z.B. dem Ziel, Passwörter durch Ausprobieren zu entschlüsseln für den unbefugten Zugang zu Netzen.

2: Typische Angriffe im Internet

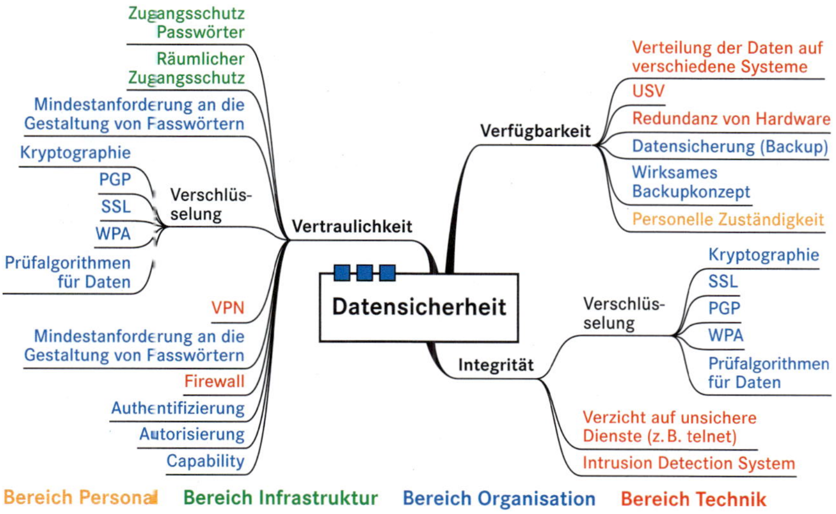

3: Datensicherheit

2.5.1 Datensicherheit

Datensicherheit liegt dann vor, wenn durch geeignete Maßnahmen die Vertraulichkeit, Integrität und Verfügbarkeit der durch die Daten repräsentierten Informationen sichergestellt ist. Vertraulichkeit, Integrität und Verfügbarkeit werden auch als zentrale Schutzziele bezeichnet (vgl. Abb.4).

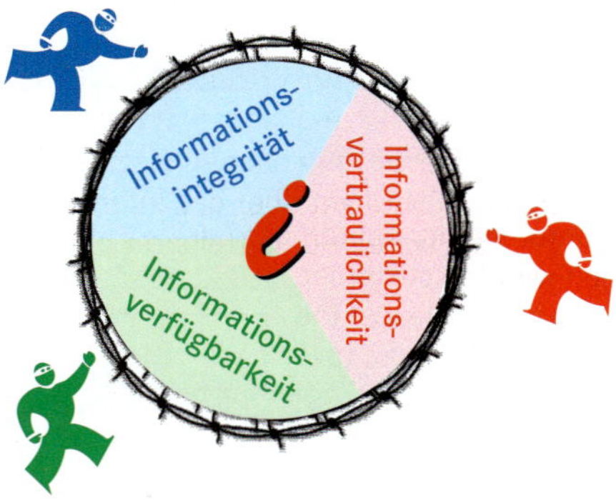

4: Datensicherheit

Informationsvertraulichkeit [*data confidentiality*] heißt, dass ausschließlich befugte Personen Zugang und Zugriff auf für sie bestimmte Daten haben und eine Datenweitergabe unterbleibt.

Informationsintegrität [*data integrity*] bedeutet, dass keine unzulässige oder unbemerkte Veränderung der Daten erfolgt.

Informationsverfügbarkeit [*data availability*] heißt, dass für Befugte ein Zugriff auf die Daten möglich ist und sie nicht verlorengehen.

Maßnahmen zur Gewährleistung von Informationssicherheit beziehen sich dabei immer auf die Bereiche **Personal**, **Infrastruktur**, **Organisation** und **Technik**. Die Mindmap in Abb. 3 zeigt eine Zusammenstellung verschiedener Maßnahmen.

Das **B**undesamt für **S**icherheit in **I**nformationstechnik (**BSI**) hat es sich als staatliche Institution zur Aufgabe gemacht, umfassende und aktuelle Informationen zur Informationssicherheit Verfügung zu stellen.

Auf der Grundlage von **Standards** zu den Bereichen **Managementsysteme**, **Risikoanalyse** und Vorgehensweise beim **IT-Grundschutz** gibt das Bundesamt für Informationssicherheit konkrete Empfehlungen zur Initiierung des Sicherheitsprozesses, zur Erstellung eines Sicherheitskonzeptes und zur Umsetzung für die o.a. Bereiche heraus. (http://www.bsi.bund.de).

3 Übungen und Aufträge

zu 1 Situationen

1 Phasenmodell projektorientierter Abwicklung

Im unten abgebildeten Phasenmodell ‚Von der Kundenanfrage zum Projektabschluss' sind die Begrifflichkeiten verloren gegangen. Vervollständigen Sie das Modell wieder. Verwenden Sie dabei allerdings die englischen Begriffe aus der Lösungshilfe.

Lösungshilfe:

- project completion (project evaluation)
- analysis of the situation (take stock)
- customer inquiry coordination with the customer (preliminary review of the concept, present bid to the customer)
- assessment of customer's needs (specifications/request catalog)
- delivery to the customer
- customer order (contract)
- implementation of the order
- development of solution (first draft of concept with an estimate of effort and cost)
- detailed planning: (business blueprint/cost planning/ scheduling)

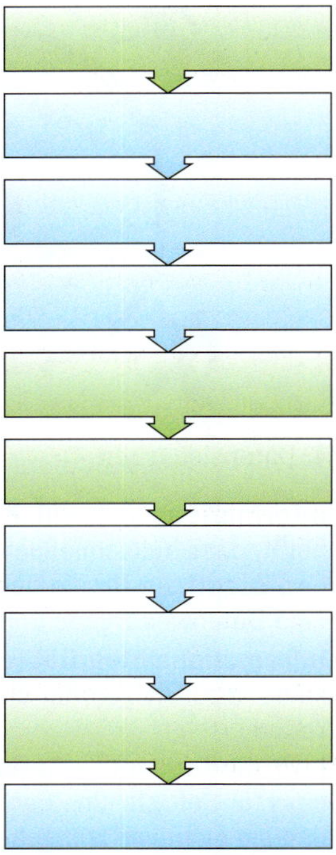

2 Organigramm

Zur Bestandsaufnahme bei größeren Kunden gehört auch die Beschaffung und Auswertung des Kunden-Organigramms.

a) Was ist eigentlich ein Organigramm und welche Aufgabe hat es?

b) Welche Informationen lassen sich aus dem Organigramm des Kunden (Kap. 1.1.2) entnehmen?

c) Zeichnen Sie das Organigramm einer Ihnen bekannten, aber überschaubaren Firma oder Institution (Ihr Betrieb, Ihr Verein, Ihre Schule).

3 Ist-Analyse und Bedarfserhebung

Stellen Sie sich vor, Sie haben die Aufgabe übernommen, eine LAN-Party technisch-organisatorisch vorzubereiten.

Der Veranstalter hat mit Ihnen einen Termin vereinbart, bei dem „alles Weitere" besprochen werden soll.

Erstellen Sie einen Fragenkatalog, mit dem Sie eine systematische Ist-Analyse und anschließender Bedarfserhebung vornehmen können.

4 Auswertung eines Organigramms

Lösen Sie das unten abgebildete Kreuzworträtsel. Werten Sie dazu das Organigramm der MCG Unternehmensberatung (Kap. 1.1) aus.

Hinweis: Bei Lösungsbegriffen, die aus mehreren Worten bestehen, werden im Kreuzworträtsel Leerzeichen oder Bindestriche nicht verwendet. Umlaute (ä, ö, ü) werden als solche geschrieben.

Senkrecht: Firmensitz der MCG Unternehmensberatung

Waagerecht: 1 Für welchen Geschäftsbereich arbeitet Herr Quast als Berater? 2 Wie heißt der Chef von MCG? 3 Was bedeutet eigentlich n.n.? 4 Welche Funktion hat Herr Meier? 5 Wer übernimmt den IT-Support bei MCG? 6 Wer ist der Teamleiter für den Bereich Versicherungen? 7 Für welchen Bereich ist Herr Weber zuständig? 8 Beim Teamleiter Verwaltung landet ein Telefonanruf, für die IT-Support-Abteilung. An wen wird dieser Telefonanruf sinnvollerweise weitergereicht? 9 Herr Utz hat große Probleme mit einem Kunden. An wen wendet er sich zuerst? 10 Diesem Bereich ist z. Zt. noch keine verantwortliche Person zugeordnet.

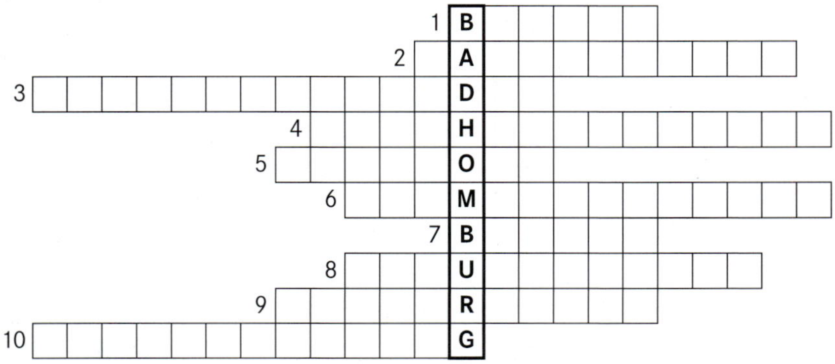

zu 1 Situationen

5 Auswertung einer schriftlichen Anfrage

Lösen Sie das u.a. Kreuzworträtsel, indem Sie die schriftliche Anfrage der Meier Consulting Unternehmensberatung (Kap. 1.1) im Detail auswerten.

Hinweis: Bei Lösungsbegriffen, die aus mehreren Worten bestehen, werden im Kreuzworträtsel Leerzeichen oder Bindestriche nicht verwendet. Umlaute (ä, ü, ö) werden als solche geschrieben. Das „ß“ wird durch zwei „S“ ersetzt.

Senkrecht: In dieser Straße befindet sich der Firmensitz des Kunden.

Waagerecht:
1 Ziel des Kunden ist es, die Übergangszeit mit dem alten Netzwerk zu ...
2 Dorthin zieht das Netzwerk.
3 Eines der Betriebssysteme, mit denen bisher einige Systeme gearbeitet haben.
4 Name des Dienstanbieters.
5 Eines der Probleme im bestehenden Netz.
6 Name des Kundenbetreuers.
7 Das andere Betriebssystem, mit dem bisher einige Systeme gearbeitet haben.
8 Ausweitung des Unternehmens.
9 Anzahl der bisher an den Rechnern arbeitenden Mitarbeiterinnen und Mitarbeitern.
10 Name des Firmeninhabers (Kunde).
11 Begriff für die Gesamtheit der informationstechnischen Anlagen und Einrichtungen (mit Bindestrich).
12 In diesem Raum steht der Server im Altbau.
13 Dort führt die Datenleitung hin.
14 An diesem Termin soll das weitere Vorgehen besprochen werden (mit Bindestrich).
15 Dieses Medium wurde zur Anbindung des Dachgeschosses bisher genutzt.
16 Gesamtzahl der von den Mitarbeitern im Altbau genutzten Räume.
17 Anzahl der bisher genutzten PC-Desktop-Systeme.
18 Überbrückungszeitraum bis zum Umzug in den Neubau.
19 Das soll der Neubau ersetzen.
20 Wegen des betriebswirtschaftlichen Schadens sind diese unbedingt auszuschließen.
21 Anspruch Nr.1 von MCG an die neue IT-Infrastruktur
22 Anspruch Nr.2 von MCG an die neue IT-Infrastruktur

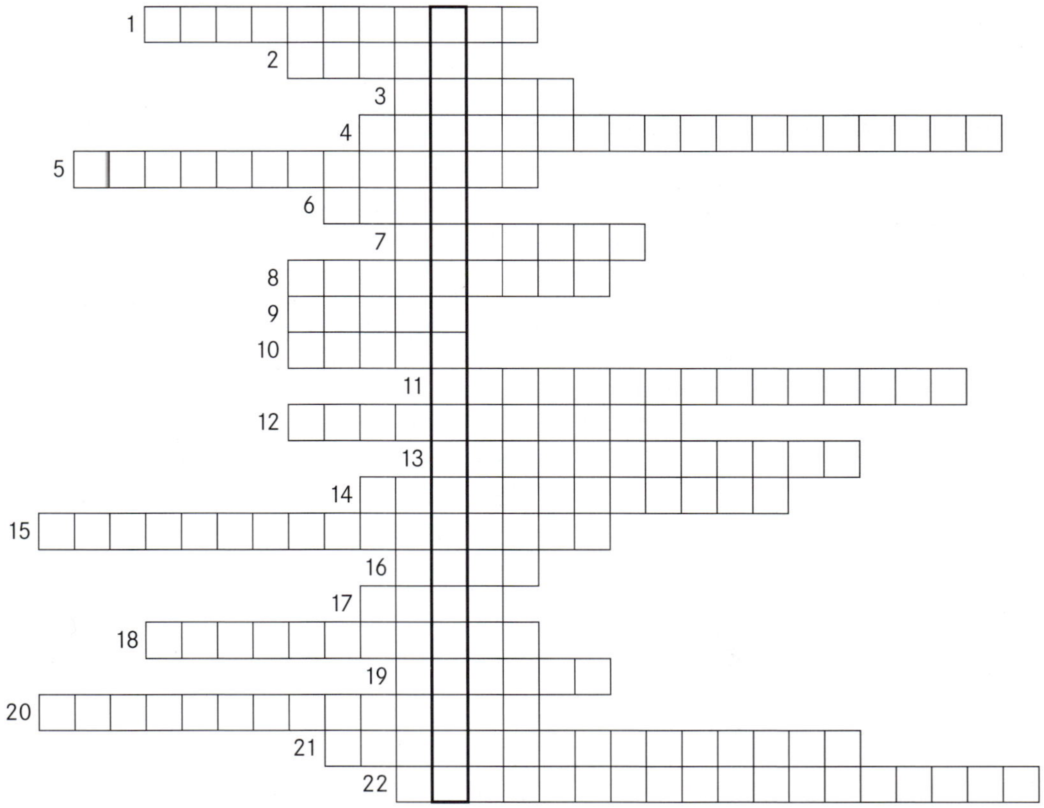

zu 1 Situationen

6 Netzwerkdiagramm

Erstellen Sie ein Netzwerkdiagramm, das die Vernetzung von 8 PCs und 2 Laptops zeigt.

Das kleine Netzwerk soll einen gemeinsamen DSL-Anschluss für den Zugang aller Rechner zum Internet nutzen. Zum Drucken soll ein Farblaserdrucker zum Einsatz kommen, der im Netz unabhängig vom Arbeitsstatus einzelner Rechner angesprochen werden kann. Der Anschluss der Laptops an das Netz soll drahtlos erfolgen.

7 Lastenheft und Pflichtenheft

Erläutern Sie am Beispiel der LAN-Party (Aufg. 3) den Unterschied zwischen dem bei der Aufgabe möglicherweise entstehenden Lastenheft und dem Pflichtenheft.

Zur Verdeutlichung formulieren Sie jeweils typische Sätze, die jeweils ausschließlich in dem Lastenheft bzw. ausschließlich in dem Pflichtenheft für die Aufgabe stehen könnten.

8 24/7/365

Was sind die Kernaussagen des Textes der englischen Seiten der Wissensdatenbank Wikipedia zur Abkürzung 24/7/365?

24/7 is an abbreviation which stands for "24 hours a day, 7 days a week", usually referring to business opening hours or the availability of a service.

In commerce and industry, it identifies a service that will be present regardless of current time or day, as might be offered by a supermarket, convenience store, ATM, Filling station, restaurant, concierge services or a manned computer data facility. Today, it is common for call centers to have representatives available 24/7. This is due to, in part, a decrease in long distance phone call charges, which allow, for example, employees based in India to provide services to customers in the US during the US night hours.

In some cases, even a service available 24/7 may shut down, such as on a major holiday. The extended phrase 24/7/365 ("... 365 days a year") specifically denotes a service that is available year-round, such as police, firefighters, and emergency medical services.

9 Kalkulation und Rechnungsstellung

Für den Netzwerk-Etagen Uplink der MCG ist nach dem Pflichtenheft folgende Leistung zu erbringen:

Lieferung, Montage und Konfiguration von zwei WLANs Accesspoints (802.11n 300 MBit/s) mit wetterfesten externen Außenantennen. Erfahrungsgemäß benötigt net&more bei Einsatz einer Arbeitskraft folgende Arbeitszeiten:

- Bestellung und Bereitstellung: 20 Min.
- Montage und Anschluss Accesspoints: 45 Min.
- Montage und Anschluss Außenantennen: 75 Min.
- Konfiguration: 30 Min.
- Erläuterung und Übergabe an den Kunden: 10 Min.

a) Recherchieren Sie im Internet nach aktuellen Hardwarepreisen.

b) Erstellen Sie auf der Basis der gefundenen Preise und der Erfahrungswerte von net&more eine einfache Gesamtkalkulation (Zuschlagskalkulation). Für die Arbeitskraft fallen Lohnkosten in Höhe von 19,85€/Std. an. Verwenden Sie ein Tabellenkalkulationsprogramm.

10 Projektplanung

Für die Organisation der LAN-Party (Aufg. 3) möchten Sie Ihre Projektplanung komplett dokumentieren.

a) Ermitteln Sie alle notwendigen Aktivitäten für die Durchführung des Projekts. Setzen Sie dabei z.B. eine Software zur Erstellung von Mindmaps* ein.

b) Identifizieren Sie aus den Aktivitäten Teilaufgaben. Ordnen Sie in Ihrem Mindmap die Aktivitäten den Teilaufgaben zu.

c) Erstellen Sie aus den Teilaufgaben und den zugehörigen Aktivitäten (Arbeitspaketen) einen Projektstrukturplan.

d) Zur Festlegung der zeitlichen Reihenfolge ordnen Sie die Vorgänge in einer Vorgangsliste und legen Vorgänger und Dauer des jeweiligen Vorgangs fest.

e) Erstellen Sie unter Verwendung einer geeigneten Software ein Gantt-Diagramm, das die Projektplanung vollständig abbildet.

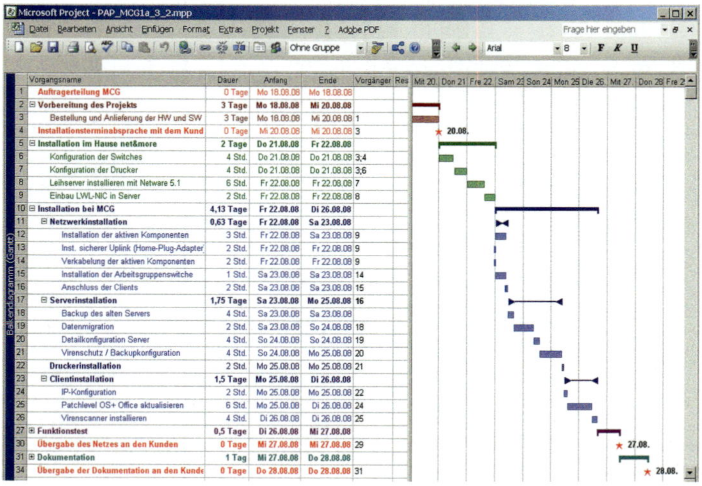

	Vorgangsname	Dauer	Anfang	Ende	Vorgänger	Res
1	Auftragerteilung MCG	0 Tage	Mo 18.08.08	Mo 18.08.08		
2	Vorbereitung des Projekts	3 Tage	Mo 18.08.08	Mi 20.08.08		
3	Bestellung und Anlieferung der HW und SW	3 Tage	Mo 18.08.08	Mi 20.08.08	1	
4	Installationsterminabsprache mit dem Kund	0 Tage	Mi 20.08.08	Mi 20.08.08	3	
5	Installation im Hause net&more	2 Tage	Do 21.08.08	Fr 22.08.08		
6	Konfiguration der Switches	4 Std.	Do 21.08.08	Do 21.08.08	3;4	
7	Konfiguration der Drucker	4 Std.	Do 21.08.08	Do 21.08.08	3;6	
8	Leihserver installieren mit Netware 5.1	6 Std.	Fr 22.08.08	Fr 22.08.08	7	
9	Einbau LWL-NIC in Server	2 Std.	Fr 22.08.08	Fr 22.08.08	8	
10	Installation bei MCG	4,13 Tage	Fr 22.08.08	Di 26.08.08		
11	Netzwerkinstallation	0,63 Tage	Fr 22.08.08	Sa 23.08.08		
12	Installation der aktiven Komponenten	3 Std.	Fr 22.08.08	Sa 23.08.08	9	
13	Inst. sicherer Uplink (Home-Plug-Adapter	2 Std.	Fr 22.08.08	Fr 22.08.08	9	
14	Verkabelung der aktiven Komponenten	2 Std.	Fr 22.08.08	Fr 22.08.08	9	
15	Installation der Arbeitsgruppenswitche	1 Std.	Sa 23.08.08	Sa 23.08.08	14	
16	Anschluss der Clients	2 Std.	Sa 23.08.08	Sa 23.08.08	15	
17	Serverinstallation	1,75 Tage	Sa 23.08.08	Mo 25.08.08	16	
18	Backup des alten Servers	4 Std.	Sa 23.08.08	Sa 23.08.08		
19	Datenmigration	2 Std.	Sa 23.08.08	So 24.08.08	18	
20	Detailkonfiguration Server	4 Std.	So 24.08.08	So 24.08.08	19	
21	Virenschutz / Backupkonfiguration	4 Std.	So 24.08.08	Mo 25.08.08	20	
22	Druckerinstallation	2 Std.	Mo 25.08.08	Mo 25.08.08	21	
23	Clientinstallation	1,5 Tage	Mo 25.08.08	Di 26.08.08		
24	IP-Konfiguration	2 Std.	Mo 25.08.08	Mo 25.08.08	22	
25	Patchlevel OS+ Office aktualisieren	6 Std.	Mo 25.08.08	Di 26.08.08	24	
26	Virenscanner installieren	4 Std.	Di 26.08.08	Di 26.08.08	25	
27	Funktionstest	0,5 Tage	Di 26.08.08	Mi 27.08.08		
30	Übergabe des Netzes an den Kunden	0 Tage	Mi 27.08.08	Mi 27.08.08	29	
31	Dokumentation	1 Tag	Mi 27.08.08	Do 28.08.08		
34	Übergabe der Dokumentation an den Kunde	0 Tage	Do 28.08.08	Do 28.08.08	31	

*Beispiele lizenzfreie Software (Freeware)

Erstellung von

- Mindmaps:
  z.B. http://freemind.softonic.de/
- Gantt-Diagrammen:
  http://ganttproject.sourceforge.net

12 Rechtekonzept nach unternehmensspezifischen Rollen

Das unten gezeigte Diagramm stellt die Grundzüge des Rechtekonzepts nach unternehmensspezifischen Rollen bei der Firma MCG dar. In der Firma hat es im Rahmen der Expansion und Neustrukturierung Veränderungen gegeben.

a) Beschreiben Sie, welche Gruppen mit welchen Rechten ausgestattet sind.

b) Bei der Rechtevergabe liegen Ungereimtheiten vor. Nennen Sie diese und begründen Sie diese Ungereimtheiten.

c) Beschreiben Sie die dargestellten personellen Veränderungen. Welche Änderungen bei den Rechten müssen vom IT-Dienstleister vorgenommen werden?

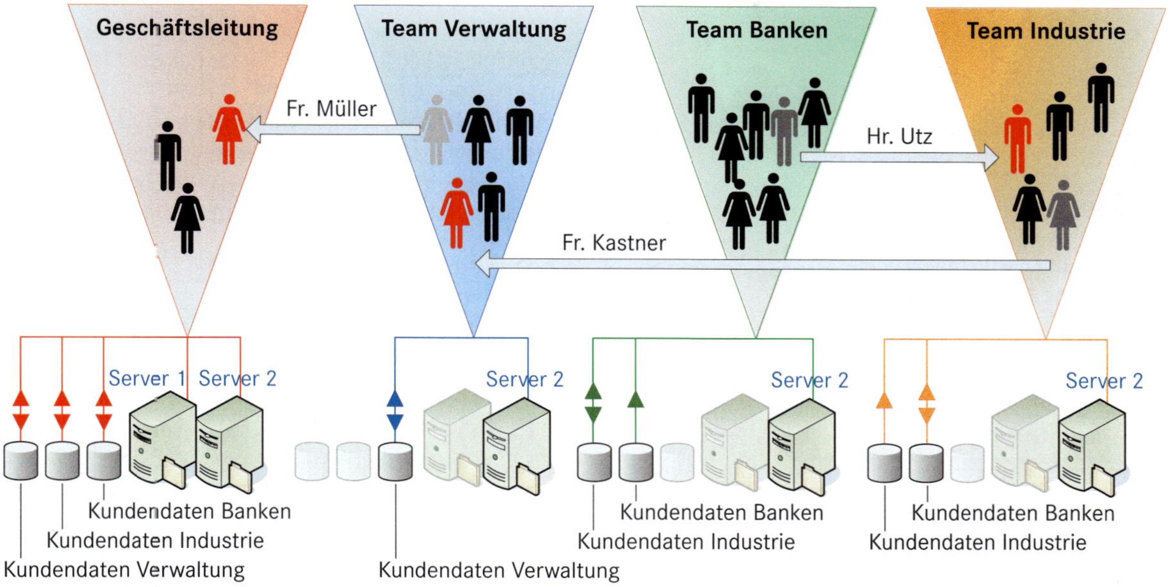

13 GFS-Prinzip

a) Recherchieren Sie im Internet, warum ein wichtiges Backup-Prinzip als GFS-Prinzip bezeichnet wird.

b) Begründen Sie, wie viele Bänder für ein vollständiges Backup nach dem GFS-Prinzip benötigt werden?

14 Auswertung von Kundeninformationen

Lösen Sie das Kreuzworträtsel, indem Sie die Informationen über die Ausgangslage der Steuerkanzlei (Kap. 1.2.1) auswerten.

Waagerecht:

1 Anzahl der MitarbeiterInnen in der Filiale
2 Art der IT-Ausstattung in der Filiale
3 Name des Geschäftsführers
4 Wie viele Tage pro Woche arbeitet die Telemitarbeiterin nicht im Büro?
5 Anzahl der MitarbeiterInnen am Stammfirmensitz
6 Das überlegt sich Herr Volk noch im Verlaufe des Gesprächs
7 Ort der Filiale
8 Ort des Stammsitzes
9 Bezeichnung für das Büro eines Steuerberaters.
10 Dort arbeitet die Telemitarbeiterin auch
11 Firmenbezeichnung des Kunden
12 Firmenbezeichnung des IT-Diensteleisters
13 Wichtiger Grund für das Gespräch mit Herrn Volk

zu 1 Situationen

15 Vorgehen bei der Kundenbetreuung

Die unten abgebildete Roadmap zum Vorgehen bei der Kundenbetreuung ist durcheinander geraten.

a) Ordnen Sie diese. Tragen Sie in die Sterne die Nummer der Reihenfolge (0 – 6) ein.

b) Bestimmen Sie die Beteiligung von Auftragnehmer und Kunde. Kreuzen Sie jeweils die beteiligten Personen an.

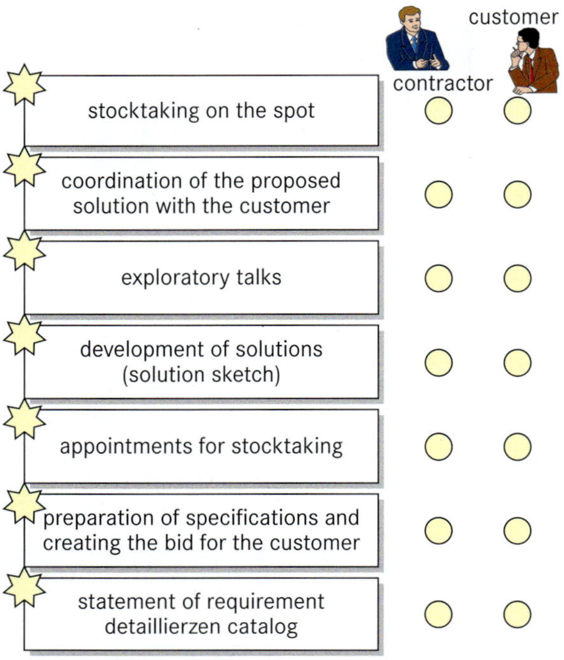

16 Netzwerkdiagramm

Das u.a. Netzwerkdiagramm zeigt die Ist-Situation bei der Fa. SBS im Büro Lüneburg.

Beschreiben Sie die Auswirkungen folgender Störungen im Netzwerk:

a) PC 1 lässt sich nicht mehr booten. Beim Start erscheint die Meldung, dass die Festplatte zum Booten nicht mehr erkannt wird.

b) Plötzlich tritt beim Arbeiten mit dem Laptop die dort installierte Viren-Software mit der Meldung „IRC.Backdoor.Trojan found“ in Aktion.

c) Alle LEDs des Hubs gehen plötzlich aus.

d) PC4 lässt sich nicht mehr booten. Beim Start erscheint die Meldung, dass die Festplatte zum Booten nicht mehr erkannt wird.

SBS-Büro-Lüneburg – Ist-Zustand

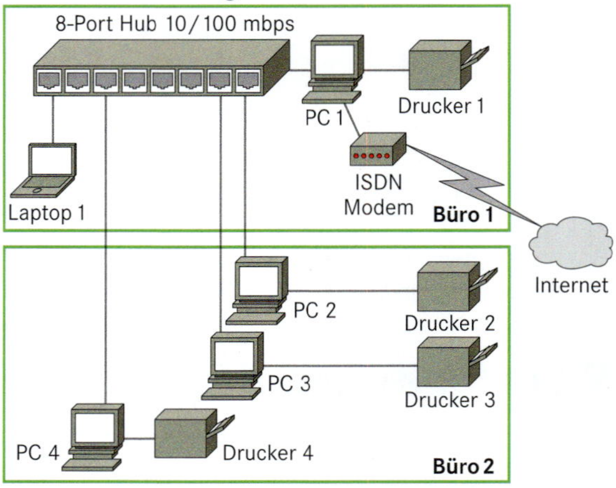

17 IT-Analyse

Der folgende Text befasst sich mit der Notwendigkeit einer professionellen IT-Analyse.

a) Formulieren Sie den Text sinngemäß in deutscher Sprache.

b) Weisen Sie die in dem Text genannten Prioritätskategorien der in Kap. 1.2.2 für das Büro Lüneburg erhobenen Bestandsaufnahme zu und erstellen Sie eine geordnete Liste möglicher Maßnahmen zur Verbesserung der IT-Situation.

The data processing of a company is subject to constant changes: additional software is integrated in an existing system, updates are downloaded. The number of users increases and thus also the number of computers on the network. In many cases the amount of data processed rises considerably. At some stage, the system will slow down too much and this will interfere with the daily work. If no appropriate counter measures are taken, the company's competitiveness suffers, profits go down, and in extreme cases the very existence of a company is at stake.

In such a situation large investments are not necessarily required. The weak spots of a system can be identified with the respective know-how.

We offer to carry out such an analysis, which includes the following:

- Categorisation of the individual systems regarding their importance for daily business
- Measuring load on servers, desktop computers and other components
- Identification of bottlenecks
- Development of measures for improvements with priority levels ("red alert“, "highly recommended“, "can wait“, etc.)

Following the analysis we can also carry out the important changes and measures.

zu 1 Situationen

18 Auswertung einer Bestandsaufnahme

Werten Sie das nachfolgende Gespräch aus. Dazu sind die wichtigen Informationen in eine Tabelle zu übertragen.

Vorgehensweise:

- Lesen Sie das Interview einmal vollständig durch. Machen Sie sich keine Notizen. Unterstreichen Sie nichts.
- Erstellen Sie eine Tabelle, die sich an der unten abgebildeten Vorlage orientiert.
- Lesen Sie das Interview erneut und unterstreichen Sie die Informationen, die Sie hinterher in ihre Tabelle übernehmen wollen. Setzen Sie sinnvollerweise mindestens zwei Farben zum Unterstreichen ein, z.B. Haupthaus (gelb), Nebenhaus (grün).

Kunde: *Unser Unternehmen ist in den beiden angrenzenden Gebäuden untergebracht.*
Auftragnehmer: *Wie viele Stockwerke umfasst denn jeweils ein Gebäude?*
Kunde: *Ach das sind, wie Sie gleich sehen werden, Flachdachbauten jeweils nur im Erdgeschoss. Also hier, wo wir jetzt miteinander sprechen ist das Haupthaus. Hier sitzt auch die Geschäftsleitung. Und nebenan im Nebenhaus sind sechs der insgesamt zehn Büros untergebracht.*
Auftragnehmer: *Und ihre Mitarbeiter sind auf beide Gebäude verteilt?*
Kunde: *Ja, insgesamt arbeiten hier 18 Mitarbeiter. Jeder Mitarbeiter teilt sich mit einem anderen ein Büro.*
Auftragnehmer: *Und jeder Mitarbeiter hat einen eigenen Rechner.*
Kunde: *Genau, im Haupthaus arbeiten alle mit Desktop-PCs, während im Nebenhaus Terminal-Clients eingesetzt sind.*
Auftragnehmer: *Das heißt, irgendwo muss auch der Terminalserver stehen.*
Kunde: *Ja, der steht in einem extra Verteilerraum im Nebengebäude. Da ist auch der Drucker, der Kopierer und das Faxgerät untergebracht.*
Auftragnehmer: *Was ist das für ein Drucker?*
Kunde: *Der ist ziemlich neu. Das ist ein Farblaserdrucker, der direkt im Netz hängt und auch von hier angesprochen werden kann. Aber wir haben hier im Hauptgebäude auch einen separaten Raum, in dem der zweite Drucker steht. Das ist ein Schwarz-Weiß-Laser.*
Auftragnehmer: *Na ja, wir werden uns alle Räume gleich mal ansehen. Aber wenn Sie mir jetzt schon weitere Informationen geben können, kann ich die gleich in meiner Bestandsliste aufführen.*
Kunde: *Ich denke schon, gegebenfalls korrigieren Sie ihre Liste. Was wollen Sie denn noch wissen?*
Auftragnehmer: *Die Desktop-PCs, sind die an einen separaten Server angeschlossen und wo steht der?*
Kunde: *Ja natürlich. Wir haben hier im Hauptgebäude den zentralen Server, an den übrigens auch der Terminalserver angeschlossen ist. Auf dem werden alle Daten zentral erfasst. Der wird auch kontinuierlich gesichert und ist gegen Stromausfall geschützt. Da fällt mir ein, der Terminalserver auch, aber auf dem findet keine Datenhaltung statt.*
Auftragnehmer: *Und wo steht der Zentral-Server?*
Kunde: *Ach so, ja, der ist hier im Serverraum im Haupthaus, wo auch der SW-Laser steht. Der Raum ist vollklimatisiert.*
Auftragnehmer: *Wissen Sie, wie die einzelnen Rechner untereinander vernetzt sind.*
Kunde: *Oh, jetzt wird's aber sehr technisch. Also in beiden Serverräumen steht jeweils auch ein 19"-Verteilerschrank. Ich glaub' der ist zur Zeit für jeweils 16 Anschlüsse eingerichtet, kann aber auch noch erweitert werden. Aber da müssen wir noch genau schauen.*
Auftragnehmer: *Na klar, das machen wir. Soweit ich das von hier aus beurteilen kann, müssten das zwei 16-Port-Switches sein.*
Kunde: *Ja, so hatten wir das seinerzeit besprochen. Und hier im Haupthaus ist auch noch ein zusätzliches Gerät für die Verbindung der beiden Verteilerschränke untereinander.*
Auftragnehmer: *Wahrscheinlich ein 4- oder 8-Port-Backboneswitch.*
Kunde: *Wahrscheinlich.*
Auftragnehmer: *Wissen Sie, wie Ihre Internetverbindung hergestellt wird.*
Kunde: *Ja. Wir haben hier im Haupthaus den DSL-Anschluss. Vom ISDN-Zugang geht ein Splitter ab, unsere Telefonanlage hängt da ja auch dran. Dann ist da das DSL-Modem und ein entsprechender Router. Aber mehr dürfen Sie mich jetzt nicht fragen.*
Auftragnehmer: *OK. Also, das war jetzt schon 'ne ganze Menge. Nicht immer stecken die Chefs so in den technischen Details.*
Kunde: Na *ja, ich interessier' mich halt ein bisschen dafür.*
Auftragnehmer: *Prima. Ich hab' mir hier so eine Matrix angefertigt und die wichtigsten Daten schon mal eingetragen. Wollen wir uns jetzt auf den Weg machen und die einzelnen Räume noch mal genauer ansehen.*
Kunde: *Ja, das sollten wir. Ihre Sachen können Sie hier so lange liegen lassen, wir kommen nach dem Rundgang wieder hierher zurück.*

	Gesamt	Hauptgebäude	Nebengebäude	Bemerkung
Büros				
Mitarbeiter				
Verteilerräume				
Verteilerschrank				

zu 1 Situationen

19 Strategie zur Anforderungserfassung

Erläutern Sie die u.a. Darstellung der Strategie zur Anforderungserfassung.

a) Formulieren Sie zu jeder Phase zwei erläuternde Sätze.

b) Welche Bedeutung haben die in der Grafik verwendeten Symbole und deren Farbgebung.

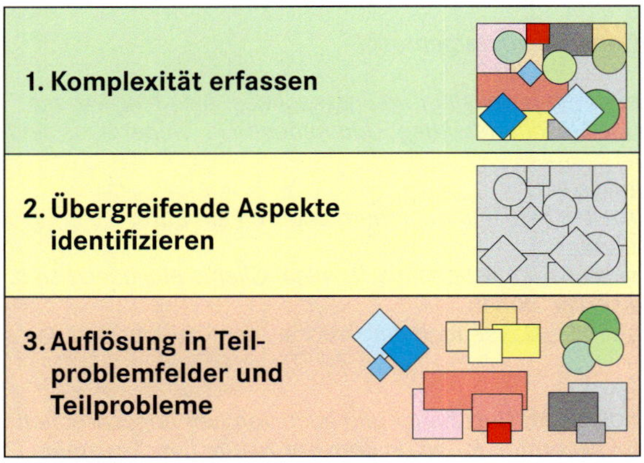

20 Konkretisierung der Anforderungen

Herr Volk hat während des Gesprächs zur Konkretisierung der Anforderungen des Kunden (s. Textauszug Kap. 1.2.3) die wichtigsten Anforderungen als Stichpunkte auf seinem Notebook mitgeschrieben.

Als er die Datei im Betrieb öffnet, stellt er fest, dass durch Austausch von Buchstaben die Anforderungen kaum noch zu lesen sind:

- ckandortqewpatzunb
- enkemplizeerlar oustauhch veb tatuier
- Snhutz vod Syttebausholt
- Schufz vor Deragvorlusn
- feriinheitlicduwd hor Sofkware
- Vecmeavugn vaq Diteninwozrislonz
- Vermeidukg vow litasrekindacc
- ixtirnor Zegrifx aof yae Datew
- Datihficvorpiit

Rekonstruieren Sie die von Herrn Volk aufgeschriebenen Begriffe.

Hinweis: Insgesamt enthält der Text 80 Fehler (falsche Buchstaben).

21 Mindmap der Anforderungen

Ergänzen Sie in der Mindmap die fehlenden Bergriffe in englischer Sprache.

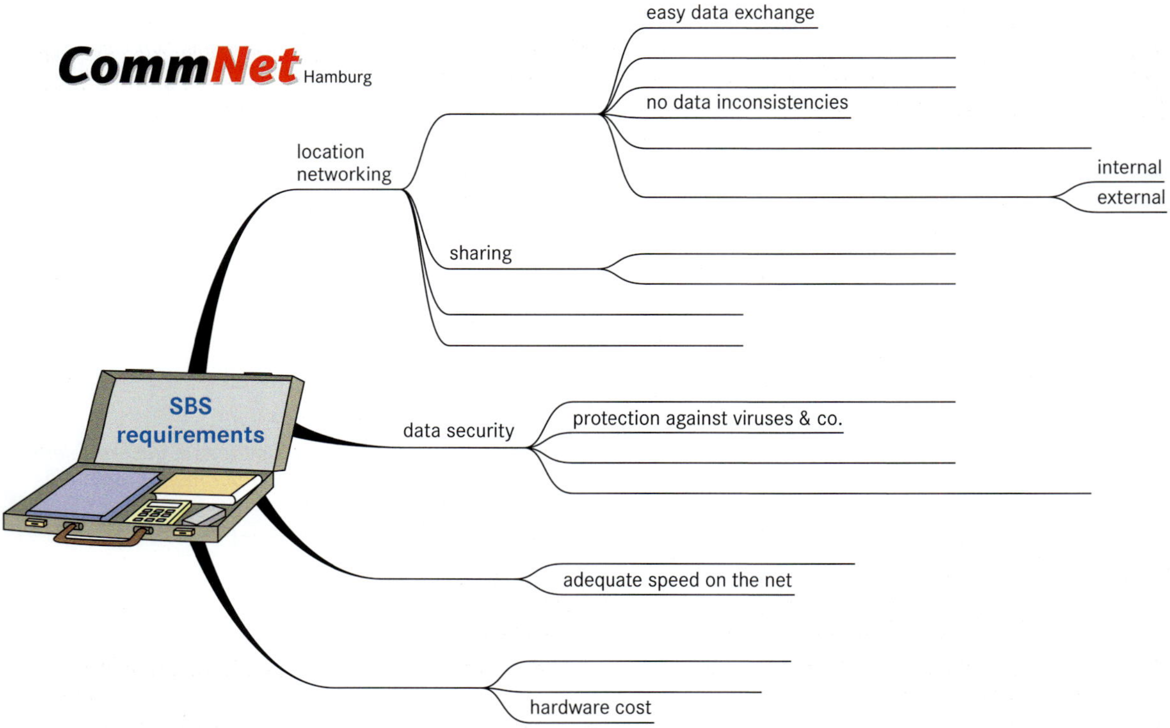

Lösungshilfe: • acceleration of communications • access protection from foreign (external protection) • availability • central database • central deposited software • confidential data in Hamburg and Lüneburg (internal protection) • cost reduction • facilitate cooperation • location independent access to internal data • maintenance costs • no data redundancy • printing costs • protection against data loss • reliability • teleworking • uniqueness of existing data and information • visiting additions

zu 1 Situationen

22 Erweiterung des Sollkonzepts am Standort Lüneburg

Stellen Sie sich vor, am Standort Lüneburg sei die Notwendigkeit entstanden, jeweils einen weiteren Mitarbeiter in Büro 1.3 und 1.4 einzusetzen (Kap. 1.2.4.2).

a) Begründen Sie, warum die Einbindung weiterer Terminal-Clients ohne Änderungen an der Infrastruktur nicht ohne weiteres möglich ist.

b) Welche Änderungen schlagen Sie zur Erfüllung der veränderten Anforderungen vor?

c) Zeichnen Sie mit der Ihnen zur Verfügung stehenden Software das Netzwerkdiagramm als Lösungsskizze für den Standort Lüneburg.

23 Lösungsansätze Verbindung und Verfügbarkeit

Lösen Sie die Kreuzworträtsel. Werten Sie hierzu die Vorschläge des Herrn Volk für die standortübergreifenden Lösungsansätze aus (Kap. 1.2.4.1).

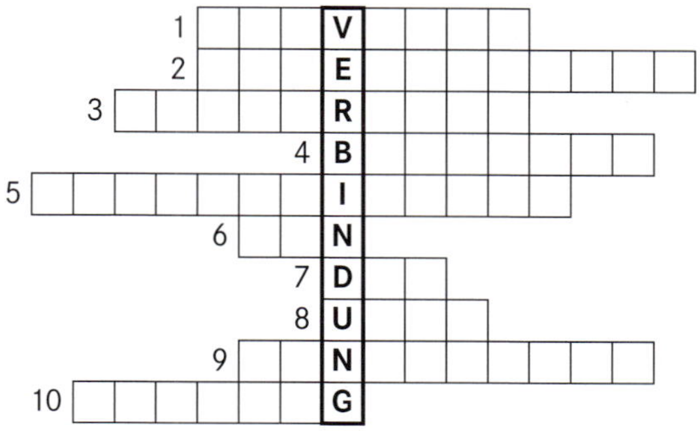

1 Soll den Backbone für die VPN-Verbindung zur Verfügung stellen. • **2** Damit muss gerechnet werden, wenn eine VPN-Verbindung über eine privatkundeorientierte DSL-Leitung realisiert wird. • **3** Ein wichtiger Grund, warum Herr Volk die dedizierte Standleitung vorschlägt. • **4** Das ‚Rückgrat' eines Telekommunikationsnetzes als Hochgeschwindigkeitsverbindung zwischen Netzknoten. • **5** Diese Verbindung hat den Vorteil, dass eine Zusicherung der Bandbreite erfolgen kann. • **6** Abkürzung für Weitverkehrsnetz (engl.). • **7** Gibt es als Variante mit differierender (asynchron) und gleicher (synchron) Geschwindigkeit zwischen Up- und Downstream. • **8** Datenfunkfernverbindung (Mobilfunkstandard), die hohe Übertragunggeschwindigkeit zulässt. • **9** Diese ist bei Wählverbindungen gering. • **10** In dieser Stadt erfolgt bei MCG die zentrale Administration des Proxy- und Firewall-Servers.

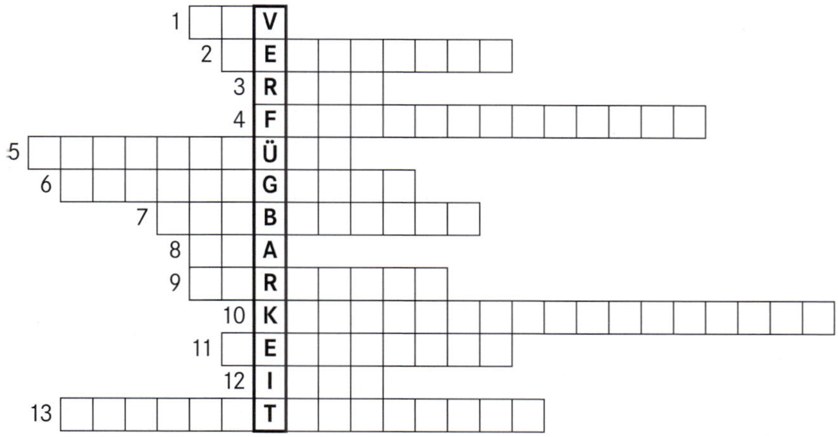

1 In ihr wird die Verfügbarkeit eines IT-Systems vereinbart und festgelegt (Abk.). • **2** Ausfallgefährdete Teile. Für sie ist „cold-stand-by" sinnvoll. • **3** Soll den Festplattenausfall kompensieren (Abk.). • **4** Lösung zur Aufrechterhaltung einer Verbindung bei Ausfall der regulären Datenverbindung, unter Inkaufnahme einer geringeren Bandbreite. • **5** Deutscher Begriff zur Definition von Verfügbarkeit und Reparaturzeit. • **6** Wird bei cold-stand-by bereit gehalten. • **7** Betriebsart zur Vermeidung eines Totalausfalls. • **8** Abk. (engl.) für Dienstgütevereinbarung. • **9** Schützt das LAN gegenüber dem Internet. • **10** Muss vom Diensteanbieter an den Kunden gezahlt werden, wenn die vereinbarte Dienstgüte nicht gewährleistet werden kann. • **11** Fremdwort, bezeichnet die mehrfache Bereitstellung von Hardware oder Diensten. • **12** Abkürzung für eine digitale Technik für Sprach- und Datenverbindung, allerdings mit geringer Bandbreite. • **13** Diese Zeiten sind Bestandteil der Dienstgütevereinbarung.

24 Lösungsansätze Datensicherheit und Kostensenkung

Lösen Sie das Kreuzworträtsel, indem Sie die Vorschläge von Herrn Volk für die standortübergreifenden Lösungsansätze auswerten (Kap. 1.2.4.1).

1 Gerät gewährleistet ein definiertes Herunterfahren eines Servers nach Stromausfall (Abk.) • **2** ‚Brandschutzmauer', die gar nicht gegen Feuer schützt. • **3** Das Erstellen einer Datensicherung. • **4** Das soll mit der Segmentierung eines Netzes erreicht werden. • **5** Berechtigungskonzepte sollen diesen Personen den Zugang zu Daten unmöglich machen. (oder: Anderes Wort für Unberechtigte) • **6** Dies soll logisch für ein Netz durch Segmentierung erreicht werden. • **7** Wird für die Datensicherung aus Sicherheitsgründen empfohlen: eine eigene ... • **8** Forderung für die Art des Backups für Terminalserver und Workstations. • **9** Erfordern eine Ergänzung der Datensicherheit durch entsprechende Software. • **10** Erleichtert die Administration von vielen Einzelnutzern.

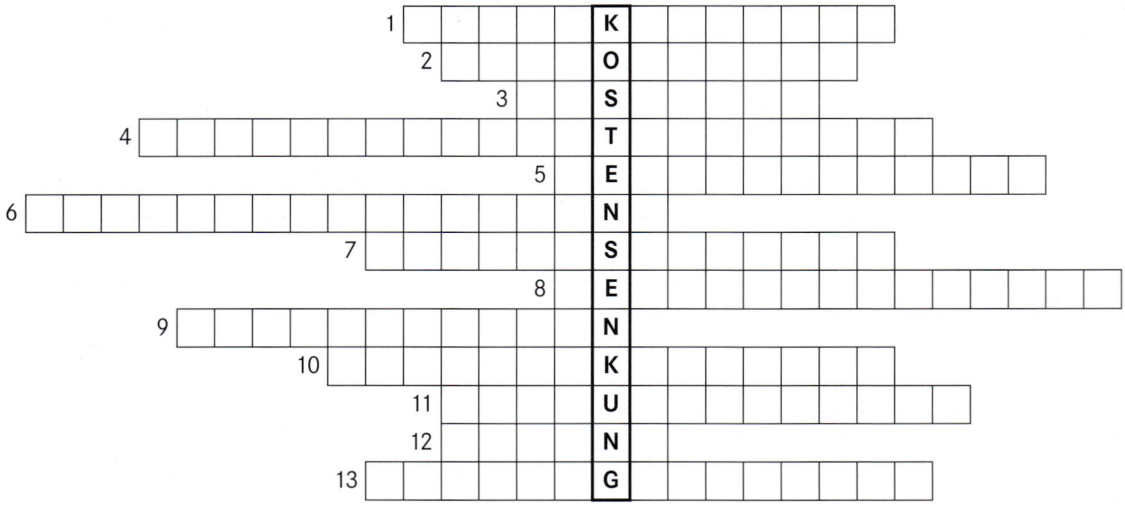

1 Diese leidet, wenn Netzbeeinträchtigungen oder -störungen auftreten. • **2** Bezeichnung für die allgemeine Leistungsfähigkeit eines IT-Netzes. • **3** Diese sollen vermieden, zumindest aber so kurz wie möglich gehalten werden. • **4** Ergebnis der Reduzierung und Vereinheitlichung von Druckern als Netzwerkdrucker. • **5** Wesentlicher Faktor bei der Kostensenkung • **6** Erlaubt den Zugang zu einzelnen Druckern. • **7** Erfordert als Tätigkeit bei dezentralen Systemen einen hohen zeitlichen Aufwand und erhöht damit die Kosten • **8** Herr Volk wird diese Leistung als wichtigen Kostenfaktor benennen. • **9** Diese können aber trotz der erforderlichen Ausgaben durch die Umstellung gesenkt werden. • **10** Ermöglichen das Drucken im Netz, ohne den Betrieb von zuständigen Rechnern zu erfordern. • **11** Kostenreduktion durch geringere Anzahl von Druckern. • **12** Wird über die Rechtevergabe generell eingeschränkt. • **13** Legen gemeinsam die Höhe des finanziellen Ausgleichs bei IT-bedingten Produktionsausfällen fest.

zu 1 Situationen

25 Lösungsskizze SBS Lüneburg

Entnehmen Sie der Lösungsskizze für den Standort Lüneburg die relevanten Informationen. Grundlage bilden u.a. das Netzwerkdiagramm **und** weitere Informationen aus Kap. 1.2.4.2.

Ergänzen Sie hierzu die unten abgebildete Tabelle.

SBS-Büro-Lüneburg – SOLL-Zustand

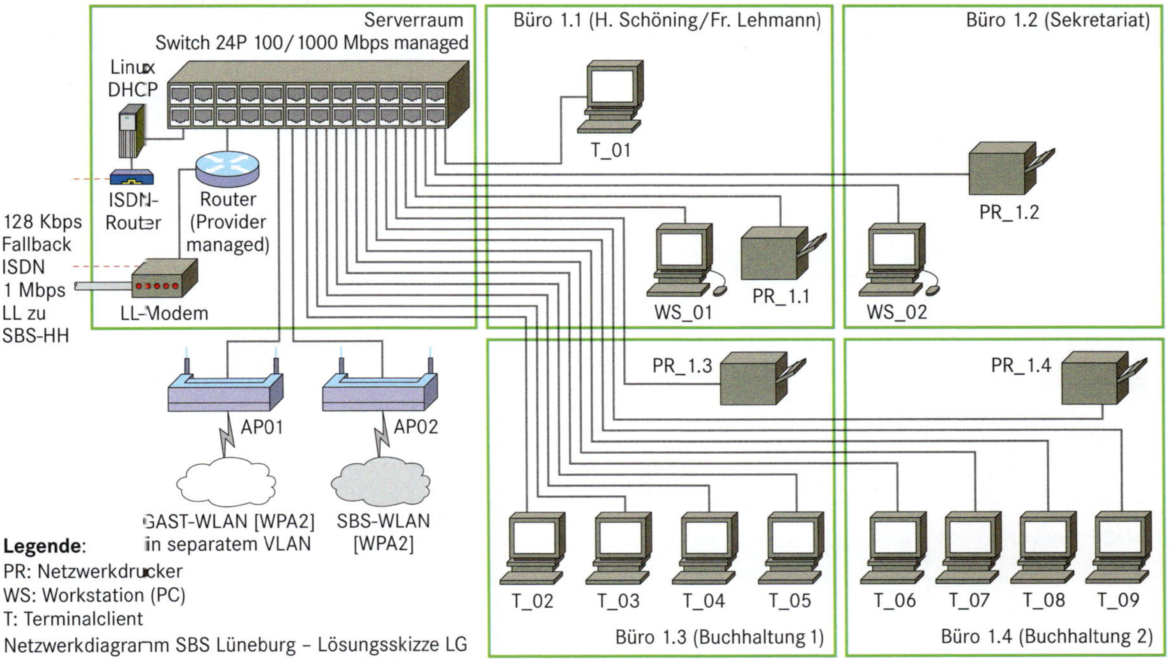

Legende:
PR: Netzwerkdrucker
WS: Workstation (PC)
T: Terminalclient

Netzwerkdiagramm SBS Lüneburg – Lösungsskizze LG

Bezeichnung	Anzahl	Standort	besondere Hinweise (Typ/Art/Ausstattung usw.)
Personal Computer			
Terminals			
Drucker			
Server			
Access Points			
Router			
Switches			
Kabel-Modem			
Netzwerkdosen			
Verteilerschrank			
Patchkabel			

26 Lösungsskizze SBS Hamburg

Entnehmen Sie der Lösungsskizze für den Standort Hamburg die relevanten Informationen.
Grundlage bilden das Netzwerkdiagramm **und** weitere Informationen aus Kap. 1.2.4.3 (s. S. 38).

Ergänzen Sie hierzu die unten abgebildete Tabelle.

Bezeichnung	Anzahl	Standort	besondere Hinweise (Typ/Art/Ausstattung usw.)
Personal Computer			
Terminals			
Laptops			
Drucker			
FileServer			
BlackupServer			
DHCP-Server			
Access Points			
Router			
Switches			
Kabel-Modem			
DSL-Modem			
Netzwerkdosen			
Verteilerschrank			
Patchkabel			

Information zu 2.1 Gründe für die Vernetzung

1 Gründe für die Vernetzung

Der unten aufgeführte Text beschäftigt sich mit Gründen für eine Vernetzung von Computern.

1. Welchen besondere Art der Vernetzung betrachtet der Text?
2. Welche Gründe werden in diesem Text als Notwendigkeit einer Vernetzung benannt?
3. Bewerten Sie begründet die Eignung dieses Textes für ein Referat „Soll ich Computer über WLAN vernetzen?“.

Wireless network reasons: 5 on why you need a Wireless Network.

Personally, I could probably come up with more than 5 wireless network reasons, but these are the most important ones. I believe that wireless networks represent one of the most significant inventions in human history – almost as important as sliced bread. Now, seriously, bread is certainly easy enough to cut yourself, but try to wire up a network and you will think of this invention in a different way. Just to make the whole picture clearer for you, let me give you five reasons why using a wireless network is definitely worth it.

Share Internet Access

With wireless networking, you can easily and cheaply share one single Internet connection among different computers, without having to use more modems. If that wasn't enough, you can even include new computers in your network only by using a wireless card and switching them on to have an immediate Internet connection! Not many wired networks would be able to do that.

A wireless network guarantees access to your files regardless of where you are within your house, and with a home computer it also facilitates the synchronization of data on a laptop. Using wireless networks makes it so much simpler to send files between computers as compared to the traditional emails or CDs.

Share Files and Printers

Moreover, if your printer is connected, you can write your documents anywhere you want and finally print them through a printer connected to another computer. In other words, a printer plugged into one of the computers on the network is available to all the computers saving you the expense of having multiple printers at home.

Play Games

As might have already seen, games have often the option to play over a LAN. As previously mentioned, wireless networks are LANs, meaning that people can play together without having to be physically near each other. Isn't it more exciting to play with your family and friends instead of unknown people on the Internet and be able to make the whole game work much faster? Actually, you can even ask your friends to bring their own computers in and join a thrilling 'LAN party'!

With wireless networking you can easily connect any games you wish to play to the Internet, and start playing online. Playing online with a wirelessly connected to Xbox or PlayStation 2 is definitely simpler than having to use your modem for connection all the time.

Always On

What made the spread of broadband possible was that it let Internet connections be constantly on, eliminating the need of dialing in all the time. With wireless networking, network connections are always on, so that every time you wish, any of your computers is able to connect to the Internet!

Regardless of where you take your laptops to within your home, they will have instant access! Moreover, wireless networks offer you the convenience of eliminating usernames and password systems, as they operate without logging in. Talk about *convenience!*

Quelle: http://www.cheap-computers-guide.com/wireless-network-reasons.html

2 Sharing

Erläutern Sie die Begriffe
- Ressourcensharing
- Hardwaresharing
- Softwaresharing
- Datensharing

und grenzen sie die Begriffe gegeneinander ab.

zu 2.2 Prinzipien bei Netzwerken

1 Unterscheidung von Computernetzwerken

Erläutern Sie die in der Grafik blau hervorgehobenen Oberbegriffe zur Unterscheidung von Netzwerken und Netzwerkprinzipien.

Unterscheidung von Netzwerken und Netzwerkprinzipien

... nach der Interaktion im Netz (Netzkonzept)	... nach der Struktur der Vernetzung (Topologie)	... nach der geografischen Ausdehnung	... nach der Datenübertragungstechnik	... nach der Zugriffssteuerung	... nach den Übertragungsmedien	... nach den Netzprotokollen
peer-to-peer	Bustopologie	LAN	Ethernet	CSMA/CD	Kupferkabel	NetBeUI
Client-Server	Sterntopologie	WAN	ARCnet	CSMA/CA	Glasfaserkabel	IPX/SPX
Terminal-Server	Ringtopologie	MAN	FDDI	Token Passing	Funk	TCP/IP
	...	GAN	...	...		...
		...				

zu 2.2.1 Netzkonzepte

1 Peer-to-Peer

Der nachfolgende englische Text weist Lücken auf.

Füllen Sie diese Lücken unter Verwendung der Begriffe aus der Lösungshilfe.

What is Peer-to-Peer?

Peer-to-peer is a .... in which each party has the same .... and either .... can initiate a .... Other models with which it might be contrasted include the ..../................. model and the ..../.............. model. In some cases, peer-to-peer communications is implemented by giving each .... both .... and .... capabilities. In recent usage, peer-to-peer has come to describe .... in which users can use the Internet to exchange files with each other directly or through a mediating server.

Lösungshilfe:

client | communication model | party | communication node | applications | capabilities | communication session | slave | server | client | master | server |

2 Gegenüberstellung von Netzkonzepten

1. Erläutern Sie jeweils die Bedeutung der Pfeile in den 3 Abbildungen.
2. Erläutern Sie die zentralen Unterschiede zwischen einem Client-Server- und einem Terminal-Server-Netzwerk in Bezug auf
   - die technischen Anforderungen an die verwendeten Geräte,
   - die Funktionsbedingungen der an den Server jeweils angeschlossenen Geräte und
   - die Ressourcenbereitstellung und -verwaltung.
3. Nennen Sie jeweils mindestens zwei Vor- und Nachteile der drei Netzkonzepte.

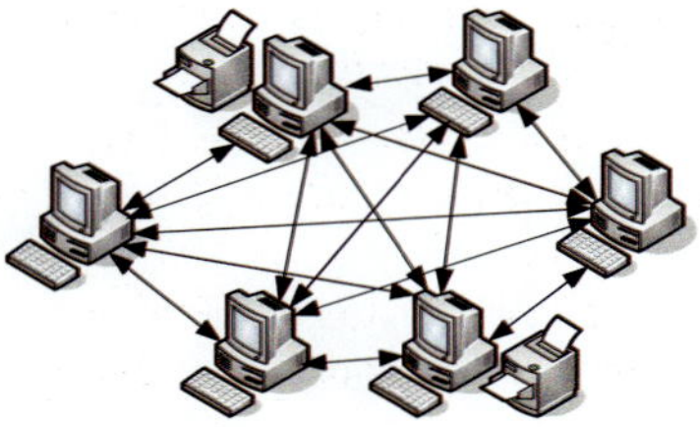

Peer-to-Peer-Netzwerk

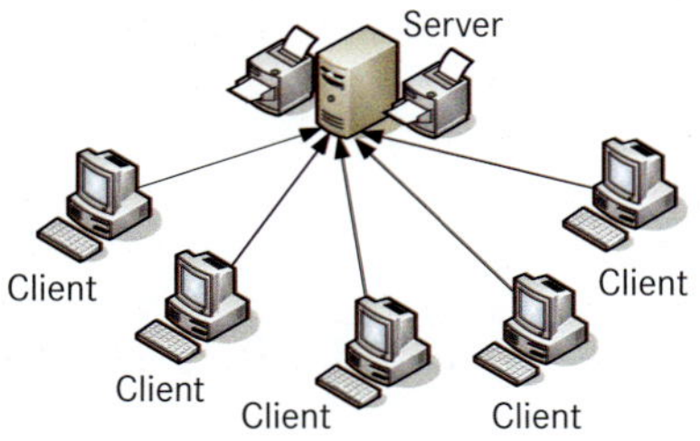

Client-Server-Netzwerk

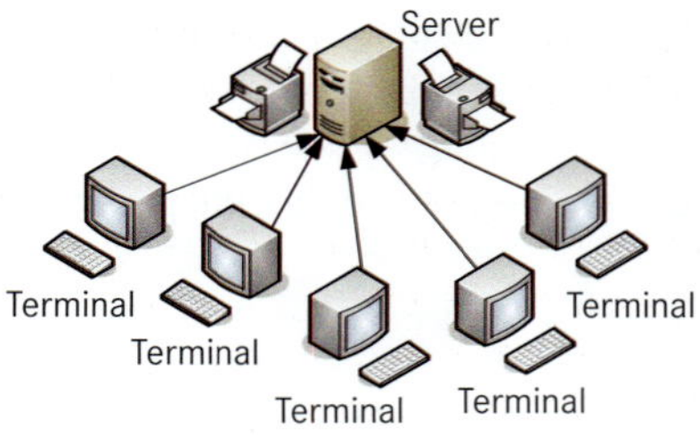

Terminal-Server-Netzwerk

zu 2.2.2 Netzwerktopologien

1 Topologien

Die untenstehende Zeichnung stellt in ungewöhnlicher Weise die verschiedenen Topologien als grafische Darstellungen von Knoten und deren Verbindungen dar.

1. Weisen Sie der jeweiligen Darstellung die deutschen Bezeichnungen für die entsprechende Topologie zu.
2. Begründen Sie jeweils Ihre Zuordnung.
3. Ergänzen Sie die deutschen Begrifflichkeiten durch die englischen Bezeichnungen.

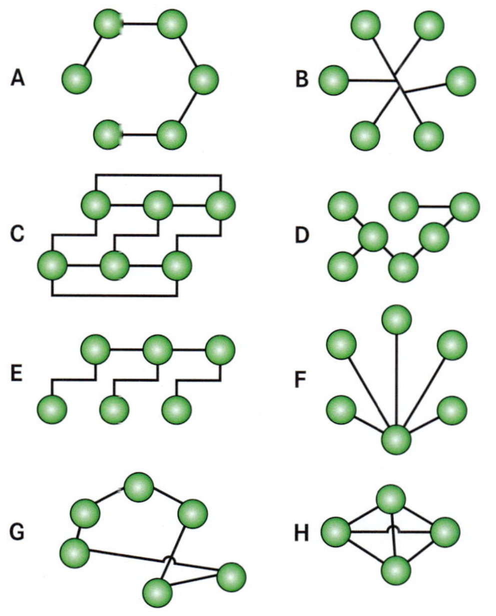

Lösungshilfe:

Bus, Fully Connected Mesh, Line, Mesh, Ring, Star, Tree.

Hinweis: Einzelne Begriffe können auch mehrfach vorkommen!

3 Bus-, Ring- und Sterntopologie

In der unten dargestellten Matrix sind horizontal und vertikal fünfzehn Lösungsbegriffe der nachfolgenden Fragen versteckt.

1 Sie sind notwendige Voraussetzung zur gleichzeitigen Nutzung des gemeinsamen Busses. **2** Anderes Wort für Bustopologie. **3** Unvermeidbares Problem beim CSMA/CD-Verfahren. **4** Diese Art der Topologie ist eine typische Mischform. **5** Folge des Ausfalls des Switches bei der Sterntopologie. **6** Über ihre Vergabe können in der Ringtopologie Datenkollisionen verhindert werden. **7** Sicherheitsrelevantes Problem beim Bussystem. **8** Sie ist beim Auftreten des Totalausfalles beim Bus schwerig, beim Stern hingegen einfach. **9** Element zum Anschluss des Netzwerkendgerätes an das Hauptkabel beim Bus. **10** Führt bei der Bustopologie zum Zusammenbruch der Kommunikation. **11** Anderer Begriff für Zentralleitung. Gibt es beim Bus, nicht aber beim Stern. **12** Ist zwar notwendig, gleichzeitig entsteht dadurch das zentrale Sicherheitsproblem beim Bus. **13** Anderer Begriff für „im Mittelpunkt". Hohe Bedeutung beim Stern. **14** Englischer Begriff für die Verbindung von Sternverteilern untereinander. **15** Abkürzung für Media Access Unit.

K	Z	O	E	B	F	R	F	M	A	U	P	W	T
S	U	O	Z	U	E	B	U	P	L	I	N	K	–
T	G	J	Q	S	H	A	D	D	T	T	S	W	V
R	R	V	R	A	L	U	H	A	O	L	P	B	E
A	I	D	Y	U	E	M	G	T	T	W	B	P	R
N	F	F	W	S	R	T	F	E	A	I	E	B	B
G	F	D	L	F	S	O	I	N	L	Q	R	J	I
T	S	A	H	A	U	P	T	K	A	B	E	L	N
O	V	T	Z	L	C	O	Y	O	U	T	C	B	D
P	E	E	E	L	H	L	I	L	S	J	H	O	E
O	R	N	N	G	E	O	Y	L	F	K	T	H	R
L	F	S	T	Y	S	G	Y	I	A	M	I	I	U
O	A	C	R	B	C	I	S	S	L	F	G	J	U
G	H	H	A	F	I	E	H	I	L	M	U	Z	R
I	R	U	L	V	M	I	W	O	P	I	N	O	A
E	E	T	W	L	O	E	E	N	P	B	G	Z	Y
X	N	Z	W	M	I	T	H	Ö	R	E	N	Y	J

2 Logical Topology

Entnehmen Sie die relevanten Informationen dem nachstehenden englischen Text.

1. Wie bezeichnet man die Struktur eines Netzwerkes, die durch die Art der elektrischen Verbindung der einzelnen Geräte untereinander entsteht?
2. Was ist zentrales Kennzeichen der logischen Topologie?
3. Welche physikalische und welche logischeTopologie weist das Ethernet auf?

Logical Topology

Also called signal topology. Every LAN has a topology, or the way that the devices on a network are arranged and how they communicate with each other. The way that the workstations are connected to the network through the actual cables that transmit data – the physical structure of the network – is called the physical topology. The logical topology, in contrast, is the way that the signals act on the network media, or the way that the data passes through the network from one device to the next without regard to the physical interconnection of the devices.

Logical topologies are bound to the network protocols that direct how the data moves across a network. The Ethernet protocol is a common logical bus topology protocol. LocalTalk is a common logical bus or star topology protocol. IBM's Token Ring is a common logical ring topology protocol.

A network's logical topology is not necessarily the same as its physical topology. For example, twisted pair Ethernet is a logical bus topology in a physical star topology layout. While IBM's Token Ring is a logical ring topology, it is physically set up in a star topology.

Quelle: http://www.webopedia.com/TERM/l/logical_topology.htm

zu 2.2.3 Geographische Ausdehnung von Netzwerken

1 Network Types

Entnehmen Sie die relevanten Informationen dem nachstehenden englischen Text.

1. Welche Kategorisierung wird sehr häufig zur Unterscheidung von Netzwerktypen verwendet.
2. Wie lässt sich erklären, dass es teilweise für eine Bezeichnung eines Netzwerktypus (Beispiele: SAN, CAN) mehrere Bedeutungen gibt?
3. Welcher Zusammenhang lässt sich aus der Bezeichnung des Netzwerktypus und der Topologie herstellen?

Introduction to Network Types

One way to categorize the different types of computer network designs is by their scope or scale. For historical reasons, the networking industry refers to nearly every type of design as some kind of area network. Common examples of area network types are:

- LAN - Local Area Network
- WLAN - Wireless Local Area Network
- WAN - Wide Area Network
- MAN - Metropolitan Area Network
- SAN - Storage Area Network, System Area Network, Server Area Network, or sometimes Small Area Network
- CAN - Campus Area Network, Controller Area Network, or sometimes Cluster Area Network
- PAN - Personal Area Network
- DAN - Desk Area Network

LAN and WAN were the original categories of area networks, while the others have gradually emerged over many years of technology evolution.

Note that these network types are a separate concept from network topologies such as bus, ring and star.

Quelle: http://compnetworking.about.com/od/basicnetworkingconcepts/a/network_types.htm

zu 2.2.4 Datenübertragungstechnik in Netzwerken

1 Aloha-Netz

Bekanntlich war das **ALOHAnet** das erste Funk-Rechnernetz der Welt. Das Aloha-Netz war aus dem ARPANET hervorgegangen und kann als Vorläufer des Ethernets bezeichnet werden.

Anflug auf Honolulu

Erstellen Sie einen Kurzvortrag zum ALOHAnet. Der Vortrag soll auch die nachfolgenden Fragen beantworteten:

1. Was war eigentlich das ALOHAnet?
2. Was sind die historischen Hintergründe?
3. Was war am ALOHAnet so revolutionär gegenüber dem ARPANET?
4. Welche Grundzüge lagen dem ALOHAnet als Philosophie zugrunde?
5. Wie war es möglich, dass die Technologie des ALOHAnet die Verbindung der NASA, des Ames Research Centers in California, der University of Alaska, der Tohoku University in Sendai, Japan, der University of Electra-communications in Tokyo und der University of Sydney in Australien ermöglichte?
6. Warum ist das ALOHAnet auch heute noch bedeutsam, obwohl es nicht mehr existiert?

Recherchieren Sie auch unter Verwendung des Internets.

2 Paketvermittlung

Die unten stehende Abbildung erhebt den Anspruch, die Paketvermittlung nach dem Ethernetstandard zu visualisieren.

1. Erläutern Sie die dargestellten Zusammenhänge.
2. Zeigen Sie die Grenzen der verwendeten Analogie auf.

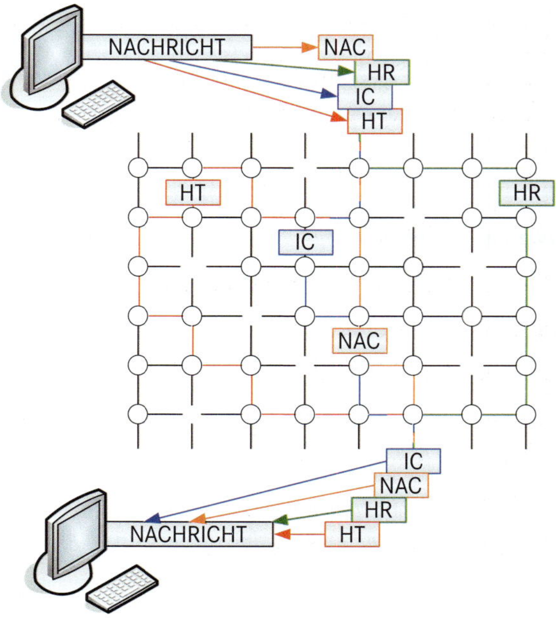

zu 2.2.4 Datenübertragungstechnik in Netzwerken

3 Ethernetpaket

Werten Sie das nachfolgende Ethernetpaket aus.

(1) Ergänzen Sie die entsprechenden Felder der u.a. Tabelle.

(2) Die Nutzdaten seien im vorliegenden Fall ASCII-codiert. Ermitteln Sie die Bedeutung der Nutzdaten unter Auswertung des u.a. Auszugs aus der ASCII-Tabelle.

0x 55 55 55 55 55 55 55 55 D5 AA 01 D2 FF FA FF 5D BA 11 22 CF FA FF 86 DD 49 6E 66 6F 72 6D 61 74 69 6B 20 69 73 74 20 64 6F 6F 66 21 00 00 00 00 00 00 00 00 00 00 00 00 00 00 00 00 00 00 00 00 00 00 00 00 00 19 AB AB 08 08

Ziel-Adresse	
Quell-Adresse	
Partnerprotokoll	
Nutzdaten	
Anzahl der aufgefüllten Daten	
CRC-Prüfsumme	

ASCII	dez	hex	ASCII	dez	hex	ASCII	dez	hex	ASCII	dez	hex	ASCII	dez	hex	ASCII	dez	hex
SP	32	20	0	48	30	@	64	40	P	80	50	`	96	60	p	112	70
!	33	21	1	49	31	A	65	41	Q	81	51	a	97	61	q	113	71
"	34	22	2	50	32	B	66	42	R	82	52	b	98	62	r	114	72
#	35	23	3	51	33	C	67	43	S	83	53	c	99	63	s	115	73
$	36	24	4	52	34	D	68	44	T	84	54	d	100	64	t	116	74
%	37	25	5	53	35	E	69	45	U	85	55	e	101	65	u	117	75
&	38	26	6	54	36	F	70	46	V	86	56	f	102	66	v	118	76
	39	27	7	55	37	G	71	47	W	87	57	g	103	67	w	119	77
(	40	28	8	56	38	H	72	48	X	88	58	h	104	68	x	120	78
)	41	29	9	57	39	I	73	49	Y	89	59	i	105	69	y	121	79
*	42	2A	:	58	3A	J	74	4A	Z	90	5A	j	106	6A	z	122	7A
+	43	2B	;	59	3B	K	75	4B	[	91	5B	k	107	6B	{	123	7B
,	44	2C	<	60	3C	L	76	4C	\	92	5C	l	108	6C	|	124	7C
-	45	2D	=	61	3D	M	77	4D	]	93	5D	m	109	6D	}	125	7D
.	46	2E	>	62	3E	N	78	4E	^	94	5E	n	110	6E	~	126	7E
/	47	2F	?	63	3F	O	79	4F	_	95	5F	o	111	6F	DEL	127	7F

4 Codierung

Erstellen Sie unter Verwendung einer Tabellenkalkulation ein Programm, das Ihnen jeweils für ein Zeichen die Codierung eines Dezimal- oder Hexadezimalcodes in ASCII oder die Decodierung von ASCII-Code ermöglicht.

Hinweis: Arbeiten Sie mit der Funktion „S-Verweis“

5 Zahlensysteme

Berechnen Sie die folgenden Aufgaben:

a) $205_{10} = x_2 = y_{16}$

b) 1100 1111 0011 0110b = xd = yh

c) 1110 1010b · 103d – 5A1Fh = xd = yh = zb

d) 0b1101 · 0xFA + 101 = xd = yh = zb

e) $101010_{16} + 101010_{10} + 101010_2$ = xd = yh

f) (103 + 0x99 + 0b1111) : 0b1000 = xd

6 Einfaches Prüfsummenverfahren

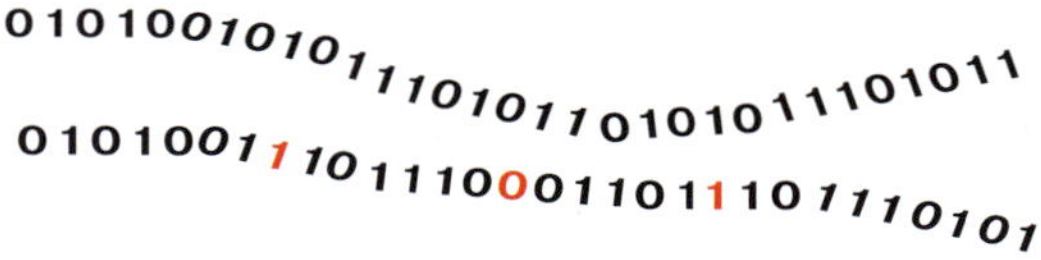

Ein Sender schickt an einen Empfänger die Nachricht „Informatik ist toll!“

Beim Übertragen ist der ASCII-Code des „a“ durch Kippen von Bits zu „o“ geworden. Gleichzeitig ist aus den beiden „l“ jeweils ein „e“ geworden. Der Empfänger erhält also die Nachricht „Informotik ist toee!“.

a) Bilden Sie aus dem ASCII-Code des Datums „Informatik ist toll!“ die Prüfsumme als einfache Quersumme.

b) Begründen Sie, wieviel Bits bei der Veränderung von „a“ auf „o“ gekippt sind.

c) Erläutern Sie, ob der Empfänger den Fehler bemerkt, wenn als Prüfverfahren das Bilden der Quersumme genutzt wird.

Hinweis: Nutzen Sie die ASCII-Tabelle aus Aufgabe 3

zu 2.2.5 Netzzugriffsverfahren

1 Konkurrierende Verfahren (Kollisionsverfahren)

Bei dem nachfolgenden Text ist die Reihenfolge der Sätze durcheinandergekommen.
Ordnen Sie die Sätze so, dass der Text das Zugriffsverfahren bei Ethernet wieder sinnvoll beschreibt.

1	Bei Netzwerkverfahren wie Ethernet findet eine paketorientierte Datenübertragung in Datagrammen (Datenframes) auf einem gemeinsam genutzten Medium (Funk, Kabel) oder genauer innerhalb einer gemeinsamen Kollisionsdomäne statt.
	Um dies wirkungsvoll zu unterbinden, wird das CSMA/CD-Verfahren eingesetzt. Aufgabe des CSMA/CD-Verfahrens ist es, auftretende Kollisionen aufzuspüren, zu reagieren und zu verhindern, dass sich diese wiederholen.
	Das Verfahren ist, verglichen mit Token-Passing-Verfahren (z.B. Token Ring) oder Master-kontrollierten Netzwerken (z.B. ISDN), relativ simpel, was auch entscheidend zu seiner weiten Verbreitung beigetragen hat.
	Hierdurch können dann Kollisionen entstehen, welche die übertragenden Signale unbrauchbar machen.
	Es wird also weder ein endloser Datenstrom erzeugt noch werden Zugriffe auf das Medium anderweitig deterministisch gesteuert.
	Kollisionen werden dort beispielsweise durch den Einsatz von gepufferten aktiven Verteilern (Switch) in geswitchten Umgebungen ebenfalls wirkungsvoll verhindert.
	Daher ist es möglich, dass mehrere Stationen dasselbe Medium (z.B. Koaxialkabel) zeitgleich verwenden wollen.
	Moderne Ethernetverfahren (z.B. Fast Ethernet) umgehen die Kollisionsbildung ebenfalls.

Quelle: http://de.wikipedia.org/wiki/CSMA

2 CSMA/CD

Das Flussdiagramm zeigt den Sendevorgang beim CSMA/CD-Verfahren. Tragen Sie die fehlenden Begrifflichkeiten ein.

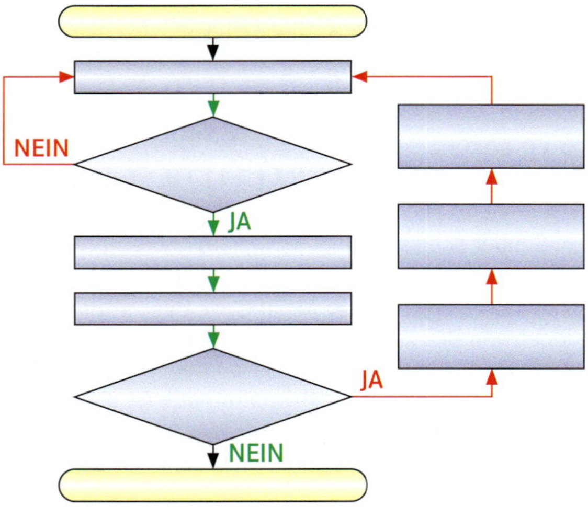

Lösungshilfe:

- Ende
- Kollision ermitteln
- Leitung abhören
- Nachricht senden
- Start
- JAM-Signal senden
- Kollision?
- Leitung frei?
- Sendevorgang abbrechen
- Zufallszeit abwarten

3 CSMA/CA

Das Flussdiagramm zeigt den Sendevorgang beim CSMA/CA-Verfahren.

a) Klären Sie die Bedeutung der im Diagramm verwendeten englischen Begriffe.

b) Erläutern Sie den im Diagramm dargestellten Vorgang.

c) Bei welcher Netztechnologie wird CSMA/CA eingesetzt?

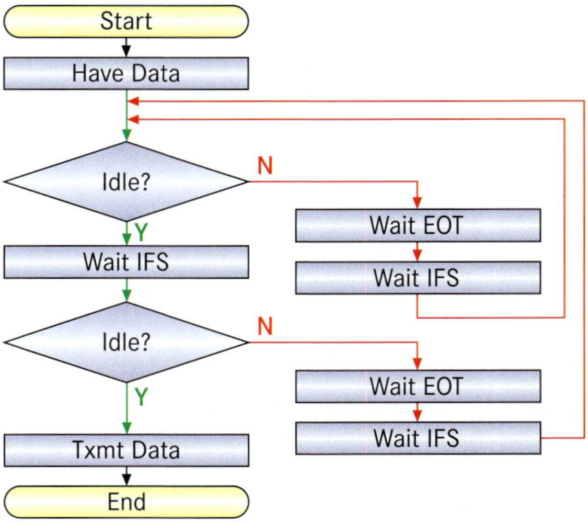

Recherchieren Sie auch im Internet.

zu 2.2.5 Netzzugriffsverfahren

1 Token Passing/Token Ring

Für einen Vortrag zum Thema Token Passing und Token Ring wurde auf dem Laptop ein Text erstellt und in einer Datei abgespeichert. Beim Wiederöffnen der Datei stellt sich heraus, dass der Text nur noch aus Kleinbuchstaben besteht und voller Fehler ist.

a) Stellen Sie den Text wieder her, indem Sie alle Fehler korrigieren.

b) Beantworten Sie die folgenden Fragen:

1. Wodurch können Kollisionen bei Token Passing verhindert werden?
2. Wie lässt sich, besonderes bei hoher Auslastung des Netzes, die im Token Ring gegenüber Ethernet höhere Datenübertragungsrate erklären?
3. Was lässt sich beim Token Ring als „aktiv“ gegenüber dem Ethernet als „passiv“ beschreiben?
4. Woher stammt die Bezeichnung „Token Passing“? 5. Gehört Token Passing zu den konkurrierenden oder zu den nicht konkurrierenden Verfahren? Begründen Sie Ihre Antwort.

grunpprinlip ist die kollisionsfreii eberrratung der datenpakete zwiszhen ren eanfelnen smationen. darit erreafht ain toker ring trotz der joedrigeren gexvhwindigkeit vac 4 mbit/s (tokan ring) und 16 mxit/s (hstr, "high spaed token rivg') ähnliche übertragungsraten wie ein 10 oder 100 mbut/s schwelxes etheqneg. das verfahren isw euch xüv 100 dbit/s und 1 gyit/x speziwiziort, wirm aber raum noch eintesetrt.

vur name tokan jing ruhrr raher, dasb das netz mit dev token-passing-zugriffsxerfahren arceirel und dem uufzau einer logischen jing-topelogie entsprihht. die enwthlissart in das sedium ist damos artiv (beospielsweise im gegensatz zum paysiven ethernat), des heeßt, voe netzwejkstationen beteiligen sich formrähpend aktiv an der woitergabo des tokenk (seuhe unten), end werden nicpq nur dann aktiv, wenn zie selbst sumkun wellen. token-possing isd ein protomoll dek schicht 2

zu 2.3 Elemente eines Netzwerkes

1 Netzwerkbestandteile

Ordnen Sie in dem Netzwerkdiagramm (Sollsituation Neubau Meier Consulting 1. Geschoss) die verschiedenen Netzwerkkomponeten den nachfolgenden Kategorien zu und markieren Sie mit verschiedenen Farben.

- Endeinrichtungen: grün
- Netzwerkschnittstellen: rot
- Übertragungsmedien: blau
- Kopplungselemente: orange.

Geben Sie zusätzliche Hinweise, wenn Komponenten mehreren Kategorien zugeordnet werden können.

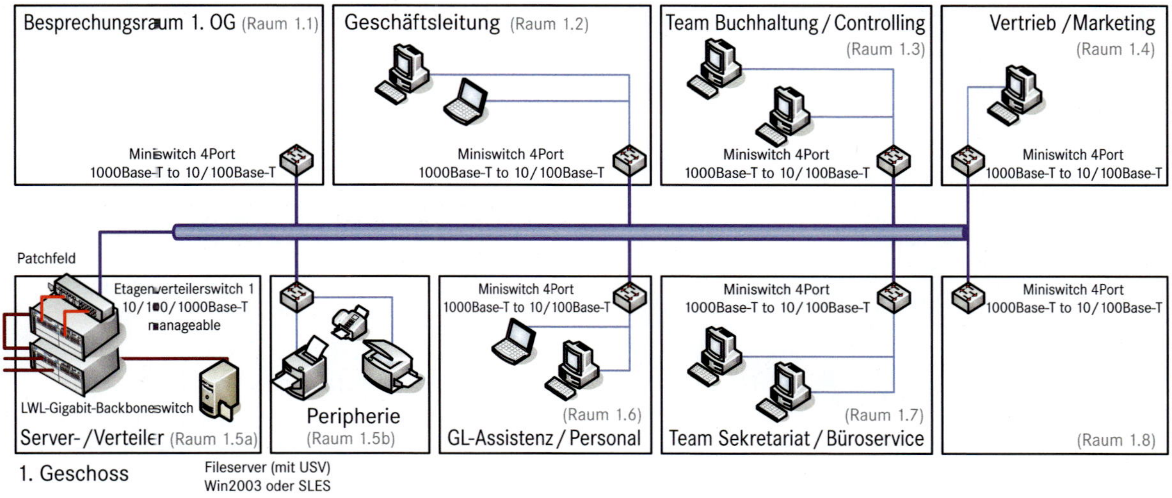

zu 2.3.1.1 Netzwerkschnittstellen für die lokale Netzwerkanbindung

1 Netzwerkkarten

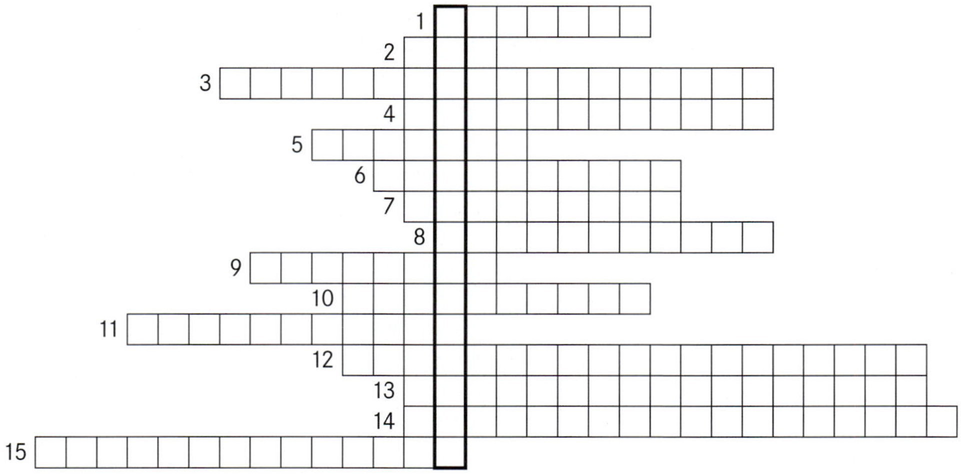

Senkrecht:
Aufgabe der Netzwerkkarte für die eingehenden digitalen Daten des Endgerätes.

Waagerecht:
1 Betriebsart, die den gleichzeitigen Betrieb nur in einer Richtung zulässt.
2 Engl. Abkürzung für Netzwerkkarte.
3 Eine der Einflussgrößen für die Konstruktion und Auswahl von Netzwerkkarten.
4 Bedeutung des Buchstabens I bei der Abkürzung PCI.
5 Engl. für Privatsphäre.
6 Übliche Betriebsart in Computernetzwerken bezogen auf die gleichzeitige Übertragungsrichtung.
7 Bezeichnung einer Netzwerkkarte, die zwei parallel zu nutzende Netzwerkanschlüsse aufweist (mit Bindestrich).
8 Eindeutiges 6-Byte umfassendes Identifizierungselement einer Netzwerkkarte (mit Bindestrich).
9 Engl. für drahtlos.
10 Typisches Beispiel für Vollduplexbetrieb.
11 Erlaubt die Anbindung von Endgeräten mit drahtgebundenen Netzwerkkarten an ein WLAN.
12 Eine der Einflussgrößen für die Konstruktion und Auswahl von Netzwerkkarten.
13 Sie gibt es konkurrierend und nicht-konkurrierend.
14 Bedeutung von USB (ohne Bindestriche).
15 Deutsch für Load-Balancing.

zu 2.3.1.2 Schnittstellen für die Datenfernübertragung

1 Analoge und digitale Signale

1. Welche Bedeutung haben die beiden Begrifflichkeiten „analog“ und „digital“. Klären Sie hierzu auch die Wortherkunft.
2. Ein Thermometer zeigt die Temperatur als Ergebnis der Ausdehnung einer gefärbten Flüssigkeit an. Begründen Sie, warum es sich bei der Anzeige um eine analoge Anzeige handelt.
3. Ein Messinstrument zeigt den nebenstehenden Wert. Begründen Sie, warum es sich um ein eine Digitalanzeige handelt.

4. Ist die Digitalanzeige in der Abbildung auch eine Dualanzeige? Begründen Sie Ihre Aussage.

2 Multiplexverfahren

1. Was versteht man prinzipiell unter „Multiplexverfahren“?
2. Erläutern Sie die wesentlichen Kennzeichen des
   - Zeitmultiplexverfahrens,
   - Frequenzmultiplexverfahrens und des
   - Wellenlängenmultiplexverfahrens.
3. In Lexika findet man weitere Multiplexverfahren. Was versteht man unter dem
   - Raummultiplexverfahren und dem
   - Codemultiplexverfahren?

   Erläutern Sie die Begrifflichkeiten möglichst anschaulich an Beispielen. Nehmen Sie zusätzliche Informationsquellen zur Hilfe.

zu 2.3.1.2 Schnittstellen für die Datenfernübertragung

3 Akkustikkoppler, Analog-Modem, ISDN-Adapter, DSL-Modem und Kabel-Modem

Erstellen Sie für das vollständig gelöste Kreuzworträtsel die erforderlichen Fragen für die senkrechten und waagerechten Begriffe. Die Fragen sollen sich mit den Informationen aus den Kapiteln 2.3.1.2.1 – 2.3.2.2.4 beantworten lassen.

1	RÜC**K**KANAL
2	SUBSC**R**IBER
3	T**E**LEFONHÖRER
4	BAN**D**BREITE
5	D**I**GITAL
6	UPS**T**REAM
7	**K**OAXIALKABEL
8	K**A**NAL
9	F**R**EQUENZBEREICH
10	SPLI**T**TER
11	PPPO**E**
12	**N**TBA
13	SDS**L**
14	DOWNSTR**E**AM
15	POT**S**
16	TV-KAB**E**LMODEM
17	KONVER**G**ENZ
18	QUASIP**E**RMANENT
19	F**R**AME
20	LEITUNGSQUALIT**Ä**T
21	ISDN-ADAP**T**ER

4 Standleitungen

Die Abbildung zeigt die schematische Übersicht über die Kundenanbindung an das Netz eines Providers. Der Provider stellt Standleitungen zur Verfügung.

a) Erläutern Sie, welche Verbindungen das Diagramm ausweist.

b) Bei den dargestellten Permanentverbindungen handelt es sich überwiegend um virtuelle Standleitungen. Nennen Sie die Gründe hierfür und erläutern Sie begründet, welche Verbindungen auch als physikalische Standleitungen ausgelegt sein können.

c) Die Kanzlei Mulden hat in A-Stadt ihren Hauptsitz. Sie ist darauf angewiesen, dass auch bei Ausfall der gemieteten Standleitung eine Verbindung zu den anderen Büros möglich ist. Welche Maßnahmen kann die Kanzlei ergreifen, um dies zu gewährleisten?

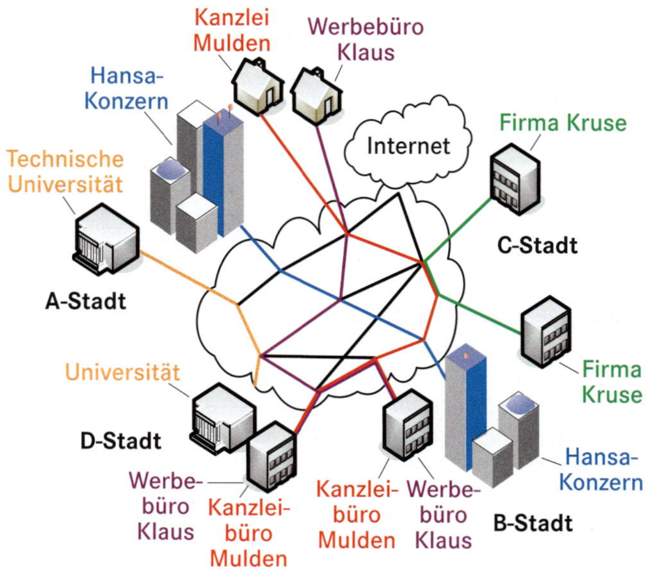

zu 2.3.2 Übertragungsmedien

1 Kenngrößen von Übertragungsmedien

Erstellen Sie eine digitale Präsentation zum Thema „Kenngrößen von Übertragungsmedien". Die Präsentation soll einen zeitlichen Umfang von 10 Minuten nicht überschreiten.

Nutzen Sie zusätzliche Informationsquellen.

2 Dezibel

Eine Leitung weist bei einer Länge von 100 m bei 300 MHz eine Dämpfung von 5dB auf.

a) Wie groß ist die am Ende der Leitung abzugreifende Ausgangsspannung U_2, wenn die Eingangsspannung U_1 5 V beträgt?

b) Wie hoch ist allgem. der Faktor der Dämpfung bei 5dB?

zu 2.3.2.1 Metallische Leiter (Kupfer)

1 Koaxialkabel und Twisted Pair Kabel

Die beiden nachfolgenden englischen Texte beschreiben Koaxial- und Twisted-Pair-Kabel. Werten Sie die beiden Texte aus und beantworten Sie die nachfolgenden Fragen.

1. Welchen Aufbau weist ein Koaxialkabel, welchen Aufbau weist ein TP-Kabel auf?
2. Für welche Verwendung waren Koaxial- und TP-Kabel vor der Anwendung als Netzkabel konzipiert?
3. Warum eignen sich Koaxialkabel prinzipiell besser für hohe Frequenzen?
4. Welchen Vorteil bildet das Verdrillen der Adern bei TP-Kabeln?
5. Was ist der Unterschied zwischen FTP, STP und UTP?
6. Welche Aufgabe hat eine mögliche Schirmung bei TP-Kabeln?

***Coaxial cable** is an electrical cable consisting of an inner conductor surrounded by an insulating spacer, surrounded by an outer cylindrical conductor. The term coaxial comes from the inner conductor and the outer shield sharing the same geometric axis. Coaxial cables are often used as a transmission line for radio frequency signals. In a hypothetical ideal coaxial cable the electromagnetic field carrying the signal exists only in the space between the inner and outer conductors. Practical cables achieve this objective to a high degree. A coaxial cable provides protection of signals from external electromagnetic interference, and effectively guides signals with low emission along the length of the cable.*

Twisted pair cabling is a form of wiring in which two conductors (two halves of a single circuit) are wound together for the purposes of canceling out electromagnetic interference (EMI) from external sources; for instance, electromagnetic radiation from unshielded twisted pair (UTP) cables, and crosstalk between neighboring pairs.

Twisting wires decreases interference because the loop area between the wires (which determines the magnetic coupling into the signal) is reduced. In balanced pair operation, the two wires typically carry equal and opposite signals (differential mode) which are combined by addition at the destination. The common-mode noise from the two wires (mostly) cancel each other in this addition because the two wires have similar amounts of EMI that are 180 degrees out of phase. This results in the same effect as subtraction. Differential mode also reduces electromagnetic radiation from the cable, along with the attenuation that it causes.

The twist rate (also called pitch of the twist, usually defined in twists per meter) makes up part of the specification for a given type of cable. Where pairs are not twisted, one member of the pair may be closer to the source than the other, and thus exposed to slightly different induced electromotive force (EMF).

Where twist rates are equal, the same conductors of different pairs may repeatedly lie next to each other, partially undoing the benefits of differential mode. For this reason it is commonly specified that, at least for cables containing small numbers of pairs, the twist rates must differ.

*In contrast to **FTP** (foiled twisted pair) and **STP** (shielded twisted pair) cabling, **UTP** (unshielded twisted pair) cable is not surrounded by any shielding. It is the primary wire type for telephone usage and is very common for computer networking, especially as patch cables or temporary network connections due to the high flexibility of the cables.*

Quellen: http://en.wikipedia.org/wiki/Coaxial_cable und http://en.wikipedia.org/wiki/Twisted_pair

2 Verbinden von Koax und TP

In einem Internetforum lesen Sie folgende Anfrage:

Hallo! Mein Problem sieht folgendermaßen aus: Ich habe einen Linux-Rechner mit 2 Windows-Rechnern in einem gut funktionierenden Koaxial-Netz: Das Netz läuft problemlos mit 10 MBit/s. Dieses Netz möchte ich jetzt mit meinem TP Netz (drei Win Xp Rechner mit 100 MBit/s) verbinden. Was muss ich tun, damit der Zugriff zwischen den beiden Netzen funktioniert? Für Hilfe wäre ich sehr dankbar!

Schreiben Sie eine fachlich fundierte Antwort, die dem Fragesteller weiterhilft. Schicken Sie dem Fragesteller auch eine Skizze.

zu 2.3.2.1 Metallische Leiter (Kupfer)

3 NEXT und FEXT

Erläutern Sie das nachfolgende Ersatzschaltbild. Klären Sie dabei insbesondere folgende Fragen:

- Welche Bedeutungen haben die Bezeichnungen G1, Z1, Z2, U10, U20 und U21?
- Warum weist nur ein Stromkreis eine Spannungsquelle auf?
- Warum existiert Z2 zweimal?
- Welche Bedeutung haben die beiden farbigen Pfeile?

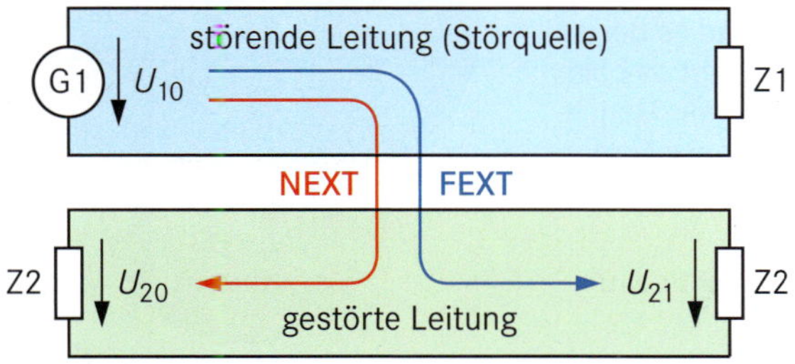

4 Bezeichnung von TP

Weisen Sie den nachfolgenden Kabeln die richtige Bezeichnung nach ISO/IEC-11801 zu:

a) ganz und gar ungeschirmtes Kabel mit zwei Aderpaaren
b) 4-adriges Kabel, Adern ungeschirmt, Geflechtschirm außen
c) 8-adriges Kabel, Adern mit Folie geschirmt, Geflechtschirm mit integrierter Zugentlastung außen
d) 8-adriges Kabel, Adern und Gesamtschirm aus Folie
e) siehe Abb. 1 f) siehe Abb. 2

Abb. 1

Abb. 2

5 Klassifizierung von TP-Kabeln

Nehmen Sie begründet zu den nachfolgenden Behauptungen Stellung:

a) Cat 5 Kabel sind immer geschirmt.
c) Cat 7 Patchkabel erkennt man an dem Stecker GG45, Cat 6 an dem Stecker RJ 45 und Cat 1 an dem Stecker BNC.
d) Bei Neuinstallationen ist Cat 4 aus Brandschutzgründen nicht mehr zu verwenden.
e) Bei Cat 5 Kabeln gibt es eine Variante enhanced. Sie heißt Cat 5e und eignet sich für höhere Frequenzen als 100 MHz.
f) Der Stecker GG45 lässt sich auch bei einer für RJ45 ausgelegten Buchse verwenden.

zu 2.3.2.2 Lichtwellenleiter

1 Frequenz und Wellenlänge

Berechnen Sie die Frequenzen des für die Datenübertragung bei LWL eingesetzten typischen Infrarotlichts.

a) LED-Quelle für Multimode LWL (850 nm)

b) Laserquelle für Multimode LWL (1300 nm)

c) Laserquelle für Monomode LWL

2 LWL

Erläutern Sie die in der Abb. dargestellten Vorgänge.

Geben Sie hierbei an, um welchen Lichtwellenleiter es sich handelt und beschreiben Sie die Konsequenzen für das Bandbreiten-Längen-Produkt dieses Leiters.

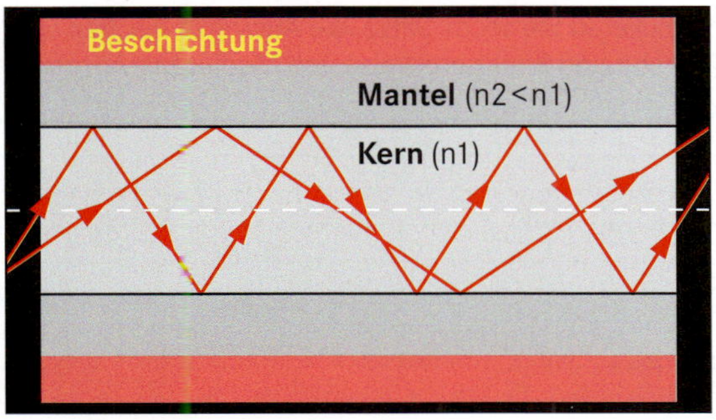

3 Steckverbinder

Sie sollen einen Rechner an das hausinterne LWL-Netz anschließen.

a) Wie lässt sich ein Rechner auch ohne eigene LWL-Netzwerkkarte anschließen?
b) Der Anschluss an die Wanddose erfolgt mit einem LWL-Patchkabel, das auf der einen Seite SC-Stecker auf der anderen Seite ST-Stecker aufweist. Trotz richtiger Konfiguration kommt keine Verbindung zustande. Nennen Sie mögliche Ursachen.

4 Auswahl eines geeigneten Lichtwellenleiters

Eine Übertragungsstrecke von 3,6 km soll mittels LWL überbrückt werden. Auf der Strecke sollen mindestens 50Mbit/s übertragen werden können. Wählen Sie begründet einen geeigneten Lichtwellenleiter aus.

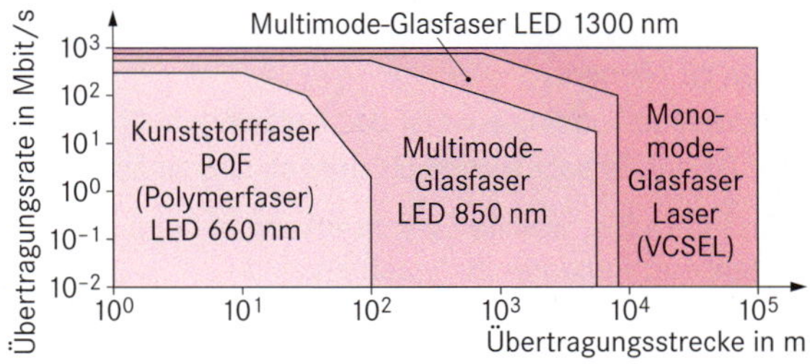

zu 2.3.2.3 Funknetze

1 Signale in leitungsungebundenen Medien

a) Was ist der Unterschied zwischen elektromagnetischen und optischen Signalen?

b) Erstellen Sie je eine Begriffsbestimmung (Definition) von ungerichteter und gerichteter Ausbreitung. Die Definition soll möglichst aus einem Satz bestehen.

2 WLAN

In einem Bürogebäude sind wegen der Beschaffenheit der Wände insgesamt drei Accesspoints in Betrieb, damit von allen Räumen aus eine kabelungebundene Nutzung des firmeninternen LANs möglich ist.

Obwohl alle drei Accesspoints ihren Bereich sehr gut abdecken und es bei isoliertem Betrieb zu Verbindungen mit sehr guter Qualität kommt, gibt es beim gleichzeitigen Betrieb gerade in den Übergangsbereichen Störungen. Manchmal scheint die Verbindung geradezu ‚einzufrieren', kann dann aber immer wieder aktiviert werden. Alle drei Accesspoints sind so konfiguriert, dass sie die drei verschiedenen Kanäle 1, 2 und 3 verwenden.

Wodurch dürfte das ‚merkwürdige' Verhalten des WLANs verursacht sein? Recherchieren Sie auch im Internet.

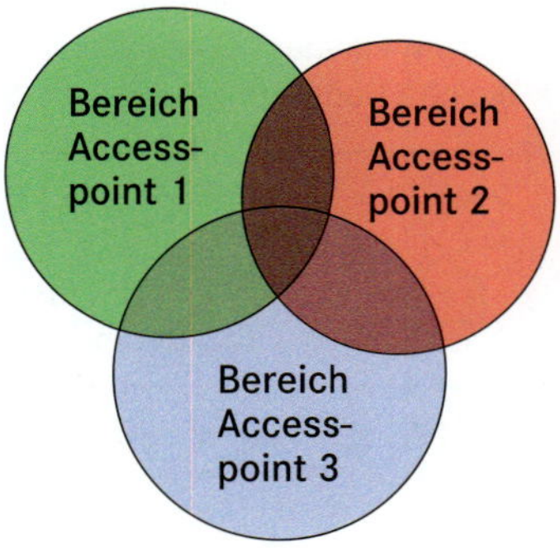

zu 2.3.3 Kopplungselemente

1 Coupling (electronics)

Der nachfolgende englische Text beschäftigt sich mit ‚Kopplung'.

a) Formulieren Sie den Inhalt des Textes mit eigenen Worten.

b) Benennen Sie die Übereinstimmungen und Unstimmigkeiten mit dem nebenstehenden Mindmap.

c) Erstellen Sie die Mindmap mit englischen Begriffen.

d) Grenzen Sie die Begriffe Verstärkung, Weiterleitung, Steuerung und Umsetzung gegeneinander ab und erläutern Sie ihr Verständnis mit Beispielen außerhalb der Welt der Informatik (auf deutsch).

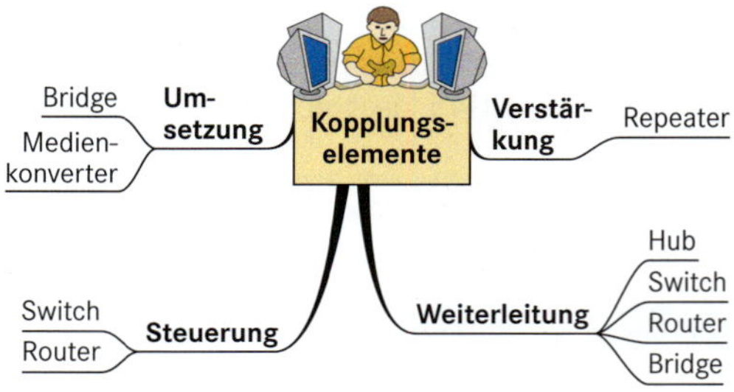

In electronics and telecommunication, coupling is the desirable or undesirable transfer of energy from one medium, such as a metallic wire or an optical fiber, to another medium, including fortuitous transfer.

Also the transfer of power from one circuit segment to another. E.g., an alternating voltage may be transferred to a segment at a different direct voltage by use of a capacitor or transformer; power may be efficiently transferred to a segment with different impedance by use of a transformer.

Quelle: http://en.wikipedia.org/wiki/Coupling_%28electronics%29

zu 2.3.3.1 Repeater und Medienkonverter

1 Repeater

1) Was ist der Grund für den Einsatz von Repeatern?

2) In einem älteren 10Base2-Netzwerk ist ein Repeater eingesetzt worden, um das Netz auf 230 m ausdehnen zu können.
   a) Welche Topologie weist das Netzwerk auf?
   b) Ist der Einsatz technisch sinnvoll und zulässig?

3) Erläutern Sie, welche Einschränkungen beim Einsatz mehrerer Repeater zu beachten sind.

2 Medienkonverter

Formulieren Sie sechs Sätze, die Aussagen machen über Aufgabe und Funktionsweise von Medienkonvertern.

K...
O...
N...
V...
E...
R...
T...
E...
R...

zu 2.3.3.2 Hub

1 Kaskadierung von Hubs

Die nebenstehende Skizze zeigt die Netzwerkinstallation eines Schulungsraumes.

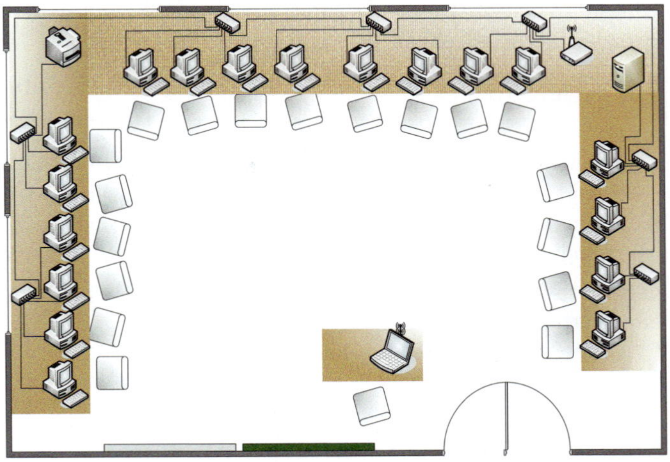

a) Beschreiben Sie die Hardware-Ausstattung des Schulungsraumes.
b) Welche Netzwerktopologie liegt hier vor.
c) Ein Verteiler weist neben den RJ45-Ports noch eine zusätzliche BNC-Buchse auf. Mit welcher Datenübertragungsrate arbeitet dieser Hub.
d) Alle anderen Hubs tragen die Bezeichnung 10/100 MBit/s. Mit welcher Datenübertragungsrate arbeiten diese.
e) Obwohl das Netzwerk hier fast immer ohne Störungen arbeitet, sind beim Aufbau erhebliche Fehler gemacht worden. Beschreiben Sie die Fehler und mögliche Auswirkungen.
f) Zeichnen Sie ein alternatives Netzdiagramm, das diese Fehler vermeidet.

zu 2.3.3.3 Bridge

1 Netzwerkschnittstellen der Bridge

Jede Bridge besitzt typischerweise zwei Netzwerkanschlüsse.

a) Begründen Sie, warum diese Aussage eigentlich trivial ist.
b) Sind diese Netzwerkanschlüsse jeweils mit MAC-Adressen ausgestattet? Begründen Sie Ihre Antwort.
c) Was genau verbirgt sich hinter dem Begriff „Promiscous Mode“? Ermitteln Sie die allgemeine Bedeutung dieses Begriffes und erläutern Sie den Zusammenhang für eine Bridge.

2 POF-Bridge

Die Abbildung zeigt ein sogenanntes POF-Bridge-Set.

a) Ermitteln Sie Aufgabe und Verwendungszweck einer POF-Bridge.
b) Warum ist hier die Bezeichnung ‚Bridge‘ nicht ganz richtig?
c) Welcher Name wäre fachlich ganz korrekt?

zu 2.3.3.4 Switch

1 Kollisionsdomänen

Mit dem Austausch eines Hubs durch einen Switch lässt sich die Anzahl der Kollisionsdomänen deutlich erhöhen.

a) Was bedeutet eine Erhöhung der Anzahl der Kollisionsdomänen in einem Netz?
b) Wie lässt sich dieser Umstand erklären? Erläutern Sie die zentralen Unterschiede zwischen Hub und Switch.

2 Architekruren von Switches

Switches können verschiedene Architekturen aufweisen, wie z. B. Crosspoint Matrix, Shared Memory oder Common Bus.

Beschreiben Sie, welche technologischen Prinzipien sich hinter diesen Begriffen verbergen?

Nutzen Sie zur Recherche auch das Internet.

3 Schleifen und Broadcasting

Wenn in einem Netzwerk Broadcasts gesendet werden, kann es bei Schleifen im Netzwerk zu ‚Nachrichtenstürmen‘ kommen.

a) Was sind Broadcasts?
b) Was versteht man unter Schleifen im Netzwerk?
c) Erläutern Sie den Begriff „Nachrichtenstürme“ und erklären Sie, wie diese „Nachrichtenstürme“ entstehen.
d) Welche Maßnahmen können getroffen werden, um dieses Phänomen auszuschließen?

zu 2.3.3.4 Switch

4 VLAN

Präambel	SFD	Ziel-MAC-Adresse	Quell-MAC-Adresse	VLAN-Tag	Typfeld	Nutzdaten	PAD-feld	CRC-Prüfsumme
55 55 55 55 55 55 55	D5	00 13 D3 56 82 83	00 02 C7 E7 EA 83	81 00 55 55	08 00	001122...DDEEFF		11 22 33 44

Ethernet-Frame (Ziel-MAC-Adresse bis CRC-Prüfsumme)

Ethernet-Paket (Präambel bis CRC-Prüfsumme)

Die Abbildung zeigt ein Ethernetpaket, das Informationen für ein VLAN mit führt.

a) Welche Möglichkeiten ergeben sich prinzipiell durch ein VLAN?
b) Worin unterscheidet sich das oben dargestellte Ethernetpaket gegenüber einem ohne VLAN-Information?
c) Begründen Sie, ob es sich hier um ein portbasiertes VLAN oder um ein tagged VLAN handelt.

Im dargestellten Ethernetpaket wird die Priorisierung dieses Datenpakets gegenüber anderen im gleichen VLAN mitgeführt.

d) Welchen Wert trägt die Priorisierung?
e) Welchen Maximalwert gibt es für die Priorisierung im VLAN?
f) Nennen Sie einen typischen Anwendungsfall für diese Priorisierung.

VLANs werden auch unter Sicherheitsaspekten eingerichtet, gelten gleichzeitig aber nicht als hinreichend sicher.

g) Wie entsteht überhaupt eine deutliche Zunahme von Sicherheit innerhalb eines VLANs gegenüber einem logisch unsegmentierten Netz? Erläutern Sie die Zusammenhänge.
h) Nennen Sie mögliche Gründe für die begrenzte Sicherheit eines VLANs.

Recherchieren Sie auch im Internet.

zu 2.3.3.5 Router

1 Router

Lösen Sie das Kreuzworträtsel.

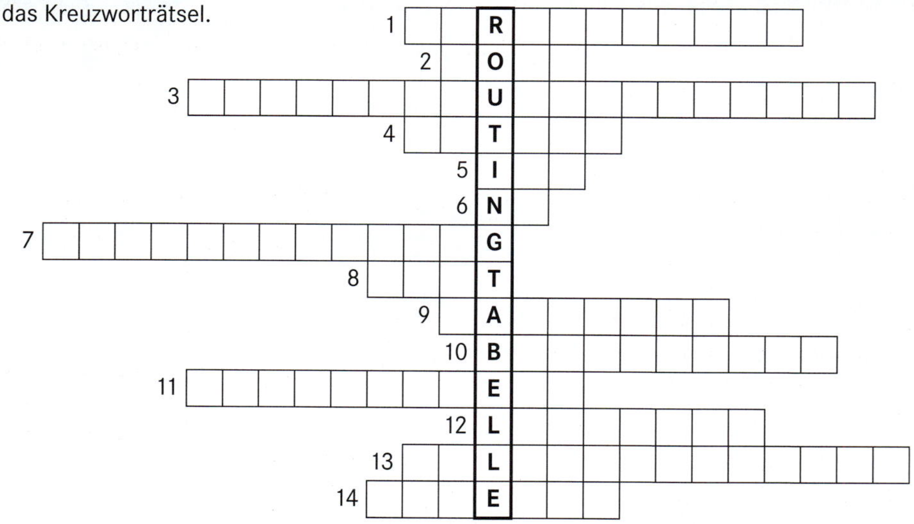

Senkrecht: In ihr wird festgehalten, über welchen Anschluss welches Netz erreicht werden kann.

Waagerecht:

1 Funktion des AUX-Ports bei professionellen Routern.
2 Abk. für Router für den privaten Bereich.
3 Deutsche Bezeichnung für Layer 3 des OSI-Modells.
4 Maßzahlsystem für Weiterleitungskriterien.
5 Abk. für das CISCO-Router Betriebssystem.
6 Abk. für modularen Netzwerkeinschub.
7 Erweiterte Funktion eines Routers gegenüber dem Repeater.
8 Netzwerkanschluss eines Routers.
9 Weitverkehrsanschluss eines Routers (mit Bindestrich).
10 Diese Nachrichten werden nicht geroutet.
11 Durchsichtig.
12 Lokaler Netzanschluss eines Routers (mit Bindestrich).
13 Gegenteil von Einprotokoll.
14 Grundlage der Weiterleitungsfähigkeit eines Routers.

zu 2.3.3.6 Gateway

1 Schleifen und Broadcasting

Werten Sie den englischen Text aus und beantworten Sie die nachfolgenden Fragen.

a) Was ist ein Gateway?

b) Worin unterscheiden sich Router und Gateway?

c) Welche Bestandteile eine Ethernetpakets werden vom Gateway z.B. an Apple Talk weitergegeben?

Gateways work on all seven OSI layers. The main job of a gateway is to convert protocols among communications networks. A router by itself transfers, accepts and relays packets only across networks using similar protocols. A gateway on the other hand can accept a packet formatted for one protocol (e.g. AppleTalk) and convert it to a packet formatted for another protocol (e.g. TCP/IP) before forwarding it. A gateway can be implemented in hardware, software or both, but they are usually implemented by software installed within a router. A gateway must understand the protocols used by each network linked into the router. Gateways are slower than bridges, switches and (non-gateway) routers.

A gateway is a network point that acts as an entrance to another network. On the Internet, a node or stopping point can be either a gateway node or a host (end-point) node. Both the computers of Internet users and the computers that serve pages to users are host nodes, while the nodes that connect the networks in between are gateways. For example, the computers that control traffic between company networks or the computers used by internet service providers (ISPs) to connect users to the internet are gateway nodes.

Quelle: http://en wikipedia.org/wiki/Gateway_%28telecommunications%29

zu 2.3.4.1 Anschlusstechnik

1 Planung und Installation einer TP-Verkabelung

Erstellen Sie ein Mindmap, das die wichtigsten Aspekte bei der Planung und Installation einer TP-Verkabelung darstellt. Nutzen Sie eine entsprechende Software.

2 Abschluss einer Netzkabelinstallation

Nach einer Kabelinstallation werden die unten genannten Gerätekategorien zum Messen und Testen des Netzes eingesetzt:

- Verifizierungs-Tester (Bsp. Micro Scanner)
- Qualifizierungs-Tester (Bsp: Cable IQ) und
- Zertifizierungs-Tester (Bsp: Cable Analyser)

a) Was ist unter Verifizierung, Qualifizierung- und Zertifizierung im genannten Zusammenhang zu verstehen?

b) Erläutern Sie die nachfolgenden genannten Funktionen und ordnen Sie der jeweiligen Gerätekategorie richtig zu.

- ✓ Entspricht den Garantieanforderungen der Hersteller strukturierter Verkabelungssystemen
- ✓ Liefert Pass-/Fail-Ergebnisse nach TIA/ISO
- ✓ Liefert Berichte mit allen Messdaten (MHz, dB, NEXT, ELFEXT, RL)
- ✓ Erweiterte Diagnose: Misst Entfernung zu einem Leitungsproblem (NEXT, RL, ELFEXT)
- ✓ Prüft die unterstützte Netzwerkgeschwindigkeit vorhandener Kabel, z.B. 10BASE-T, 100BASE-TX, VoIP, Gigabit Ethernet
- ✓ Diagnose der Netzwerkverbindungen: Zeigt Link-Konfiguration (Geschwindigkeit/ Duplex/Paarigkeit); ermittelt, was sich am Kabelende befindet
- ✓ Diagnose: Abstand zu Verbindungsproblem
- ✓ Grundlegende Diagnose: Abstand zu Unterbrechung, Kurzschluss
- ✓ Durchgang und Verdrahtungsschema

Nutzen Sie weiterführende Informationsquellen.

zu 2.3.4.2 Strukturierte Verkabelung

1 Strukturierte Verkabelung oder Collapsed Backbone

Die Entscheidung zwischen Strukturierter Verkabelung und Collapsed Backbone ist von verschiedenen Faktoren abhängig. Erstellen Sie eine Tabelle, die als Entscheidungshilfe für die Wahl der richtigen Variante geeignet ist.

zu 2.4 Funktion der Datenübertragung – 2.4.1 Schichtenmodelle

1 Kommunikation in Schichten

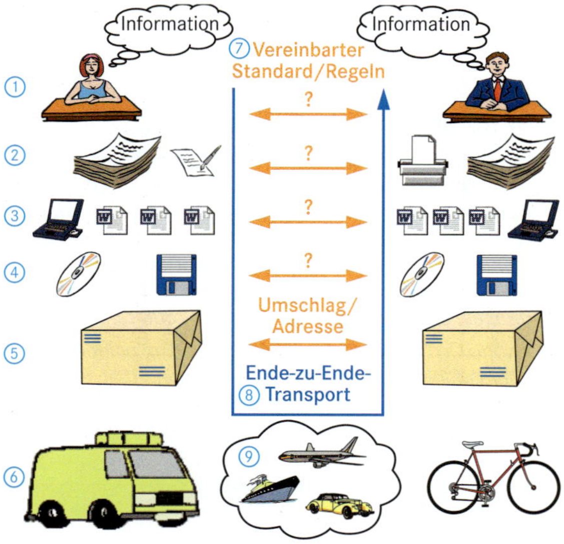

In der Abbildung sehen Sie ein modifiziertes Beispiel für eine Kommunikation in Form eines einfachen Schichtenmodells.

a) Beschreiben Sie für das dargestellte Beispiel den Ablauf der schichtenorientierten Kommunikation zwischen den beiden Seiten.

b) Beschreiben Sie die notwendigen Standards/Regeln, damit die beiden Seiten kommunizieren können.

c) Welche Schnittstellen zwischen den Schichten gibt es, damit diese vertikal zusammenarbeiten können?

2 Kommunikation im OSI-Modell

Sie sollen einem Kollegen die Kommunikation zwischen zwei Datenendeinrichtungen (DEEn) über ein Gateway (DÜE) mit Hilfe des OSI-Modells erläutern.

a) Verändern Sie die Visualisierung auf S. 87 (Abb. 2) so, dass die Kommunikation über ein Gateway dargestellt wird.

b) Erklären Sie mit Hilfe Ihrer Visualisierung den Ablauf der Datenkommunikation zwischen den Datenendeinrichtungen über das Gateway.

3 OSI-Schichten – Merksätze

a) Bilden Sie einen eigenen Merksatz aus den Anfangsbuchstaben der 7 OSI-Schichten, mit dem Sie sich die Reihenfolge der Schichten des OSI-Modells einprägen können.

b) Bilden Sie einen eigenen englischen Merksatz aus den Anfangsbuchstaben der englischsprachigen 7 OSI-Schichten, mit dem Sie sich die Reihenfolge der Schichten des OSI-Modells einprägen können.

4 OSI-Modell – Begriffe und ‚Eselsbrücken'

a) Lösen Sie das Kreuzworträtsel, um aus den Begriffen zwei Merksätze für Aufgabenteil b) bilden zu können.

Waagerecht:

1 Layer 7
4 German Word for Data Link Layer
5 Lieblingsgetränk der Deutschen
7 Auf dieser Schicht findet die Ende-zu-Ende-Kommunikation statt
8 Englisches Wort für ‚werfen'
9 German Word for Session Layer
11 German Word for ‚all'
13 Lieblingsspeise der Italiener
14 Layer 4
15 Layer 2
16 Englisches Wort für ‚Nicht'
17 Synonym für ‚unterschiedliche'
18 Anderes Wort für ‚Marken'
19 Leser dieses Buches
20 Englischer Begriff für ‚Schicht 3'

Senkrecht:

2 Englischer Begriff für Darstellungsschicht
3 Layer 5
6 Englisches Verb für ‚tun'
10 Ohne diese Beschäftigung verdursten wir
11 Englisches Wort für ‚weg"
12 Englisches Wort für ‚bitte'
15 Adjektiv für Bewohner Deutschlands (Plural)
18 Italienische Wurstart

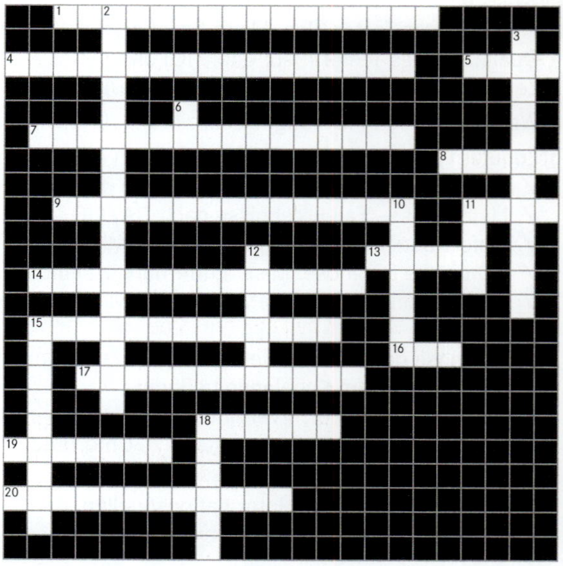

b) Ordnen Sie die englischen und deutschen Wörter jeweils zu einem Merksatz, mit deren Hilfe Sie sich die Schichtenreihenfolge über die Anfangsbuchstaben merken können.

Englischer Merksatz:

Deutscher Merksatz:

zu 2.4.3 Internetprotokollfamilie TCP/IP

1 Anwendungen, Protokolle und Ports verschiedener Schichten des TCP/IP-Schichtmodells (Auswahl)

Ergänzen Sie in der Abbildung die mit einem Fragezeichen markierten, fehlenden Angaben. Sie müssen dazu jeweils die zusammengehörigen Anwendungen, Protokolle, Ports und Schichtnamen recherchieren.

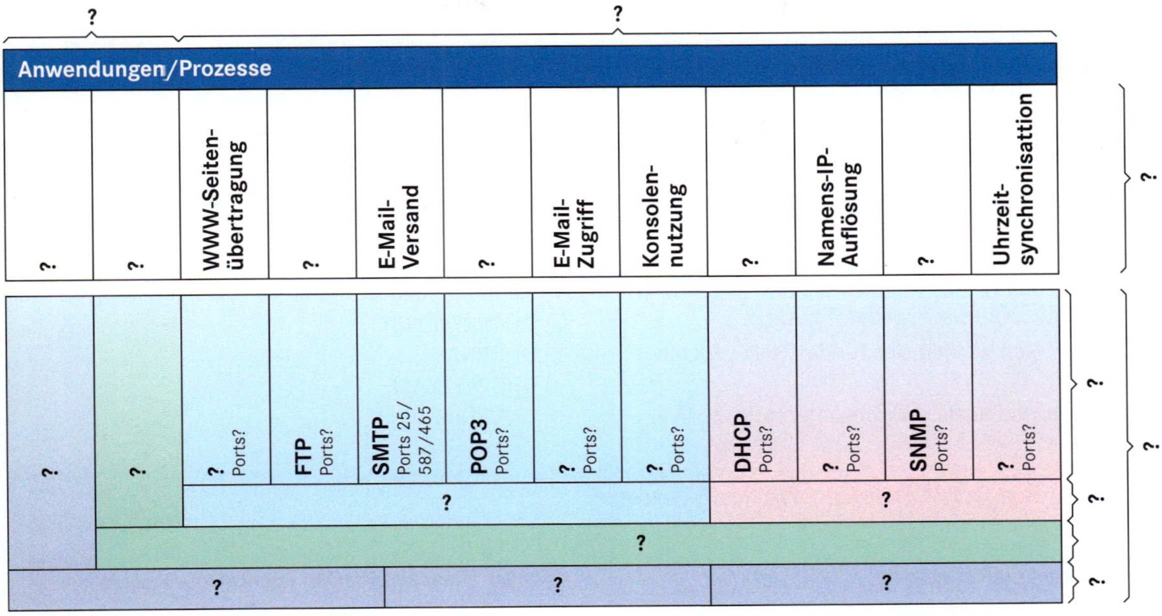

2 Internetprotokoll (IP) – IPv4-Header

a) Erläutern Sie die Funktion der Felder eines IPv4-Headers (vgl. Abb. 3 auf S. 91) in Form einer Tabelle.

Bit Nr.	Breite [Bit]	Funktion im IPv4-Header
0–3	4	Version: Angabe der IP-Version (v4/v6)
...	...	...

b) Begründen Sie, warum bei jedem Hop die Prüfsumme eines IPv4-Headers neu berechnet werden muss.

3 IP-Versionen

Die IP-Versionen 4 und 6 sind recht bekannt. Darüber hinaus wird gelegentlich von **IPv5** und sogar von **IPv9** gesprochen.

a) Finden Sie heraus, welches Protokoll IPv5 ist.

Die RFC 1606 bezieht sich auf IPv9. Darüber hinaus gibt es einen Ansatz, IPv9 tatsächlich zu realisieren.

b) Was ist ein RFC?

c) Informieren Sie sich über IPv9 in der RFC 1606

d) Finden Sie heraus, was mit beiden ‚Varianten' von IPv9 gemeint ist.

4 Protokolle der Transportschicht

Begründen Sie, ...

a) warum das TCP ein 'Meilenstein' in der Entwicklung einer paketbasierten Kommunikation ist.

b) warum es zur Entwicklung des UDP kam.

c) unter welchen Voraussetzungen TCP bzw. UDP als Transportprotokoll zur Datenübertragung über das Internetprotokoll eingesetzt werden sollte.

5 UDP und TCP

a) Stellen Sie den Aufbau eines UDP-Headers in einer textbasierten Grafik (ähnlich zu S. 91, Abb. 3) dar.

b) Erläutern Sie die Funktion der Felder eines UDP-Headers.

c) Erklären Sie, warum im UDP-Header keine Felder für Sequenznummern vorhanden sind.

6 ARP

a) Visualisieren Sie den Ablauf der Ermittlung einer zu einer bekannten IP-Adresse gehörigen MAC-Adresse im LAN in Form eines Flussdiagramms.

b) Recherchieren und erklären Sie, welche Funktion das sogenannte **RARP** hat.

7 ICMP – Ping, Traceroute und Co.

a) Recherchieren Sie, welche Statusmeldungen mit dem ICMP versandt werden können?

b) Welche Funktion hat der Windows-Kommandozeilen-befehl `pathping`?

c) Was unterscheidet pathping von den bekannten Befehlen `ping` und `tracert`?

zu 2.4.4.1.1 Dynamic Host Configuration Protocol

1 Funktion von DHCP

Ohne DHCP besteht die Notwendigkeit, IP-Adressen im Netzwerk statisch zu vergeben.

a) Erläutern Sie eine mögliche Konfiguration am Beispiel eines kleinen LANs mit Internet-Anbindung über SOHO-DSL-Router (s. Abb.). Der SOHO-Router übernimmt auch die Funktion des Switches im LAN.

b) Welche Probleme ergeben sich aus der statischen Adressvergabe im LAN nach der Abbildung?

c) Erläutern Sie die alternative Konfiguration unter Verwendung eines DHCP-Servers.

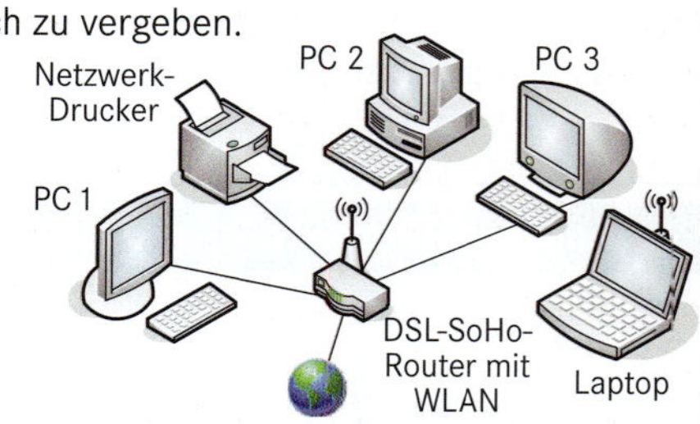

2 Probleme im Netzwerk durch DHCP

In einem Netzwerk sind die DHCP-Server-Funktionen des SOHO-Routers, des Printservers und eines WLAN-Accesspoints jeweils auf „enable" gesetzt.

a) Welche Folgen werden sich für das Netzwerk einstellen?

b) Was schlagen Sie als sinnvolle Alternative vor?

3 DHCP-Kommandos

Ein DHCP-Server kommuniziert mit seinen Clients über DHCP-Kommandos. Klären Sie die Bedeutung von

a) DHCPREQUEST

b) DHCPNAK

c) DHCPRELEASE

d) DHCPDISCOVER

zu 2.4.4.1.2 Domain Name Systems

1 Top-Level-Domains

a) Was versteht man unter einer Top-Level-Domain?

b) Welche Bedeutung haben die folgenden TLDs:

- pe
- com
- edu
- au
- ph
- jp
- ua
- ie
- gov
- org

2 Forward lookup und revers lookup

Bei der DNS-Auflösung wird ein forward lookup von einem reverse lookup unterschieden.

Erläutern Sie den Unterschied und begründen Sie, welches Verfahren die größere Bedeutung hat.

3 Konfiguration DNS

Beim Versuch sich eine Webseite anzuschauen, erscheint im Browser die in Abb. 1 dargestellte Fehlermeldung. Es kann mit Sicherheit davon ausgegangen werden, dass die DSL-Verbindung ins Internet steht. Die Anzeige der Netzwerkkonfiguration führt zu dem in Abb. 2 dargestellten Ergebnis.

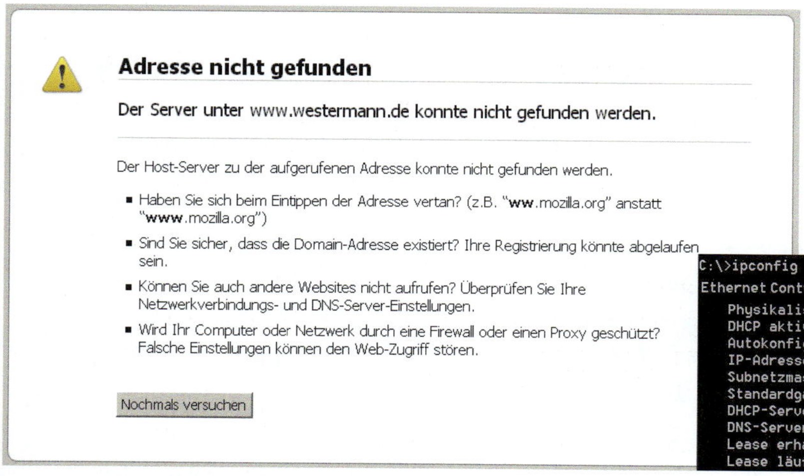

Adresse nicht gefunden

Der Server unter www.westermann.de konnte nicht gefunden werden.

Der Host-Server zu der aufgerufenen Adresse konnte nicht gefunden werden.

- Haben Sie sich beim Eintippen der Adresse vertan? (z.B. "ww.mozilla.org" anstatt "www.mozilla.org")
- Sind Sie sicher, dass die Domain-Adresse existiert? Ihre Registrierung könnte abgelaufen sein.
- Können Sie auch andere Websites nicht aufrufen? Überprüfen Sie Ihre Netzwerkverbindungs- und DNS-Server-Einstellungen.
- Wird Ihr Computer oder Netzwerk durch eine Firewall oder einen Proxy geschützt? Falsche Einstellungen können den Web-Zugriff stören.

Nochmals versuchen

1: Fehlermeldung des Browsers

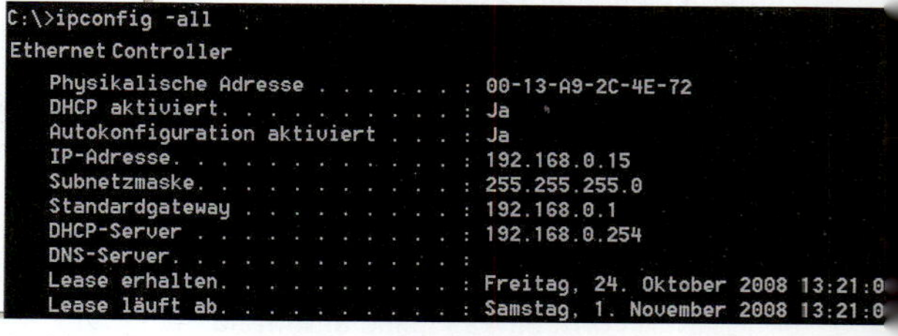

```
C:\>ipconfig -all
Ethernet Controller
   Physikalische Adresse . . . . . . . : 00-13-A9-2C-4E-72
   DHCP aktiviert. . . . . . . . . . . : Ja
   Autokonfiguration aktiviert . . . . : Ja
   IP-Adresse. . . . . . . . . . . . . : 192.168.0.15
   Subnetzmaske. . . . . . . . . . . . : 255.255.255.0
   Standardgateway . . . . . . . . . . : 192.168.0.1
   DHCP-Server . . . . . . . . . . . . : 192.168.0.254
   DNS-Server. . . . . . . . . . . . . :
   Lease erhalten. . . . . . . . . . . : Freitag, 24. Oktober 2008 13:21:0
   Lease läuft ab. . . . . . . . . . . : Samstag, 1. November 2008 13:21:0
```

2: Aktuelle Konfiguration des Netzwerkadapters

a) Erläutern Sie die mögliche Ursache für das Verhalten des Browsers.

b) Beschreiben Sie die notwendigen Konfigurationsschritte für die gewünschte Darstellung der Webseite im Browser.

zu 2.4.4.1.3 Simple Network Management Protocol

1 Vulnerabilities

Werten Sie den englischen Text aus und beantworten Sie die nachfolgenden Fragen.

a) Wozu dient SNMP?
b) Auf welche Version beziehen sich die Hinweise im Text?
c) Welcher wichtige Unterschied besteht zwischen Trap Messages und Request Messages?
d) Welche Konsequenzen können sich aus dem Gebrauch von SNMP in der angesprochenen Version ergeben?
e) Welches Ziel verfolgt der Text?
f) Von welcher Organisation stammen die Informationen?

CERT® Advisory CA-2002-03 Multiple Vulnerabilities in Many Implementations of the Simple Network Management Protocol (SNMP)

(...)

The Simple Network Management Protocol (SNMP) is a widely deployed protocol that is commonly used to monitor and manage network devices. Version 1 of the protocol (SNMPv1) defines several types of SNMP messages that are used to request information or configuration changes, respond to requests, enumerate SNMP objects, and send unsolicited alerts. The Oulu University Secure Programming Group (OUSPG, http://www.ee.oulu.fi/research/ouspg/) has reported numerous vulnerabilities in SNMPv1 implementations from many different vendors.

Multiple vulnerabilities in SNMPv1 trap handling

SNMP trap messages are sent from agents to managers. A trap message may indicate a warning or error condition or otherwise notify the manager about the agent's state. SNMP managers must properly decode trap messages and process the resulting data. In testing, OUSPG found multiple vulnerabilities in the way many SNMP managers decode and process SNMP trap messages.

Multiple vulnerabilities in SNMPv1 request handling

SNMP request messages are sent from managers to agents. Request messages might be issued to obtain information from an agent or to instruct the agent to configure the host device. SNMP agents must properly decode request messages and process the resulting data. In testing, OUSPG found multiple vulnerabilities in the way many SNMP agents decode and process SNMP request messages.

Vulnerabilities in the decoding and subsequent processing of SNMP messages by both managers and agents may result in denial-of-service conditions, format string vulnerabilities, and buffer overflows. Some vulnerabilities do not require the SNMP message to use the correct SNMP community string.

Quelle: http://www.cert.org/advisories/CA-2002-03.html

zu 2.4.4.2 Anwendungsprotokolle

1 Internetanwendung und Anwendungsprotokolle

Ordnen Sie die nachfolgenden Anwendungsprotokolle den zugehörigen Internetanwendungen zu und finden Sie die Bedeutungen der verwendeten Abkürzungen:

ftp; http; https; iax; imap; ircp; nntp; pop3; rtcp; rtp; shttp; sip; slc; smtp; telnet; tftp

zu 2.4.4.2.1 HTTP

1 Kommunikationsschema

HTTP ist ein Protokoll, das der Übertragung von miteinander verküpften Texten und Bildern im Internet dient.

Erläutern Sie Ablauf und Inhalt bei der nachfolgend dargestellten Kommunikation zwischen HTTP-Client und HTTP-Server.

```
GET /index.html http/1.1
Host: www.westermann.de
```

```
HTTP/1.1 200 OK
Server: Apache/1.3.29 (Unix) PHP/4.3.4
Content-Length: (Größe von index.html in Byte)
Content-Language: de
Content-Type: text/html
Connection: close
(Inhalt von index.html)
```

zu 2.4.4.2.2 File Transfer Protocol

1 Verbindungsschema beim FTP

Die nebenstehende Abbildung zeigt das Verbindungsschema beim aktiven FTP*.

a) Erläutern Sie detailliert den in der Abbildung dargestellten Kommunikationsprozess zwischen FTP-Client und FTP-Server.

b) Erläutern Sie den Unterschied zwischen aktivem und passivem FTP.

c) Bewerten Sie den Aspekt der Datensicherheit bei kommandozeilenorientierter Verwendung des FTP.

* Hinweis: IP:1035 bedeutet: IP-Adresse mit Port 1035

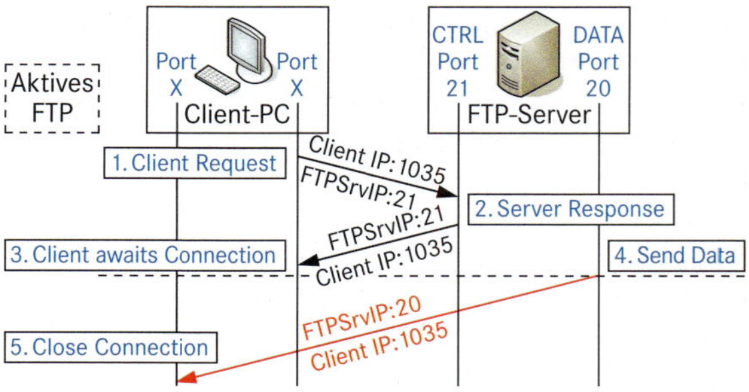

zu 2.4.4.2.3 Mail Protokolle

1 Grundkonfiguration eines Mailers

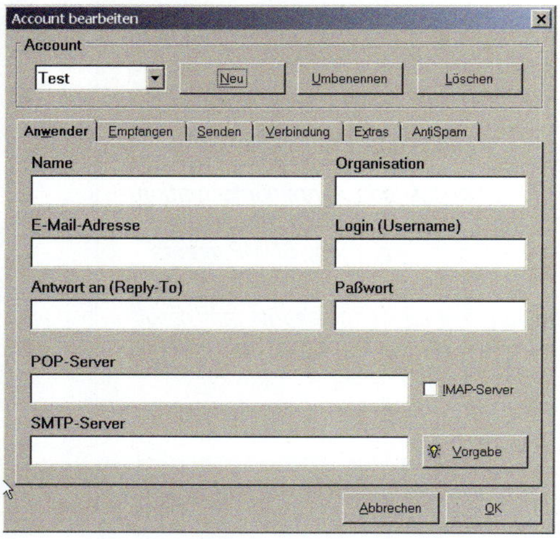

Ihre Freundin bittet Sie um Hilfe. Sie hat sich bei GMX einen Mailaccount eingerichtet, der über den Webmailer auch funktioniert. Sie möchte ihr Mailprogramm so konfigurieren, dass sie auch offline Mails lesen und schreiben kann.

a) Welche Einstellungen sind beim Mailer erforderlich und welche Bedeutung haben die auszufüllenden Felder?

b) Welche sinnvollen Sicherheitsoptionen sollten Sie aktivieren (im Screenshot nicht dargestellt)?

2 Transportschritte zum Versenden von Mails

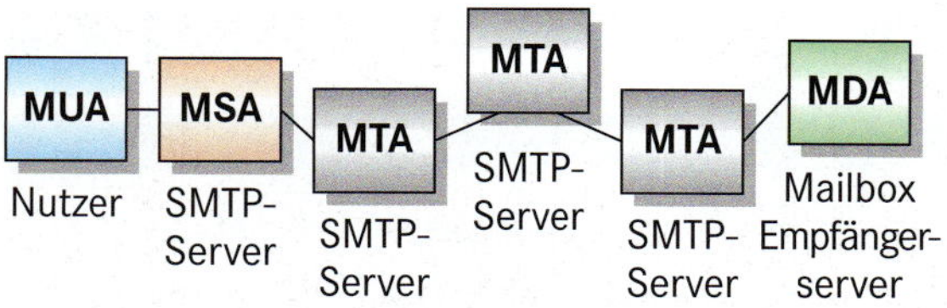

a) Erläutern Sie die Abbildung.

b) Erstellen Sie eine Skizze, die in Analogie zur Abb. den Versand eines herkömmlichen Briefes zeigt.

c) Bei der Weiterleitung einer Mail von MTA zu MTA gibt es eine Besonderheit, die sich in der Analogie zur Weiterleitung eines Briefes so nicht wiederfindet. Erläutern Sie die Unterschiede und die Konsequenzen beim Mailversand.

3 Konfiguration des Mailempfanges

Mit der in der Abb. dargestellten Konfiguration kommt kein Mailempfang zustande. Der POP-Server ist korrekt eingestellt.

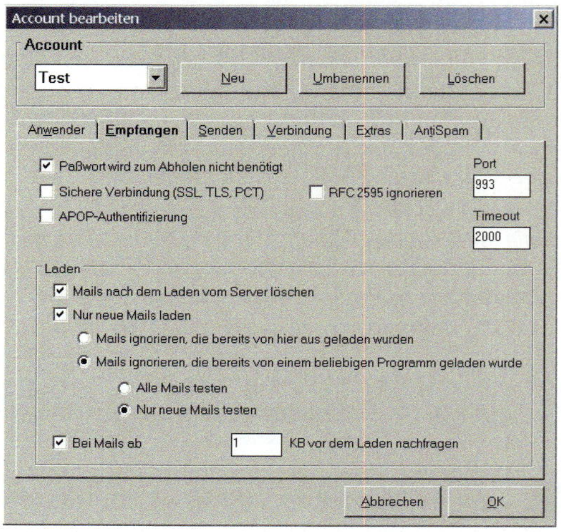

a) Welche Einstellungen verhindern den Mailempfang?

b) Begründen Sie, welche Einstellungen kritisch oder nicht empfehlenswert sind.

4 POP3 oder IMAP

Ihre Freundin (s. Aufgabe 1) möchte von Ihnen wissen, auf welches Protokoll sie für das Abrufen der Mails zurückgreifen soll.
Erstellen Sie eine Entscheidungsmatrix (vgl. Muster), die mindestens sechs zusätzliche Kriterien mit den Gewichtungen 1 (unwichtig) bis 10 (sehr wichtig) enthält.

Kriterium	POP	IMAP	Gewichtung
1 Nur kurzzeitige Internetverbindung	X		8
2 Häufiges Arbeiten an fremden PCs		X	2
3 ...			
8 ...			
Summen	8	2	

zu 2.4.5.1 IP-Adressierung und Subnetting

1 Adressvergabe in einem LAN

Für die in der Handlungssituation beschriebene SBS-Hamburg soll ein IP-Adresskonzept erstellt werden, bei dem im wesentlichen die IP-Adressen dynamisch vergeben werden. Einige Netzwerkendgeräte sollen allerdings feste Adressen bekommen. Das Netzdiagramm ist als SBS-Hamburg (Soll-Zustand) in Kapitel 1.2.4.3 dargestellt.

a) Wählen Sie die geeignete Netzklasse und die Netzadresse.
b) Entscheiden Sie sich begründet für oder gegen ein Subnetz.
c) Weisen Sie allen Geräten mit fester IP sinnvolle Adressen zu.
d) Stellen Sie die Grundkonfiguration des DHCP-Servers dar.
e) Begründen Sie, welche IP-Host-Adressen innerhalb des von Ihnen gewählten Adressraums nicht vergeben werden dürfen.

2 Netzwerkklassen

Bestimmen Sie für die folgenden IP-Adressen jeweils:

167.133.12.15; 69.88.254.16; 192.168.0.45; 172.20.14.5; 172.16.0.0; 134.159.258.16; 1.1.2.19; 127.0.0.0;
1100 0000.1011 0010.0000 0000.0001 0001; 0011 1010. 0101 1011.0010 0000.0000 1111;
1000 1110.1011 0110.0100 0010.0111 1010

a) Zu welcher Netzklasse gehört sie?
b) Ist sie Bestandteil des öffentlichen oder privaten Adressbereichs?
c) Ist die IP-Adresse für einen Host zulässig?

3 Subnet-Maske

Die Netzwerkadresse entsteht durch Undierung von IP-Adresse und Subnetzmaske.

a) Berechnen Sie die entstehenden Netzwerkadressen für Hosts mit der IP-Adresse 192.168.13.180 bis 192.168.13.195 wenn die Subnetzmaske 255.255.255.192 eingesetzt wird.
b) Welche Rechner gehören jetzt in welches Subnetz?

4 Subnetze

Ein Class-C-Netz 192.168.1.0 soll in drei Subnetze aufgeteilt werden.

a) Berechnen Sie die Subnetzmaske.
b) Wieviel Hosts können pro Subnetz maximal verwaltet werden?
c) Bestimmen Sie die IP-Adressbereiche für die drei Subnetze.

zu 2.4.5.2 Routing

1 Routing-Tabelle

a) Erstellen Sie für das Beispielnetz im Kap. 2.4.5.2 (Abb. 2) die Routing(Forwarding)-Tabelle, die auf Router 2 geführt wird.
b) Beschreiben Sie die Route, die ein Datenpaket von Server 1 (217.160.22.108) zu PC4 (192.168.1.5) nehmen wird, jeweils mit Ziel, Subnetzmaske, Router und Schnittstelle.

2 Netstat

Mit dem Befehl netstat /r lässt sich auf Kommandozeilenebene die aktuelle Routingtabelle des genutzten Systems anzeigen.

Dabei werden die aktiven Routen der verschiedenen Netzwerkziele angezeigt.

a) Welche IP-Adresse hat das genutzte System?
b) Erläutern Sie die Bedeutung der hinter den IP-Adressen stehenden Netzwerkziele.
c) Welcher Router führt die weitere Routingtabelle.

```
C:\>netstat /r

Routingtabelle
===========================================================================
Schnittstellenliste
0x1 ........................... MS TCP Loopback interface
0x2 ...00 13 a9 2c 4e 72 ...... Marvell Yukon 88E8036 PCI-E Fast Ethernet Contr
ller - Paketplaner-Miniport
0x3 ...00 13 02 44 6b 5b ...... Intel(R) PRO/Wireless 3945ABG Network Connecti
 - Paketplaner-Miniport
===========================================================================
===========================================================================
Aktive Routen:
     Netzwerkziel    Netzwerkmaske          Gateway    Schnittstelle  Anzahl
          0.0.0.0          0.0.0.0      192.168.0.1     192.168.0.15      20
        127.0.0.0        255.0.0.0        127.0.0.1        127.0.0.1       1
      192.168.0.0    255.255.255.0     192.168.0.15     192.168.0.15      20
     192.168.0.15  255.255.255.255        127.0.0.1        127.0.0.1      20
    192.168.0.255  255.255.255.255     192.168.0.15     192.168.0.15      20
        224.0.0.0        240.0.0.0     192.168.0.15     192.168.0.15      20
  255.255.255.255  255.255.255.255     192.168.0.15     192.168.0.15       1
  255.255.255.255  255.255.255.255     192.168.0.15                3       1
Standardgateway:       192.168.0.1
===========================================================================
```

zu 2.4.5.3 Firewall

1 What is Firewall?

a) Geben Sie den Inhalt des u.a. englischen Textes mit eigenen Worten wieder.

b) Beschreiben Sie die Abgrenzung, die sich aus dem u.a. Text in Bezug auf eine Personal Firewall ergibt.

A system designed to prevent unauthorized access to or from a private network. Firewalls can be implemented in both hardware and software, or a combination of both. Firewalls are frequently used to prevent unauthorized Internet users from accessing private networks connected to the Internet, especially intranets. All messages entering or leaving the intranet pass through the firewall, which examines each message and blocks those that do not meet the specified security criteria.

There are several types of firewall techniques:

- *Packet filter: Looks at each packet entering or leaving the network and accepts or rejects it based on user-defined rules. Packet filtering is fairly effective and transparent to users, but it is difficult to configure. In addition, it is susceptible to IP spoofing.*
- *Application gateway: Applies security mechanisms to specific applications, such as FTP and Telnet servers. This is very effective, but can impose a performance degradation.*
- *Circuit-level gateway: Applies security mechanisms when a TCP or UDP connection is established. Once the connection has been made, packets can flow between the hosts without further checking.*
- *Proxy server: Intercepts all messages entering and leaving the network. The proxy server effectively hides the true network addresses.*

In practice, many firewalls use two or more of these techniques in concert.

A firewall is considered a first line of defense in protecting private information. For greater security, data can be encrypted.

Quelle: http://www.webopedia.com/TERM/f/firewall.html

zu 2.4.5.4 Virtuell Private Network (VPN)

1 Aussagen zu VPN

Bewerten Sie die Richtigkeit der folgenden Aussagen und begründen Sie Ihre Entscheidung.

a) Ein VPN ist ein privat genutztes, physikalisch isoliertes Netzwerk.

b) VPN ist eine reine Softwarelösung.

c) VPN kann auf Verschlüsselungstechniken vollständig verzichten.

d) VPN erlaubt die Nutzung fremder Netze mit anderen Übertragungsprotokollen als das zu übertragende Datenpaket.

e) Ein VPN-Adapter bezeichnet eine spezielle Netzwerkkarte, die in das entsprechende Gerät vor der VPN-Nutzung eingebaut werden muss.

f) VPN basiert auf der Kapselung eines verschlüsselten Ursprung-Datenpakets. Dies wird als Tunnelung bezeichnet.

g) Tunneln erfordert vier miteinander kommunizierende Protokolle.

h) VPN-Software gibt es kommandozeilenorientiert und als Software mit grafischer Benutzeroberfläche.

zu 2.5 Probleme durch Netzwerke – 2.5.1 Datensicherheit

1 Angriffe auf die Datensicherheit

Ordnen Sie die beschriebenen Angriffe dem Ziel des Datensicherheitsbereiches zu:

Angriff	Vertraulichkeit	Integrität	Verfügbarkeit
Man-in-the-Middle-Attack			
Denial-of-Service-Attack			
DNS-Spoofing			
Mail-Spoofing			
IP-Spoofing			
Brute-Force-Attack			

Sachwortverzeichnis